BILWET
FASCISMEMAP
(1983-1994)

Theory on Demand #30
Bilwet Fascismemap (1983-1994)

Auteurs: Bilwet, Geert Lovink, Arjen Mulder, Bas-Jan van Stam, Lex Wouterloot

Redacteur: Sepp Eckenhaussen

Cover design: Katja van Stiphout

Uitgegeven door het Institute of Network Cultures, Amsterdam, 2019
ISBN 978-94-92302-32-8

Contact
Institute of Network Cultures
Phone: +3120 5951865
Email: info@networkcultures.org
Web: http://www.networkcultures.org

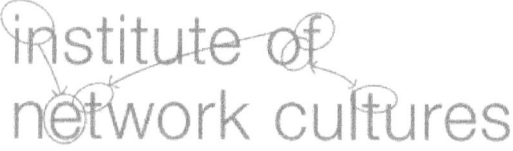

INHOUDSOPGAVE

Cultuurspeculatie

Kuifosofie en Datadandy

Bijlage

VOORWOORD: KUIFOSOFIE, ANTIFASCISME EN MANNENFEMINISME

SEPP ECKENHAUSSEN

Dit boek brengt de teksten over hedendaags fascisme samen die het schrijverskrakerscollectief Bilwet schreef tussen 1983 en 1999. Er zijn een lezing met lichtbeelden, een brochure voor de Antimilitaristische Dagen '85, filmkritieken, een serie postkaarten, recensies van oorlogsromans, mijmeringen in Berlijn, een ambulant-wetenschappelijk artikel over filosofenmode en nog zo wat. Wat zijn de gemeenschappelijke kenmerken van deze bonte verzameling teksten? Belangrijker nog, hoe en waarom zou je die vandaag de dag nog lezen die meer dan dertig jaar oud zijn? In dit voorwoord leg ik, als redacteur en samensteller van de map, allereerst in hoofdlijnen het idee achter de opbouw van de bundel uit en vervolgens de rol die elk hoofdstuk daarin speelt. Ten slotte volgt een korte verantwoording over taal- en notengebruik.

I. Het uitgangspunt

Belangrijk is bij het uitgeven van de Bilwet-fascismemap niet zozeer dat twintig of dertig jaar oude fascismeanalyses vandaag de dag nog simpelweg toepasbaar zouden zijn. Wel denken we dat er in de antifascistische discussies, die links-progressieve kringen nog niet zo lang geleden gemeengoed waren, belangrijke lessen liggen voor het heden. Millenials en de post-9/11-generatie zijn veelal grootgebracht met waarden die gebaseerd zijn op feministische en antifascistische discussies uit de jaren '70 en '80. Het geëmancipeerde huishouden, abortusrecht, LHBTQ-rechten, autonoom en antiautoritair denken... Voorbeelden van 'progressieve waarden' die pas twee generaties breed gedragen worden, maar toch al diep verankerd liggen in het collectieve denken. In de jaren '70-'80 was 'de verbeelding aan de macht' en 'moest alles anders'.[1] Wanneer het gaat om de feministische aspecten van deze collectieve waarden, is het bovendien duidelijk welke historische seksestrijd eraan ten grondslag ligt. De theorieën van Simone de Beauvoir, de Dollemina's, de strijd voor het vrouwenkiesrecht, de eerste Maagdenhuisbezetting in '69, de vrouwenbeweging en baas in eigen buik zijn algemeen bekend. Boeken zoals Alice Schwarzers *Het 'kleine verschil' en de grote gevolgen: vrouwen over zichzelf, begin van een bevrijding* deden de gemoederen in de maatschappelijke discussie hoog oplopen.[2] Door de opkomst van de continentaal-Europese discipline van de vrouwenstudies en kennisinstituten zoals het ATRIA in Amsterdam is deze kennis bovendien op een actieve/activistische manier verduurzaamd.[3]

---

1   Twee belangrijke bespiegelingen op deze hang naar verandering in Nederland zijn *Alles moest anders: Het onvervuld verlangen van een linkse generatie* (Amsterdam: Nijgh & Van Ditmar, 1991) en Pieter Bootsma en Willem Breedveld *De verbeelding aan de macht: Het Kabinet -Den Uyl 1973-1977* (Den Haag: Sdu uitgevers, 1999).

2   Alice Schwarzer, *Het 'kleine verschil' en de grote gevolgen: vrouwen over zichzelf, begin van een bevrijding* (Amsterdam: feministische uitgeverij SARA, 1977).

3   Een belangrijk voorbeeld van het Europese feministisch-socialistische discours (van voor de Angelsaksische gender-theorie kwam overwaaien in de jaren '90) is *Te elfde ure: feminisme 1*, vol. 3,

De geschiedenis van de antifascistische discussies, die chronologisch samenviel met en verbonden was aan de feministische discussies, geniet minder bekendheid. Dit is dan ook meteen de reden voor het uitgeven van de Bilwet-fascismemap. Hoe zag het antifascistisch discours in de jaren '70 en '80 eruit? Welke maatschappelijke functie had het precies? Op deze vragen geeft de Bilwet-fascismemap een antwoord. Het belang van deze bundel ligt er daarom in, dat het een inkijk geeft in de precieze opbouw van het antifascistisch discours van de jaren '70 en '80 en de functie die dit had in de klasse- en seksestrijd van toen: een feminisme voor mannen.

II. Hoofdstukopbouw

Inleiding

Hoe de teksten in deze bundel geschreven werden en waarom ze veeleer nooit eerder gepubliceerd zijn, legt Bilweter Geert Lovink uit in de inleiding. Bovendien maken Geert en ik in die inleiding gebruik van onze *third mind* om op zoek te gaan naar de huidige relevantie van Bilwets schrijven in de jaren '80 en '90 en de hedendaagse fascismeanalyse in het algemeen.

Hoofdstuk 1: Hoezo Bilwet?

Een belangrijke vraag is natuurlijk wie of wat Bilwet nu eigenlijk was. Een definitie van Bilwet is schier onmogelijk, maar een beetje achtergrondinformatie is voor oningewijden en later geborenen onmisbaar. Daarom is het eerste hoofdstuk van dit boek, *Hoezo Bilwet?,* waarin het collectief zelf beschrijft wat Bilwet was, hoe het zich bewoog en wat het zich afvroeg.

Hoofdstuk 2: De vertoogmixer van Klaus Theweleit

Maar naast de vraag 'hoezo Bilwet?' is er natuurlijk de belangrijkere vraag 'hoezo fascismeanalyse?' Het was op zich niet zo vreemd dat Bilwet schreef over fascisme in de context van de kraakbeweging, de opkomst van extreemrechts in Nederland en de institutionalisering van antifascisme in herdenkingspraktijken, maar om wat voor soort fascisme-analyse was het ze precies te doen? Om daarachter te komen, begint deze uitgave met sporen van nog vóórdat het fascismebegrip om de hoek komt kijken, bij de Duitse filosoof Klaus Theweleit en diens bespiegelingen op de maatschappelijke organisatie van de moderne tijd. Het eerste echte artikel in deze bundel is een recensie van Theweleits *Büch der Könige,* die vertrekt vanuit de vraag: 'Waarom schrijven schrijvers?' Deze reflexieve vraag, gesteld door Bilwet, betekent natuurlijk ook: waarom schrijft Bilwet?

Theweleits algemene (maar opzettelijk niet sluitende) antwoord op deze vraag is dat de schrijverskunst niet opereert uit autonome genialiteiten, maar uit Orfeuscomplexen: het onvermogen van de schrijver om te gaan met zijn eigen geschiedenis, wat leidt tot een schrijven ten koste van de grote liefde. Het resultaat van deze autopsychoanalyse van de schrijver Theweleit wordt door Bilwet omschreven als was het hun eigen schrijversmotto: 'Verhalen en

no. 20 (1975), met teksten van o.a. Joyce Outshoorn, Anja Meulenbelt en Catherine Hall.

begrippen duiken op, ballen samen, beginnen te knetteren, gaan verbindingen aan en krijgen voor de lezers een intensiteit, die na de schok der herkenning zoiets als een ervaring van de "echte geschiedenis" oplevert.' Wanneer Bilwet schrijft, staat hen dus niet een reductie van de geschiedenis of de hedendaagse conditie tot een gestroomlijnd narratief over de ander voor ogen, maar een knetterend openbreken van de taal en de eigen subjectiviteit door het samenbrengen van tegengestelde polen. Wanneer het aankomt op fascisme ontstaat zo hopelijk een 'echte geschiedenis' die niet beperkt blijft tot een projectie van 'het fascisme' op de Ander, maar een beeld van onophoudelijke stromen aan driften en ideeën die zich niet laten opsluiten binnen of buiten het zelf (niet in de laatste plaats omdat juist dat opsluiten, die hang naar orde, een voedingsbodem voor fascisme is).

Hoofdstukken 3-4: Theweleitkritieken

Bilwets inzicht in de schrijversdrift hing dus direct samen met haar hang naar fascismeanalyse. Hoe zit dat precies? Logisch voortbouwend op de door Theweleit voorgestane zelfanalyse nam Bilwet ook Theweleits benadering van fascisme over. Theweleits interesse in fascisme was niet in eerste instantie historisch van inslag, maar veeleer geboren uit de noodzaak tot collectieve zelfanalyse die men na 1945 systematisch voor zich uit heeft weten te schuiven. In de volgende twee hoofdstukken, twee totaal verschillende Theweleitkritieken, blijven we daarom bij Theweleit, maar maken we de overstap van zelfanalyse (of Bilwetanalyse) naar fascisme-analyse.

In de eerste kritiek, een korte weergave van Theweleits 'boodschap' over fascisme in krak-ersaktieweekblad *bluf!* van Bas-Jan van Stam en Geert Lovink, wordt beetje bij beetje de verbondenheid tussen zelfkritiek en fascismeanalyse duidelijk. Speelsgewijs vatten Bas-Jan en Geert nu eens delen van Theweleits cultuurtheorie samen, dan weer interviewen ze zijn vertalers of speculeren er lustig op los voorbij enige strikte lezing. Ziehier de vierhoekige basis die Theweleit Bilwet bood: oorlogstrauma, cultuurgenealogie, fascisme en auto-psychoanalyse. Deze speculatieve vier-eenheid vormt de kern van alle Bilteksten over hedendaags fascisme.

De tweede kritiek, geschreven door Arjen Mulder, is theoretischer van aard en laat een hele andere kant van Bilwets schrijven zien. Hij is saai en langdradig, maar een technische en scherp geformuleerde uitleg van Theweleits argumentatie, psychoanalyse en filosofische aannames. Arjen vertelt over Theweleits leentjebuur van Deleuze en Guattari en mijmert over de dood tijdens twee boswandelingen met Foucault. Bovendien is deze tekst een echte kritiek, die de problematische kanten van Theweleits *Mannenfantasie* blootlegt door zijn fascismeanalyse tegen die van Baudrillard uit te spelen. Kortom: uitstekend lesmateriaal voor krakers en andere fascismesceptici.

Hoofdstuk 5-6: De niet-fascistische lijn

Pas dan, middels een artikel van Bas-Jan van Stams hand, geraken we bij de daadwerkelijke fascismeanalyse van Bilwet, bij de unieke bijdrage aan de maatschappelijke discussie. Hier beginnen we te zien hoe Bilwet de vier van Theweleit geleende polen samenbrengt en hoe dat knettert. Grosso modo is deze tekst is een verkorte weergave van de inhoud van *Fascisme/*

Seksisme: rekonstruktie van een mannenideaal, een boek dat in 1983 door Bas-Jan van Stam geschreven werd en dat de geboorteakte van Bilwet was.

Het is moeilijk *Fascisme/Seksisme* te kenmerken – het is dan ook uniek. Het was zo'n beetje een psychoculturele zelfanalyse van hedendaags fascisme, niet fascistisch maar ook niet per se antifascistisch; een futuristische cultuurgeneaologie van uit de hand gelopen mannenidealen die zich niet tevredenstelde met bestaande antifascistische analyses van fascisme in de Ander; tegelijkertijd ook weer geen 'ontdekking van de fascist in jezelf'. Het was een zoektocht naar de sentimenten die ten grondslag lagen aan de opkomst van het historische én hedendaagse fascisme. Bas-Jan zag de boodschap van de conservatief-rechtse Centrumpartij als hét voorbeeld van een hedendaags fascisme. De voedingsbodem van deze politieke boodschap was, aldus Bas-Jan, echter een alledaags verzet tegen de oncontroleerbaarheid van instituties en bewegingen in het alledaagse leven: de NS, de belastingdienst, 'Den Haag', de immigratiedienst, krakers en ga zo maar door. Hij vroeg zich af: waarom moet zo'n op zich gegrond alledaags verzet nu eigenlijk altijd zowel seksistisch, racistisch, als autocratisch zijn? En wat betekent het vandaag de dag om antifascistisch (en dus ook antiracistisch en feministisch) te zijn, deze emotionele alledaagsheid van het hedendaags fascisme in ogenschouw nemende?

Voorlopig kunnen we kunnen de karakterisering van *Fascisme/seksisme* op dit strategische niveau houden: het was een hermeneutisch spel, een provocatief bijeenrapen van seksisme, racisme en fascisme, dat naast de antifascistische actie een niet-fascistische lijn stelde. Toch was Bas-Jans tekst nog wankel. Hij besloot zijn kritiek met de opmerking dat hij 'bepaald niet tevreden [was] met deze tekst' en concludeerde schier wanhopig: 'wie de oplossing weet werpe de eerste steen…'

Die eerste steen kwam er ongeveer drie maanden later. In *De gewonnen, de verloren, de permanente oorlog* werkten Bas-Jan en Geert de niet-fascistische lijn gezamenlijk verder uit. Het woord 'fascisme' komt in deze tekst niet een keer voor, maar de overlevering en doorwerken van oorlogstrauma's uit WOII staat onaflatend centraal. Bas-Jan en Geert trappen af met een Theweleitiaanse lezing van twee oorlogskronieken, Norman Mailers *Helden zonder glorie* en Armando's *De SS'ers.* Met Mailers psychonarratief over een groep Amerikaanse helden zonder glorie in Japan wordt het punt gemaakt van dat militarisme gelijkstaat aan perverse seksualiteit. En uit de soldatengetuigenissen van *De SS'ers* wordt duidelijk dat Nederlandse elitetroepen in het Duitse leger niet zozeer meeliepen in een massachoreografie, maar juist vochten aan het innerlijke front: tegen hun eigen zwakheid en beestachtigheid. Het was erom te doen jezelf te beheersen, een echte Soldaatman te zijn, een *Einzelkämpfer* die steeds in beweging is en zodoende onderdeel van de *Blitz*-machine. Met andere woorden: het (Nazi) leger maakte een man van je. Dit was op zich geen schokkend inzicht. Sterker nog, deze door Marcel Bullinga verwoorde wijsheid was in de jaren '80-'90 algemeen bekend in de kringen van krakers en ander links tuig.

Het interessante in Bas-Jans en Geerts tekst is nu juist dat zij geen genoegen namen met de simpele psychoanalytische (en strikt Theweleitiaanse) lezing dat, als die Soldaatmannen nu maar acceptatie en zekerheid van hun mannelijkheid hadden gekend, al deze problemen met uit de hand gelopen mannenfantasieën (fascistisch of anderszins) niet zouden hebben bestaan. Wanneer de soldatenlust wordt gereduceerd tot psychologisch probleem, kan dit probleem namelijk relatief simpel opgelost worden door psychoanalytici. Deze simpele psychoanalytische oplossing kan dan op zijn beurt weer geïnstrumentaliseerd worden door het leger bij het gezond houden van de soldaatjes. Bas-Jan en Geert waarschuwden: 'het risico is niet denkbeeldig, dat de legerleiding het stuur van dit voertuig [van de onderdrukte mannenverlangens] van de antimilitaristische mannenbeweging overneemt en er een avant-garde van bevrijde mannen-soldaten zal ontstaan'. Vanuit deze analyse kwamen Geert en Bas-Jan vervolgens tot een reflectie op de verweving van seksisme, fascisme en militarisme in Nederland ten tijde van de Koude Oorlog. Ze stelden en beantwoordden de (strategische én ethische) vraag: wat voor fascisme-, seksisme- en militarismekritiek hebben we vandaag de dag nodig? Met andere woorden, hoe kunnen we ons hier en nu longwringen uit de holle frasen van het heersende (anti)militaristische discours? Hoe wordt antimilitarisme vervangen door niet-militarisme?

Ten antwoord wijzen Bas-Jan en Geert op de nieuwe situatie, die ontstond in de Koude Oorlog en voortduurt tot op heden, waarin het onderscheid tussen het militaire en het civiele is opgeheven. Door de gelijktijdige technologisering (computersystemen) en mediatisering (denk aan de Vietnamoorlog als eerste tv-oorlog) van de oorlog heeft het leger geen Soldaatmannen meer nodig, maar technisch specialisten. Tegelijkertijd is het militarisme geruisloos verspreid naar iedere plek van maatschappelijke vorming. Ook op school kan immers de Vietnamoorlog op tv gevolgd worden. Als gevolg is de *nieuwe oorlog*, zonder frontervaring, niet mannelijk of vrouwelijk, maar technisch. Het leger maakt tegenwoordig geen man, maar een technisch specialist van je!

Waarom blijft het leger dan in zijn zelfpresentatie (reclamespotjes, ceremonies, defilés) toch voornamelijk het oude mannenideaal bieden? Dit is volgens Bas-Jan en Geert pure nostalgie, materieel achterhaalde ideologie die als zodanig ontmaskerd dient te worden. Bovendien moet voor een niet-militaristische en uiteindelijk ook niet-fascistische positie vooral de *nieuwe oorlog* met al zijn gedepersonaliseerde snelheid en communicatiesystemen onderzocht worden. Een andersoortig stromen heeft zich aangediend.

Hoofdstukken 7-8: Verdwenen sporen

Voortbouwend op Theweleit spitste Bilwets fascismeanalyse zich dus in eerste instantie vooral toe op hedendaags fascisme als overidentificatie met mannenidealen. Van daaruit volgde Bilwet verschillende lijnen van onderzoek, kijkend naar de Bilwetmatigheden van het nieuwe stromen in de nieuwe oorlog, nieuwe mannen, nieuwe machten, nieuwe media en nieuwe geschiedenis. Sommige van deze lijnen zijn heel specifiek, andere breed, allemaal zijn ze uiteindelijk met elkaar vervlochten.

In de tweede helft van deze publicatie volgen we drie van deze thematische lijnen, te beginnen met Bilwets besprekingen van verdwenen sporen. Een bespreking, in andere woorden, van het stromende einde van de geschiedenis. Deze lijn bestaat uit twee in Berlijn geschreven teksten van Geert Lovink over verdwenen sporen van het historisch fascisme. De teksten neigen naar historische exposés, maar vormen door hun nadruk op de praktijk van herdenken ook een toepassing van de *hedendaagse* fascisme-analyse.

De eerste van deze twee teksten, *Erfassung, Aussonderung, Vernichtung,* stelt de relatie tussen historisch en hedendaags fascismeonderzoek centraal. Aanleiding was de controverse in Nederland na het publiceren van prof. C.I. Dessaurs boek *Mag de dokter doden?,* waarin de legalisering van euthanasie en abortus werd benoemd als invoering van Nazistische eugenetica. 'Zo wint de geest van Hitler toch de Wereldoorlog nog,' concludeerde Dessaur.[4] Hierdoor kwam de vraag naar boven, welke maatschappelijke en wetenschappelijke denkpatronen het historisch fascisme eigenlijk achtergelaten had. Voor Geert reden om een kennismaking te schrijven met het werk van de Hamburgse *Verein zur Erforschung der Nationalsozialistischen Gesundheits- und Sozialpolitik,* dat sinds 1984 onderzoek deed naar de biopolitiek van het gezondheids- en bevolkingsbeleid in Nazi-Duitsland. Een paar van de nauwkeurige historische exposés van de *Verein* samenvattend, zet Geert de Nazilogica van 'registreren, sorteren en deporteren' uiteen, die in '86 blijkbaar nog niet zo algemeen bekend was als nu. Schokkend is vooral het inzicht dat het 'vernietigen' van zes miljoen levens (tot de dag van vandaag vaak gezien als het dieptepunt van de fascistische misdadigheid en eindpunt van de geschiedenis) pas het begin had moeten zijn van de wetenschappelijk gestaafde 'Endlösung' van het probleem van 'asocialen' (20-50 miljoen 'vernietigingen').

De tweede tekst in deze lijn, *Spurensicherung – Spurenvernichtung,* is een 'verlate voorstudie' voor de super 8-film *De zaak 40-61-84* (1984) van Geert Lovink en Just Vercruijsse. Deze film was, kortgezegd, een onderzoek naar de 'derde fase' van herdenken. De eerste fase is het herdenken gebeurt aan de hand van directe herinneringen en relikwieën zoals in bijvoorbeeld het hedendaagse Auschwitz-toerisme. De tweede fase van herdenken is het zoeken van de sporen, het vinden van de 'schuldige boom' à la Armando. De derde fase vangt aan nadat alle overlevenden en materiële sporen verdwenen zijn, wanneer alleen het trauma nog is overgebleven. De centrale vraag van *De zaak 40-61-84* was dan ook: wat gebeurt er met fascismeanalyse wanneer historische sporen verdwenen zijn? Bestaat de herinnering (aan het fascisme) zonder dat deze zich kan vastmaken aan of manifesteren op een fysieke plek? Deze aanhoudende focus op trauma (de afwezigheid van herinnering of materieel overblijfsel), zelfs als het om bespiegelingen op historisch fascisme ging, maakte een centraal deel uit van de Bilwet-fascisme-map. In een intern Bilmemo uit 1986 van Geert over de fascisme-map staat namelijk te lezen:

De stelling van deze map is dat het antifascisme dat in de laatste vijf jaar zo groeide, niet zozeer voortkomt uit ''objectieve'' groei van het neofascisme of fascistische tendensen bij de staat, maar één uitdrukking is van de overdracht van de herinnering van de eerste generatie op de tweede. De maatschappelijke organisatie van de herinnering is inzet van strijd. Welke beelden hebben wij, die deze tijd niet hebben meegemaakt, van deze afschrikwekkende periode? Zijn deze van nationalistische aard? Worden de tegenstellingen uit die tijd verzwegen? Veel vragen die omhoogkomen

---

4   Euthenasie blijft natuurlijk een populair discussieonderwerp. Zie voor een hedendaagse variant van deze controverse Paul Frissen, *Staat en taboe: politiek van de goede dood* (Amsterdam: Boom, 2018).

als het gedenken voor de deur staat of, en dat gebeurt veel vaker, er vergelijkingen getrokken worden met de jaren dertig en de bezettingstijd.[5]

Meer dan in alle andere, is het in deze teksten over verloren sporen inderdaad te doen om een analyse van de generatieoverdracht van het oorlogstrauma en de cultureel-politieke doorwerking daarvan. In hetzelfde memo legt Geert bovendien ook over de specifieke vorm van deze analyse uit:

Het fascisme wordt zo niet meer gezien als een structuur of een vorm, maar als een proces of beweging die zich trachtte te vestigen in alle lagen van de bevolking en binnen alle instituties. Vanaf het eindpunt, de gaskamers van Auschwitz, worden de sporen terug gevolgd. Niet zoals voorheen gebeurde naar de Duitse Romantiek maar naar de maatschappelijke organisatie van de moderne tijd.[6]

Spurensicherung – Spurenvernichtung is precies zo'n terugvolgen van bewegingen. Geert en Just voltrokken hun onderzoek aan de hand van stadswandelingen door Berlijn, van oude plattegronden, van Harry Mulisch' *De zaak 40-61*, van Claude Lanzmanns *Shoah,* van het schuldige landschap van Armando, van de alledaagse 'Geschichte von unten' (oral history) die werd opgetekend door de Berliner Geschichtswerkstatt, van antifascistisch-antipacifistische vertogen over het Berlijnse Scheunenviertel door Eike Geisel en Wolfgang Pohrt en van een Delftse theorie van de Berlijnse Muur als membraan. Het artikel beschrijft zo een meanderende speurtocht bij de schuldvraag van het fascisme, van literaire interventies naar herinneringen, van geschiedenissen van hoe het echt geweest moet zijn naar geschiedenissen van het voor altijd verdwenene. Wie heeft het nu eigenlijk gedaan, waar is het Kwaad bedacht, waar kwam dat door en hoe (her)denken we dat? Zoals eigenlijk ieder ander die zich over deze vraag gebogen heeft, kwamen Geert en Just er niet helemaal uit. Maar al terugvolgend kwamen ze wel tot een inzicht in het wezen van de geschiedenis. Zij vermoedden dat de systematiek van vernietiging in het fascisme eigenlijk nooit aan plaats gebonden was geweest, maar onzichtbaar opging in 'beweging' of 'verkeer'. De geschiedenis zelf, zo speculeerden zij, de geschiedenis van vaste plekken, was opgehouden te bestaan en overgegaan in plaatsloze stromen. Zo komt ook in dit boek de geschiedkunde tot haar einde en neemt het Bilweten weer de overhand.

Hoofdstukken 9-13: Cultuurspeculatie

Pas in de volgende lijn, aan gene zijde van de geschiedenis, gaat Bilwets fascisme-analyse écht los. We kunnen deze thematische lijn misschien cultuurspeculatie noemen. Ooit schreef Bilwet:

Voor Bilwet begint de speculatie voorbij het nulpunt van de betekenis. Als woorden bevrijd zijn van de informatielast die ze mee moeten torsen, raken ze in vervoering en trekken op verkenning uit. Zodra ze hun eigen gang gaan, kunnen ze iedere

---

5   Zie 'Opzet Bilwet-fascismemap' in de bijlage van deze bundel.
6   Idem.

logica volgen en op alle informatie anticiperen waar ze ooit nog mee opgezadeld zullen worden. Het speculeren met de taal volgt de stelregel: voorkomen is beter dan deconstrueren.[7]

Bilwet blijft dit devies nauwgezet trouw, met verrassend relevante analyses tot gevolg. De eerste tekst in deze lijn, van Lex Wouterloot, is het terugvolgend van historische sporen in de esthetiek. Lex verklaarde het geflirt van popgroep Laibach met het fascisme als dramatisering van het verleden. Hij stelde: 'Tegenover het geweld dat de fascistische massabeweging geken- merkt heeft staat niet een expliciet politiek programma maar een mystieke wereldbeschouwing. In het schemergebied van militaristische mystiek en artistieke politiek, dat die wereldbes- chouwing omvat, kunnen de creaties van Neue Slowenische Kunst ook geplaatst worden.'

De tweede tekst is een stuk van Bas-Jan van Stam over 'de redelijkheid van het uniform' voor Bilwets *Arcade: Jaarboek voor Ambulante Wetenschappen*. Met een serie broodje-aapverh- alen illustreerde Bas-Jan de verknoping van de angsten voor tweedehandskleding, de dood, kleine beestjes en het 'Joodse complot' achter de mode-industrie. Vervolgens vergeleek hij de verguizende visies op mode van Plato, Thomas Moore en Adolf Hitler. Gedrieën con- cludeerden de filosofen bij monde van Bas-Jan: mode is nergens goed voor, uniformen zijn het redelijkst.

De tweede tekst uit deze lijn is afkomstig uit Bilwets derde boek, *De datadandy* (1994), wat nooit in het Nederlands verschenen is.[8] Deze tekst is dus zowel 'officieel' van Bilwet, als van een latere datum dan de rest. Toch is de relatie met de Bas-Jans tekst over filosofenmode helder, omdat ook in deze tekst de esthetische doctrine uit Adolf Hitlers geschriften bespro- ken worden. Bilwet gaat hier namelijk terug naar de oorsprong van die doctrine: Hitlers jeugd, zoals beschreven in *Mein Kampf*. De Bilweters analyseerden het oedipale schema dat 'duimendik' op Hitlers jeugdherinneringen ligt en waarbinnen de kunst voor Hitler in het incestueuze domein terechtkwam. Hitler projecteerde, aldus Bilwet, zijn vieze verlangen naar zijn eigen reine moeder op de kunst, resulterend in zijn ideeën over schone en de 'ontaarde' kunst. Schone kunst is hygiënische kunst, gevrijwaard van het vieze incestueuze stromen.

Ook de derde tekst, Arjen Mulders speculatieve recensie van Wim Wenders' *Paris, Texas* en *Himmel über Berlin*, getuigt van de cultuuranalystische inzichten die een hedendaags fascisme-begrip in combinatie met een scherp oog en voldoende fantasie op kan leveren. *Himmel über Berlin* opent met de beroemde zin: 'Als das Kind Kind war, wusste es nicht, dass es Kind war, alles war ihm beseelt, und alle Seelen waren eins.' Welk kind? Wenders zelf natuurlijk! In een psychoanalytische filmlezing, ontrafelde Arjen Wenders' zoektocht naar een verloren eenheid (eerst in de American Dream, later in de Heimat). Zo merkte hij in *Himmel über Berlin* eenzelfde narratief op als in Leni Riefenstahls *Triumf des Willens*: van begin, via versplintering en geschiedenis, naar nieuwe heelheid (overwinning van de dood). Wenders'

---

7   Zie 'Hoezo Bilwet? Een inleiding' in deze bundel.
8   Bilwet, *De datadandy*, ongepubliceerd manuscript, 1994. De Duitse vertaling is uitgekomen als Agentur
     Bilwet, *Der Datendandy* (Berlin: Bollmann Verlag, 1994), ook online: https://thing.desk.nl/bilwet/
     AgenturBilwet/Datendandy/index.html.

film, gemaakt vanuit antifascistische en antiautoritaire intenties, verwerpt de massa's zoals die in Riefenstahls films worden gepresenteerd, maar, zo argumenteert Arjen, laat de triomf van de wil op individueel niveau zegevieren. Bovendien verwordt de massa bij Wenders tot antifascistisch medium, tot een op consumptie en media ingeschakelde maatschappijvorm. In Wenders' narratief van die eenzame maatschappij werpen de engel Damiël en de marion Marion zich op als verlossers, als heelmakers door liefde. Het is net even een andere manier van Führerschap, maar met dezelfde mythische heelheid tot doel. Dit is volgens Arjen een gevaarlijk 'pre-fascistisch' spel. Toen Duitsland Duitsland was, wist het niet dat het Duitsland was.

In de vierde tekst in deze lijn, een 'lezing met lichtbeelden' over Bor, Boris en de Wolf, geven Geert Lovink en Bas-Jan van Stam een cultuurgenealogie van de wolf. Ze zetten daarbij het motief van de Natuurlijke Wolf en de Boze Wolf tegenover elkaar. Is de wolf nu een geteisterde ziel met diepe wortels in de Germaanse cultuur, een tembaar machtsmiddel, of een woeste oerkracht van het Kwaad? Deze lezing mondt uit in de analyse van een fascistisch wolfsfiguur in het Kuifje-album *Mannen op de maan*, wat ons brengt bij de laatste Bilwet-analyselijn in dit boek: kuifosofie.

Hoofdstukken 14-18: Kuifosofie en Datadandy

Dankzij Bas-Jan van Stam komt de lijn van cultuurspeculatie komt ten slotte, als knotsgek hoogtepunt, tot een heuse onderzoeksdiscipline: *de kuifosofie*. 'Seksisme racisme: hoezo Kuifje dood?' is een Freudiaanse lezing van *Kuifje in Afrika,* waarin Bas-Jan de mythische en ongrijpbare vormen van het alledaags racisme bespreekt. De stelling is:

> Pas als je [de] hele omweg van de politiek-economische crisis, het racisme van [de jaren '30], de "dreiging" van de Sovjet-Unie, de enorme werkloosheid, enzovoorts, naar de individuele droomwereld en zijn sekspolitieke symbolen hebt afgelegd, pas dan krijg je zich op die mythische machinerie van het fascisme. [...] Wat blijkt namelijk? Dat Hergé door middel van zijn stripheld Kuifje de maatschappelijke poli- tiek-economische crisis vertaalt in een individuele, sekspolitieke crisis.[9]

Met andere woorden, Kuifje is het ultieme voorbeeld van mannenidealenpropaganda. Pro- paganda die we nota bene zonder enige bedenking, zonder haar zelfs als propaganda te herkennen, tot op de dag van vandaag aan onze kinderen blijven voeren!

In het volgende hoofdstuk legt Bas-Jan aan de hand van het laatste (en onafgemaakte) Kuifje-album, *Kuifje en de alfa-kunst,* de taak van de Kuifosofie uit. In de kern bestaat deze erin Kuifje los te weken uit Hergés maatschappelijk en cultureel conservatieve denkkader en hem te doen voortleven na de dood van Hergé.

Het derde hoofdstuk in deze lijn toont de kuifosofie als hoogtepunt van Bilwet-fascismeanalyse en tegelijk als het begin van het einde. Blijkbaar was nu niet alleen de geschiedkunde, maar

---

9   'Seksisme racisme' in deze bundel.

ook de taalspeculatie uitgeput, want Bas-Jan liet de taal los en begon zijn cultuurspeculaties te 'verven' (wat hij tot op de dag van vandaag volhoudt). In een reeks van zes iconische schilderijen (ook wel postkaarten of Bilwet-kleurplaten genoemd) stelde Bas-Jan zich het leven van Kuifje na de dood van Hergé voor en bevroeg zo de relatie tussen Bobby, Hitler, christendom, het koloniale heden, de atoombom en mannenidealen.

In latere jaren stortte Bilwet zich volledig op de nieuwe media en fascisme verdween op de achtergrond. Toch stak fascisme binnen de mediatheorie soms nog de kop op. Vandaar dat ook in Bilwets derde essaybundel uit 1994, *De datadandy*, twee kuifosofische teksten te vinden zijn, die de twee laatste hoofdstukken van deze bundel vormen. Hier worden respectievelijk 'het onschuldige fascisme van Hergé' en 'de opvoeding tot mannelijkheid' in de Kuifje-albums besproken. Duidelijk voortbouwend op Bas-Jans eerdere teksten, verviel Bilwet hier soms in herhaling, maar zette ook vervolgstappen ter volbrenging van de kuifos-ofische opdracht. Hergés werk wordt gecontextualiseerd in de (na)oorlogs(e) geschiedenis en de Theweleitiaanse lezing wordt verdiept (uitgekleed worden de fallische paddenstoelen, angsten voor bedplassen en racistische *common sense* in verschillende albums).

Is het dan uiteindelijk duidelijk hoe Kuifje gelezen moet worden? Niet echt. Ondanks de vele pagina's tekst die Bilwet aan Kuifje-analyses besteedde, heeft het collectief de kuifosofie niet volbracht. Of eigenlijk blijkt de opdracht van de Kuifosofie er bij nader inzien helemaal niet te zijn om haar te volbrengen, maar juist om haar door middel van productieve uitglijers en contradicties open te houden. En dat geldt, denk ik, voor de hele Bilwet-fascismeanalyse.

Ik heb deze map met veel plezier van voor tot achter gelezen. Het leverde me weinig ant-woorden maar veel inzicht op. Misschien is dat dan ook wel de kern, of in ieder geval een uitgangspunt van het niet-fascisme: het streven naar genuanceerde inzichten in plaats van heldere oordelen. Dat is in ieder geval een belangrijke waarde die mij in mijn opvoeding is meegegeven en ik heb nu een beter beeld van waar die vandaan komt. Op de vraag hoe deze waarde in het heden naar niet-fascistisch handelen vertaald kan worden, bestaat geen juist standaardantwoord. Maar de vraag hoe het niet-fascistische denken in de gepolariseerde debatten van de geglobaliseerde neoliberale conditie van waarde kan zijn, dient wel verder te worden uitgewerkt. Zie hiervoor de dialoog die Geert en ik voeren in de inleiding van deze bundel.

III. Verantwoording

Bilwet opereerde bij haar officiële publicaties als *third mind*. De auteur was simpelweg Bilwet en individuele schrijvers speelden geen rol. De meeste teksten in de fascismemap zijn echter ofwel nooit uitgegeven (dus ook niet onder auteursnaam Bilwet), ofwel gepubliceerd onder de persoonsnamen van individuele Bilweters. Vandaar dat ook in deze publicatie de individuele auteurs van de meeste teksten worden benoemd.

De letters van n-woorden, die Bilwet hier en daar gebruikte, zijn in deze publicatie door sterretjes (*) vervangen. Belangrijk detail hierbij is dat deze woorden in de Bilteksten vooral gebruikt werden in directe referentie aan vroege Kuifje-albums. Wie een nieuwe druk van

Kuifje in Afrika koopt, zal geen n-woord meer tegenkomen, maar wie in een lommerd een vroeg exemplaar op de kop weet te tikken, zal schrikken bij het lezen.

Bij aktiebladen als *bluf!* was het gebruikelijk de taal open te breken met subversieve, fonetische spelling. 'Seksistische' werd 'sexistiese', 'economische' werd 'ekonomiese', enz. Die spelling

is natuurlijk grappig, maar het subversieve is er vandaag de dag wel af. Daarom hebben we, witte en groene boekjes bij de hand, de spelling aangepast aan de hedendaagse normen.

In deze publicatie staan twee soorten voetnoten. Ten eerste zijn er de literatuurverwijzingen die uit de oorspronkelijke manuscripten komen. Deze zijn zo volledig mogelijk omgeschreven naar Chicago-stijl. Het moet hierbij opgemerkt worden dat Bilwet lang niet altijd referenties plaatse bij citaten. Die referentieloze citaten zijn ook in deze publicatie grotendeels zonder referentie. Daarnaast zijn er uitleggende noten voor fenomenen als 'Bunkerbuit', 'CPN' en 'Cor van der Laak', die niet meer vanzelfsprekend als bekend mogen worden verondersteld.

INLEIDING: DIALOOG TIJDENS HET REDIGEREN VAN DE BILWET-FASCISMEMAP

SEPP ECKENHAUSSEN EN GEERT LOVINK

I. Hoe het allemaal begon

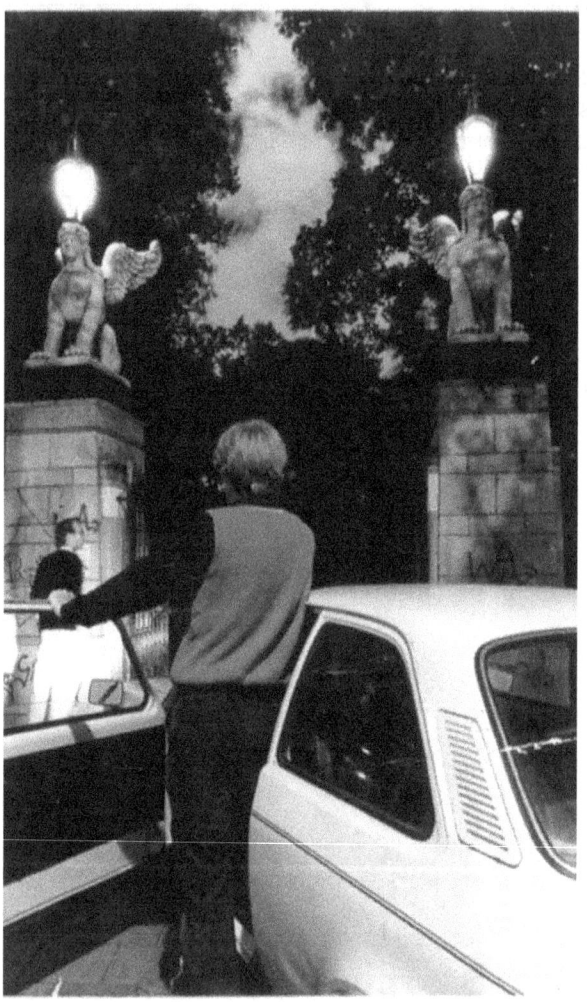

Afb. 1: Bas-Jan en Geert met het ijzeren paard op vier poten bij de ingang van het Wert-heimpark in Amsterdam. Deze foto, gebruikt op de achterflap van Het Beeldenrijk, is een referentie naar de tragedie van Oedipoes. In deze mythe bewaakt een sphynx de toegangen en uitgangen van de stad Thebe door middel van het beroemde raadsel: welk dier loopt 's ochtends op vier, 's middags op twee en 's avonds op drie poten?

Tussen 1983 en 1999 kwamen Bas-Jan van Stam, Geert Lovink, Arjen Mulder, Ger Peeters en Lex Wouterloot onregelmatig - en in verschillende samenstellingen - bijeen in een groep met de illustere naam Bilwet: de stichting ter Bevordering van de Illegale Wetenschap. Bilwet stond voor van alles en nog wat: een non-medium, ambulante uitgever, een didactisch projectiel binnen de Amsterdamse kraakbeweging, een schrijfcollectief met ambitie en internationaal succes, een jongensclub met een liefde voor theorie in duistere tijden. In deze map is een tekst uit 1994 opgenomen, *Hoezo Bilwet? Een inleiding*, waarin meer te vinden is over de intenties van dit stelletje ongeregeld.

Bilwet was natuurlijk geen stichting en strikt genomen ook niet illegaal, het was eerder een 'extramurale' intellectuele samenzwering in de marge van de afkalvende autonome beweging; in een verhard en depressief klimaat, gedomineerd door bezuinigingen, werkloosheid en *no future*. In dit intense leven op de pauzestand was de academische route sowieso uitgesloten. Krakers waren radicale activisten, doe-mensen, anarchisten, gespuis dat niet zomaar een promotieplaats kreeg aangeboden. Dat komt ervan, als je niet redelijk wilt denken en niks van zowel de burgerlijke wereld als het academisch marxisme moest hebben. Dan nog eerder de journalistiek in...? Ook dat werd niks, zo bleek wel.

Bilwet kwam in voorjaar 1983 tot leven na het verschijnen van Bas-Jan van Stams boek *Seksisme/fascisme, rekonstruktie van een mannen-ideaal*. Dit onderwerp is niet toevallig. Begin jaren tachtig zat er flink wat beweging in het nadenken over wat historisch fascisme was, en hoe de naoorlogse generaties, die het zelf niet aan den lijve hadden meegemaakt, en het publiek waren van de lawine aan herdenkingen, zich hiertoe wilde verhouden. Dit geschiedde in de schaduw van de opkomst van een extreemrechts milieu dat minutieus in kaart werd gebracht door het fascisme-onderzoekcollectief FOK en andere groepen.[1] Na een recensie van Bas-Jans boek in het aktieweekblad *bluf!* van de hand van Geert, kwam een ontmoeting tot stand en werd in een levendige correspondentie de grondslag gelegd voor Bilwet als groep. Rond dezelfde had Geert het tweedelige *Männerphantasien* van Klaus Theweleit gelezen voor een bijvak in massapsychologie tijdens zijn opleiding politicologie aan de UvA – het werk waar ook Bas-Jan zich had door laten inspireren. Niet veel later verhuisde Geert voor een jaar naar West-Berlijn om daar intensief de studie naar hedendaagse theorie in te zetten. De vraag hoe het historisch fascisme op een eigen manier kon worden geïnterpreteerd bleef daarbij op de voorgrond. In 1985 verscheen het eerste Bilwetboek, geschreven door Bas-Jan en Geert, *Het Beeldenrijk*, een vrolijke post-Freudiaanse analyse van drie hedendaagse films (*Paris, Texas/The Day After/The Right Stuff*) waarin getracht werd de psychoanalytische duiding van angsten en verlangens in het mediatijdperk op z'n Hollands vast te leggen.[2]

---

1   Zie bijvoorbeeld Antifascistisch kollektief, *De rechterkant van Nederland: een overzicht van extreemrechtse en fascistische verschijnselen in Nederland* (Amsterdam: SUA, 1983).
2   Bilwet, *Het Beeldenrijk: over stralingsangst en ruimteverlangen* (Amsterdam: Raket en lont, 1985).

II. Het ontstaan van de fascismemap

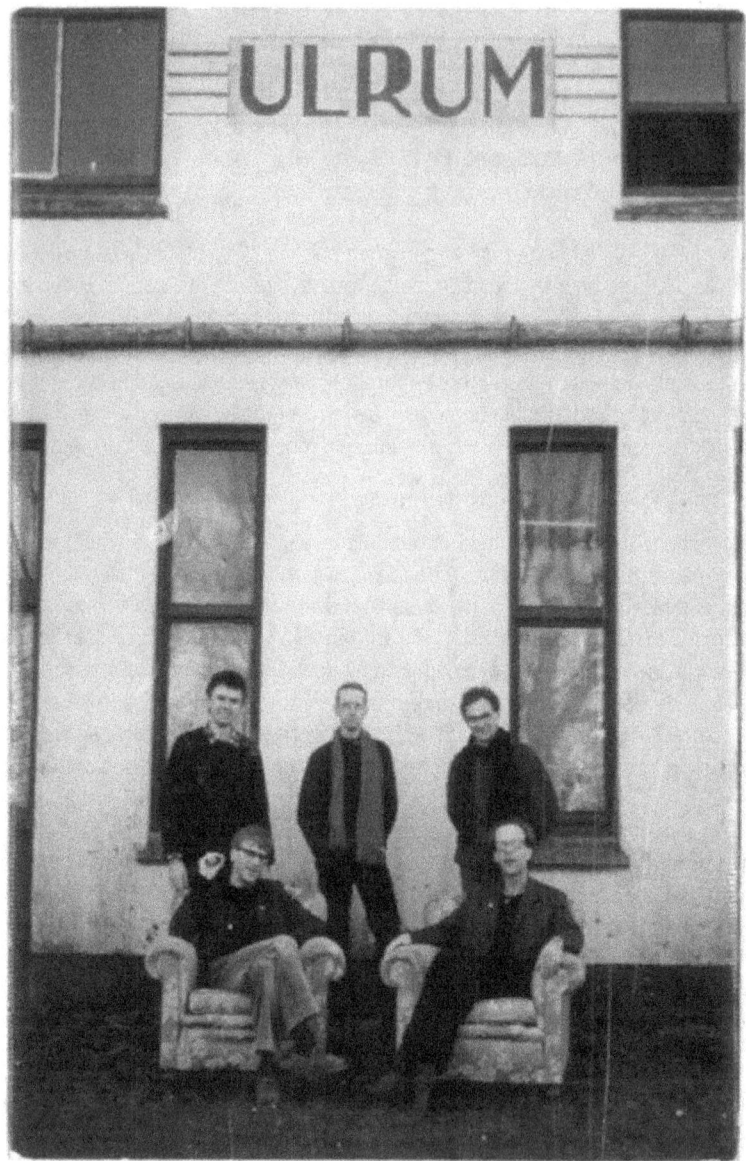

Afb. 2: De officiële Bilwetfoto met Bas-Jan van Stam, Geert Lovink, Arjen Mulder, Ger Peeters en Lex Woutersloot (1988/1989). De groep poseert voor het voormalig station Ulrum en toenmalige huis van Bas-Jan in Noord-Groningen.

Na het verschijnen van een lovende recensie van *Het Beeldenrijk* die Arjen Mulder, toenmalige filmrecensent van CPN-dagblad *De Waarheid*, schreef, trad hij toe bij de groep. Ook Ger

Peeters (Nijmegen) en Lex Wouterloot werden niet veel later lid. Een van de eerste activiteiten van de nu vijf man sterke groep was een cursus voor krakers en andere activisten in Theweleits boek, dat net in een verkorte Nederlandse vertaling door een Nijmeegse mannengroep was uitgegeven. De theoriecursus werd zowel in Amsterdam als in Nijmegen gehouden.

In de periode van 1984-'94 schreef de groep ongeveer twintig teksten over hedendaags fascisme, bij elkaar goed voor ongeveer 300 pagina's. In de planning moest dit Bilwets tweede boek worden. In 1986 schreef Geert hiervoor een opzet (die in deze map is opgenomen).[3] Echter, niet veel later deed de personal computer zijn intrede. De artikelen die al waren geschreven op elektrische typemachines zouden eigenlijk overtypt moeten worden. Aangezien er toen nog geen tekstscanners (ORC) waren, viel het project tussen wal en schip en werd nooit afgemaakt. Een andere reden hiervoor was het karakter van de teksten, die veeleer een scholingskarakter hadden en niet van A tot Z gezamenlijk waren opgeschreven. De aandacht verschoof weer naar het geven van een cursus, weer in Amsterdam en Nijmegen, waarin gezamenlijk *De fatale strategieën* van Jean Baudrillard werd gelezen, in een Nederlandse vertaling, uitgeven door 1001. Qua schrijven verschoof de aandacht van Geert en Arjen naar het vastleggen van de geschiedenis van de kraakbeweging, die in 1987 in een rap tempo uit elkaar viel (niet veel later uitgegeven als Bilwets tweede boek, *Bewegingsleer*).[4]

De actualiteit van het historisch fascisme verdween langzaam maar zeker op de achtergrond en werd overgenomen door de opkomst van 'nieuwe media' en het naderende einde van de Koude Oorlog en de 20e eeuw. Het herdenken bleef ook begin jaren negentig nog prominent op de agenda met 50 jaar dit en dat, maar werd overvleugeld door technologie, neoliberaal beleid, crisis en oorlog (in de Golf, Joegoslavië, Afrika) die de agenda beheersten. Het einde van de geschiedenis leek voorbij, wat viel er nog te leren van het verleden?

Hoe dan ook is het zonder verdere introductie wel duidelijk Bilwet gekenmerkt werd door een fascinatie voor fascisme. Die kwam niet uit de lucht vallen. Wat betekende de 'waakzaamheid' waartoe de CPN, *Trouw* en *Het Parool* opriepen, 40 of 50 jaar na de machtsovername van Hitler, de Februaristaking en de bevrijding van Auschwitz, behalve dan het gedenken van de slachtoffers? Het bleek niet langer voldoende te beweren dat de oorsprong van het fascisme in het grootkapitaal lag, waarin een 'volkse' oplossing wordt aangedragen met als doel de macht te verdedigen met autoritaire middelen om zo de groeiende macht van de arbeidersklasse en andere sociale bewegingen te breken.[5] De onderstromen en het doorleven van fascisme kwamen in plaats daarvan in de aandacht. In het boek *Anne Frank in the World*, in 1985 uitgegeven door de Anne Frank Stichting, wordt bijvoorbeeld niet alleen over de wrede herinneringen en geschiedenissen besproken, maar ook gewaarschuwd voor racisme, antisemitisme en vooroordelen in het heden.[6] Bovendien kwam naast het institutionele,

---

3   Zie 'Opzet Bilwet-fascismemap' in de bijlage van deze bundel.
4   Bilwet, *Bewegingsleer* (Amsterdam: Ravijn, 1990), ook online: http://www.thing.desk.nl/bilwet/bilwet/
     Bewegingsleer/index.html.
5   Zulke klassiek-Marxistische verklaringen zijn te lezen in, bijvoorbeeld, Reinhard Kühnl, red. *Texte zur*
     Faschismussdiskussion I: Positionen und Kontroversen (Reinbek bei Hamburg: Rowohlt Verlag, 1974).
6   *Anne Frank in the World,* red. Anne Frank Stichting (Amsterdam: Bert Bakker, 1985), vooral 72-77.

op herdenken gerichte antifascisme (waarop de CPN zo'n beetje een monopolie had) het niet-institutionele antifascisme (dat later tot Antifa uitgroeide) op vanuit de krakersbeweging.

Vanaf de jaren 80 zien we dus, grof gezegd, een verschuiving van de aandacht van gevolgen naar oorzaken. De vraag was niet langer alleen hoe men de afschuw kan tonen voor concentratiekampen, totalitarisme, onderdrukking en neofascisme, maar hoe het kon dat grote delen van de bevolking, niet alleen in landen als Duitsland, Spanje en Italië, passief en actief achter de autoritaire leiders gingen staan. Dit is de oorspronkelijke vraag van een breed scala aan denkers, van Wilhelm Reich en de beoefenaars van de autoritaire persoonlijkheidsstudie tot en met Louis Althusser, die zich afvroeg hoe mensen door ideologie worden aangesproken. Zo ontstond een psychoanalytische lezing van geheime angsten, wensen en dromen, en hoe deze op zo'n manier kunnen worden omgebogen en gepolitiseerd, dat het lijkt alsof 'het grote gevaar' komt van sterke vrouwen, slinkse Joden, chanteerbare homoseksuelen, buitenlanders en andere 'minderheden'.

III. Dialoog

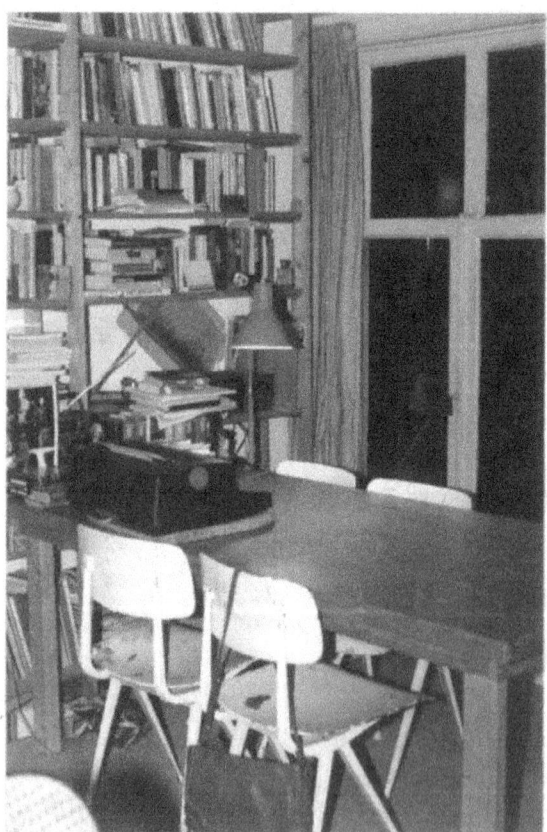

Afb. 3: De tafel in Geerts kamer in het kraakpand Lindenstraat 10, Amsterdam, waar 'twee jongens en een typmachine' werkten aan de fascismemap.

Sepp Eckenhaussen: Door terug te gaan naar Bilwets werk uit de jaren '80 en '90, keren we ook terug naar de geboorte van de mediatheorie. Ik vraag me simpelweg af: wat was voor Bilwet de relatie tussen fascismeanalyse en mediatheorie?

Geert Lovink: Het klopt dat wij daar parallel aan werkten. Dit ligt geheel in de lijn van het werk van de Duitse mediatheorie en dat van Friedrich Kittler in het bijzonder. In zijn boek *Grammophon Film Typewriter* uit 1986, komen oorlog, fascisme, technologie en media expliciet samen.[7] Oorlog versnelt het onderzoek, denk maar even aan radar en de computer, maar ook aan de FM-band en de muziekcassette. De naoorlogse Electronica en de popmuziek zijn volgens Kittler 'afvalproducten van WO II'.

Sepp: Hoe is Bilwets fascismeanalyse uit de jaren '80 en '90 bruikbaar te maken voor de hedendaagse context? Wat moeten we *nu* met dit boek?

Geert: Allereerst is er het motief van Foucault, dat BAK – basis voor actuele kunst in Utrecht ook onlangs oppakte: het niet-fascistische leven.[8] Maar wat is dat? Wat moeten we dan voorkomen, waar moeten we waakzaam voor zijn, wat bestrijden? Of moeten dat allemaal juist achter ons laten. Kunnen we dat wel? Hebben we de hel van de 20e eeuw daadwerkelijk overstegen en is de collectieve psyché (en die van het individu) werkelijk zo veranderd, dat het niet meer ontvankelijk is voor massapsychose en het projecteren van maatschappelijke problemen op minderheden? Belangrijk is te snappen wat het individu vandaag de dag gaat doen zodra het in het defensief is gedrongen. De herverdeling van welvaart verloopt niet meer zoals 40-50 jaar geleden. Hierdoor zijn velen die buiten de boot vallen open gaan staan voor rechts-populisme. De vraag is welke psychologische constellatie hierbij hoort. De vraag zou dus niet moeten zijn of het historisch fascisme terugkeert maar hoe grote groepen die niet (langer) profiteren van de rijkdom via beelden, dromen en propaganda kunnen worden aangesproken, en uiteindelijk gemobiliseerd, om geweld tegen afwijkende groepen te gaan gebruiken.

Sepp: Het gaat inderdaad niet om het kunnen aanwijzen van *de* fascist. 'Punch a Nazi' is het toppunt van domheid. Het heeft geen zin mensen uit te maken voor fascist die zichzelf niet (openlijk) als fascist identificeren. Je vervalt dan alleen maar in een welles-nietes-discussie rond de definitie en toepassing van 'fascisme'. En dan ook nog eens geweld gaan gebruiken? Ik denk dat de grote urgentie van hedendaagse fascismeanalyse ligt in het kunnen begrijpen en verklaren van hedendaagse maatschappelijke tendensen en het anticiperen op structurele toekomstige gevaren. Maar dat is natuurlijk ook niet een neutrale analyse zonder politieke aannames of grondslagen. Bij fascismeanalyse hoort de antifascistische strijd, en wellicht ook de non-fascist. De belangrijkste vraag lijkt dan ook te zijn: wat betekent het vandaag de dag om antifascist of non-fascist te zijn? In verschillende landen zien we sterke mannen als Trump, Orbán, Duterte, Bolsonaro, de Gouden Dageraad en in Nederland

---

7   Friedrich Kittler, *Grammophon Film Typewriter* (Berlijn: Brinkmann & Bose, 1986).
8   Michel Foucault, 'Preface,' in Gilles Deleuze en Félix Guattari, *Anti-Oedipus: Capitalism and Schizophrenia* (London: Continuum, 2004 (1984)), xv.

Wilders en Baudet die een gooi doen naar zo'n positie. Hoe kijkt de non-fascist naar zulke verschillende bewegingen op de wereld? Wat zegt fascismeanalyse ons over de *strong men* van vandaag?

Geert: Een cruciale overgangstekst hier is Laclau's *On Populist Reason* uit 2005.[9] Deze stamt niet uit de jaren 80, alhoewel zijn *Hegemony and Socialist Strategy* wel die tijd is geschreven, samen met Chantal Mouffe.[10] Toch kunnen we *On Populist Reason* zien als een belangrijk document dat vooral naar de toekomst wijst. Het punt is denk ik niet meer zozeer dat mensen zich aangesproken voelen als 'volk' of 'natie'. Laclau wijst op de sociale heterogeniteit van vandaag de dag. Die kan zich in tijden van crisis tegen het liberaal-democratische bestel keren. Nu zijn er veel minder beleidsinstrumentaria om te sturen. Neem niet alleen de onderklasse maar ook de ZZP'ers. Die zijn nauwelijks meer te binden aan wat nog over is van de sociale/christelijk democratische consensus. Wat van belang is in dit voorstadium, is de ideologische verwarring en het bewuste mixen van linkse en rechtse thema's en eisen, zoals we nu bij de Franse beweging van de gele hesjes zien. Het historisch fascisme dient hierbij als ijkpunt, als leerschool, en niet zozeer als een absolute maatstaf. We moeten dus ophouden alles waar we het niet mee eens zijn en als gevaarlijk beschouwen, te bestempelen als fascistisch. Het populisme, zoals Laclau dat beschrijft, is denk ik een beter hedendaags kader. De rijke geschiedenis, zoals we die in deze rauwe Bilwetmap, kunnen nalezen dient dan als een inspiratiebron om te laten zien hoe 40 jaar geleden de fascisme-analyse ineens enorm gelaagd werd.

Sepp: Maar toch, over wat voor fascisme hebben we het nou eigenlijk precies? Op wikikids. nl lees ik:

Het fascisme is een politieke stroming die is bedacht door Benito Mussolini uit Italië. Fascisten vinden de democratie slecht en hebben liever een dictator, die zelf alle beslissingen neemt. Voor fascisten weegt het belang van het land als geheel zwaarder dan dat van de mensen en moet daarom iedereen meewerken aan het belang van de staat. Daarom zijn mensen in fascistische landen gevangengezet of vermoord als ze het niet eens waren met de regering. Fascisten vinden dat de menselijke soort verbeterd wordt door het 'recht van de sterkste'. [...] Omdat fascisten vinden dat dit ook voor landen geldt, vinden ze oorlog belangrijk en speelt het leger een grote rol. De Tweede Wereldoorlog is bijvoorbeeld begonnen door het fascistische Duitsland van Adolf Hitler. [...] Veel fascistische landen werkten samen in de Tweede Wereldoorlog, maar nadat ze die oorlog hadden verloren werd het fascisme nooit meer acceptabel gevonden.[11]

Dit is de Jip-en-Janneke-definitie van fascisme als een historisch netjes afgerond en ethisch afgesloten fenomeen. Die ging jullie niet ver genoeg. Zoals Bas-Jans *boek Seksisme/fascisme*

9   Ernesto Laclau, *On Populist Reason* (London & New York: Verso, 2005).

10   Ernesto Laclau en Chantal Mouffe, *Hegemony and Socialist Strategy: Towards a Radical Democratic Politics* (London & New York: Verso, 1985).

11   'Fascisme,' *WikiKids*, geraadpleegd op 11 februari 2019, https://wikikids.nl/Fascisme.

uit 1983 al toont, was er blijkbaar een tendens in de jaren '80 om fascisme niet alleen als politieke stroming te zien, maar het op een of andere manier gelijk te stellen aan seksisme. De omslag van dat boek laat bovendien zien dat het ook nog iets met racisme te maken had. Waarom? En tot welke definitie leidt dit? Waar blijft de historische component in zo'n nieuwe definitie?

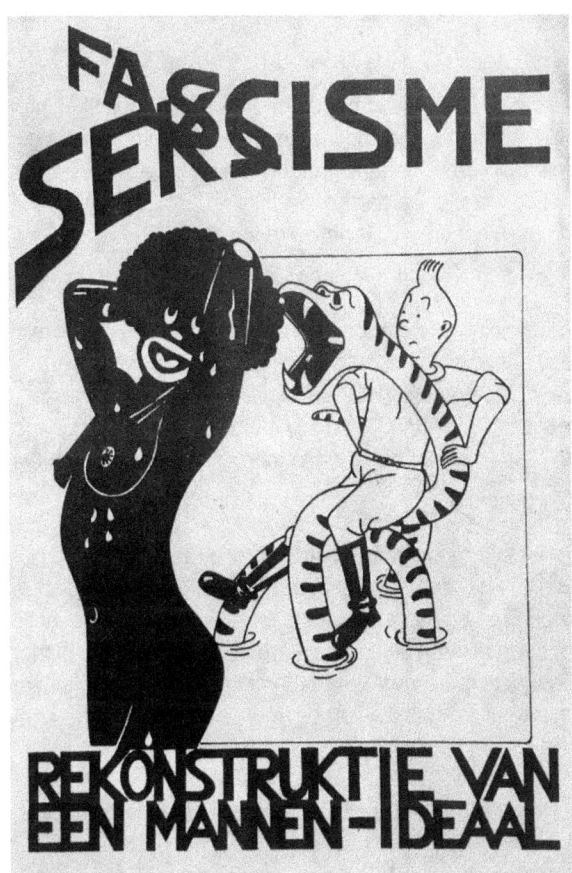

Afb. 4: De omslag van Sekisme/Fascisme (1983).

Geert: Het ging ons niet om gelijkstellen maar om het leggen van verbanden als het gaat om de oorzaken van fascisme als politieke stroming. Waar ligt de voedingsbodem en kan die worden weggenomen. In Jip-en-Janneke-taal: voorkomen is beter. Eventueel zou nieuw fascisme op straat kunnen worden bevochten (en overwonnen) dan wel worden verboden door wetten, infiltratie en repressie (de legalistische variant), maar waarom niet via opvoeding, onderwijs en politieke organisatie ervoor zorgen dat mensen zich hoe dan ook niet aangesproken voelen en het spel doorzien?

Sepp: Jullie waren niet de enigen die zo'n psychoanalyse van het fascisme schreven. Het openbreken van conventionele definities van fascisme is meer dan eens geprobeerd. Logisch, want wanneer we ons blind blijven staren op wat fascisme ooit geweest is, zonder te kijken naar veranderende productieverhoudingen, globalisering, verschuivende politieke allianties, de groeiende macht van sociale media, etc., zullen we nooit herkennen dat de onderstroom die ónder die historische verschijningsvormen zat, nu misschien op een andere manier tot uitdrukking komt dan honderd jaar geleden. Maar het valt mij op dat wanneer fascisme-analyses voorbijgaan aan historische verschijningsvormen, dit resulteert dat vaak in een soort psychoanalytische *sweeping claim.*

Theweleit's theorie is een goed voorbeeld: fascisme is het uit de hand gelopen kolken van mannelijke fantasieën en onzekerheid. Als die zogenoemde fascistische Soldaatmannen maar liefdevol waren opgevoed en niet zo bang waren voor het stromen van hun eigen verlangens, had fascisme volgens Theweleit nooit bestaan. Ik las laatst een artikel van Bifo in de bundel *A New Fascism?,* dat heel interessant was, maar ook verviel in zo'n soort claim. Theweleit wordt later in deze bundel nog in detail besproken, dus laten hier als voorbeeld Bifo even volgen:

> Nationalism and fascism are mythological references, an expression of the desire for revenge, for violence. [...] [Today,] fascism is rising as a desperate and demented rebellion against the impotence of the will, against the subjugation of human events to the automaton. [...] Impotence is the distinctive quality of our time. Impotence and rage that impotence provokes – especially amongst white men – is, in my opinion, the deep and current return of fascism.[12]

Hedendaags fascisme staat dus gelijk aan impotentie (inderdaad, een mannenkwaal). Het probleem met zulke *sweeping claims* is dat ze het vaak al te makkelijk maken voor hun critici. Bifo moet dan bijvoorbeeld aan het einde van de tekst meteen toegeven: > Those who cannot dance to > the rhythm of neo-liberal competition are expelled from the planet, > expelled from life, expelled from the right to survival, unless > marginalised people create automous spaces of extra-economic > exchange. Do you have to define this? Is the right word 'fascism'? I don't know.

Je kunt dat wegwuiven, maar het is wel een echt probleem. Zowel monomanie als inflatie van begrippen liggen op de loer, want juist verruimende vaagheid van begrippen is nodig voor een alomvattende tunnelvisie. In een Theweleitkritiek uit de jaren '80 schreef Arjen al: 'Je kunt Theweleit wel verwijten dat hij in zijn enthousiasme soms lijkt te menen dat zijn model de enige juiste is, d.w.z. de ''werkelijke'' verklaring die alle andere verklaringen uitsluit en overbodig maakt.'

Ik snap best dat Bilwet voorbij het nulpunt van betekenis wilde speculeren, en dat dit schrijf experiment spannend was (ik voel dat zelf ook), maar is dat wel wat we vandaag zouden moeten willen? Is dat nog ergens goed voor in de post-feitelijke samenleving? Zijn we niet een keer pomo moe? Geeft een opgeblazen definitie enig aanknopingspunt, enig inzicht om te vechten tegen hedendaags fascisme? Te strakke definities leveren geen politiek inzicht op,

---

12   Franco 'Bifo' Berardi, 'Dynamics of Humiliation and Postmodern Fascism,' in *A New Fascism?,* edited by Susanne Pfeffer (London: Koenig Books, 2018), 11-12.

zoveel is duidelijk. Maar is eindeloos gespeculeer met steeds een andere sweeping claim niet even erg?

Geert: De psychoanalytische a.k.a. hermeneutische methode heeft nu eenmaal tijd en ruimte nodig. Je gaat graven en volgt sporen, lijnen, associaties, elementen uit dromen. Er bestaat niet zoiets als een Twittervorm van deconstructie. Het zou op zich een goed plan zijn om eens experimenten te gaan doen met het versnellen van diepte analyses. Kan dat über- haupt? Postmoderniteit staat bij jou, vermoed ik, voor relativering, maar daar kan binnen de fascisme analyse geen sprake zijn—daarvoor het thema te serieus en te urgent, denk maar aan de opkomst van Wilders en Baudet. Racisme in Nederland bestaat wel degelijk en dat kan niet zomaar door een spraak- of denkpolitie via verboden in oude media zoals kranten en tv worden opgelost.

Sepp: Ik zal niet langer de jurist uithangen, want de onduidelijkheid waar we het over hebben had ook een positieve kant. Bilwet was namelijk altijd opzoek naar de productieve uitglijers, of de opluchtende uitglijers, of ten minste de grappige uitglijers. Bas-Jan vertelde ooit in een interview met Jo van der Spek over jou:

> Wij lezen dingen verkeerd. Mijn vader had op een soort barbecue-installatie in Frankrijk zo'n tegeltje en daar stond een mannetje gebogen te harken in de grond en als tekst stond erop 'Niet zonder moeite'. Geert ergerde zich daar werkelijk bont en blauw aan, totdat ik zei, dat 'niet' is een werkwoord, je moet zonder moeite nieten. Toen was het acceptabel. Dus je moet verkeerd lezen, dan schiet je op, dan kom je verder. Het is het weggooien van ballast, het streven naar niks.[13]

Jullie hebben dan ook nogal eens een zeperd gemaakt. Klimaatbewustzijn wegzetten als ecofascistische biopolitiek bijvoorbeeld, of sporten bestempelen als lichamelijke oefening van de fascistische ideologie. Ik kan wel genieten van dat opblazen voorbij het nulpunt. Wat vind je zelf van zulke uitglijers als je ze terugleest? Kunnen we er iets mee? Zit hier een kwaliteit in die we vandaag de dag uit het oog verloren zijn?

Geert: Dat zijn voor mij analyses van maatschappelijke fenomenen, in dit geval sport en milieu. Je moet die dingen niet op jezelf gaan betrekken. Het gaat hier niet om smaak of lifestyle-keuzes. Bas-Jan hield van kijken naar voetbal. Ik lag liever op het strand terwijl Arjen hield van wandelen. So what? Reactionaire beelden over de 'ware' natuur van een land circu- leren nog steeds en zulke puristische ideeën over een zuiver, niet-vervuild land waar alles en iedereen netjes gescheiden naast elkaar leeft en afval apart wordt opgehaald en verwerkt, zijn er nog steeds en spelen, zeker in Duitsland, in identitaire kringen van vandaag de dag, onder jongeren, een belangrijke rol. Het Nederlandse onderwijssysteem is gebaseerd op apartheid, op 'gescheiden ontwikkeling', met VMBO en MBO voor de migranten en de onderklasse en gymnasium voor de 'leidinggevenden'. Veel mensen hangen die gedachte nog steeds aan. Die groepen dienen niet met elkaar in contact te komen.

---

13   'Interview van Jo van der Spek met Bilwet (Basjan van Stam en Lex Wouterloot) Voor ARKZIN/ Zagreb,' *Thing.Desk.nl*, september 1995, *https://thing.desk.nl/bilwet/TXT/BILWET.INT.txt*.

Sepp: In 1994 karakteriseerden jullie bij Bilwet de mediatheorie als 'een expeditie om over de rand van de mediale planeet te vallen, in de wetenschap dat deze rond is. Het blijkt mogelijk de media-almacht te ontkennen door buitenaards te gaan. "We are here to go." De media zijn geen *primordial uncarved block,* het oppervlak ervan vertoont barstjes, patronen. Het alienstandpunt maakt die zichtbaar.'[14] Zien we hier een nieuwe manier om een buitenpositie in te nemen, om een maatschappijkritiek van de ander te schrijven? In andere woorden, was de mediatheorie in beginsel niet precies dat soort analyse waar jullie, leunend op Klaus Theweleit en de psychoanalyse, in de fascismemap aan voorbij probeerden te gaan?

Geert: We probeerden in eerste instantie weg te komen van het toetermodel dat media louter en alleen ziet als doorgeefluik van propaganda voor de heersende klasse. Eigen mediadistributiekanalen opbouwen was belangrijk en daar hoorde ook eigen theorievorming bij. Bilwet was daar onderdeel van (en het INC, dat deze map ruim 30 jaar later uitgeeft, kan in deze traditie worden bezien). Ook wilden we weg van het Habermas' idee dat het hier zou gaan om een soort strijd in een publieke arena waar wij dan wat input aan moesten geven. Wij wilden niet langer participeren in de show van een ander. Hoe kunnen we media anders denken en structureel anders vormgeven? Dat was een vraag die Klaus Theweleit (samen met Friedrich Kittler in zijn Freiburgse tijd) indirect bezighield: hoe kunnen de media 'ontwapend' worden en ontdaan worden van hun autoritaire en militaire oorsprong? Moeten we daarvoor eerst de geschiedenis kennen een (psycho)analyse hebben gemaakt? Ik vind dat nog steeds een relevante vraag ook al snap ik wel dat we met de tijd steeds verder wegraken van die 20e-eeuwse 'oorsprong'. De democratisering van de kanalen, technologieën en gerelateerde vakkennis blijft een inzet. Dat heet in saai pragmatische Nederlands 'mediawijsheid' en daar zou veel meer aandacht voor moeten zijn. We moeten niet terug naar dat ene kanaal, dat ene platform, die ene stem. Veelstemmigheid betekent een radicale aanval op de centraliserende tendensen van Facebook en Google, minoritaire expressie vormen verdwijnen voordat je het weet, vroeger door censuur en controle op toegang, en naar door algoritmes die ons wegfilteren en onzichtbaar maken.

Sepp: Dit is trouwens niet de eerste keer dat wij over de relatie tussen fascisme-analyse en mediatheorie in gesprek gaan. In 2018 interviewden Sara-Lot van Uum en ik je samen voor het UvA-studentenblad *Simulacrum* over memes en hedendaags fascisme, een interview dat uiteindelijk neerkwam op de vraag: kunnen we een fascisme-psychoanalyse van hedendaagse mediafenomenen maken?[15] Je was toen ambivalent in je antwoord: de productiesnelheid van memes is te hoog voor een goede psychoanalyse, maar we kunnen ons ook niet doodstaren op die productiesnelheid zelf zoals Deleuzianen doen ('Oh! Wat een productie! Geweldig!'). De conclusie die uit die ambivalentie kwam was zoiets als (hou je vast): memes kunnen misschien wel een broeinest voor fascisme zijn, omdat ze getuigen van een crisis in mannenidealen (zogenaamd veroorzaakt door feminazis, *social justice warriors*, *reverse rape* etc.), maar door de '*weak links*' op sociale media en de instabiliteit in de betekenis van

---

14   Zie 'Hoezo Bilwet? Een inleiding' in deze bundel.

15   INC publiceerde een herziene Engelse vertaling van dit interview: *http://networkcultures.org/ blog/2018/12/21/memes-and-everyday-fascism-a-triptych-on-the-collective-techno-subconscious-as- incubator-of-a-mens-ideal/.*

memes kunnen we deze analyse nooit hard maken en is er ook geen écht gevaar. Eigenlijk het enige dat we te winnen hebben bij zo'n analyse is, zo stelde je, bewustwording van wat die crisis in het mannenideaal vandaag de dag is: 'the void', het nihilisme. Ambivalentie én een sweeping claim dus. Wat als we nu eens wel uitspraken willen doen over fascisme in de netwerksameleving, maar geen genoegen nemen met een ambivalent antwoord en ook geen sweeping claim over de ander accepteren?

Geert: Een sweeping claim wordt vervelend als het uitmondt in een moreel oordeel over de ander en het bestaande verschillen uitwist. Verder denken dan gevraagd wordt, doorzeuren, op zoek gaan naar de oorsprong van zaken (bijvoorbeeld via geschiedenis of de etnografie van woorden en beelden) is iets heel anders. Je probeert op die manier juist uit de bestaande hokjesgeest en de voorgebakken ideologieën weg te komen door in te zoomen op details die er zogenaamd niks toe doen. Een andere truc is inderdaad die buitenaardse optiek die uitnodigt tot een radicaal andere zichtwijze (ook al is het maar voor even). Weer een andere techniek is de aandacht voor het weerzinwekkende. Of de vervreemdingstactiek. Een ander gaat de zaak van alledag in Nederland bekijken vanuit Somalisch gezichtspunt. Of Chinees. Dit leidt allemaal af van waar de meesten van ons zich mee bezighouden, of dat nu gedicteerd wordt door De Wereld Draait Door of PewDiePie, dat maakt niet uit.

Sepp: Jij stelde ooit dat het fascisme-onderzoek van Bilwet in de kern ging om de overdracht van het WOII-trauma van de generatie die het aan den lijve meemaakte op de generatie die er alleen van gehoord had.[16] De techniek die jullie voor dit onderzoek gebruikten was de third mind: 'De auteur Bilwet is vanouds een third mind: twee jongens en een typemachine. De samengestelde tekst is niet de optelsom van individuen, maar iets totaal anders, een samenballing van inzichten en uitglijers waar de bilweter alleen nooit op was gekomen.'[17] Jullie schreven samen, zittend op witte stoelen, boekenkast binnen handbereik. Nu wij samen schrijven lijkt, rijst een soortgelijke kwestie van generatie-overdracht. Toen jullie de teksten in deze bundel schreven, waren jullie namelijk ongeveer even oud als ikzelf nu ben. Dertig jaar later ben ik, naar jij zegt, de eerste die de wereld van Bilwet binnenstapt. Zullen wij die third mind nu aanspreken om de generatiegrens die ons scheidt te slechten en om zo een brug te slaan tussen de historische en de hedendaagse waarde van Bilwets geschriften?

Geert: Samen schrijven is zeer zeker geen generatiegebonden fenomeen. Met tools zoals GoogleDocs, CryptPad en Etherpad wordt het steeds makkelijker. Het probleem is alleen dat de urgentie en het verlangen soms ontbreken. In de neoliberale wereld levert anoniem werken onder een collectieve naam niks op voor je CV, hoe leuk het ook is. Zeker in de creatieve sector worden mensen steeds individueler gemaakt. We doen nog steeds veel samen door arbeidsdeling en specialiteiten. We hebben anderen bitterhard nodig, maar dat resulteert niet automatisch in anonieme collectieve entiteiten. Zoals je zegt, pas met zo'n naam kan het fenomeen van de third mind optreden. Het gaat hier niet om het louter optellen van twee of meer talenten. Je moet je echt inspannen dat het eindproduct een hele andere kant opgaat. Collectieven komen in de kunst nog steeds regelmatig voor maar zijn redelijk zelden als het

---

16   Zie 'Opzet Bilwet-fascismemap' in de bijlage van deze bundel.
17   Zie 'Hoezo Bilwet? Een inleiding' in deze bundel.

om schrijven gaat. Uitzondering vormen Tiqqun en The Invisible Committee. Zij schrijven over collectieve ervaringen en politieke strategie. Wu Ming in Italië bestaat nog steeds, zij schrijven samen fictie onder die naam.

Sepp: Ja ik denk dat je gelijk hebt met je analyse over collectief schrijverschap. 't Is er niet aantrekkelijker op geworden. Maar hoe zit het met die generatieoverdracht? Neem bijvoorbeeld het feit dat de fascisme-discussie in de jaren '70 en '80 een mannendiscussie was - wat kunnen we daarvan leren?. De allermeeste auteurs die geciteerd worden in deze bundel, inleiding incluis, zijn mannen. De vertaling van Theweleit werd opgezet door 'mannentijd-schrift' *Manuskript*. Er wordt meer dan eens verwezen naar 'mannenpraatgroepen'. En niet te vergeten, Bilwet was een mannenclub. Toch was de fascisme-analyse geen circel-jerk over mannenrechten zoals die vandaag de dag door 'incels' gevoerd wordt. Integendeel. Het was voor mij een openbaring toen mijn moeder me vertelde over de fascisme-discussies van toen. Het patriarchaat is aannemelijkerwijs niet millenia lang in stand gehouden door vrouwen, maar (deels onbewust) gereproduceerd door zorgvuldig gedisciplineerde mannen. Bovendien rees het inzicht dat patriarchale machtsstructuren ook voor mannen in zekere zin onderdrukkend zijn. Voor feministen als mijn moeder was het daarom duidelijk dat in de sekse-emancipatie ook mannen een duidelijke taak hadden, namelijk zelfanalyse. Waar makkelijker te beginnen met zo'n mannenfeminisitische zelfanalyse dan bij het toppunt van uit de hand gelopen mannenidealen, het fascisme?

Het lijkt er dus op dat het in de fascismeanalyse van jullie generatie niet echt om ging wie *de* fascist was, of zelf om *het* fascisme als zodanig, maar om het vinden van een ingang voor kritische zelfanalyse van de mannelijke subjectiviteit. Was dat voor Bilwet inderdaad het geval? Waarom was Bilwet eigenlijk een exclusieve mannengroep? In welke mate was het problematisch dat de analyse van de mannelijke subjectiviteit vrijwel uitsluitend door de mannelijke stem werd geproduceerd? Werden mannenpraatgroepen ter ondersteuning van de feministische zaak werden binnen de feministische beweging overwegend met goedkeuring ontvangen, of was er ook kritiek? Hoe zou dat vandaag de dag zijn? Is feministische zelfanal-yse van en door mannen nog steeds relevant? Bestaat dit mannenfeminisme nog, of is het verdrongen door nieuwe vormen van identiteitspolitiek?

Geert: In denk dat fascisme-onderzoek voor Bilwet wel een onderzoek naar onze eigen sub-jectiviteit was, maar ik geloof niet dat we bewust een mannengroep waren. Wel was het zo dat onze manier van theorie en schrijven totaal marginaal was en ons nog verder in die fringe drukte. Ook nu is het zo dat vrouwen daar bewust of onbewust niet voor kiezen. Voor hen is de druk, de dwang om maatschappelijk succesvol te zijn echt groter. Of misschien was er sprake van subtiele vormen van desinteresse? Het waren in ieder geval gescheiden werelden die niet echt met elkaar in contact stonden. Maar ik denk niet dat het problematisch was dat mannen over fascisme schreven, aangezien dit voor een groot deel was geïnspireerd door feministische geschriften en acties van de (radicale) vrouwenbeweging. En praatgroepen, die zijn er nog steeds. Punt is alleen dat we sinds alt-right ook figuren als Jordan Peterson en Thierry Baudet hebben... Dat is de nieuwe identiteitspolitiek die de niet-fascistische zelfanal-yse verdrongen heeft. Wat krijg je als je de adelaar van het duizendjarige rijk politiek correct maakt in de 21e eeuw? De uil van Minerva.

1. HOEZO BILWET? EEN INLEIDING

BILWET

Verschenen op de Bilwebsite thing.desk.nl/bilwet/, geschreven in 1994.

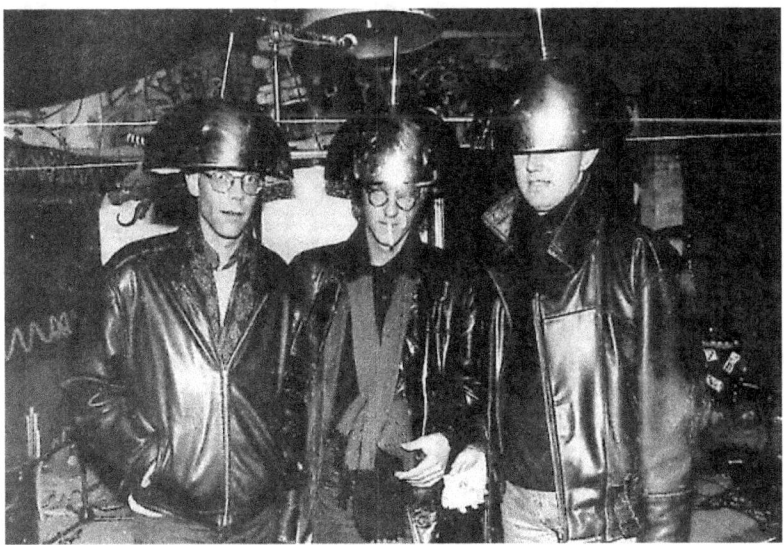

Afb. 1: Bilweters Bas-Jan, Geert en Arjen in kraakpand Vrankrijk bij de presentatie van De
Bewegingsleer *(1990).*

The Media are here to go

Het universum van de Bilwet fellow travellers

I. 'Dag, wij zijn van Bilwet'

De stichting 'Bilwet' (in oprichting sedert 1983) wil de Beoefening van ILlegale WETenschap
bevorderen. Dit o.a. door lezingen, boekwerken, wisselende kontakten, radioprogramma's,
reizen, manifesten, telefoongesprekken en vertalingen. Bilwet publiceerde *Het Beeldenrijk:
over stralingsangst en ruimteverlangen* (Amsterdam 1985), *Bewegingsleer* (Amsterdam 1990,
Berlin 1991, New York 1994), *Het Buitenmediale* door Arjen Mulder (Amsterdam 1991), *Hör
zu oder Stirb* door Geert Lovink (Berlin 1992), *Media Archief* (Amsterdam 1992, Bensheim
1993) en *Der Datendandy* (Bensheim 1994/NL-floppy versie: Amsterdam/De Balie, 1995).
Bilwet vertaalde Wolfgang Pohrt, *Berichten van het slagveld der kritiek*, Paul Virilio, *Horizon
Negatief* en p.m., *bolo'bolo*. Zij publiceert o.a. in *Mediamatic, Andere Sinema, Schwarzer
Faden, NN, Blvd, Heaven Sent* (RIP) en *De Digitale Stad*. Bilwet neemt sinds 1989 deel aan
het Jaarboek voor Ambulante Wetenschappen *Arcade*. In de zomer van 1993 verscheen
Arcade #4 met als thema 'De Groeten aan het Morgenland'. Sedert 1987 is op Radio Patapoe
(Amsterdam) en Radio Rataplan (Nijmegen) is het programma De *Bilwet-portrettengalerij* te

beluisteren. Het Bilwetmuseum dat ingericht zal worden, biedt theoretisch en provisorisch asiel aan objecten, situaties, vraagstukken, observaties, aangegeven feiten. Deze collectie heeft geen publieke openstelling - men kan er slechts in verzeild raken. Ook wordt gewerkt aan Bilwetfilms, -encyclopedieën, Cd-roms met daarop de kritische *Studienausgabe*, te beginnen met de *Frühschriften* (Bollmann Verlag, 1994).

Bilwet houdt zich thans bezig met incest als volksvermaak, fascinerend Addis Abeba, Digital Island Budapest, figuurcorrectie, georganiseerde onschuld, Meeneemstad Eindhoven, elektronische eenzaamheid, verzamelingenleer, Zoroaster, tactische media en Freenets, algemene toerismetheorie, althaische Sprachen, Het Noorden, de aanbidding van het Kruis, yugo.antiwar, filosofische dieren Draculaland Roemenië, vakantie in Siberië, erg normaal werk, verdovende drugstheorie, de omgedraaide ooguitsteking, actueel heidendom, Ex Oriente Lux, moordreligies, de opheffing van Armenië, het 20ste-eeuwse lichaam, Vilém Flusser, laat-communisme, wolken, onafhankelijke media in ex-Joegoslavië. Daarnaast wordt er gedacht over toerismeleer, woestijnen, lamantijnen, fuga's, het postmillenium. Bilwet herlas recentelijk Desmond Morris *De naakte aap*, het verzameld werk van Hendrik de Vries, Adrien Turels *Technokratie, Genetokratie, Autarkie*, alles van Joao Guimaraes Rosa, de Bijbel en Fritz Fischer, *Griff nach der Weltmacht*. 'Niet van boeken alleen.' De theorie komt bij het onsamenhangende geheel Bilwet voort uit een combinatie van stilstand en snelheid, reizen en thuisblijven. Theorie betekent schrijven als een *third mind*, maar ook schilderen, tv-kijken, zwijgen, lachen, wandelen, het stuiten op wonderbaarlijke woorden, flarden van zinnen, brieven uit den vreemde, compact-slogans en mysterieuze titels, wat knipsels, vergeelde pockets.

II. 'Ja, Bilwet is een speculant'

Voor Bilwet begint de speculatie voorbij het nulpunt van de betekenis. Als woorden bevrijd zijn van de informatielast die ze mee moeten torsen, raken ze in vervoering en trekken op verkenning uit. Zodra ze hun eigen gang gaan, kunnen ze iedere logica volgen en op alle informatie anticiperen waar ze ooit nog mee opgezadeld zullen worden. Het speculeren met de taal volgt de stelregel: voorkomen is beter dan deconstrueren. Tijdens de werkuren van de Bilwet-optiebeurs worden begrippen, willekeurige data en onvermijdelijke situaties kortgesloten op hun verdwijnpunt in de toekomst. Het opereren aan gene zijde van de toekomst doet de Bilwet-speculant iedere bestaande lezersmarkt vergeten. De woekering van de woorden roept een chaosveld op waar doorheen de tekst zijn fatale koers bepaalt. Daarbij heeft iedereen het nakijken, inclusief de mixers zelf.

De biltekst is moeilijk, maar leidt nooit tot misverstanden over de toelaatbaarheid van de strekking ervan. Voor Bilwet is de gevaarlijke tekst over het riskante onderwerp uitgespeeld en uitgesloten. Bilwet heeft een warme belangstelling voor alle taboes van de wereld, maar geen behoefte ze te doorbreken. Het openlijk flirten met, of nog eens doorwerken van het gedachtengoed uit de roemrijke jaren twintig en dertig, dat grenzen, diepten en hoogten verkende van het Dasein in het tijdperk van de techniek, heeft de belangstelling niet. Voor Bilwet begint de wereld na '45. De dodelijke angel is uit de tekst gehaald en kan er niet nogmaals in gestopt worden. Die constatering gaat aan iedere bilwettekst vooraf.

De auteur Bilwet is vanouds een *third mind*: twee jongens en een typemachine. De aanschaf van Pc's heeft daar weinig aan veranderd. Een biltekst kan niet door één enkele schrijver worden gemaakt, maar heeft minstens twee, maar vaak ook vier, vijf of meer medewerkers nodig. De samengestelde tekst is niet de optelsom der individuen, maar iets totaal anders, een samenballing van inzichten en uitglijers waar de bilweter alleen nooit op was gekomen. De bestanddelen van de *ideelle Gesamtautor* nemen al hun data mee en hangen die hardnekkig op aan kleine ergernissen om bilwetmatigheden op te stellen. Door de aanwezigheid van meerderen worden vooroordelen en kleingeestigheden wederzijds uitgedoofd en houdt de biltekst *observation as ideas* over. Bilwet is een geestverruimend middel. Bilwet is geen pseudoniem, maar een vrolijke methode, een kortsluiting, een telefoongesprek. Bilwet is zowel opgewekte theorie als een *happy writer*. Het is geen groep, beweging, syndicaat, commune of genootschap, maar is in Groot-Duitsland raar genoeg een *Agentur*. Van begin af aan is het een stichting in oprichting geweest. Bilwet kent geen lidmaatschap of donateurs, maar wel een reizend ambassadeur, een erelid voor het leven en een politiek commissaris. Zonder belangstelling voor elkaars specifieke invalshoeken dumpt eenieder wat hij toevallig bij zich heeft. Het is maar wie of wat er binnen komt lopen bij een biltekst *in progress*.

Het rukken en trekken aan het begrip 'media' is een dankbare bezigheid. Media is een container met een ongekend volume. Het lijkt of de hele wereld erin gevat kan worden. De mediatheorie onderneemt een expeditie om over de rand van de mediale planeet te vallen, in de wetenschap dat deze rond is. Het blijkt mogelijk de media-almacht te ontkennen door buitenaards te gaan. 'We are here to go.' De media zijn geen *primordial uncarved block*, het oppervlak ervan vertoont barstjes, patronen. Het alienstandpunt maakt die zichtbaar.

III. 'Maar wie zijn dat in vredesnaam?'

Bilwet is in 1983 opgericht door de Amsterdamse sociofilosoof Basjan van Stam ter gelegenheid van het verschijnen van zijn eerste boek *Seksisme/fascisme: rekonstruktie van een mannenideaal*. Gedurende een verblijf van Geert Lovink in Berlijn ontstonden de plannen om tezamen een boek te maken over seks en oorlog, hetgeen resulteerde in *Het Beeldenrijk* (1985). Geert Lovink was ooit politicoloog en schreef voor het weekblad *bluf!*, wat Bilwet ook ging doen. Begin 1986 traden Arjen Mulder (bioloog en *Waarheid*-filmrecensent) en Ger Peeters uit Nijmegen (socioloog/fulltime reiziger) toe tot het gezelschap en werden er cursussen gegeven over *Mannenfantasieën* (Klaus Theweleit) en *De Fatale Strategieën* (Baudrillard). Niet veel later trad reli-specialist Lex Wouterloot toe en verhuisde van Stam naar Noord-Groningen, alwaar hij zich ging toeleggen op het verven. Vervolgens verschenen er een aantal vertalingen en artikelen over de kraakbeweging, die samen werden gebracht in het boek *Bewegingsleer*, waarvan ook een Duitse en Amerikaanse editie verscheen. Sinds 1988 is er sprake van een mediatheorie in aanbouw en begon het schrijven voor bladen als *Andere Sinema* en *Mediamatic*. Mulder kwam in 1991 met een eigen, meer literaire media-analyse (*Het Buitenmediale*, Uitgeverij Perdu, Amsterdam), terwijl Lovink Geert aandacht besteedde aan vrije radio's en undergroundgroepen en ging werken in het Wilde Oosten. Onlangs werd de Duitse editie van het *Media-archief* uitgegeven bij Uitgeverij Bollmann, alweer de derde uitgave in het Duits. In februari was de Bilwet op tournee in Groot-Duitschland, onder de titel *Datendandy Tour 1994*.

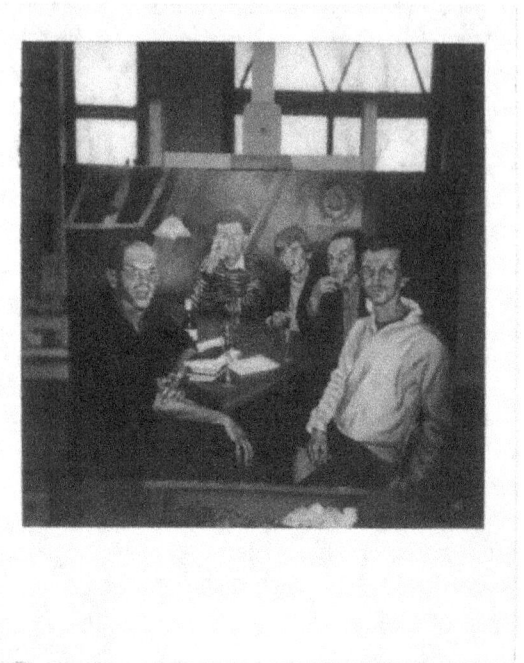

Afb. 2: Bilwet, het schilderij, gemaakt door Bas-Jan (1992).

2. DE VERTOOGMIXER VAN KLAUS THEWELEIT: EEN BOEK BIJ DE DOOD VAN ORFEUS

GEERT LOVINK EN ARJEN MULDER

Eerder verschenen in *De Groene Amsterdammer*, 15 maart 1989.

'Laat de doden maar een beetje zingen. En laat de dader alsjeblieft zijn mond houden.' (Armando)

Waarom schrijven schrijvers? In de hedendaagse literatuurkritiek is deze vraag zo goed als taboe. Klaus Theweleit trekt zich daar echter niets van aan. Onvervaard is hij begonnen aan een onmatig omvangrijk project waarmee hij aan wil tonen dat schrijvers schrijven omdat zij aan een 'Orfeussyndroom' lijden. Neem Gottfried Benn. Neem Bertolt Brecht. Neem Franz Kafka. Allemaal schrijvers die hun grote werken schrijven ten koste van hun geliefde. Na Männerphantasien *schokt Theweleit opnieuw met een provocerend boek.*[1] *Arjen Mulder en Geert Lovink comprimeerden de twaalfhonderd pagina's van het eerste deel van wat uiteindelijk een groots vierluik moet worden.*

Tien jaar na de duizend pagina dikke *Männerphantasien* is Klaus Theweleit begonnen met de publicatie van zijn magnum opus, het *Buch der Könige*. Het project zal uit vier banden van in totaal 3200 pagina's bestaan. Deel 1, *Orpheus und Eurydike*, kwam tijdens de laatste Frankfurter Buchmesse uit en de eerste 30.000 exemplaren raakten in één maand uitverkocht. *Männerphantasien* is in Duitsland en Nederland synoniem geworden met het afscheid van een rigide marxisme; Theweleit verklaart in dat boek het fascisme niet uit economische oorzaken maar wel uit de onmogelijkheid van mannen om met hun eigen lichaam om te gaan. De *Buch der Könige*-tetralogie zal het afscheid worden van een net zo rigide opvatting die literatuur als autonome kunst beschouwt; in tegenstelling tot deze bewering probeert Theweleit de literaire schepping te verklaren uit het onvermogen van schrijvers om met hun eigen geschiedenis om te gaan.

Met zijn 1222 bladzijden en 600 illustraties is het *Buch der Könige I* opnieuw een genre op zich geworden. Het is een 'tweede poging biografieën te schrijven waar niemand om gevraagd heeft, een detectiveroman, een case study'. Hoofdpersoon is Orfeus 'in Landsberg, Berlijn (West en Oost), Mantua, Florence aan de Poolcirkel, in Amerika, in Praag; in 1945, 1607, 1283, 1901, 1968; met zijn lieren: tekst, muziek, opera, radio, film en schilderijen'.

Tussendoor voegt 'vertoogmixer' Theweleit 312 pagina's in over de 'Schwierigkeiten der Geschichte', een aaneenrijging van inspiratiebronnen, binnengekomen post, ontmoetingen, rare boeken, herinneringen, auto-psychoanalyse, besprekingen van platen (The Kinks) en televisieprogramma's, stripalbums, voetbalkampioenen en zijn moeder. Met vrouw en kinderen op bezoek bij Alice Miller in Zürich, wordt het 'brave kind' doorgenomen; de New Yorkse

---

1   Zie voor besprekingen van dat eerdere boek *Mannenfantasie* de volgende twee hoofdstukken.

psychohistoricus Lloyd deMause wordt onder de lunch doorgevraagd over de cycli van de *Fantasywars*. Velikovsky wordt nageslagen op de kosmische catastrofes, de Zürichse schrijver p.m. op het nieuwe wereldsysteem *bolo'bolo*. Het houdt niet op. 'Reduceren is niet de opgave van de geschiedenisdetective. Integendeel, hij moet toevoegen. Er kunnen nooit genoeg versies bestaan.'

Theweleit slaagt erin de kunst weer een plaats in de maatschappij te geven zonder dat het autonome element haar wordt ontnomen. Hij gebruikt de meest diverse teksten, maar laat ze alle hun waardigheid. Daardoor is zijn boek een bronnenlabyrint dat op zichzelf staat en niet gelezen kan worden als vluchtig product van de tijdgeest. Anders dan in *Männerphantasien* weigert Theweleit één sluitende theorie uit zijn bronnen te distilleren, maar creëert hij een spanningsveld tussen wat hij 'polen' noemt: 'ik zou zo min mogelijk willen uitsluiten, en dat gebeurt via polen. Polen kun je bij elkaar optellen, ze op elkaar aansluiten en dan zie je wel waar kortsluiting ontstaat en waar zich iets verbindt tot zoiets als een polennetwerk waarin je iets kunt vangen, van de stromen en golven die echt in het net van de werkelijkheid onderweg zijn, of waaruit het, nauwkeuriger, natuurkundiger gesproken, bestáát.'

Geen dialectische of deductieve methode dus: de stromen die Theweleit in *Männerphantasien* in de mannenlichamen had ontdekt, vindt hij hier in zijn omgeving terug en hij trekt daar de consequentie uit voor het eigen schrijven. Verhalen en begrippen duiken op, ballen samen, beginnen te knetteren, gaan verbindingen aan en krijgen voor de lezers een intensiteit, die na de schok der herkenning zoiets als een ervaring van de 'echte geschiedenis' oplevert. Theweleit trok de consequentie ook op praktisch niveau: hij tikte het boek uit op een speciaal voor hem vervaardigde schrijftafel, waarop hij ononderbroken een tientallen meters lange tekst door zijn machine kon laten stromen.

Na de soldatenmannen van *Männerphantasien* staan nu de kunstmannen centraal. Zij zijn de koningen uit de titel. In dit eerste deel ontcijfert Theweleit uiterst gedetailleerd de concrete omstandigheden waardoor schrijvers als Gottfried Benn, Brecht, Hamsun, Kafka en Ezra Pound in staat waren hun kunstproductie op gang te houden. Hij ontdekt dat al deze schrijvers een bepaald patroon volgden dat de klassieke mythe van Orfeus en Euridice als voorbeeld had.

Na de dood van zijn geliefde Euridice daalde de zanger Orfeus in de onderwereld af om haar terug te eisen. De door zijn zang ontroerde Hadesgoden staan hem dit toe, op voorwaarde dat hij niet omkijkt als hij haar mee terugneemt. Kort voor terugkeer in de bovenwereld draait hij zich echter om en verdwijnt Euridice voorgoed. Door deze ervaring verandert Orfeus in de dichter die met zijn klaagzangen de hele natuur aan zijn voeten krijgt. Hij weigert met andere vrouwen omgang te hebben en wijdt zich volledig aan de kunst. Ten slotte wordt hij door razende Menaden in stukken gescheurd en in zee geworpen, waarbij zijn hoofd blijft zingen.

Waarom keek Orfeus om? Overweldigd door liefde, is het gebruikelijke antwoord. Maar liefde waarvoor?, vraagt Theweleit zich af aan het begin van zijn boek als hij de poëzie herleest van de Orfeïsche dichter bij uitstek, Gottfried Benn. En hij begint te vertellen.

In september 1946 voltooit Benn het gedicht *Orpheus' Tod* dat begint met de zin: 'Wie du mich zurücklasst liebste –'. Het jaar daarvoor heeft zijn vrouw Herta von Wedemeyer zelfmoord gepleegd in het plaatsje Neuhaus, waar Benn haar heen had gestuurd om aan de Russen te ontkomen. Benn was zelf als militair arts achtergebleven in Berlijn. Als hij na maanden hoort over de dood van Herta, begint hij direct aan het Orfeusgedicht, dat hij voltooit als hij een jaar na haar dood haar graf opnieuw bezoekt. In de oorlogsjaren had Benn in Landsberg zijn belangrijkste werken geschreven: *Roman der Phänotyp, Statische Gedichte, Ausdruckswelt*. Hij beschouwde deze boeken als de basis voor een nieuwe Duitse cultuur, zoals hij aan zijn vriend Oelze schreef. Na Herta's dood is hij bevreesd niet meer te kunnen schrijven. Maar na *Orpheus' Tod* komt zijn productie weer op gang. De vraag is dan: wat schreef Benn nu precies van zich af, opdat hij zijn stagnatie kon overwinnen?

Orpheus' Tod is een klassiek voorbeeld van 'absolute lyriek', een hoogtepunt van 'modernistisch' schrijven. Schitterend maar na vele malen lezen nog steeds ondoordringbaar. Ook Theweleit verklaart er iedere keer weer door te worden betoverd. Dan begint hij Benns brieven aan Oelze en ander biografisch materiaal te lezen en vindt hij een geheime code om het gedicht te begrijpen. Benn blijkt de hele geschiedenis met Hera te interpreteren als zijn beleving van de Orfeusmythe. Herta is de Euridice die hij de onderwereld heeft ingestuurd om na haar dood, c.q. de bevrijding van Duitsland, als nieuwe zanger voor heel het volk te kunnen herrijzen. De in het gedicht voorkomende Menaden zijn de prostituees die Benn bezochten op zijn spreekuur voor geslachtsziekten en hem in natura wilden betalen. Benn wees hen af om Herta trouw te blijven. Ondertussen echter schreef hij Oelze rare brieven die suggereerden dat zij met z'n tweeën de nieuwe cultuur moesten voortbrengen.

Pas door de voltooiing van het gedicht zet Benn zich over zijn schaamte om de dood van zijn vrouw heen en is hij in staat een nieuwe gedaanteverandering te ondergaan en de oude Orfeus-problematiek achter zich te laten. Hij trouwde daarna al snel een andere vrouw. Bovendien begon hij een totaal ander type poëzie te schrijven.

Benn was zich tijdens de zojuist geschetste gebeurtenissen bewust van het feit dat hij een 'Orfeus-cyclus' doorliep; hij had dat al met twee eerdere vrouwen gedaan. Daarom neemt Theweleit hem ook als uitgangspunt voor zijn beschouwingen over de vraag hoe de 'productie van kunstmatige werkelijkheden' (kortweg: 'kunst') verloopt en wat liefde nu precies inhoudt in een schrijversleven. Theweleit: 'De productie van kunstmatige werkelijkheid gebeurt niet door één iemand; een tweede, een derde nemen eraan deel. Ook de kunstkinderen worden, lijkt het, geproduceerd door paren. Mannen en vrouwen zijn "op z'n Orfeus" verbonden in relaties die er deels uitzien als liefdesverhoudingen, maar als 't even kan productieverhoudingen zijn. Het centrale productiepaar lijkt te bestaan uit twee mannen' (Zie Plato en Socrates, Freud en Fliess. Benn en Oelze, Brecht en Eisler).

Om werkelijk kunst te blijven maken moet de dichter zich voortdurend hernieuwen. 'Als hij zich niet zou veranderen, zou hij het gevaar lopen te verstarren of een van die halfklare monsters te worden, waaraan zijn productie en zijn leven altijd grenzen: homunculi, Frankensteins, Dracula's; ook journalisten, goeroes of andere in hun groei onderbroken geesten die hij vreest voort te zullen brengen of zelf te worden als hij het contact verliest met de veranderingen in de werkelijkheid.'

Dat vernieuwen doen kunstenaars dus middels de Orfeus-cyclus. De man gebruikt een vrouw om tot zijn productie te komen en offert haar vervolgens om een nieuwe productiecyclus in te kunnen gaan. Uit zichzelf kan hij niet tot mooie gezangen komen, de schoonheid van zijn kunst onttrekt hij aan het vrouwenlichaam. Alleen via haar kan hij een verbinding aangaan met de Hades, de dood en 'het wilde', de natuur. Daar haalt hij zijn stof vandaan.

In deze cyclus is de man altijd de overlevende, zoals Canetti die beschreven heeft als prototype van de 'heerser'; hij komt altijd bij de 'Ü-Pol', de 'overlevingspool' terecht, waarna hij uit schaamte de voorgaande geschiedenis in een zwart gat doet verdwijnen, zodat het hem onmogelijk wordt er iets van te leren. De man heeft vervolgens geen andere keuze meer dan dezelfde cyclus opnieuw te doorlopen. 'Groeien' kan niet meer, intreden in de eigen geschiedenis is onmogelijk, de 'niet-volledig geborene' moet zichzelf voortdurend herboren laten worden door een ander af te maken.

Op dit punt gekomen neemt Theweleit afscheid van zijn rol als detective en wordt hij een wilde analyticus. Hij wil geen smeris of rechter zijn en voorkomen dat men zegt: 'Benn? O, die vermoordde z'n vrouwen en Telewijt heeft dat ontmaskerd.' Daarin wordt hij bijgestaan door zijn *male couple* Friedrich Kittler, een Freiburgse germanist en computerfreak die onderzoek doet naar de rol die vrouwen speelden bij de introductie van nieuwe media in de negentiende en twintigste eeuw. Vrouwen werken met de media als typiste, telefonistes, secretaresses. Tegelijkertijd worden de nieuwe media gelijkgesteld aan vrouwenlichamen (typemachines die vrouwennamen krijgen zoals Monika). Maar vrouwen kunnen ook zelf als medium worden gebruikt. Kittler deed de verrassende ontdekking dat bijna alle schrijvers in deze eeuw verliefd werden op typistes en danseressen.

Theweleit neemt deze invalshoek over. De drang van kunstenaars om contact te houden met veranderingen in de werkelijkheid, verplicht hen zich in te laten met de nieuwe technische media, omdat die de verandering op gang brengen en programmeren. 'Doordat ze nieuwe registratietechnieken mogelijk maken, schakelen ze ons op een andere manier in op de werkelijkheid dan voorgaande generaties ingeschakeld (of afgekoppeld) zijn geweest.' Omdat vrouwen op een speciale manier verbonden zijn met de nieuwste media, neemt het contact dat schrijvers zoeken met die media keer op keer de vorm aan van een liefdesrelatie met een vrouw. De reden die Benn opgaf voor zijn huwelijk met Herta von Wedemeyer was haar vingervlugheid op de *typewriter*.

In de zes hoofdstukken die op het exposé over de moeilijkheden met geschiedenis volgen beschrijft hij dit patroon door de eeuwen heen. Door Beatrice als medium te nemen van de in de 'summer of love' van 1296 in Florence ontdekte liefdesroes (een toespeling natuurlijk op San Francisco 1967), introduceerde Dante literatuur in de landstaal in plaats van in het Latijn. Monteverdi doorbrak in 1607 de polyfone kerkmuziek met het duet in de opera, waarin voor het eerst door vrouwen werd gezongen in plaats van door castraten. Zijn opera heette nota bene *l'Orfeo*. In een uitvoerige reconstructie toont Theweleit aan hoe Monteverdi verplicht werd door zijn adellijke opdrachtgever om de liefdesverwikkeling tussen man en vrouw, Orfeus en Euridice, om te buigen ten gunste van een relatie tussen zanger en koning. Alleen de kunst mocht zegevieren, de menselijke verhoudingen moesten mislukken.

Meer uit onze tijd worden episoden uit de levens van Brecht, Hamsun, Rilke en Kafka behandeld, zonder dat Theweleit verantwoording aflegt over zijn keuze. Over de verhouding tussen leven en werk bij Brecht schrijft hij het meest bittere hoofdstuk. Hij bespreekt de episode die in 1941 begint in Moskou en eindigt in Santa Monica in Californië. Dat Brecht Margarete Steffin gebruikte als typiste en minnares was tot daaraan toe, maar dat hij haar in eenzaamheid stervend achterliet in Moskou en daar vervolgens een gedicht over schreef waarin hij haar tot kuchend sterrenbeeld uitroept en weer alles over en tegen haar meent te kunnen zeggen waar hij zin in heeft, dat gaat Theweleit te ver. Het ontbrak Brecht aan iedere schaamte. En 'alleen waar schaamte blijft, ontstaat geschiedenis. De schaamte maakt het mogelijk toegang te krijgen tot wat er werkelijk tussen mensen plaatsvond.'

In zijn Kafka-hoofdstuk treedt Theweleit verder in de sporen van Canetti's *Het andere proces* en Kittler's *Grammophon-Film-Typewriter*. Kafka's brievenbombardement op Felice Bauer brengt alle polen bij elkaar die Theweleit in de voorafgaande duizend pagina's op spanning heeft gebracht. Kafka besluit na een toevallige ontmoeting op Felice verliefd te worden. Ze was namelijk werkzaam bij Duitslands grootste fabrikant van dicteerapparaten en parlografen, na eerder als stenotypiste bij een grammofoonplatenfirma te hebben gewerkt.

Kafka's fascinatie voor het mediagebruik uit zich in een eindeloze reeks voorstellen om de nieuwe opnameapparatuur te verbreiden. Tevens gebruikt hij haar om zijn eigen kunstproductie op gang te brengen. Hij vormt Felice' lichaam om tot een nog niet bestaand maar voorvoeld of gewild apparaat om alles te registreren. Dat verklaart de reusachtige omvang van de briefwisseling en de verlovingen die Kafka meerdere malen met Felice aangaat teneinde zijn schrijven hoe dan ook voort te laten gaan.

Maar Kafka vervormt ook zijn eigen lichaam. Om te kunnen concurreren met de moderne media moet hij zichzelf tot net zo'n 'objectief' registratieapparaat maken als de dictafoon. 'Orfeus moet zichzelf in stukken scheuren om iets op zijn tape te kunnen krijgen.' De verwachting bij de lezer dat ook Kafka keer op keer de Orfeus-cyclus zal doorlopen, komt daardoor niet uit: Orfeus daalt zelf in de onderwereld af, terwijl Euridice boven blijft.

Kort na de beëindiging van de briefwisseling trouwde Felice Bauer en kreeg twee kinderen. En Kafka was tot inzicht gekomen in wat schrijven is, maar ook in wat het zou kunnen zijn. Aan Milena Jesenká schrijft hij ten slotte: 'Merkwaardige, geheimzinnige, misschien gevaarlijke, misschien verlossende troost van het schrijven: uit de rij van de moordenaars springen, de misdaad observeren.' Een inzicht dat ook Benn ten slotte bereikte.

Dan stelt Theweleit zijn uiteindelijke vraag:

> Is dat het enige alternatief? Dat men om kunstmatige werkelijkheden te produceren, en vooral om te schrijven, anderen offert of zichzelf verteert? (…) Of heeft deze

offerdwang te maken met de mate waarin een kunstmedium (de taal, de muziek, de schilderkunst, de film) zich verbindt of moet verbinden of meent te moeten verbinden met de politieke macht; je kunt ook zeggen: met de eis van de eigen werkzaamheid om in concurrentie te treden met de politieke macht?

Daarover zullen de volgende delen gaan. *Buch der Könige 1* sluit af in 1958. Dan schrijft H.D. (Hilda Doolittle) tijdens een psychoanalyse het boek *End to Torment*, over haar jeugdliefde Ezra Pound. Hierin komt zijn tot de slotsom dat zij de Euridice was van Orfeus Pound. Eerder in haar leven had ze al een Euridice-gedicht geschreven dat begin met de regels: 'So you have swept me back, I who could have walked with the live souls above the earth.' Met Else Lasker-Schüler, vroege vriendin van Benn, is zij de enige vrouw die Theweleit vermeldt als schrijversliefdes die begrepen wat hun mannen met hen uitspookten. Volgens hem waren zij in staat te schrijven zonder anderen op te offeren omdat zij zich op de 'Pol-Ohnmacht' wisten te handhaven. Daardoor waren zij in staat hun 'eigen geschiedenis' te leven in plaats van telkens weer een metamorfose te ondergaan en helemaal opnieuw te beginnen. In de visie van Theweleit betekent 'een eigen geschiedenis hebben; dat men niet telkens opnieuw geboren hoeft te worden om te blijven bestaan, maar dat men in staat is om te groeien'.

Theweleit veralgemeniseert de schuldvraag omtrent de mannelijk offerdwang. Iedereen heeft, zo zegt hij in het spoor van Alice Miller, in zijn kindertijd een aantal moordaanslagen te ver- duren van de kant van zijn opvoeders, aan wie men volledig is overgeleverd. (Hij beschrijft terzijde hoe hij zelf ooit een auto-ongeluk veroorzaakte, net toen zijn zwangere vrouw naast hem zat.) Door te aanvaarden dat men onmachtig is, kan worden voorkomen dat men steeds weer op de overlevingspool terechtkomt, waar men zelf anderen de grond in moet stampen. Vanuit de positie van de onmacht kan men zien hoe onmachtig iedereen is (wat gebeurd is, kan niet worden veranderd). En dat is volgens Theweleit het begin van een eigen geschiedenis.

Theweleit is er niet tegen om anderen te 'gebruiken'. In navolging van de psychoanalyticus Winnicott stelt hij dat de ander als volwaardig 'object' gebruikt en dus ontregeld mag worden, als dat maar niet leidt tot een 'verbruik' van die persoon, zoals in de relaties tussen Benn en Herta von Wedemeyer, Brecht en Steffin gebeurde. Ook het 'object' moet kunnen overleven. Orfeus zelf hoeft dat niet. 'Als ik geluk heb is dit een boek bij Orfeus' dood geworden', besluit hij zijn oneindige schrijfrol.

—

Klaus Theweleit, *Buch der Könige, Band 1: Orpheus und Eurydike*. Uitg. Stroemfeld/Roter Stern, 38 DM. Vanaf 1989 verschijnen: Band 2: *Benn: Dr Orpheus am Machtpol*. Band 3: *Freud: Prof. Orpheus' Ohr*. Band 4: K. Theweleit & M. Langbein, *Celine: in Charons Nachen*.

3. DRASSIGE FANTASIEËN ACHTER DE DIJKEN: BIJ DE NEDERLANDSE VERTALING VAN *MÄNNERPHANTASIEN*

GEERT LOVINK EN BAS-JAN VAN STAM

Verschenen in *bluf!*, 21 november 1985.

I. Fantasie en werkelijkheid

Mannenfantasie is een optimistisch en veelbelovend boek. Het gaat ervanuit dat er nog tijd is om te praten en te denken, dat de fascisten anno nu de macht nog niet in handen hebben, wie of wat dat ook mogen zijn. En het is veelbelovend, omdat het de mogelijkheid biedt vast-gelopen stellingen op een nieuwe wijze te introduceren. In tegenstelling tot de traditionele verklaring kiest Theweleit niet de invalshoek van de politiek-economische verhoudingen, maar een onderzoek naar fantasieën, beelden en symbolen. Of moeilijker gezegd: hij bekijkt de verhouding tussen taal en het lichaam.

Zijn uitgangspunt is dat er geen ondubbelzinnige, rechtstreekse of eenduidige verbinding bestaat tussen fantasie en werkelijkheid. Getuige het feit dat zijn analyse zo direct herkenbaar is, pleit er veel voor deze stelling. Want hoewel de politieke en economische situatie nu op belangrijke punten totaal verschilt met de vooroorlogse, blijken de fantasieën uit die tijd nog steeds levend te zijn.

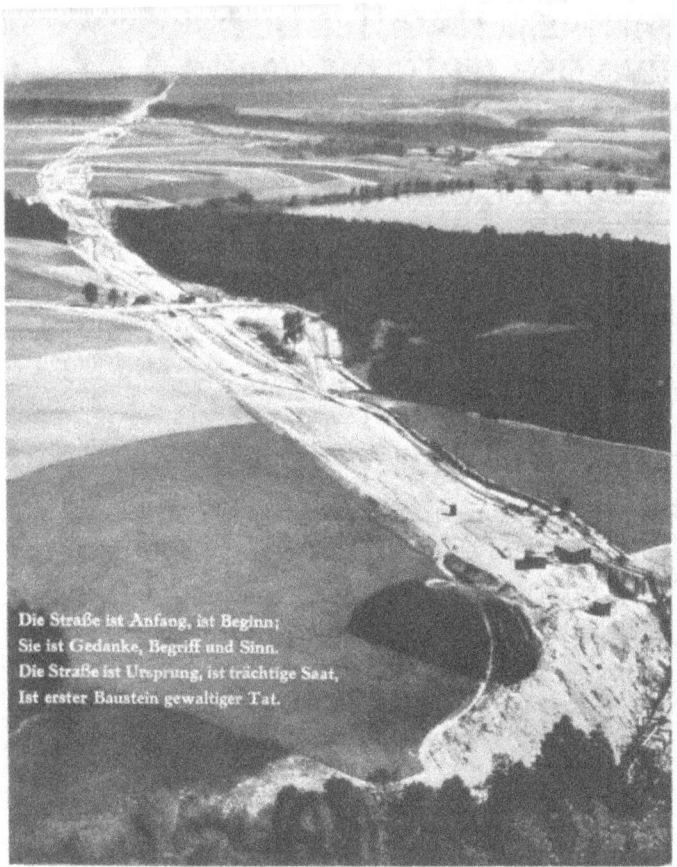

Die Straße ist Anfang, ist Beginn;
Sie ist Gedanke, Begriff und Sinn.
Die Straße ist Ursprung, ist trächtige Saat,
Ist erster Baustein gewaltiger Tat.

Afb. 1: Flüsse des deutschen Faschismus... Alle foto's in dit hoofdstuk zijn afkomstig uit Frauen, Fluten, Körper, Geschichte, het eerste deel van Klaus Theweleits tweedelige Männerphantasien (1980(1977)), in dit geval p. 269.

Dat is meteen het rare van *Mannenfantasie*. Zo'n beetje alles uit die tijd staat in het museum of kun je kopen in het Centrum voor Gebruikte Goederen. Degelijke spullen, maar typisch vooroorlogs. Kortom: geschiedenis. Aan zulk soort meubilair en onder zulke al even solide bureaulampen heeft een stel enge mannen op papier hun fantasie de vrije loop laten gaan. En kennelijk waren die fantasieën niet minder degelijk, want nog steeds maken ze de tongen los. Het enige verschil is dan ook dat het meubilair antieke trekjes heeft gekregen, maar die fantasieën helemaal niets ouderwets hebben.

Een deel van de misverstanden over 'mannenfantasieën' berust op dit rare verschijnsel. Namelijk dat fantasie en werkelijkheid los van elkaar bekeken kunnen worden, ondanks onze kennis van de gevolgen van het fascisme aan de macht. Wanneer je dit verschil niet in je achterhoofd houdt bij het lezen, krijg je onvermijdelijk de vraag of niet alle mannen potentiele fascisten zijn. Waar het hier wel om gaat is de geheimzinnige aantrekkingskracht van fascistische oplossingen. Theweleit zoekt daarvan de oorzaak in de opvoeding, de sekseverhoudingen en in het bijzonder de beelden van mannen over vrouwen. En meer in het algemeen de westerse culturele traditie. Deze vraag is lange tijd taboe geweest. Al sinds 1933 heeft in het denken over fascisme de bestrijding van het fascisme gedomineerd.

In het boek probeert Theweleit van anti-fascisme een niet-fascistische manier van leven te maken. Ervan uitgaande dat fantasie en werkelijkheid elkaar inderdaad niet rimpelloos dekken, kan dat ook. Zo'n benadering biedt het perspectief, dat het niet langer onbegrijpelijk hoeft te zijn dat de een wel warmloopt voor fantastische oplossingen en de ander juist op tijd daartegen in verzet komt.

II. 7 mannen

Mannenfantasie begint met de analyse van allerlei teksten van een zevental fascistische mannen van 'het eerste uur'. Dat waren oud-strijders uit de Eerste Wereldoorlog, die in groepen van zo'n honderd man tussen 1919 en 1923 gewapend door Duitsland en Oostenrijk trokken om op eigen gezag de orde te herstellen. In het begin was de Duitse staat niet in staat tegen deze 'Freikorpsen' op te treden. Als bijvoorbeeld Van Thijn met de term 'eigenrichting' schermt, heeft hij die periode op het oog. Alleen vergeet hij dan even dat het optreden van de Freikorpsen juist gericht was tegen vormen van socialistisch zelfbestuur, tegen de radendemocratieën, die toen overal in Duitsland van de grond kwamen. Eigenrichting versus zelfbestuur, dus.

Uit de tekst van deze zeven fascisten blijkt dat ze grote moeite hadden om hun frontleven na de wapenstilstand van 1918 op te geven. Ze wilden niet terugkeren naar huis en moeder de vrouw. Theweleit komt hierachter door de beschrijvingen van hun huwelijken de revue te laten passeren. Hoe keken deze mannen tegen hun vrouwen en verloofdes aan?

Opvallend is dan dat deze mannen hun vrouwen nooit bij naam noemen, maar dat ze altijd geïntroduceerd worden als zus van een goede vriend of bevriende relatie. Na deze anonieme introductie verdwijnen de vrouwen weer van het papier. Theweleit noemt deze anonimiteit een 'afweerreactie', een angst voor vrouwen, of algemener: een angst voor wat door deze mannen als 'vrouwelijk' en dus 'onmannelijk' ervaren werd.

Deze mannen wilden niet over hun verhouding met of tot vrouwen schrijven, omdat dat veel te gevoelig lag. Dat 'verkopen' en verhullen ze door in de bewuste passages direct over te schakelen op de 'toestand in Duitsland' en het vele werk dat gedaan moet worden om het land van de ondergang te redden. Op de een of andere manier spreekt het voor hen dus vanzelf dat ze van zo'n gevoelig onderwerp als 'hun eigen vrouwen' direct overstappen op 'de chaos in Duitsland'. Het is voor hen een andere manier om dezelfde angstgevoelens tot uitdrukking te brengen. Als ze aan thuis denken, denken ze meteen aan het gevaar dat Duitsland bedreigt, waarvan volgens hen de oorzaak is, dat de Staatsmacht zoek is. En het gevaar dat hen het meeste angst inboezemde was de communistische beweging: het Rode Gevaar. Op die manier onthult Theweleit het bestaan van een associatieketen waarin vrouwen, politieke chaos en het Rode Gevaar direct aan elkaar gekoppeld zijn.

III. Witte vrouwen, zwarte mannen

In hun fantasie blijven de vrouwen thuis – de moeders en de echtgenotes –, onbesproken: wit. Ze lijken op geen enkele manier rare dingen als verliefdheid ter sprake te willen brengen. Het is goed om nogmaals te bedenken dat het hier gaat over op schrift gestelde fantasieën. Theweleit herleest teksten en het gaat er dan ook niet om of die mannen nu wel of niet een 'geregeld seksleven' hadden. Hij constateert domweg dat ze eroverheen schrijven, wanneer ze de gelegenheid hadden er wél over te schrijven. In plaats daarvan gaan ze dan emmeren over iets anders: het front, de chaos, Rode Vrouwen. Centraal staat niet hun werkelijke leven maar hun fantasie-leven. Ook al is het natuurlijk zo, dat ze in werkelijkheid niet bepaald op een moderne wijze met vrouwen omgingen.

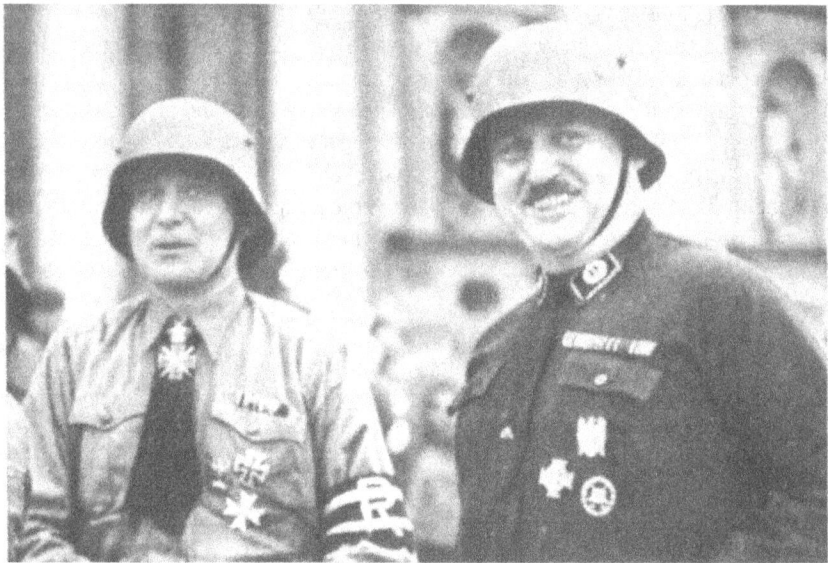

Afb. 2: Rossback en Hauenstein (leider van de Organisation Heinz in Oostenrijk in 1921 en het Ruhrgebied in 1923). Theweleit, Männerphantasien I, 69. De Freikorps-auteur Dwinger laat de communiste 'Marja' verkondigen: 'Ik zet de natuur op haar kop, bij mij stromen de rivieren bergopwaarts.'

Tegenover de Witte Vrouw staat dus de Rode Vrouw. In de romans worden zij wel met naam en toenaam genoemd. En zodra in hun verhalen een vrouw een naam heeft, weet je eigenlijk al wat er gebeuren gaat. Uiteindelijk sterft ze, meestal op een gewelddadige wijze. Ze wordt letterlijk doodgeschreven.

Rode Vrouwen zijn vrouwen die iets met communisten en socialisten hebben. Ze heulen met het Rode Gevaar en onder hun rokken verbergen ze een gevaarlijk wapen. Het zijn 'castrerende' vrouwen, die je hoofd op hol brengen met geen andere bedoeling dan je van je mannelijkheid te beroven. In de fantasie van de zeven mannen hebben ze ook een 'ongeregeld', vrij seksleven en gaan zij zich regelmatig te buiten aan orgieën, waarbij de entourage soms rechtstreeks ontleend te zijn aan de seks- en martelburchten van De Sade.

Tegelijkertijd hebben de Rode Vrouwen voor deze mannen iets aantrekkelijks. Als symbool voor de maatschappelijke en politieke chaos zijn zij het die het eerst in aanmerking komen om vernietigd te worden. En dan 'eerst' niet in de zin van 'eerst die en dan de rest', maar als symbolisch hoogtepunt. Vergelijkbaar bijvoorbeeld met het verbranden van de *Stars and Stripes* als symbool van het Kapitalisme.

IV. Bloedhekel

Een belangrijk gegeven uit Theweleits onderzoek is zijn koppeling tussen angsten/verlangens en lichaamsopvattingen. Hij besteedt uitvoerig aandacht aan het beeld dat de zeven mannen van hun lichaam hebben. Zo verbindt hij gewelddadige fantasieën aan het fysieke lichaam.

Maatschappelijke ontwikkelingen werden door de fascisten inderdaad ervaren als een fysieke bedreiging. En omgekeerd zoeken ze voor hun angsten geen heil bij een zielenknijper, maar willen ze deze maatschappelijk 'oplossen' door de orde te herstellen. Hun lichaamsopvatting is iets wat voor hen vanzelf spreekt en is als zodanig dan ook niet voor hen bespreekbaar. Juist daarin ligt echter voor Theweleit een ingang om de fantasie en werkelijkheid te ontkoppelen. Precies omdat fysieke angsten direct 'vertaald' werden in gewelddadige fantasieën trad bij hen een automatisme in werking waarbij deze fantasieën ook vanzelfsprekend in de praktijk gebracht werden.

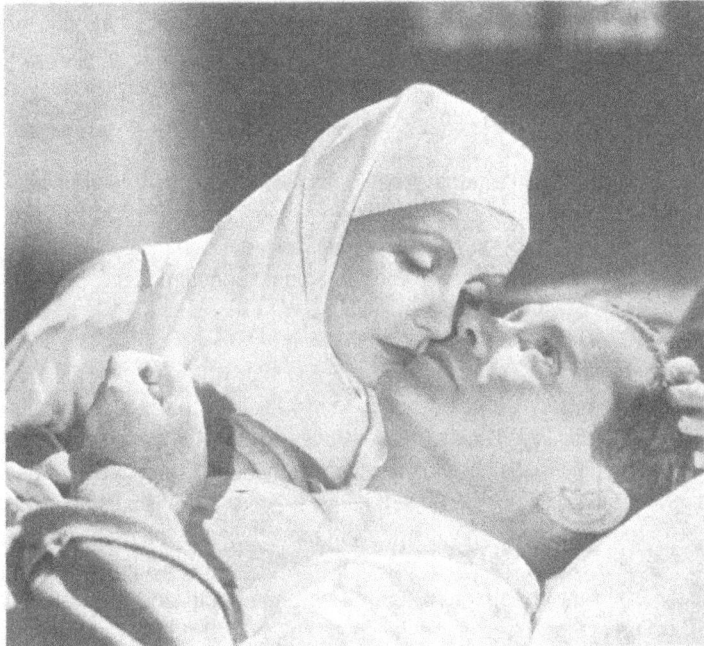

Afb. 3: Greta Garbo en Herbert Marshall in The Painted Veil *(1935). Theweleit,* Männerphantasien I, *145.*

Belangrijk hierbij is dat Theweleit ervan uit gaat dat gevoelens niet iets 'puurs', iets 'zuiver natuurlijks' zijn, maar dat ze in de loop van de tijd veranderen en opnieuw geconstrueerd worden. De voorstelling van het eigen lichaam is daarin cruciaal. Het legt de interpretatie vast van welke symbolische veranderingen fysiek ervaren worden als iets onprettigs of bedreigends, of juist als prettig, bevrijdend en aantrekkelijk. Zo hangt voor Theweleit wat maatschappelijk wenselijk geacht wordt in hoge mate af van wat prettige lichamelijke gevoelens oproept.

V. Stromen

In de teksten van fascisten wordt de Duitse situatie opvallend vaak beschreven als een die bedreigd wordt door stromen, vloedgolven. Het land wordt overspoeld door iets verschrikkelijks. De ondergang lijkt slechts een kwestie van korte tijd, alles dreigt onder te stromen, er is geen tijd meer om te praten, er moet gevochten worden uit puur lijfsbehoud. Denk aan de leus van de Centrum Partij, waarin mensen gemobiliseerd werden tegen 'de stroom buitenlanders, die de grenzen overspoelen'. Net als bij de 'buitenlanders' gaat het bij hen niet om een werkelijke stroom of een zichtbare vloed, maar om een vanzelfsprekende fantasie-voorstelling waarin het gevaar als een vloed omschreven wordt.

Theweleits analyse is op dit punt het sterkst. Hij slaagt erin de stroommetafoor als het om maatschappelijke ontwikkelingen gaat, te herleiden tot (of in elk geval te relateren aan) de lichaamsopvatting van de fascisten. Net als buiten ervaren de mannen ook van binnen dat het allemaal een chaotische toestand is. Binnen en buiten is een chaos, waar het broeit en kolkt. Van binnen zit het vol slijm, bloed en drek en ze vrezen dat het allemaal naar buiten barst als bij een grote puist. Ze zijn er doodsbang voor dat de maatschappelijke chaos in contact treedt met de binnenkant en dat het deksel van de beerput vliegt.

Hun verdediging tegen dit ernstige fysieke gevaar is het symbolisch pantseren van het lichaam. Ze zijn op zo'n manier afgericht/opgevoed/getraind dat er zoiets als een lichaamspantser ontstaan is. Dat beschermt hen tegen het gevaar dat de brei van fysieke en maatschappelijke stront tot een moeras wordt, waaruit zij zich niet op eigen kracht kunnen redden.

VI. Blokkendoos

De vorming van het lichaamspantser als afweer tegen gevaarlijke invloeden van buitenaf zette zich volgens Theweleit voor in de fascistische staatsopvatting. Ze hadden een sterk individualistische mensopvatting aan de ene kant, waarin alles om het handhaven en onderhouden van het lichaamspantser draaide. En aan de andere kant een 'corporatief' staatsmodel als ideaal. Maar dan niet 'corporatief' in de zin van dat allerlei verschillende maatschappelijke organen tezamen één groot lichaam, de Staat, vormden. Maar een veel rigidere opvatting. De Staat was uiteindelijk het Pantser dat het Volk moest beschermen tegen het gevaar dat buiten de landsgrenzen op de loer lag. En misschien nog gevaarlijker: het gevaar dat van binnen school in de vorm handlangers van de Vijand, de Jood en de Syfilis.

Ze hadden een idee van de Staat dat uit concentrische cirkels van heel kleine naar het allerg-
rootste pantser bestond. Een buitengewoon star beeld, dat nog het meest op een blokkendoos
lijkt, waarin de verschillende onderdelen bij elkaar een stevige muur vormen.

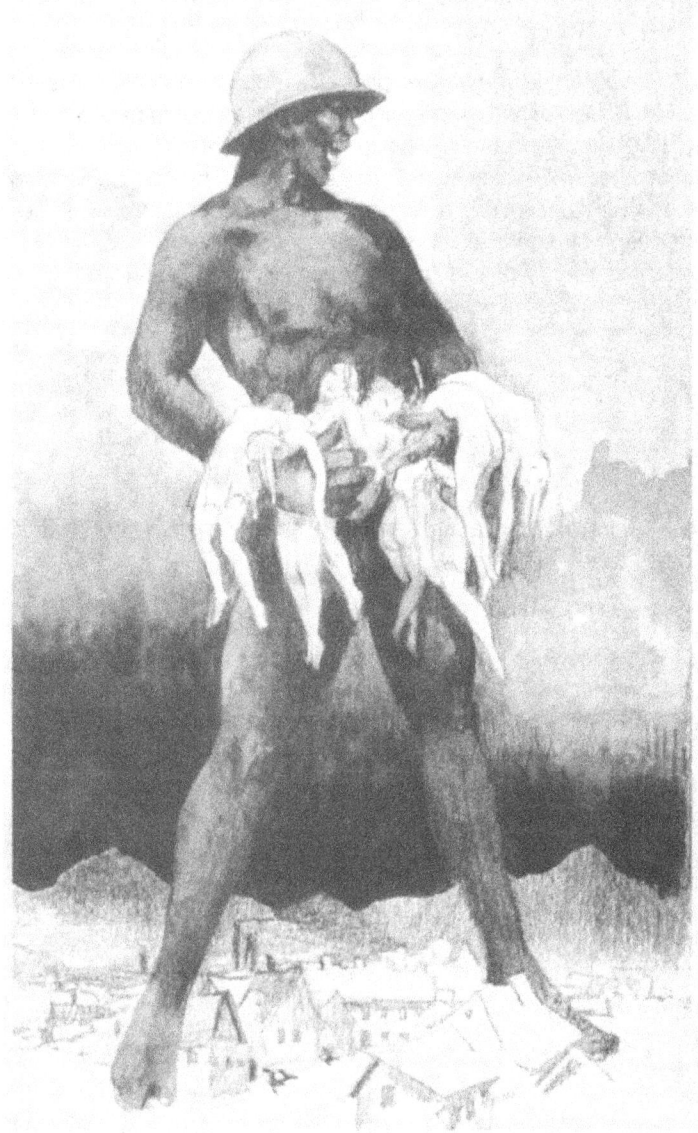

Afb. 4: Jumbo, *affiche na 1918. Theweleit,* Männerphantasien I, *101.*

In hun ogen waren de socialistische radendemocratieën dan ook exact het tegendeel van wat zij bij politieke machtsvorming voor ogen zagen. Die beslisten voor zichzelf, kwamen voor hun eigen belangen op en predikten nota bene de afschaffing van de Staat. Voor de fascisten betekende dat dus hetzelfde als de maatschappelijke drek laten vervloeien met de smeerboel en kolkende massa in hun eigen lichaam.

VII. Kameraadschap

Naast een staatsideaal kenden ze ook een mannenideaal. Samengevat is dit laatste: 'een goed gesprek, dat kunnen alleen maar mannen onder elkaar'. Kameraadschap was een heilig goed, dat vooral in de herinnering wordt gekoesterd. Verraad was het ergste wat er kon gebeuren. Deze innige vorm van kameraadschap van mannen onder elkaar, roept bij velen om de een of andere reden de vraag op naar de geaardheid van deze mannen. Ook bij Theweleit. De 'homoseksualiteit' kent vele varianten. Gewelddadig, sportief, anti-seksueel, verstopt en in het openbaar. Het bevond zich in een hiërarchisch netwerk en was inzet bij allerlei politieke intriges. Nog steeds is dit verband tussen fascisme en homoseksualiteit een omstreden kwestie, waarop Theweleit geen antwoord heeft.

Uiteindelijk kan het boek gelezen worden als een oproep, speciaal aan mannen gericht, om niet langer geschiedenis te maken. Of dat nou inhoudt, dat mannen in groepen moeten praten, heeft Theweleit opengelaten. Van een ingreep op de intimiteit van de lezer is zondermeer sprake.

VIII. Chaos en de afbraak van angst: een gesprek met de vertalersgroep

Drie jaar geleden stond er in de het mannentijdschrift *Manuskript* een oproep om het boek *Männerphantasien* van Klaus Theweleit te gaan vertalen. Vijf mannen en één vrouw kwamen op dit plan af en besloten, na met elkaar over het boek gesproken te hebben, niet zoals eerst de bedoeling was, een samenvatting te gaan maken, maar een ingekorte vertaling. De groep kende elkaar van tevoren nog niet en had nog nooit Duitse teksten vertaald. Maar één van hen had de beide delen in hun geheel gelezen. De 1100 pagina's leveren zoveel materiaal en ideeën dat je na lezing van het eerste deel al genoeg indrukken hebt om over na te denken. Maar hoe ging dat vertalen van zo'n veelzijdig boek met een groep eigenlijk in z'n werk? Hoe werd er geselecteerd en waarom vonden zij het zo belangrijk dat *Männerphantasien* vertaald werd? In Nijmegen hadden we hierover een gesprek met Harrie, Ragnar, Ditte, Ton, Leo en Mart.

In die 7 jaar dat Männerphantasien *nu uit is, is 't in Nederland wel bekend geworden maar is het nog weinig gelezen. Het verhaal doet de ronde dat 't een moeilijk boek is. Geschreven in vakjargon met lange zinnen. Merkten jullie daar wat van bij de vertaling?*

Theweleit is zeer zeker makkelijker te lezen dan de doorsnee Duitse filosoof. Het boek wordt vooral als moeilijk bestempeld omdat de inhoud niet een, twee, drie samen te vatten is. Hij is moeilijk te plaatsen omdat hij zo veelzijdig in z'n onderwerpen en ideeën is. Maar de lengte is inderdaad een struikelblok. Daarom is het tot de helft teruggebracht. Mensen die er geen studie van willen maken kunnen met deze Nederlandse uitgave toch een goed idee krijgen van wat hij te vertellen heeft. Onze bedoeling was het juist voor actiemensen toegankelijk te maken, zonder dat het een droge, theoretische samenvatting zou worden. Juist het historische materiaal brengt de ideeën tot leven.

Het boek is gehalveerd. Leverde dat onderling niet veel moeilijkheden op wat er wel en niet uitgekozen werd?

Vaak gebruikt hij meerdere voorbeelden om iets duidelijk te maken. En aan het tweede geeft hij dan net een andere draai. Hij maakt nogal wat uitstapjes en omzwervingen waar hij op door fantaseert. Daar hebben we vaak geschrapt. Het hoofdstuk waarin hij een eindeloze reeks gedichten opsomt hebben we helemaal weggelaten. Ook het gedeelte waarin hij ver teruggaat in de geschiedenis en de conclusies hebben we sterk ingekort.

Hoe was jullie Duits?

Met het vertalen hadden we geen problemen. Daar heb je woordenboeken voor. Psychoanalytische termen waren het grootste struikelblok. Tot op het laatst toe zijn er vertaalfouten uitgehaald. Veel moeilijker was alleen om in goed lopend Nederlands te schrijven.

Männerphantasien *wordt vaak afgedaan als een handboek voor (mannen)praatgroepen. Het zou navelstaarderij propageren. Zien jullie in het boek een oproep om op zoek te gaan naar de 'fascist in jezelf'?*

Er bestaat een hoop verwarring over het woord 'ervaring'. Theweleit laat de neergeschreven ervaringen, de taal voor zichzelf spreken. Hij neemt de beleving serieus, zonder een oordeel vooraf. Soms toetst hij deze aan de werkelijke gebeurtenissen en vraagt zich dan af waarom de fantasie de beschrijvingen zo vertekent. Hij vindt het belangrijk aan ervaringen een eigen waarde toe te kennen. Pas dan kan je ze uit elkaar halen en onderzoeken. Aan het opborrelen alleen heb je niets.

Je kan er dus wel de pamfletten van de Centrumpartij mee bestuderen. Zij hebben het bijvoorbeeld over de 'stroom buitenlanders die Nederland overspoelt'. Meestal wordt die statistisch weerlegd, maar je kan het dus ook typeren als een angstfantasie. Is dat niet wat weinig?

Theweleit zou het gebruik van zo'n stroombeeld zien als de verwoording van een reële angst waar een bedreiging uit spreekt. Datgene wat in gevaar is zou ter discussie gesteld moeten worden. De stroom zelf hoeft helemaal geen gevaar te zijn, hoe groot die ook is. Kijk maar naar de stroom toeristen. Wie is daar nou bang voor? Misschien alleen krakers... Het boek toont aan dat die angsten niet bestreden kunnen worden met rationele argumenten. In de trant van 'het is maar zoveel procent, dat het wel meevalt'. Dan zie je het als een argument dat weerlegd kan worden.

Maar waar blijft de schuld dan?

De scheidslijn tussen het proberen te begrijpen wat iemand beweegt en het moreel accepteren is heel dun. Theweleit ontslaat de soldatenmannen alleen niet van de verantwoordelijkheid van hun daden. Juist het schuldgevoel dat opgeroepen wordt doet dat wel. Schuldgevoel schuift de verantwoordelijkheid weg. De consequenties worden niet onder ogen gezien en de eigenlijke schuld wordt afgeschoven.

De vraag blijft open wat je tegen fascisten doet die Turken op straat in elkaar slaan.

Als je zegt dat er alleen maar teksten mee geanalyseerd kunnen worden zit daar een onderschatting van de verbeelding achter. Theweleit zegt juist dat het typerende van deze mannen is dat zij de wereld inrichten volgens hun eigen angsten en verlangens. Als de wereld niet voldoet aan de manier waarop zij ernaar kijken, moet die wereld veranderd worden. Hetgeen in de praktijk vernietiging ervan betekent. De analyse van de taal is een indirecte confrontatie die anders is dan de directe, fysieke confrontatie op straat. Theweleit geeft nou eenmaal geen antwoord op praktische strategievragen als 'hoe organiseer ik de antifascistische strijd?' Het enige dat je kan zeggen is, dat hij de nadruk legt op het besef of 't bewustzijn over lichamen en seksualiteit in de dagelijkse omgang.

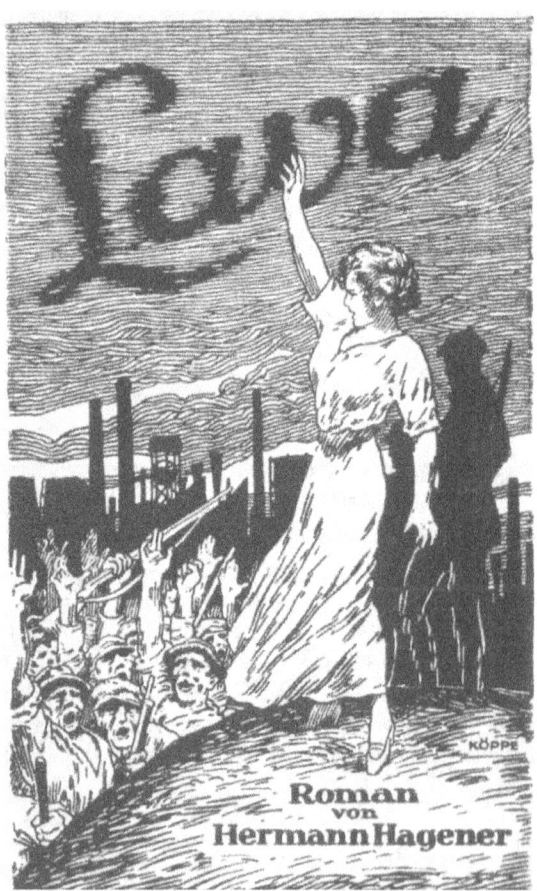

Afb. 5: Omslag van Roman von Hermann Hageners roman Lava *(1921).Theweleit,* Männer-phantasien I, *246.*

Is het in zo'n kijk antifascistisch om te streven naar chaos?

De voorstellingen van chaos waarbij de massa's in blinde woede complete steden verwoesten komen omhoog als in de Staatsliedenbuurt de macht ondermijnd wordt. Die angsten zijn bij de moderne, democratische mens heel groot. De macht heeft die angst ook nodig om te kunnen voortbestaan en de Centrumpartij doet daar een beroep op. Theweleit zegt dan dat die angst door de verdringing van wat het fascisme geweest is, nooit is onderzocht. Maar daarom is het nog geen pleidooi voor chaos. Het gaat om het afbreken van de angst daarvoor. Als je chaos teweegbrengt zonder te kijken naar de voorwaarden is het gevaar heel groot dat de angstgevoelens op een fascistische wijze gemobiliseerd kunnen worden.

Vinden jullie het jammer dat er in Männerphantasien *geen recepten staan?*

Terecht bekritiseert hij alle antifascistische strategieën als uitlopers van de Verlichting die de ratio, de helderheid en de ordening voorstaan. Hij laat zien dat die orde niet zo helder en over-zichtelijk is als wel gedacht wordt en bovendien iets heel anders heeft opgeleverd, namelijk het fascisme zelf. Hij stelt daartegenover dat er geen vaste uitgangspunten genomen moeten worden. De theorie heeft opgehouden eeuwige waarheden te verkondigen, en of dat jammer is... ja, er zit zeker een relativisme in. Het vergroot de mogelijkheden tot handelen. Er bestaat niet één antifascistische strategie. In het woord 'strategie' zit al een eenheidsgedachte die automatisch de disciplinering binnen de eigen gelederen tot gevolg heeft. Maar dat betekent nog niet dat je alleen maar nog kan toekijken. Alleen kritiek is ook afweer, dat schuift alles naar de ander of het andere. De beelden die opgeroepen worden bij de lezing van *Männer-phantasien* zijn niet alleen kritiek. Ze blijven bij je hangen en je kan ze in je dagelijkse leven gebruiken. Als een handleiding bij het televisiekijken.

4. MANNENFANTASIE MANNENFANTASIE: EEN THEWELEITKRITIEK

ARJEN MULDER

Geschreven in of na 1985.

I. Feiten en wetenschap

Mannenfantasie van Klaus Theweleit laat zich lezen als een mengvorm van tenminste twee soorten vertoog. Het ene vertoog is dat van het mannelijke feminisme van de jaren '70. Daarover heb ik het hier niet. Het andere kan een wetenschappelijk vertoog worden genoemd, in de klassieke zin van het woord. Zo zal ik het hier behandelen. Het gaat er niet om of Theweleits verhaal wetenschappelijk gezien wel helemaal klopt, of er geen logische fouten gemaakt zijn et cetera. Evenmin gaat het erom of Theweleit de zijn wetenschappelijke vertoog onderbouwende filosofie wel goed heeft begrepen of toegepast. Academische kritiek is niet het oogmerk, evenmin als de vraag of *Mannenfantasie* ja dan nee een goed boek is. De vragen zijn hier: hoe zit Theweleits wetenschappelijk verhaal in elkaar, waar baseert hij het op, en als je dit verhaal van begin tot einde als wetenschappelijk correct accepteert, is er dan nog steeds kritiek mogelijk? En wat voor kritiek dan wel? En schiet je iets op met die kritiek? Beginnen we bij het begin.

Het empirische object van Theweleits wetenschappelijke studie, het feitenmateriaal waarop hij zijn onderzoek richt, wordt gevormd door de teksten die geschreven zijn door vrijkorpssoldaten in het Duitsland van de jaren '20 en '30. Theweleit omschrijft dit materiaal als:

> Geschriften van "de eerste soldaten van het Derde Rijk". Het gaat hierbij om levensherinneringen van officieren die erbij betrokken waren, om romans van schrijvers die de stof in militaire zin verwerkt hebben, om schilderingen van de gevechten na de oorlog voor zover het ik-standpunt van de auteur erin overweegt en ze dus nog geen "historische werken" genoemd kunnen worden; bovendien om heroïsche beschrijvingen van de vrijkorpsstrijd achteraf, die met name in de jaren '30 begonnen te verschijnen.[1]

Het theoretische object van de studie - het onderwerp waarover Theweleit theorieën formuleert op basis van een bestudering van het feitenmateriaal - is de Soldaatman. 'Een van de kenmerkende eigenschappen van de hier behandelde literatuur is haar gelijksoortigheid.'[2] Het is of al deze teksten geschreven zijn door een en dezelfde auteur, 'één enkele fictieve schrijver'.[3] In de teksten gaat het om 'beschrijvingen van toestanden en verlangens, die karakteristiek waren voor de mensen die ze schreven. Alle "nationale", "conservatieve", "fascistische"

---

1   Klaus Theweeit, *Mannenfantasie: een ingekorte vertaling* (Eindhoven: Manuskript, 1977), 13.
2   Idem.
3   Ibidem, 59.

literatuur in de tijd van de Republiek van Weimar vat zichzelf op als een weergave van het leven in zieke toestand! Deze schrijvers leden "aan Duitsland" en verlangden intens naar een gezonde toestand in het komende "Rijk". Dit fundamentele gevoel heb ik serieus genomen en als werkelijk gerespecteerd.'[4] Door nu een theoretisch model op te stellen van de gemeenschappelijke auteur van deze teksten probeert Theweleit een verklaring te formuleren voor het in de teksten uitgedrukte fundamentele gevoel. Een gevoel dat hij fascistisch zal noemen.

De schakel tussen de beschreven toestanden en verlangens en de beschrijvers ervan legt Theweleit in een model dat hij ontwikkelt van de manier waarop deze mannen hun lichaam ervoeren; een model dat zowel als verklarende theorie kan gelden voor die toestanden en verlangens als voor de taal zelf van deze mannen. Dat theoretische model nu noemt hij de Soldaatman. De soldaatman is dus geen werkelijk, concreet individu, het is een theoretisch object met behulp waarvan Theweleit een 'fundamenteel gevoel' kan verklaren. Je kunt Theweleit dan ook niet verwijten dat hij Kunst (romans, biografieën) behandelt alsof ze over de Werkelijkheid gaan; ze gaan volgens hem over een abstract model, 'één fictieve schrijver'. Je kunt Theweleit wel verwijten dat hij in zijn enthousiasme soms lijkt te menen dat zijn model de enig juiste verklaring is, d.w.z. de 'werkelijke' verklaring die alle andere verklaringen uitsluit en overbodig maakt.

Opgemerkt dient te worden dat Theweleits studieobject niet het fascisme is. Hij plaatst zijn werk te midden van 'studies die de moeite nemen de ontstaansgeschiedenis van het fascisme te onderzoeken'.[5] Hij laat hierop echter al snel volgen:

> Ik zie de onderzochte literatuur als onderdeel van een historische periode (niet louter als uitdrukking ervan), als onderdeel van de fascistische manier om met het leven "klaar te komen", als onderdeel ook van de fascistische actie. De verlangens die erin naar voren komen en de manier waarop ze naar voren komen zijn voor mij van betekenis; niet waar de literatuur "op uit was", niet wat ze al dan niet (naar het heette) aanrichtte.[6]

Hieruit blijkt al wel dat Theweleit geen scherp onderscheid maakt tussen de Soldaatman als onderdeel van de ontstaansgeschiedenis van het fascisme en de Soldaatman als onderdeel van het fascisme zelf. Dat er volgens Theweleit ook eigenlijk geen onderscheid gemaakt kan worden tussen het ontstaan van het ding en het ding zelf, blijkt het duidelijkst uit zijn centrale stelling over de Soldaatman, een stelling die zijn boek samenvat: 'Niemand hoefde vanwege economische achteruitgang een politieke fascist te worden - als iemand het werd, dan was hij al een fascist, een fascist vanbinnen.'[7]

---

4   Ibidem, 15.
5   Ibidem, 14.
6   Ibidem, 15.
7   Ibidem, 433.

II. De onbewuste stroming

Hoe ziet het model Soldaatman er nu uit, hoe ziet zijn ervaring met zijn lichaam eruit, wat is met andere woorden 'een fascist van binnen' volgens Theweleit? Eenvoudig eigenlijk. De Soldaatman heeft, volgens Theweleit net als iedereen, een onbewuste dat voortdurend verlangens produceert, verlangen na verlangen welt op uit zijn innerlijk, Theweleit omschrijft het onbewuste als 'het verlangen om te verlangen'. Het verlangende onbewuste is kortgezegd een stromend onbewuste. De Soldaatman echter voelt in zich een verinnerlijkt verbod om te verlangen: zijn onbewuste mag niet stromen. Bij 'normale' mensen worden de stromen van het onbewuste gereguleerd door het geweten, de moraal, de verdringing van verboden verlangens, of op z'n Freuds gezegd het Ich: een psychische instantie die bepaalt welke verlangens wel en welke niet mogen worden verlangd. Het kenmerkende van de Soldaatman is dat bij hem geen psychoanalytisch Ich kon worden aangetoond. De dam rondom zijn stromende onbewuste wordt door een andere instantie gevormd, die niet psychisch maar lichamelijk is. De Soldaatman heeft een lichaamspantser dat om zijn onbewuste heen zit, althans zo ervaart hij dat. Het lichaamspantser is een door opvoeding en vaak ook militaire dril ontwikkeld spieromhulsel dat een gevoel van onkwetsbaarheid kan geven, zowel ten opzichte van uiterlijke als van innerlijke dreigingen. De uiterlijke dreiging is de vijand, de innerlijke komt van de kant van zijn (verboden) verlangens.

Het lichaamspantser is te beschouwen als een 'anti-productie' ten opzichte van de verlangensproductie van het onbewuste: terwijl het onbewuste verlangt om te verlangen, voorkomt het lichaamspantser dat er wordt verlangd; althans, het voorkomt dat die verlangens naar buiten breken en zich aan objecten buiten het eigen lichaam hechten om door die objectbinding zelf weer productief te worden, dat wil zeggen maatschappelijk productief, creatief, progressief, bevrijdend, zowel voor het verlangende subject als voor de maatschappelijke verhoudingen waarbinnen de objecten hun plaats hebben. Eenvoudiger gezegd: het lichaamspantser voorkomt dat onbewuste verlangens veranderingen veroorzaken in de manier waarop de Soldaatman zijn lichaam ervaart en in de maatschappelijke orde waarin hij zijn verlangens zou kunnen laten binnenstromen. Het lichaamspantser is antirevolutionair.

De ervaring van een scheiding tussen een verlangend innerlijk en een alle verlangens afwijzend uiterlijk zou volgens Theweleit te wijten zijn aan de opvoeding die de Soldaatmannen genoten in het Wilhelminische Duitsland van het eind van de 19e eeuw. De moeders beschouwden alles wat er aan het lichaam van hun baby's stroomde - poep, pies, spuug - als vies, on-netjes, afkeuringswaardig, en ze weigerden dat lichaam op wat voor manier dan ook te koesteren. Kwestie van preutsheid. Voordat het bewustzijn van de Soldaatman was gevormd zat het er daardoor al bij hem ingeramd dat er niets mocht stromen aan zijn lichaam, dat zijn lichaam iets goors was. Al in zijn vroegste kindertijd was het de Soldaatman met andere woorden onmogelijk gemaakt naar zijn eigen lichaam te verlangen, het mooi, prettig, als iets goeds te ervaren. In psychoanalytische termen gezegd: het was hem onmogelijk gemaakt zijn lichaamsgrenzen libidineus te bezetten. Het lichaam moest voortdurend gestraft, gehard, gepantserd. Stromen waren verboden, zowel de natuurlijke stromen van het lichaam, als het verlangen om te stromen (te poepen, piesen, klaar te komen), als ook het stromen van het verlangen zelf. De Soldaatman mocht niets verlangen, hij moest in één woord zijn onbewuste verdringen. Hij was bewust tegen lust en genot, bijvoorbeeld tegen de Joden die 'de hemel op aarde' verlangden. Er moest worden gezwoegd en geleden. Arbeid was nodig om het lichaamspantser in stand te houden en te stalen. *Arbeit macht frei.*

Tegelijkertijd echter was het noodzakelijk dat het stromende innerlijk door het pantser heen brak om het de soldaatman mogelijk te maken om 'herboren' te worden, wat concreet betekent: los te komen van zijn ouders. Die doorbraak ervoer de soldaatman aan het front, in de gevechtsroes, in de black-out die in zijn bewustzijn optrad als hij aan het front de vijandelijke linies bestormde en hij al zijn onderdrukte frustraties uitraasde: als de stromen van zijn verlangens gewelddadig door het lichaamspantser naar buiten braken. Overleefde hij deze uitbraak van zijn verlangens, overleefde hij kortom de aanval op de vijand, dan had hij daarmee het ouderlijk verbod om te stromen radicaal overtreden en die overtreding op eigen kracht overleefd! Hij had de band met zijn moeder verbroken. Doordat hij een overlevende was voelde hij hoe onkwetsbaar voor binnen- en buitenwereld zijn lichaamspantser om zijn onbewuste heen sloot. Het lichaamspantser kon zich openen zonder dat het stukging en de soldaatman vernietigde: dat is de essentie van de frontervaring. 'De strijd is voor deze lichamen, voor deze mannen, misschien wel de enige kans te ervaren wat er eigenlijk precies met hen aan de hand is.'[8] In hun extatische frontervaringen ervoeren deze soldaten van vlees en bloed zichzelf ten slotte ook als het object Soldaatman: dat is wat Theweleit hier zegt.

III. De drie vijanden

Vanuit deze tweedeling, deze fantasmatische scheiding tussen innerlijk en uiterlijk binnen het lichaam, verklaart Theweleit (zo ongeveer) alle 'toestanden en verlangens' die hij beschreven vindt in de vrijkorpsliteratuur. Hij verklaart er de 'fascistische manier om met het leven klaar te komen' mee, of in Theweleits termen: het fascisme zelf. Dat fascisme was gericht tegen drie vijanden.

De eerste vijand van de fascist, dat was de vrouw. Vrouwelijkheid, erotiek en losbandigheid waren voor de soldaatman drie namen voor dezelfde dreiging: hij associeerde ze allemaal met zijn eigen verboden stromende innerlijk. Zoals hij zijn verlangens een halt moest toeroepen, zo moest ook de vrouwelijkheid worden bestreden. Dat gebeurde op drie fronten.

De vrouw die haar verlangens liet blijken, die hem bedreigde met haar erotische begeerte: die moest dood. De erotische vrouw, door hem de rode vrouw genoemd en vaak gelijkgesteld met de proletarische, bolsjewistische en/of Joodse vrouw moest verminkt worden tot er een bloederige brei overbleef, ze moest tot modder, tot een blubberige stroom worden gemaakt. Motivatie: het feit dat ik van de rode vrouw een modderstroom kan maken, bewijst dat ik sterker ben dan zij, dan haar erotische verlangens, het bewijst dat ik géén stroom ben, niets stromends in mij heb want ik leef nog en zij is dood. Een typisch voorbeeld van wat 'anti-productie' is. Anti-productie is te definiëren als 'het afbreken van leven en aan de andere kant

---

8   Ibidem, 340.

het opbouwen van een nieuwe orde met behulp van de levenloos gemaakte realiteit.'[9] Die nieuwe orde is in dit verband het eigen, niet-stromende lichaam.

Het tweede front werd gevormde door de 'eigen' vrouwen: de echtgenotes en zusters van de soldaten. Zij mochten geen erotische verlangens hebben, zijn moesten volstrekt aseksueel zijn, 'zuiver', 'rein', 'goed': niet verlangend, niet bedreigend. De Soldaatman maakte van haar een voor hem ongevaarlijk en levenloos wezen, doordat hij daar op het voetstuk van zijn eerbied plaatse, ver van het onzuivere, slechte, 'echte' leven. Hij maakte haar tot een 'witte vrouw' (wit=zuiver). En ze moest niet het lef hebben dat voetstuk af te komen en voor zichzelf een eigen (stromend) leven te verlangen: dat maakte haar tot een rode vrouw, en dan...

Ten derde waren er de moeders, de strenge moeders die de soldaatman hadden gemaakt tot wat hij was en blijven wilde; de boosaardige moeder, die met de dood als hoogste straf dreigde voor het geval hij mocht laten merken dat zijn onbewuste vol stromende verlangens was. Zij was een 'zwarte', dodende moeder. Het was haar taak kinderen te krijgen en op te voeden, mits ze daaraan geen lust beleefde. De geslachtsdaad was een voortplantingsdaad en wee haar gebeente als het iets anders werd. Maar ze bleef altijd een dreiging op de achtergrond. De Soldaatman kon zich van zijn binding aan een lichamelijke, zijn onderdrukking verlangende moeder eigenlijk alleen bevrijden door aan het front zichzelf te laten herboren worden: zijn wedergeboorte daar was de moord op zijn moeder.

In deze drievoudige vrouwenhaat zit een element van genot voor de Soldaatman. Hij streeft er telkens weer naar de vrouw op één manier te zien: als een geslachtloos, levenloos wezen, die eigenlijk een bloederige brei is, een modderige massa. Dit genotopwekkende beeld, dit plaatje waar hij het liefst naar kijkt, noemt Theweleit de 'eerste waarnemingsidentiteit' van de Soldaatman. Die waarnemingsidentiteit heeft de kleur van vrouwenbloed: rood.

De tweede vijand van de fascist was de massa. Een menigte mensen die op ongecoördineerde wijze samenstroomt op een plein en door de straten van de stad beweegt: dat was een tweede beeld van het eigen stromende innerlijk van de Soldaatman. Hij gedraagt zich ten opzichte van de massa als tegenover de vrouw. De krioelende massa moet vernietigd worden voordat ze de Soldaatman bereikt en zijn lichaamspantser aanraakt. Want wordt hij aangeraakt, 'gekoesterd' - dan kan zijn lichaamspantser verslappen, zijn innerlijk stroomt naar buiten, hij explodeert: hij blijkt de massa in zich te hebben. Weg met die massa! (Weg met mijn eigen verlangens!) En de soldaatman opent het geweervuur en de explosies daarvan verjagen de massa. Wat overblijft is een leeg plein: dat beeld wilde hij zien. Het is zijn tweede waarnemingsidentiteit die géén kleur heeft: wit.

Toch is de Soldaatman er verzot op naar massa's te kijken, mits ze levenloos zijn, strak georganiseerd en ongevaarlijk gemaakt. In de enorme fascistische massamanifestaties - optochten, partijdagen e.d. - zien we hoe deze strak geordende, ingedamde, ritueel stromende massa's zijn georganiseerd: enorme hoeveelheden mensen, allemaal op een meter afstand van elkaar (geen aanraking!), opmarcherend in vierkante of rechthoekige blokken die onderling

---

9   Ibidem, 119.

gescheiden zijn door een meter of wat en die onder controle worden gehouden door het fascistische kader. Deze manifestaties zijn rituele ensceneringen van een ander soort massa's,
openbare vertoningen van de massa van de eigen verboden innerlijke verlangens, die getoond
durven worden doordat ze zo strak onder controle worden gehouden. 'In het heilige ritueel
kan het goddeloze vertoond worden, dat is het doel van het ritueel', definieert Theweleit.[10]
De fascistische massa is een anti-productie, een heilige, 'zuivere', 'goede' massa: de massa
op een voetstuk geplaatst.

De derde vijand was het gevaarlijkst: het vreemde, niet-Arische ras. Het woord ras had een
geheel eigen betekenis voor de Soldaatman. Het ras stond tegenover de massa:

> 'Massa is gelijkheid en haar terreur. Massa is leed en dood. Massa is eeuwige vrede,
> misleiding en de wet voorschrijven. Massa is bij de man het verwijven van de wil.
> Massa is bij de vrouw prostitutie. [...] Ras is de bestemming van de weinigen, die de
> besten zijn. Ras is uitzondering en haar recht. Ras is geluk en leven. Ras is kracht,
> schoonheid en lust. Ras is strijd, wijsheid en spel. Ras is bij de man de hartstocht
> van het willen. Ras is bij de vrouw de passie van de overgave.'[11]

Ras is in één woord het lichaamspantser, het geweld waarmee het innerlijk in bedwang
wordt gehouden, een geweld dat maar 'weinigen' op kunnen brengen. Ras is de totalitaire,
alomvattende eenheid die de krioelende verwijfde massa van verlangens in het innerlijk
bijeenhoudt. Theweleit noemt die alomvattende eenheid een 'molaire eenheid', en de veelheid
van verlangens het 'moleculaire' innerlijk. Valt het molaire uiteen dan barst het moleculaire
naar buiten. Het racisme van de fascist komt voort uit het gevoel dat rassenvermenging een
directe aantasting van het lichaamspantser inhoudt. Joden, Russen, zigeuners introduceren
lichaamsvreemde elementen in het Duitse ras: ze verslappen het Arische lichaamspantser,
ze vallen hem aan op zijn eigen front, z'n eigen lichaam, ze moeten worden vernietigd voor ze
hem vernietigen. Massa en vrouw waren in de hand te houden in rituelen en ontseksualisering.
Vrouw en massa waren enkel beelden van het stromende innerlijk. Maar het vreemde ras is
een concrete aanval op het lichaamspantser van de soldaatman, een reële in plaats van een
symbolische dreiging: een dodelijk gevaar. Liquideren!

Toch was er iets vreemds aan het ras van de Soldaatman. Hij wilde immers zelf de vernietiging
ervan meemaken en overleven: tijdens de frontervaring. Maar hierbij moet worden bedacht dat
hij die frontaanval helemaal niet ervoer: als hij op de vijand afstormde en tot lijf aan lijf contact
overging, deed hij dat in een roes, een black-out. Als zijn verlangens zijn lichaamspantser
doorbraken en in contact kwamen met de buitenwereld, raakte de Soldaatman meteen zijn
bewustzijn kwijt: emotioneel kwam hij nooit met iets buiten hem in aanraking. Dat hij deze
(innerlijke) aanval overleefde bewees vooral hoe sterk zijn lichaamspantser was, tot welk een
hoog ras hij behoorde. Bovendien: hij was maar een moleculair onderdeel van een molaire
legereenheid; viel zijn eigen lichaamspantser uiteen, dan zat daaromheen het grotere pantser
van zijn legereenheid die een verzwakking van zijn lichaamspantser op kon vangen. De black-

---

10   Ibidem, 231.
11   Ibidem, 271.

out aan het front - het zichzelf ervaren als stromend innerlijk en gepantserd uiterlijk - was letterlijk een geheime ervaring: een ervaring die ook voor de Soldaatman geheim bleef. Maar het was wel iets dat hij mee wilde maken, een bron van genot: *stirb und werde*. Aan het front word je herboren. Het was zijn derde waarnemingsidentiteit en de kleur ervan was zwart.

IV. De leider van het lichaam

Zoals de Soldaatman zijn lichaam ervoer, zo organiseerde hij ook zijn maatschappijvisie. De heershouding die nodig was om binnen en buiten gescheiden te houden, breidt hij maatschappelijk uit. De politieke macht moet in handen komen van de van een hoger ras zijnde, cultuurdragende fascisten. Het is hun taak om uit de Duitse massa een volk te maken en uit het volk een natie. Het woord natie is voor de Soldaatman ook weer een toverwoord. De natie is iets wat in de soldaatman zelf zit:

> 'Mijn geweten beveelt me: ga! Ik gehoorzaam omdat ik weet dat de natie door mijn geweten spreekt' schrijft een Soldaatman; 'Die afzonderlijke, eenzijdige elementen van het leven, die elk voor zich naar de ondergang leiden, weer samensmelten, nuchtere feitenkennis en geloof zonder twijfels weer verenigen - dat is de Duitse opgave. In die eenheid is de natie aanwezig.'[12]

Nationalisme is hier expliciet een aanspraak van de fascisten op de macht over het eigen volk om daar een molaire eenheid van te maken, in plaats van een moleculaire massa. Zoals de Soldaatman zichzelf tot eenheid maakte, zo dienen de fascisten uit de massa een eenheid te maken door haar te organiseren tot één volk; en het volk moet tot natie worden gemaakt door de fascisten-eenheid bovenin die organisatie te plaatsen, omdat zij 'de natie' in zichzelf hebben. In deze hiërarchie doodt iedere hogere eenheid de massa onder haar en wekt haar opnieuw tot leven in een eenheid, een organisatie van bovenaf. Eén en al anti-productie. Er bestaan geen klassen. Er heerst eenheid: fascisme is een vorm van corporatisme.

Het volk en de natie worden van de massa gebeurt op een specifieke manier. In de massa staat een leider op, die de massa beveelt, richting geeft, waardoor de massa 'bezield' raakt: volk is een bezielde massa. Zoals de Soldaatman een 'eenheid van ziel' heeft doordat zijn geweten hem beveelt. Bevelen geeft de leider aan de massa via een direct contact met zijn, meest vlammende, ogen, maar vooral ook door zijn woorden, zijn redevoeringen (niet door de inhoud maar door de kracht ervan, door de klank die de klank van een bevel was). Door dit bevel ontneemt de leider de massa haar wil en 'smeedt' haar aaneen tot volk onder zijn leiding.

Echter: de Führer zelf is niet de absolute macht, hij is de schakel tussen de massa en de Absolute Macht. Die absolute macht heet de Historisch Duitsche Wil, de Duitse Taak in de Wereldgeschiedenis, het Reich (een absolute macht die bijvoorbeeld voorschreef dat koste wat kost de Joden moesten worden uitgeroeid). De Führer betovert door zijn mythische macht, hij is de uitvoerder van een boven-historische Wil. Omdat zo'n soort leiderschap onder meer in de Wagneriaanse Romantiek van de 19e eeuw al was aangekondigd en verheerlijkt, wordt

---

12   Ibidem, 278.

de Duitse Romantiek vaak opgevoerd als voorloper of wegbereider van het fascisme. Maar ook die mythische taak tot een Duitse wereldheerschappij in een Duizendjarig Rijk komt voort uit de scheiding die de soldaatman in zijn lichaam heeft zitten.

'De "eenheid van de natie" en het gevoel van geluk dat daarmee gepaard gaat, ontstaat doordat organisaties van molaire orde met andere molaire ordes in grotere eenheden samengaan, of doordat de molaire organisatie triomfeert over de moleculaire in een tot eenheid samengevoegd bouwsel. De eenheid waarover de fascist spreekt is een gewelddadige samenvoeging van onderdrukkers en onderdrukten tot een bouwsel van macht. Eenheid betekent een machtsverhouding, niet een verhouding van gelijken. Gelijkheid zou veelheid zijn, massa. Dat is juist het tegendeel van 'eenheid', die moet zijn samengesteld uit boven/onder, buiten/binnen enzovoort. Zo'n eenheid geeft de soldaatman een ingang tot lust. Zij hoedt hem voor de dood door opsplitsing en verval.'[13]

De molaire legereenheid zorgde ervoor dat zelfs als de molaire eenheid van het lichaamspantser van de Soldaatman bij de frontaanval uit elkaar viel het daarna toch weer aaneensloot en de soldaat 'heel' en herboren uit de black-out tevoorschijn kwam. Alle molaire eenheden, alle gewelddadig in stand gehouden eenheden vertonen de neiging tot opsplitsing en verval. Iedere molaire eenheid heeft weer een grotere molaire eenheid als pantser om zichzelf heen nodig om in stand te blijven. Soldaatman - frontsoldaten - legereenheid - leger - natie - volk - Duitsland - Europa - de wereld - het Reich. Uiteindelijk moest de hele aarde één molaire eenheid worden: zolang er nog eenheden samen konden worden gevoegd zat er groei en ontwikkeling in het fascisme: 'Het fascisme heeft altijd grotere gehelen buiten zichzelf nodig, waarin het al het bestaande aaneen smeedt om daarin telkens zelf aan de top te staan.'[14]

Vanuit deze inzichten is Theweleit in staat de complete 'fascistische actie' in één regel samen te vatten, die op zijn beurt weer te verklaren is uit zijn model Soldaatman: 'Steeds staan twee bewegingen centraal in de fascistische praktijk: aaneenvoegen (door de eigen groep) tot hiërarchieën, en afstoten, dat wil zeggen doden, wat zich niet laat samenvoegen.'[15]

V. Moederkoeien

Het bijzondere van het beeld dat Theweleit van het fascisme heeft ontwikkeld, is dat terwijl de fascisten zelf voortdurend rondbazuinden dat ze bezig waren Wereldhistorie te bedrijven, en zich daarnaar ook gedroegen, ze in dit kader bezig zijn met een kronkel die vastzat in de kleinst mogelijke eenheid uit diezelfde wereldgeschiedenis: hun eigen lichaam.

Het is de historisch-maatschappelijk-politieke ruimte, die ze met hun fantasie en hun affecten "bezet" houden. De impuls om deze ruimte te betreden lijkt niet voort te komen uit een werkelijke wil daartoe, maar eerder uit een vluchtbeweging. Hun

---

13   Ibidem, 281.
14   Ibidem, 287.
15   Ibidem, 299.

bezetting van de grote politiek - altijd zijn het grote thema's, staan de Nibelungen hun nader dan het theewater - deze bezetting van de lotgevallen van ras en mensheid impliceert de ontkenning van de kleine, nabij, de microgeschiedenis. Hun vlucht in de verte, in het openbare, maatschappelijke, wil de nabijheid ontwijken, het persoonlijke, het individuele of misschien beter het afzonderlijke.[16]

Tegelijkertijd is het merkwaardige van Theweleits fascismebeeld, dat in dit kader de soldaatmannen er eigenlijk niets aan konden doen dat ze er zulke wrede fantasieën op na hielden en deze vorm gaven in het politieke fascisme. Ze slaagden erin een manier van leven tot stand te brengen, waarin ze het konden uithouden met de kronkel die als gevolg van hun vroegste opvoeding vast zat in hun lichaam. Ze wisten op bewonderenswaardige, of in ieder geval verbluffende wijze de gekke scheiding tussen binnen en buiten die ze aan hun lichaam ervoeren, te overleven. En dat ze daartoe zoveel mensen moesten moorden? Ach, 'Mensen doodmaken, dat is niks, sterven moeten ze toch een keer. Maar je mag ze niet verloochenen. Nee, je mag ze niet verloochenen.'[17] Wat hadden ze anders kunnen willen dan het fascisme dat ze op wisten te bouwen? Theweleit: 'Hun moordpartijen (op vrouwen) lijken minder van doen te hebben met het afweren van castratiedreiging dan met pogingen om een fundamenteel gemis op te heffen.'[18] Wie zou hen kunnen verwijten dat ze dat gemis op wilden heffen? En dat ze daardoor verplicht waren bij diegenen te behoren 'die het gevoel hadden dat, om zélf te kunnen leven, anderen moesten sterven'? Is dat niet eerder tragisch dan kwaadaardig?

Theweleit legt dan ook de schuld voor de gruwelen van het fascisme niet bij de Soldaatmannen zelf. 'De fascist die na de vernietigingsroes weer bij zijn positieven komt wilde eigenlijk niet slecht zijn.'[19] Enerzijds ziet hij de oorzaak van het fascisme in de historische ontwikkeling van de burgerlijke, patriarchale maatschappij. Anderzijds richt hij de aandacht op de moeders van de soldaatmannen, die op zich 'normaal' functionerende onderdelen van die maatschappij waren.

Als de psychoanalyse moediger was geweest had ze gezien dat de maatschappij moorddadig was, en zich niet blindgestaard op de "doodsdrift". Meer specifiek was vooral de rol van de moeders, met name die in de tweefrontenlagen (=middenklassen), niet langer buiten schot gebleven. Dat zij medeverantwoordelijk waren voor het bestaan van zonen die zich begerig in dodelijke macromachines (=molaire eenheden) lieten inpassen, bleef (en blijft) onuitgesproken. Het werk van moeders is geen object voor de wetenschap. De heilige koe moeder werd niet geslacht en door het fascisme (als beeld) opnieuw ingehuldigd. Dat zonder de beslissende hulp van moeders zulke vernietigende halfgeborenen niet mogelijk waren geweest zou toch op zijn minst na 1945 duidelijk moeten zijn geworden. Toch gebeurde dat niet. En ook

---

16   Ibidem, 59.
17   Ernst Jünger, zoals geciteerd in Manfred Nagl, *Science-fiction in Deutschland* (Tübingen: 1972), 176, zoals geciteerd in Theweleit, *Mannenfantasie*, 212.
18   Theweleit, *Mannenfantasie,* 115.
19   Ibidem, 188.

nu nog zijn tot op zekere hoogte zelfs vrouwen, die voor de bevrijding van vrouwen werken en leven bang erover te spreken.[20]

En hij voegt hier tussen haakjes aan toe:

Akkoord: te gemakkelijk valt daaruit een nieuwe versie van de vrouwelijke schuld aan alle kwaad te construeren. Anderzijds: hoe gemakkelijk zou zich uit de twee-eenheid moeder-kind een nieuw revolutionair bewustzijn kunnen ontwikkelen van vrouwen als producenten van niet-moorddadige mensen.[21]

Theweleit wil de moederkoe slachten. Maar tegelijk maakt hij in een historische schets duidelijk dat ze hooguit medeverantwoordelijk is voor de beestachtige begeerten van haar zonen. Hij beschrijft haar als het eindproduct van de ontwikkeling van de burgerlijke maatschappij sedert de 11e eeuw. Dit ontwikkelingsproces is op te vatten als

de functieverandering, waaraan vrouwen in de patriarchale verhoudingen in de loop van de geschiedenis onderworpen werden. De productieve kracht van vrouwen is in het patriarchaat zo goed als uitgesloten van de mannelijke, de openbaar maatschappelijke productie. Waar is die kracht gebleven? Voor een deel weggesijpeld in de directe slavenarbeid voor mannen. Maar met deze absorptie is ze nog niet verdwenen; de functie van vrouwen omvat meer dan een kleine draagbare krachtcentrale voor mannen te zijn. Vrouwen werden niet alleen op deze directe wijze uitgebuit en onderworpen, ze werden ook voor nog veel erger gebruikt, namelijk om als absorptiefactor te dienen van de productiekracht van mannen van de overheerste klassen ten gunste van de heersende.[22]

De mannen uit de overheerste klassen mochten hun verlangens naar vrijheid en geluk niet op de voor hen onbereikbare macht richten, dat zou tot revolutie leiden. Daarom werd hen de vrouw voorgehouden als object van hun verlangen. De productiekracht van hun onbewuste, dat wil zeggen heel de stroom van hun verlangen naar vrede, vrijheid en avontuur werd door slimme heersers op de vrouw gericht. Gevolg: een tweede vorm van vrouwenonderdrukking.

De vrouw wordt onderdrukt door haar op een voetstuk te plaatsen, door haar grenzeloos te maken, onwerkelijk zodat ze een principe wordt, het principe van het stromen, van de verte, van de onbestemde eindeloze verlokking. Deze vrouwenverering gaat gepaard met een ontkenning van de concrete, vleselijke realiteit van vrouwen.[23]

In deze tweezijdige onderdrukking zagen de moeders van het Duitsland van de laat-19e eeuw zich geplaatst. Het lichaam van deze vrouwen werd ofwel uitgebuit in 'directe slavenarbeid', ofwel zo verheerlijkt dat het een verbod kreeg opgelegd op het hebben van een lichamelijke

---

20   Ibidem, 436-437.
21   Idem.
22   Ibidem, 152-153.
23   Ibidem, 155.

realiteit, van eigen lichamelijke lusten en verlangens. Van zo'n soort vrouw kun je niet eisen dat ze sympathie voelt voor het reële lichaam van haar zoon. Waarom zou ze het koesteren? Haar verlangens mogen niet stromen, dan ook de zijne niet. Haar lichaam moet zuiver zijn, dan ook het zijne. De kille 'zwarte' moeder is door mannen, door de heersenden gemaakt tot wat ze is: dat zij een zwarte moederkoe is (met witte vlekken) valt haar niet te verwijten.

VI. Wapperende moeders

Een pas op de plaats. Begrijpen we wel wat Theweleit allemaal zegt? Hij heeft een model gemaakt van hoe de Soldaatman zichzelf ervaart. De Soldaatman bestaat uit drie delen. In hem zit een onbewuste dat, net als bij iedereen, voortdurend verlangens produceert, stromen van verlangens. Daaromheen zit een lichaamspantser, een door opvoeding, militaire dril en eigen lichaamswerk gevormd keihard spieromhulsel dat die stromen in toom dient te houden. Buiten dat pantser zit de hem bedreigende buitenwereld. De eindeloze verlokking van de verte vormt hij om tot een verlangen om van de buitenwereld een steeds meer omvattende eenheid te maken die hem omhult als een steeds grote, steeds onaantastbaarder pantser dat zijn particuliere, nog vrij kwetsbare lichaamspantser beschermt. De hele wereld moet deel zijn van zijn lichaam: de Soldaatman is een zwaarlijvige.

Het model Soldaatman heeft drie kleuren: rood (van bloed), wit (van zuiverheid en leegte), zwart (van de dood waar hij doorheen moet om herboren te worden). Het zijn de kleuren van de moedergodin, het zijn de kleuren van de fascistische vlag.

Centraal in deze theoretische constructie, in deze verklaring van het fascisme, van de fascistische praktijk, staat het onbewuste: de angst voor een stromend onbewuste dat voortdurend verlangens produceert. Was die angst er niet, dan was er geen fascisme. Maar die angst is in een eeuwen durend proces… Om Theweleit werkelijk te kunnen begrijpen, dienen we ons allereerst af te vragen: wat is een stromend onbewuste eigenlijk?

VII. Het gewilde verlangen

Theweleits theoretische constructie heeft hij, zoals elke wetenschappelijke theorie, opgesteld met behulp van filosofische begrippen. Een filosofie verklaart de wereld niet (dat doen wetenschappelijke verklaringen), een filosofie stelt dat de wereld zus en zo in elkaar zit. Doordat de begrippen in een filosofie samenhangen, kan er een logisch samenhangende wetenschappelijke theorie mee worden gevormd, die rationeel kan verklaren hoe de wereld functioneert. Wetenschap beroept zich op een filosofie, filosofie beroept zich op zichzelf, op z'n logische samenhang.

Theweleit hanteert als basis van zijn theorievorming omtrent de stromen en het onbewuste de filosofie die Gilles Deleuze en Félix Guattari ontvouwd hebben in hun boek *Anti-Öedipus: Kapitalismus und Schizophrenie I*.[24] In dit boekwerk is de meest uitgebreide en complexe

---

24   Gilles Deleuze en Félix Guattari, *Anti-Öedipus: Kapitalismus und Schizophrenie I* (Frankfurt am Main: Suhrkamp, 1974 (1972)). Citaten zijn door de auteur uit het Duits vertaald.

filosofie over de vrije wil van onze tijd uitgeschreven. Deleuze en Guattari spreken niet van vrije wil, maar gebruiken daarvoor het psychoanalytische begrip verlangen. Uit het boek klinkt een luidruchtig 'Ja' op tegen alles wat de mens verlangen kan, en vandaaruit klinkt een luidruchtig 'Nee' op tegen de psychoanalyse die de veelomvattende verlangens van de mens heeft vastgepind aan moeder en vader in het als normaal beschouwde Oedipuscomplex. De centrale stelling van het boek luidt dat de processen die werkzaam zijn in de gewoonlijk als geestesziekte gedefinieerde schizofrenie, dezelfde zijn als de processen die de motor vormen van het kapitalisme (en retrospectief van alle maatschappijen tot nu toe). Die processen noemen ze 'Verlangenproductie' en 'Decodering'.

Theweleit beschrijft her en der door zijn *Mannenfantasie* de begrippen die in de *Anti-Oedipus* samenhangend worden geïntroduceerd. Bovendien doet Theweleit of dit filosofische werk heel zwaar en moeilijk is. En dat, terwijl Deleuze en Guattari er niet voor terugschrikken voortdurend grappen te maken en de zatste uitweidingen in hun betoog op te nemen. Die uitbraken uit het stevig doortimmerde begrippenapparaat vormen een van de sterkste argumenten voor de 'juistheid' van hun filosofie: op iedere pagina bewijst het boek zichzelf. Omdat er zoveel onbegrip bestaat over waar de *Anti-Oedipus* nu precies over gaat en Theweleit dat onbegrip eerder versterkt dan wegneemt, volgt hier een kleine excursie door het boek. Omdat het een pil is van zo'n 500 pagina's zal dit filosofische uitstapje meer het karakter hebben van een werkweek dan van een schoolreisje. Maar wat hebben we gelachen!

VIII. Twee stromen

Het kapitalisme kreeg vorm, als bekend, in de Industriële Revolutie. Die revolutie was mogelijk doordat twee maatschappelijke elementen bij elkaar werden gebracht, die tot dan toe geen directe relatie hadden gehad. De arbeid was tot het begin van de 19e eeuw globaal gesproken georganiseerd geweest in de stedelijke arbeid, die gestructureerd was in het gildesysteem en zijn latere varianten, en in de landarbeid. Iemand hoorde bij een bepaalde beroepsgroep door z'n familiegeschiedenis of door z'n opleiding; de relatie tussen meester/baas en leerling/knecht duurde een leven lang, de meester was verantwoordelijk voor zijn leerling, de knecht wist zich verantwoordelijk voor zijn baas en voor het ambacht waaraan hij zich zijn leven lang zou wijden. Hieraan kwam een einde toen, bijvoorbeeld in Engeland, de landarbeid werd afgeschaft en vervangen door schapenhouderij waarvoor veel minder arbeiders nodig waren. De werkloos geworden arbeiders stroomden toen naar de steden, die de grote industriecentra zouden worden. Er kwam met andere woorden een stroom 'vrije' arbeiders op gang: vrij, omdat de maatschappelijke code (regel) volgens welke tot dan de arbeid zijn maatschappelijke vorm had gekregen, los werd gelaten. Die code werd bij het begin van de industriële revolutie zogezegd gedecodeerd, 'ontregeld'.

De vrije arbeider stond in een heel andere relatie tot zijn baas. De arbeider verkocht zijn arbeidskracht door van zijn baas voor zijn werk loon te ontvangen. De relatie baas-knecht werd niet meer bepaald door een wederzijdse verantwoordelijkheid tussen meester/knecht en ambacht, maar door geld. Rijkdom was tot het einde van de 18e eeuw iets wat (grotendeels) door God werd bestierd. Als je arm was, was je dat omdat God het wilde; als je rijk was idem dito. Deze codering van de rijkdom (code: God geeft het, of niet) werd losgelaten. Rijkdom werd iets dat je kon verwerven doordat je ervoor werkte, hetzij als baas, hetzij als loontrekker. Rijkdom was de uitkomst van arbeid. Rijkdom lag niet vast, geld kon stromen: iedereen kon rijk worden (of arm).

Zo kwam de motor van het kapitalisme op gang: twee stromen werden bij elkaar gebracht: een geldstroom en een stroom van 'vrije' arbeiders. Maar deze gedecodeerde stromen werden in het opkomende kapitalisme snel gerécodeerd. De nieuwe code was vooral die van de loonafhankelijke industriearbeid, die een nieuwe maatschappijstructuur opleverde (klassenmaatschappij). In de 20e eeuw zou die recodering meer en meer die van de nationale welzijnsstaat worden: je koopt/verkoopt arbeid en daarvoor word je een veel grotere bestaanszekerheid gegarandeerd dan alleen die van loon of winst.

Door de decodering van arbeid en geld werd een klassieke maatschappij ondersteboven gehaald. Dat ondersteboven halen van een grotere structuur noemen Deleuze en Guattari 'deterritorialiseren'. De maatschappelijke territoria, de gebieden waarin arbeid en rijkdom vastlagen, verloren hun begrenzingen. Het kapitalisme is aldus te definiëren als een decodering van stromen en een deterritorialiseren van de maatschappijstructuur. En overal waar het kapitalisme komt, gebeurt het prompt: zie de Derde Wereldlanden. Hiertegenover recodeert en reterritorialiseert het kapitalisme met alle middelen, alle codes die toevallig voorhanden zijn: van nationale staten en het vaderland, de familie als hoeksteen van de maatschappij, tot religies, ideologieën, patriarchale tradities enzovoort. Het kapitalisme is een maatschappijvorm die draait op het feit dat ze voortdurend bezig is haar stabiliteit onderuit te halen. Maar de decodering is relatief: met alle mogelijke middelen is ze voortdurend bezig haar stabiliteit weer tot stand te brengen door redodering en reterritorialisering.

IX. Twee producties

Decoderen van stromen heeft explosieve mogelijkheden. Want toen geld en arbeid de centrale maatschappelijke waarden werden, begon het tijdperk van de (onbeperkte) productie: het tijdperk van de maatschappelijke productie van goederen die weer voor geld gekocht konden worden, anders gezegd: die een ruilwaarde hadden die in geld kon worden uitgedrukt. Het tijdperk van de productie is daardoor ook het tijdperk van de distributie en consumptie van goederen, die uiteindelijk alleen geproduceerd konden worden door de combinatie van geld en vrije arbeid. Het tijdperk van wat Marx de politieke economie noemde.

En daar zit de kapitalist dan in de directiekamer van zijn wereldwijde concern. Hij is een balpenfabrikant. Het begon allemaal met het idee om wat plastic of metaal te combineren met een speciaal soort inkt tot een handig schrijfmachientje. Na een moeizame start bleek zijn product enorm succesvol. Fabriek na fabriek kon worden opgezet, de landsgrenzen werden overschreden, de oude kroonpennen- en inktpotjesindustrie ging over de kop, overal waar hij komt ziet hij mensen met balpennen schrijven - hij wordt er draaierig van. Hoe was dit enorme succes in godsnaam mogelijk? En zijn verbazing brengt hem op een duidelijk inzicht: het is het geld dat het 'm gedaan heeft. Het beginkapitaal waarmee hij zijn eerste zaakje opzette, zijn eerste werknemers betaalde, het geld uit de winst waarmee hij de failliet gegane inktindustrie op kon kopen, het geld waarmee hij in het buitenland… Het is toch ongelooflijk…

Wat heeft hij allemaal voor een veranderingen in het dagelijks leven teweeggebracht; en dat alleen doordat hij met geld wist om te gaan, doordat hij het geld kon laten stromen! Heel de maatschappij is in beweging door het geld: wat een energie, wat een power zit er in het kapitaal! Het kapitaal is een soort enorme vormeloze massa die achter alle maatschappelijke bewegingen zit, die alle maatschappelijke productie mogelijk maakt, waarvan de producten door het hele maatschappelijke veld heen stromen en god mag weten wat voor veranderingen veroorzaken!

Maar dan gaat er iets mis: de balpenindustrie maakt veel meer balpennen dan af kunnen worden genomen. Overproductie! En hoe moet onze arme kapitalist dat nu weer in de handen zien te krijgen! En in zijn directiekamer, na de stafvergadering, voelt hij een diepe weerzin opkomen tegen het kapitaal. Al die productie, wat moet je ermee, ik zit tot over mijn oren in de problemen, alleen maar omdat het kapitaal mij voortdurend verplicht meer en meer te produceren! Wat zit de maatschappij toch vreselijk in elkaar, ik word erdoor vermorzeld. De hele samenleving moet worden veranderd. Help! Het gaat fout! Kwam er maar oorlog! Gebeurde er maar iets! Zolang de kapitalist zich verbaasde over het kapitaal, droomde hij van de productie. Nu hij er weerzin tegen voelt, droomt hij van anti-productie.

X. Twee machines

Op gelijke wijze als het kapitalisme functioneert volgens Deleuze en Guattari het onbewuste. Wat deed de balpenindustrieel in den beginne? Hij bedacht dat inkt helemaal niet in een potje hoeft te zitten. Je kunt het ook in een metalen of plastic buisje doen. Hij decodeerde de inkt, wees haar een ander territorium toe: een buisje in plaats van een pot. Zijn creativiteit, zijn creatieve energie maakte het hem mogelijk inkt heel anders te zien dan tot dan toe gebruikelijk was (en als hijzelf niet zo creatief was geweest, had hij die creativiteit kunnen kopen). Zijn creatieve kracht decodeerde ook de pen: dat hoeft helemaal geen houten houder plus stalen pen te zijn. Hij zag inkt en pen veel concreter dan normaal was. Hij zag inkt los van de inktpot. Toen barstte zijn creativiteit los (en wat een gevolgen).

Die creativiteit noemen Deleuze en Guattari het verlangen (de creatieve energie erachter heet het libido). Het verlangen van de kapitalist produceerde het schrijfmachientje balpen. Maar het verlangen van de balpenbezitter kan van diezelfde balpen een machientje maken om het hoofd mee te krabben, of om in je neus te peuteren, of om je thee mee te roeren (roermachine), of om mee te zwaaien om iemands aandacht te trekken (attentiemachine), of om wat ook mee te doen. Het verlangen trekt zich niets aan van de codes (de code balpen=schrijfmachine), het vat de dingen heel concreet op. Het verlangen vraagt nooit: wat is de betekenis van dit ding, maar: hoe werkt het? Het verlangen decodeert voortdurend, en koppelt allerlei dingen aan elkaar die helemaal niets met elkaar te maken zouden hebben, en door die koppeling produceert het verlangen machientjes (pen + hoofdkrabmachine). Het verlangen maakt van ieder mens een knutselaar. Het verlangen koppelt één stroom (de stroom van balpennen) aan een andere stroom (thee) en produceert daardoor een nieuwe stroom (afgekoelde thee, een slok, je doet er nog een schep suiker in, roert weer, iemand zegt: wat doe jij veel suiker in je thee, je antwoordt: ja, maar het is rietsuiker, en een gesprek over de Derde Wereld volgt: dat is de nieuwe stroom). Het verlangen is de drijvende kracht achter elke handeling, de energie achter elke productie, elke stroom en het verlangen is uiterst concreet bezig. Het verlangen produceert koppelingen tussen heel verschillende, 'heterogene' elementen, maakt daar machines van die zelf weer van alles veroorzaken, die zelf weer produceren. Een koppeling van heterogene elementen is een machine. Het lichaam is een machine, het produceert stromen, poep en pies en spuug en menstruatie en sperma en zweet en, en...

Het verlangen zelf is een machine, een 'wensmachine'. Het onbewuste is een fabriek waarin wensmachines verlangens produceren. Deze wensmachines decoderen voortdurend, zijn een 'revolutionaire' kracht. Maar dan zegt iemand: doe toch niet zo raar, je moet thee met een lepeltje roeren, daar zijn balpennen helemaal niet voor. Tegenover het verlangen staan de maatschappelijke codes, die zeggen: een balpen=een schrijfmachine, een roermachine=een lepel. De maatschappelijke structuur die zegt dat een balpen schrijft en dat je roert met een lepel, onderdrukt de creativiteit om van een balpen een roermachine te maken. De maatschappelijke structuur schrijft je voor wat je moet verlangen: met een balpen wil ik schrijven, met een lepel wil ik roeren. Het maatschappelijke onderdrukt het (revolutionaire) verlangen. Het maatschappelijke is een anti-productie ten opzichte van de productie van het verlangen, de productiekracht van het onbewuste.

'Er bestaat slechts verlangen en het maatschappelijke, verder niets.'[25] En omdat iets alleen voor je bestaat, concreet is, als je er iets mee kunt, als je het kunt koppelen aan je verlangen, stellen Deleuze en Guattari: 'Het objectieve bestaan van het verlangen is de werkelijkheid *an sich.*'[26]

En daar zit je je dan te verbazen. Het is toch verbluffend, zo'n balpen, en wat ik er allemaal mee kan: schrijven (en wat kan ik allemaal niet schrijven), en roeren en krabben en kietelen en de aandacht trekken en peuteren en 'm door m'n vingers doorgeven en erop kauwen en en en... En ik denk er niet eens bij na, ik doe het volkomen onbewust, zomaar... Wat zit er toch een verbluffende creativiteit in me, wat kan ik allemaal niet! Of ik? Nou ja, mijn hand, of m'n vingers... En wat doe ik allemaal nog meer zeg! En die man die die balpen bedacht heeft, wat een creativiteit eigenlijk, nou ja, misschien kreeg die ook zomaar een maf idee, en toen ging hij knutselen, en wat gebeurde er daarna allemaal niet! Wat zit er toch een verbluffende energie in de mens. Als je bedenkt wat er allemaal tot stand is gebracht. En achter al die bedenksels zie die energie, dat verlangen... achter alles wat er in de maatschappij gebeurt is dat de drijvende kracht. En al die lijpe ideeën die mij af en toe door m'n hoofd gaan, al die stromen van dwaze associaties, en iedereen heeft dat... In alle mensen zit een krachtcentrale van creatieve energie, in iedere mens zit een enorme fabriek die voortdurend stromen van verlangens produceert, en het functioneert de hele tijd, nu eens onstuimig, dan weer rustiger... Wat is het? Wat is die krachtcentrale? Is dat... het onbewuste?

En dan houdt alles een ogenblik in. Moet je dan je hele leven aan kleine dingen blijven knutselen? En ook die grote dingen, hele maatschappijen draaien erdoor: iedereen zit de hele tijd stromen van details te produceren en te bewerken! Mijn god, is dat nou het leven? In

---

25   Ibidem, 39.
26   Ibidem, 36.

zekere zin was het beter als er niets stroomde, niets functioneerde. Niet geboren zijn, uit de geboortekringloop worden geslingerd, zonder mond om te zuigen, zonder kont om te schijten, zonder handen, zonder maag (altijd dat eten, bah), zonder al die delen die maar doen en doen en eisen en eisen. Was er maar geen verlangen, een ogenblik rust. Het verlangen lijdt aan al die delen waaraan het zich moet koppelen, die het moet bewerken en combineren.

Stroomde het verlangen maar vrij, zonder al die obstakels, dan zou het goed zijn. Want is dat niet het verlangen in pure vorm, het onbewuste: een soort lichaam zonder organen dat in je lichaam zit en waarin energiestromen draaien en draaien en tot iets enorms in staat zijn, maar dan zijn er telkens weer die verdomde details waar je de hele tijd rekening mee moet houden, die de stromen onderbreken, hen hun spoor bijster doen raken, ze uitdoven tot er geen verlangen meer over is. Weg met de delen! Mijn verlangen is een ongedeeld orgaanloos lichaam!

Zolang je je verbaasde over de kracht van het verlangen, droomde je van de productie. Zodra je er weerzin tegen voelt, droom je van een orgaanloos lichaam, een anti-productie (en daarna begint alles weer opnieuw). Het orgaanloze lichaam is voor het verlangen wat het kapitaal is voor de kapitalist.

De verlangenproductie veroorzaakt net als de maatschappelijke productiedistributie en consumptie: van stromen. Na het roeren met een balpen in je thee begon je een gesprek over de Derde Wereld. Dan vraag je je af: waarom over de Derde Wereld? Omdat ik een bewust en solidair wereldburger ben natuurlijk. Maar een andere keer haalde je je pen uit de thee, likte hem af en ging schrijven. Waarom? Omdat ik een schrijver ben, of wil worden. Een derde keer drupte er thee op je witte overhemd. Toen ging je het wassen. Waarom? Omdat ik zo netjes ben. De verlangenproductie volgt het schema: en… en… en… (balpen, thee en suiker). De verlangendistributie volgt het schema: of… of… of… (Derde Wereld, schrijven óf wassen). De verlangenconsumptie: dat dus, dat ben ik, als eindconsumptie van een (gedistribueerde, geterritorialiseerde) verlangenketen. In de verlangenconsumptie ervaart iemand zich als één soort subject: dat ben ik dus (wereldburger, schrijver, netjes, en morgen ben ik iemand anders, maar dan herinner ik me gisteren niet). Niemand is dus één subject, één ik. Iedereen ervaart zich telkens als een ander ik: ieder mens is een groepje. Maar het maatschappelijke schrijft voor dat ieder mens één ik is, één persoonlijkheid. Iedereen die zichzelf slechts als één ik ervaart, heeft zijn verlangenproductie onderdrukt.

XI. Oneindig veel intensiteiten

Het verlangen kent, als gezegd, twee polen, twee uitersten. De ene pool is productief, de andere anti-productief. De productieve pool noemen Deleuze en Guattari de schizofrene pool van het verlangen. Die kun je waarnemen door je over je productiviteit te verbazen, als anders gezegd een verbazingsmachine een koppeling legt tussen het orgaanloze lichaam van het verlangen en de wensmachines. Schizofreen heet deze pool, omdat het karakteristieke proces van de schizofrenie nou juist de onbeperkte verlangenproductie is. De schizo laat z'n verlangenstromen alle verbindingen aangaan en naar alle kanten uitwaaien en volgens een onbeperkt aantal codes; hij gooit alle codes door elkaar (verbindt roeren met balpen), hij decodeert absoluut, zoekt niet naar stabiliserende recoderingen (een balpen schrijft, een lepel roert, er is geen chaos). Het kapitalisme decodeert relatief, de schizo absoluut. Vandaar dat Deleuze en Guattari de schizofrenie de grens van het kapitalisme noemen (verder dan absoluut kan niet).

Maar, en dit moet goed worden onthouden, de schizo decodeert alleen ten opzichte van de maatschappijstructuur, de macht, de wetgever, de despoot, de vaste betekenis, die voorschrijft volgens welke codes verlangens mogen stromen. Zolang hij onbekommerd mag decoderen is hij een gelukkig mens. De schizo heeft het stadium bereikt waar hij alleen maar stromen is, het productieproces: hij consumeert die producties niet, hij laat al zijn subjecten opgaan in de stromen. Hij is wij in plaats van ik. Hij is één met de natuur, omdat hij net als de natuur voortdurend produceert, zonder coderingen van buitenaf. Hij is één met de geschiedenis omdat hij alle subjecten is die ooit hebben bestaan: de schizo bedrijft wereldgeschiedenis.

Maar dan komt de schizo met de buitenwereld in botsing. Bijvoorbeeld met de psychiatrie, omdat hij zo 'raar' deed en 'hulp' nodig heeft. En de psychiatrie begint hem te vragen naar zijn ouders ('Huh?' wat hebben die ermee te maken: het onbewuste is ouderloos). Het zoekt naar een ik ('Oh, maar daar heb ik er zat van.'). Hoe zit het met je seksualiteit, wat mis je in jezelf dat je zoveel verlangt? ('Maar ik ben helemaal vol!') De schizo wordt voortdurend de verkeerde vragen gesteld, zo raakt hij de kluts kwijt: ben ik dan gek dat er alleen maar stromen in mij zijn? Mij? Hij wordt bang van al die stromen, hij slaat dicht, hij wil niet meer verlangen: hij trekt zich terug op zijn orgaanloze lichaam en wordt de zielige, autistische schizofreen, zoals we hem in de inrichtingen aantreffen. Niet gek omdat hij gek was, hij was alleen extreem normaal. Hij is gek omdat hij gek is gemaakt, omdat hij verplicht werd zijn verlangenketens maatschappelijk te coderen, anti-productief.

De anti-productie is de andere pool van het verlangen. Deleuze en Guattari noemen deze pool de paranoïde / fascistische pool: de pool waarop je niet meer wil, waarop je zelf de onderdrukking van je verlangen wenst; anders gezegd: als een paranoïde machine de koppeling tussen het orgaanloze lichaam en de wensmachine legt: een afstoting van het verlangen (zoals de verbazing een aantrekking van het verlangen is), de 'oerverdringing' van het verlangen.

De normale toestand, de toestand van een 'normaal' mens, is dat er tegelijkertijd een bepaald percentage aantrekking een afstaring is. Een goed humeur, een enthousiaste dag: 70% aantrekking, 30% afstoting. Een dag of uur later: 40% afstoting, of 70% of 23,5 of 52,14%. Die percentages noemen Deleuze en Guattari 'intensiteiten' van het verlangen. 100% aantrekking = schizofrenie, 100% afstoting = paranoia (achtervolgingswaan). Aangezien alle intensiteiten al eens in de geschiedenis zijn voorgekomen, kun je ze allemaal de naam geven van een historisch personage. Dat bedoelde Nietzsche toen hij in het begin van zijn gekte schreef: 'Alle namen uit de geschiedenis, dat ben ik' (alle namen, alle intensiteiten, dus niet: alle concrete personen). Als de schizo zich Jezus voelt, Dionysus, Jeanne d'Arc of Napoleon, een plant, vrouw of oorspronkelijke bewoner van Amerika, dan heeft hij dus gewoon gelijk.[27]

---

27   De gebruikelijke maar stigmatiserende benaming van oorspronkelijke bewoners van het Noord-
     Amerikaanse continent is hier redactioneel vervangen.

XII. De nieuwe aarde

Twee begrippen staan centraal in de filosofie van Deleuze en Guattari: het verlangen en het maatschappelijke. 'Er is geen maatschappelijke productie van de realiteit aan de ene kant en verlangenproductie van fantasie aan de andere kant. In werkelijkheid is de maatschappelijke productie alleen maar de verlangenproductie onder bepaalde voorwaarden.'[28] Er is een directe schakeling tussen het verlangen en het maatschappelijke. De kapitalist die een balpen uitvindt en die grootschalig in productie neemt, doet dat omdat hij dat wil: zo kan hij zijn (schizofrene) verlangen door het maatschappelijke veld laten stromen. De massa's die zich door de fascisten lieten onderdrukken, deden dat omdat ze dat wilden, omdat ze zo hun (paranoïde) verlangen in toom konden houden.

Toch bestaat er een onderscheid tussen het maatschappelijke en de verlangenproductie. Deleuze en Guattari benoemen dit onderscheid als het verschil tussen de 'molaire machines enerzijds, of dit nu maatschappelijke, technische of organische machines zijn, en de wensmachines anderzijds, die tot de moleculaire orde behoren.'[29] Het verlangen organiseert zich in twee grondvormen: molaire eenheden (het maatschappelijke) en moleculaire veelheden (de verlangenketens). Molaire eenheden, dat zijn 'ikken', lichamen, lichaamspantsers, legers, maatschappijen: totaalobjecten. Deze eenheden bestaan altijd uit moleculaire veelheden. Schizofrenie als decoderend, moleculair proces was alleen mogelijk, omdat er een coderende, molaire maatschappij bestond, die tot moleculaire veelheden kon worden gedecodeerd en gedeterritorialiseerd. De molaire veelheden zijn voorbewust gecodeerd, 'bezet'. Het ongecodeerde verlangen is onbewust: het onbewuste is het verlangen om te verlangen.

Een van de molaire eenheden ('macromachines' is een ander woord daarvoor), is het ik, het 'Ich' zoals Freud het noemde. (Het orgaanloze lichaam is geen macromachine maar een reuzenmolecuul). Het onbewuste, schreven Deleuze en Guattari, is een fabriek waarin wensmachines staan, die voortdurend verlangens produceren. Dit onbewuste is wat Freud het 'Es' noemde. Het Es, zei Freud, is polymorf pervers (dat wil zeggen: het is niet netjes): 'Waar Es is, moet Ich komen.'[30] In termen van Deleuze en Guattari: waar een ongebreidelde verlangenproductie is, daar mag maar één soort verlangen komen. Dat mensen van alles wilden, wist Freud ook wel, maar eigenlijk zei hij, wil de mens maar één ding: hij wil zijn moeder voor zich alleen (hij wil de dood van zijn vader). Dit verlangen heet het Oedipuscomplex: een verregaande reterritorialisering van het verlangen. Door deze oedipale verlangens te verdringen, wordt hij een normaal mens. Door het Oedipuscomplex te aanvaarden, en zijn verlangen (libido) op een andere vrouw te richten dan zijn moeder, treedt hij toe tot de beschaving.

In deze optiek is het onbewuste een soort theater waarop een symbolische tragedie wordt opgevoerd: het Es onderwerpt zich aan het Ich, Oedipus ziet ervan af om met zijn moeder maar bed te gaan en zijn vader te doden. Zijn onvervulbare verlangen, zijn gemis, probeert

---

28 Deleuze en Guattari, *Anti-Ödipus,* 38-39.
29 Ibidem, 369.
30 Sigmund Freud, '31e lezing ter inleiding in de psychoanalyse,' 1915-1917, auditorium van de Weense psychiatrische kliniek.

hij te stillen bij een andere vrouw. Weet de mens zijn oedipale verlangens niet helemaal onder controle te krijgen, dan wordt hij neurotisch. Normaliteit of neurose, dat is de keuze van de psychoanalyse (de double bind, de tweezijdig doodlopende steeg volgens Deleuze en Guattari: een perversie). Terwijl Freud de hele verlangenproductie terugvoert tot 'Das schmutzige kleine Geheimnis' van de seksualiteit, bedrijft de schizo wereldgeschiedenis; het is een iets ander perspectief: tragedie versus productie.

De psychoanalyse stelt zich tot taak op te sporen waar, hoe en waardoor de verwerking van het Oedipuscomplex (de verdringing) is misgegaan: ze streeft ernaar van neurotici normale mensen te maken. (Met schizofrenen weet de psychoanalyse niets aan te vangen). Deleuze en Guattari stellen hier hun 'schizoanalyse' tegenover. De schizoanalyse is te omschrijven als de voortdurende vraag naar het onbewuste, naar de moleculaire productie van verlangens binnen een bepaalde molaire maatschappelijke ordening, en daarmee ook naar diezelfde productie vinnen een op revolutionaire omwentelingen gerichte strategie. Want een revolutionaire politieke overtuiging kan heel goed gepaard gaan met reactionaire organisatievormen van het verlangen (zie bijvoorbeeld de communistische partijen). Deleuze en Guattari besluiten hun anti-Oedipale arbeid aldus:

> De opgave van de schizoanalyse bestaat er uiteindelijk in, om in ieder geval de natuur van de libidineuze bezettingen van het maatschappelijke veld, haar mogelijke innerlijke conflicten, haar betrekking tot voorbewuste bezettingen van dit veld, kortom, het omvattende spel van de wensmachines en de repressie van het verlangen bloot te leggen. Het schizofrene proces te verwerkelijken, te voltooien in plaats van het te onderbreken, in de leegte te laten circuleren of het een doel voor te houden. Nooit zal men in de deterritorialisering, de decodering van stromen ver genoeg kunnen gaan. Want de nieuwe aarde ('In werkelijkheid zal de aarde op een dag een plaats van genezing zijn') bevindt zich niet in de neurotische en perverse reterritorialiseringen die het proces onderbreken of het doeleinden voorhouden, ze bevindt zich overal, ze is één met de voltooiing, de verwerkelijking van het proces van de verlangenproductie, dit proces dat zich altijd al verwerkelijkt en voltooit, in zoverre en zolang als het zich voltrekt…[31]

Aan deze opdracht heeft Theweleit zich gehouden. Hij heeft (tot op zekere hoogte) een geslaagde schizoanalyse gegeven van de Soldaatman en de betrekkingen tussen zijn verlangenproductie en de maatschappelijke repressie waaronder hij leefde. Hij wist helder te analyseren waar de kronkels in de stromen van het onbewuste van de Soldaatman door veroorzaakt werden, en kon een strategie aangeven waardoor daar iets aan te verhelpen zou zijn (het gemakkelijk te ontwikkelen 'nieuwe revolutionaire bewustzijn van vrouwen als producenten van niet-moorddadige mensen').

XIII. Het natuurlijke verlangen

31   Deleuze en Guattari, *Anti-Ödipus*, 496.

De schizoanalyse en de filosofie van de *Anti-Oedipus* is, er is al meermalen op gewezen, alleen mogelijk binnen het kader van de kapitalistische maatschappij. Het is een manier om onder het kapitalisme te overleven, om frisse verlangens te produceren binnen de structurele begrenzingen van de kapitalistische productiewijze. Ten opzichte van deze productie stelt ze zich revolutionair op: ze wil het schizofrene proces van de verlangenproductie, die ook de motor van het kapitalisme is, voltooien, tot zijn absolute grens voeren. Daarna is de 'nieuwe aarde' overal aanwezig, zonder maatschappelijke repressie die de verlangenproductie in de war schopt. Ook de psychoanalyse is alleen mogelijk binnen het kapitalistische systeem (in bijvoorbeeld Afrikaanse stammen is Oedipus niet terug te vinden, of enkel via een ongeloofwaardig aantal interpretaties). Alleen gedraagt de psychoanalyse zich behoudend, reactionair ten opzichte van het kapitalisme: ze probeert het in stand te houden door normale, 'tot de beschaving toegetreden' mensen af te leveren.

Toch reikt de overeenkomst tussen schizo- en psychoanalyse dieper dan hun plaats in het kapitalisme. Beide gaan ervan uit dat 'verlangen' de natuurlijke toestand is, of dat verlangen nu schizofreen of oedipaal is. Verlangen, willen, doet de mens altijd, van nature. En denk aan wat Friedrich Nietzsche, de eerste filosoof van het verlangen zei: 'De mens wil nog liever het niets willen, dan niet te willen...'[32] Wie niet wil, is geen mens.

Theweleit gaf een wetenschappelijke, schizoanalytische verklaring van het verlangen van de Soldaatman. Hij beriep zich hiervoor op de filosofie van het verlangen van Deleuze en Guattari (die zich op hun beurt weer bedienden van stellingen van Nietzsche en Wilhelm Reich). Maar de filosofie van Deleuze en Guattari (net als de gedachtewereld achter de psychoanalyse van Freud) beroept zich nergens op. Ze stelt dat de mens wil, en van nature nog wel, en van nature revolutionair bovendien. Een meeslepende stelling ongetwijfeld. Maar is het de enig mogelijke?

XIV. Het ongewilde verlangen

Tegenover het verlangen staat de macht, de macht die het verlangen onderdrukt, de macht die het verlangen voorschrijft waarop ze zich moet richten (de psychoanalyse is zo'n macht). Het verlangen verlangt, het verlangt voortdurend, het verlangt steeds meer, het decodeert absoluut, het hoopt zich op tot een orgaanloos lichaam: het orgaanloze lichaam is de accumulatie van het verlangen, die uiteindelijk ieder verlangen mogelijk maakt. Het kapitalisme produceert, het produceert steeds mee, het produceert voortdurend, het overschrijdt alle grenzen, het hoopt zich op tot een kapitaal: het kapitaal is de accumulatie van de productiekracht, die uiteindelijk iedere productie mogelijk maakt. De macht onderdrukt, de macht verbreidt zich over steeds meer maatschappelijke terreinen (van de imperialistische economie tot de intiemste psychoanalyse), de macht breidt zich uit over de hele aarde, ook de natuur is in haar macht, ook de ruimte, de macht hoopt zich op tot de absolute macht, het Reich is de accumulatie van de macht, waar uiteindelijk iedere macht uit voortkomt en naar streeft.

---

32   Dit is de laatste zin uit Friedrich Nietzsches *Genealogie van de moraal* uit 1887. Zie voor een Engelse vertaling Friedrich Nietzsche, *On the Genealogy of Morals,* (Cambridge: Cambridge UP, 1994 (1887)), 120, http://www.inp.uw.edu.pl/mdsie/Political_Thought/GeneologyofMorals.pdf.

Maar is dit de natuurlijke, de enig mogelijke gang van zaken?

> Het axioma, de mythe van een werkelijke of mogelijke accumulatie, beheerst ons
> volledig, hoewel we eigenlijk weten, dat men nooit iets accumuleert, dat de kapitalen
> zichzelf verteren - zoals de moderne reuzensteden of een overladen geheugen. Wat
> iedere accumulatiepoging bij voorbaat tot mislukken veroordeelt, dat is de leegte. Iets
> in ons de-accumuleert zich ter dood, verteert zich, vernielt zich, lost zich op en valt
> uiteen in zijn afzonderlijke delen, opdat we de druk van de werkelijkheid en het leven
> kunnen weerstaan. Op de bodem van elk productiesysteem verzet zich iets tegen de
> grenzeloosheid van de productie anders had ze ons allang onder zich begraven. Iets
> in de macht verzet zich - zowel bij degenen die haar uitoefenen, als bij hen die haar
> verdragen. Een dergelijk onderscheid is zinloos, niet vanwege de uitwisselbaarheid
> van de rollen, maar omdat de macht in haar vorm omkeerbaar is, omdat van beide
> kanten uit iets haar eenzijdige uitoefening tegenspreekt, zowel de mateloosheid van
> de macht, als de mateloosheid van de productie. Dit "iets" is niet het "verlangen",
> maar iets dat bewerkt, dat de macht precies in die mate uiteenvalt, als waarin ze zich
> onherroepelijk uitbreidt. En dat is tegenwoordig overal het geval.[33]

Iets in ons verzet zich tegen de productie, tegen de macht (ook tegen de macht van het
verlangen). Is dat de paranoïde pool van de verlangenproductie? Nee, want het verzet zich
ook tegen het orgaanloze lichaam, de verlangenaccumulatie. Dit 'iets' is de leegte. De leegte
is ons natuurlijke verlangen, de natuurlijke toestand. 'Ik weet niet wat ik wil': nee, natuurlijk
niet, want je wilt niets willen.

Ook dit is filosofie. Maar is de veronderstelling dat niet-willen de natuurlijke toestand is,
niet minstens even aanvaardbaar als de tegenovergestelde formule? En misschien wel meer
aanvaardbaar, want een stuk vriendelijker? 'Elke filosofie die de mens de uitoefening van zijn
wil opdraagt, kan hem alleen maar doen verzinken in wanhoop.'[34] Ook Theweleit kan niet
beargumenteren waarom de mens wil 'stromen', wil verlangen, en niet wil dat dat stromen
wordt ingeperkt. 'Het lijkt mij in ieder geval onwaarschijnlijk dat de neiging om het vloeien
van stromen te begrenzen uit de wens van de mensen zelf voortkomt,' formuleert hij zijn
axioma, zijn mythe van het revolutionaire onbewuste.[35] Zoals de communisten de mythe
van de revolutionaire arbeider aanhingen: was eenmaal de onderdrukking weggenomen,
dan barstte hij vanzelf los in de revolutie (maar wel onder leiding van de communisten). En
Baudrillard kan ook niet beargumenteren waarom we het liefste niet willen en de spelingen

van het lot het leukste vinden: 'Ik geloof eenvoudig dat we boven alles de voorkeur geven
aan de fatale samenhang.'[36]

---

33   Jean Baudrillard, *Oublier Foucault* (München: Gesellschaft für sozialwissenschaftliche ökologische
      Forschung, 1978 (1977)), 50-51. Uit het Duits vertaald door Arjen Mulder.
34   Jean Beaudrillard, *De fatale strategieën* (Amsterdam: Duizend & Een, 1985 (1983)), 148.
35   Theweleit, *Mannenfantasie*, 148.
36   Baudrillard, *De fatale strategieën*, 249.

Akkoord. Uiteindelijk is iedere theorie gebaseerd op een geloof, op het aanvaarden van een filosofie. Maar valt er nog iets te zeggen over het 'stromende onbewuste' en het fascisme op basis van Baudrillards filosofie? En wat zijn de consequenties daarvan? Maakt het wat uit?

XV. Twee bossen

Deleuze en Guattari kunnen alles verklaren: een schizofreen productieproces doortrekt de hele natuur en de hele geschiedenis. Het Verlangen is de motor achter alle productie. Maar één ding ontbreekt in hun verhaal. Dat is de dood. Ook voor de fascisten was de dood onbelangrijk. 'Mensen doodmaken, dat is niks, sterven moeten ze toch een keer. Maar je mag ze niet verloochenen. Nee, je mag ze niet verloochenen. Voor ons is het toch niet het ergste dat ze ons willen doden, maar dat ze ons onophoudelijk overgieten met hun haat, dat ze ons nooit anders noemen dan moffen, hunnen, barbaren. Dat stemt bitter.'[37] Erger dan de dood is de vernedering van wat men is, van de eigen, diepste, individuele wil. En hoe Theweleit de Soldaatmannen ook noemt, hij verloochent hun diepste verlangens nooit. De verheffing van de wil, van het verlangen tot de enige waarde leidt ertoe dat de dood uit het blikveld verdwijnt, erbuiten wordt gesloten.

De dood heeft een geschiedenis. In de Renaissance (tot en met de Barok) had de dood 'de betekenis van een vereffening: het onderscheid in lot, in rijkdom en levensvoorwaarden werd door het universele gebaar van de dood teniet gedaan: onherroepelijk voerde hij een ieder naar het lot van allen.'[38] De dood maakte iedereen gelijk. De dood leidde het bijzondere lot naar het algemene lot: zo uitte zich het algemene in het bijzondere. In de Romantiek daarentegen stelde de dood het unieke in:

> In hem komt het individu tot zichzelf, in hem ontkomt het aan de monotonie en nivellering van de levensloop; in het langzame, half ondergrondse en niettemin reeds zichtbare naderen van de Dood wordt het gewone leven eindelijk tot Individualiteit; een zwarte ring isoleert het, en verleent het de stijl van zijn waarheid.[39]

Eenieder sterft alleen, de dood vereenzaamt ieder mens: hij voert het algemene naar het bijzondere lot: zo uit zich het bijzondere in het algemene.

De consequentie van deze omkering in de filosofie van de dood is verbluffend, zowel voor de kennis als voor de kunst. Het bestaan van een 'stromend onbewuste' en de relatie daarvan met de dood, laat zich uit deze omkering verklaren. Daarom moet er hier iets dieper op

in worden gegaan. Dit gebeurt door een boswandeling uit de Renaissance en één uit de Romantiek tegenover elkaar te plaatsen.

XVI. Het verlaten bos

---

37 Theweleit, *Mannenfantasie*, 212.
38 Michel Foucault, *Geboorte van de kliniek* (1963).
39 Idem.

In 1550 beschrijft Giulio Camillo in *L'Idea del Teatra* de boswandeling van de Renaissance:

> Als wij ons in een uitgestrekt woud zouden bevinden en de gehele omvang ervan
> zouden wensen te zien, zouden wij vanuit onze positie er middenin hiertoe niet in
> staat zijn, want ons blikveld werd slechts tot een klein gedeelte beperkt door de
> bomen onmiddellijk om ons heen, die een blik in de verte verhinderen. Maar als er
> vlakbij het woud een helling zou zijn die naar een hoge heuvel leidde, dan zouden we
> door het woud te verlaten en de helling te bestijgen een groot gedeelte van de vorm
> van het woud beginnen te zien, en vanaf de top van de heuvel zouden we het geheel
> overzien. Het woud is onze lagere wereld; de helling dat zijn de hemelen, de heuvel
> is de bovenhemelse wereld. En om de dingen van de lagere wereld te begrijpen, is
> het noodzakelijk om op te stijgen naar hogere dingen, van waaruit we, naar beneden
> ziend, een zekerder kennis van de lagere dingen kunnen hebben.[40]

Vanuit het hogere standpunt ontvangen de dingen hun vaste plaats en maat, hun vaststaande
vorm. Het overzicht biedt een ware voorstelling van Gods schepping, omdat het inzichtelijk
maakt hoe de wereld der verschijnselen uit haar Schepper voortvloeide: het duidt de Orde
der dingen aan. De wijsheid die oorzaak en geval niet verwart, is waar omdat ze de wereld
spiegelt, nabootst. De menselijke kennis (het geheugen) is de spiegel van de wereld.

Die kennis kreeg vorm in de kunst van de emblematiek (de zinnebeeldige voorstelling). Een
embleem is een plaatje van een bijzonder geval dat een algemene betekenis krijgt toegewezen
in een begeleidende tekst. Het plaatje toont één beeld, één 'vaststaande vorm'. De tekst geeft
het beeld (de betekenaar) zijn plaats in de orde der dingen door het een algemene betekenis te verlenen. Maar de relatie tussen betekenaar en betekenis staat niet vast, er bestaat
geen gelijkwaardigheid tussen beeld en tekst, er schuilt in het geheel geen waarde in het
combinatorische spel van tekst en beeld. Een serie emblemen kan zelfs een cirkel vormen
van beelden en betekenissen, die alle even 'waar' en 'spiegelend' zijn, als voor ons gevoel
willekeurig. Een voorbeeld.

> Nemen we het zinnebeeld van de adelaar, die doorboord is door een gevederde
> pijl. Boven deze illustratie staat een motto met als strekking, dat de mens zijn eigen
> ongeluk veroorzaakt. Het epigram onder de afbeelding legt uit wat de zin is van deze
> combinatie van beeld en motto: de adelaar is getroffen door een pijl, die voorzien is
> van zijn eigen veren. Hetzelfde plaatje kan als illustratie dienen van de wijsheid, dat
> ondank 's werelds loon is (dan is de vogel dus het slachtoffer van onecht geworden).
> Maar het motto over de mens die zichzelf te gronde richt kan eveneens geïllustreerd
> worden door de zinnebeelden van een beer die zijn poot klem heeft geduwd bij het
> roven van honing, of een man die een brug doorzaagt waarop hijzelf staat. Men kan
> verder gaan, en de betekenis "ondank is 's werelds loon" de betekenaar meegeven
> van een hond die zijn baas bijt, of een klimop die de boom waartegen hij groeit
> verstikt. De boom die door de klimop die hij voedt verstikt wordt, kar echter tevens

---

40   Kees Vollemans en Agnes Schreiner, *Een golf van bloed: over Wagner en wagnerisme* (Den Helder:
      Tasma en Hekking, 1981).

staan voor 'zelfopoffering', en zelfopoffering kan de voorbeelden meekrijgen van een brandende kaars, of een zwijn dat zich in de speer van een jager stort. En waarom zou dit zwijn weer niet het symbool kunnen zijn van de mens die zijn eigen ongeluk veroorzaakt? - en de cirkel is rond. Om opnieuw te worden getrokken me nóg een keer het zwijn, maar nu bijvoorbeeld in de betekenis van "blinde woede".[41]

Terwijl ieder embleem, al die beelden van bijzondere gevallen, hun vaste plaats krijgen in het algemene betekenissysteem, en dus naar de Orde der dingen verwijzen - kan ieder embleem meerdere betekenissen hebben, en iedere betekenis meerdere emblemen. Met andere woorden: ondanks de vaststaande vorm en vaste plaats in de orde, blijft het embleem een raadsel dat telkens geduid moet worden, het blijft zijn geheim (en daarmee zijn bekoring) behouden.

XVII. Het zingende bos

En dan de boswandeling van de Romantiek. Richard Wagner, de componist, beschreef haar rond 1850:

> Als de wandelaar in het woud, door de algemene indruk overweldigd, zich neerzet om zijn stemming te doen beklijven, en zijn van het kwellend stadsgedruis bevrijde zielsvermogen tot een nieuwe wijze van waarneming inspannend, als het ware met nieuwe zintuigen horend, steeds scherper luistert, dan verneemt hij immer duidelijker de stemmen, die in eindeloze verscheidenheid uit het woud opklinken; voortdurend komen er nieuwe en andere bij, zoals hij er nog nooit meent te hebben gehoord; naarmate zij zich vermenigvuldigen, nemen zij ook toe in wonderlijke kracht, luider en luider wordt het geschal, en hoeveel stemmen, hoeveel afzonderlijke wijzen hij ook hoort, toch komt hem deze met verbijsterende helderheid aanzwellende tonenval weer voor, slechts één grote woudmelodie te zijn, die reeds van meet af zijn aandacht had geboeid, zoals vroeger eens zijn blik geboeid werd door de diepblauwe nachtelijke hemel, waarin, hoe langer hij zijn beschouwing verdiepte, des te duidelijker, scherper en klaarder de talloze sterrengroepen voor hem zichtbaar werden. Deze melodie zal eeuwig in hem naklinken, maar naneuriën kan hij haar niet; om haar weer geheel te horen moet hij opnieuw in het woud gaan, en wel op een zomeravond. Hoe dwaas zou het zijn als hij één der lieflijke woudzingers wilde vangen en thuis misschien laten africhten om hem een brokstukje dier grote woudmelodie voor te fluiten![42]

Wagner zit midden in het bos. Hier is geen overzicht meer mogelijk (of gewenst) over Gods schepping. Hier is geen vaste vorm meer waar te nemen. Een bovenhistorisch standpunt in de bovenhemelse wereld bestaat voor Wagner niet meer. Alles is geschiedenis geworden: alles is in voortdurende beweging, zonder vaststaande orde, zonder God. Een wijsheid die

---

41   Vollemans en Schreiner, *Een golf van bloed*, 29.
42   Ibidem, 44-45.

de wereld spiegelt of de Orde der dingen nabootst is niet meer mogelijk.

Maar juist doordat hij midden in het bos zit, is hij in staat haar essentie waar te nemen. Hij kan ervaren wat het bos werkelijk is, in plaats van enkel te kijken hoe het er van bovenaf uitziet. Hem wordt de 'ene grote woudmelodie' geopenbaard, het 'goddelijke' dat in plaats van God de Schepper is gekomen, het 'raadselachtige' in plaats van de spiegeling, het algemene in het bijzondere. Deze alomvattende, vloeiende woudmelodie is voor Wagner de zang van de ene, werkelijke Levenswil, die alle organismen van het woud doortrekt en aan het produceren brengt: een productie van 'stemmen die in eindeloze verscheidenheid uit het woud opklinken' en die de stemmenaccumulatie van de woudmelodie veroorzaken, waaruit uiteindelijk iedere stem mogelijk wordt…

Geen vaste orde meer, alles stroomt, is historie, is natuur: alles is aangedreven door de ene Levenswil (een term uit de filosofie van Schopenhauer, de filosoof op wie Wagner zich beriep). De levenswil is de ene, absolute, positieve waarde, de Wereldlibido, het Es, de motor achter elk leven, de algemene betekenis achter ieder bijzonder bestaan. Maar deze niet-vaststaande vorm, dit ruisen der Woudmelodie is niet meer te onthouden in het geheugen: ze kan worden herinnerd ('eeuwig naklinken'), maar niet onthouden ('niet na te neuriën'). Ze moet direct worden ervaren, nabootsen kan al helemaal ziet ('hoe dwaas een lieflijke woudzanger thuis te laten africhten'). Het is de opgave van het genie om in een alomvattend kunstwerk de herinnering aan de oneindige levensmelodie in stand te houden. Het geniale *Gesammtkunstwerk* met zijn *Unendliche Melodie* moet het effect hebben dat het publiek rechtstreeks bezield raakt door het stromen van de levenswil en opgaat in het levensmysterie, het 'goddelijke'. Hier geen plaatjes kijken en uitleg geven meer: het kunstwerk moet de toeschouwer direct raken, dat wil zeggen: direct het onbewuste van het publiek bespelen, in plaats van het tot afstandelijke beschouwelijkheid te brengen.

De levenswil, het Verlangen, is de enige, universele en eeuwige waarde geworden in een wereld waarin alles geschiedenis is geworden: alles ordeloosheid, 'verval' en 'ziekte'. Alleen in de vereeuwiging en zuivering van de geschiedenis kan de wereld worden 'genezen'. Deze genezing zet in een tweezijdige beweging in. Als er alleen nog maar historie is, moet alles worden onthouden: begin 19^e eeuw worden de eerste musea geopend. De accumulatie van de geschiedenis begint tot het geheugen er overladen van raakte). Maar ten tweede: als de geschiedenis de enige zingever is, staat bevrijding uit die geschiedenis gelijk aan eenwording met de Wil, het Werkelijke, de Zin, de Geest (de *Unendliche Melodie* van Wagner): de vereeuwigde geschiedenis.

Wat gebeurt hierbij? Het opgaan in de essentie van het bestaande, de versmelting met het Wezen en de Oorsprong – met het Reële – het leidt leven en dood in categorieën van de ervaring tot niets: niets dan voorstelling, een monotone droom, nivellerende biologie. In de romantische totaalervaring zoals Wagner haar beschreef in die verdiepende beschouwing die het individuele aansluit op de geschiedenis en de natuur, waardoor hij opgaat in het object van zijn beschouwing, speelt de uitsluiting van de dood een centrale rol. Met de eeuwigheid van de wil heeft de vergankelijkheid van de dood, die de centrale rol speelde in de emblematiek van de Renaissance, niets meer van doen: een degradatie van de doodsfiguur, die alleen te verklaren is uit een obscene verheffing van de waarde: de waarde van de ene, echte betekenis, de waarde van het Verlangen.[43]

De dood is in de Romantiek aldus een dubbele figuur geworden. Enerzijds zoekt het individu de dood van het individuele door zijn wil op te laten gaan in de Wereldwil. De oneindige melodie, de kosmische ervaring van eenwording met het heelal, het opgaan in de natuur: alle drie romantische sensaties die het individu zijn individualiteit doen vergeten. Hij wordt er helemaal vol van, tijdloos, eeuwig, doodloos. De dood is hier dus niet-bestaand (al lijkt hij terug te keren in het verlangen om de individuele wil te laten verdwijnen in het Nirvana, het Niets, het Willoze, het Eindelijk Hebben We Rust). Anderzijds heeft het individu weet van zijn vergankelijkheid, zijn historiciteit: hij weet in zich de dood al aanwezig. Deze dood is de demonische en mysterieuze diepte waaruit de kunstenaar zijn gestalten aan het licht brengt, het morbide: deze dood is de onzichtbare waarheid en het zichtbare geheim van het individu (zijn enige). Maar deze morbide dood waaruit alle productiviteit van het verlangen oprijst, is alleen maar een symbool (al lijkt de dood hier concreet terug te keren in de gedaante van de geniale zelfmoordenaar: Werther, Thomas Chatterton). Symbool of niet-bestaan: iets anders had de romantische ervaring de dood niet te bieden.

De dood is het enige geheim. Want als alles is gaan stromen en er geen orde meer bestaat, is er geen raadsel meer over. Het algemene raadsel van het bestaan – het 'goddelijke' – is kenbaar doordat je erin op kunt gaan. Ieder bijzonder, afzonderlijk raadsel kan echter ontraadseld worden door het te verbinden met de Wil, het Verlangen en de Werkelijkheid. Theweleit: 'Pas als het lichaam niet meer geheim is krijgt een openbaar politiek leven een echte kans, omdat het dan pas een werkelijke basis heeft.'[44] Zo is de werkzaamheid van Theweleit te beschrijven: het raadsel van de Soldaatman, de geheime ervaring van zijn lichaam te ontraadselen tot een verhaal over hoe het werkelijk was, over wat hij werkelijk wilde. Pas dan… Dat een politiek leven zonder geheimen ook al zijn bekoring kwijt is, en dus enkel nog onverschilligheid oproept, dat ontgaat hem.

XVIII. Oneindige zonsondergangen

In al het bijzondere, in de veelheid van de verschijnselen, het algemene, de ene levenswil zien: waardoor en wanneer is deze ervaring ontstaan? Een vrij nauwkeurige datumbepaling blijkt mogelijk. Rond 1800 begon Phillip Otto Runge met wat hij de landschapschilderkunst noemde, de 'Landschafterey'. Hij noemde het landschap 'de expressie van de diepste religieuze mystiek', en zijn schilderijen waren 'symbolen voor het eeuwige ritme van het Wereld-Al'.[45] Het landschap was de muziek van de ziel.

In de schilderijen van Runge wordt, voor het eerst misschien, het subject verondersteld dat tegenover de wereld der objecten staat en, om deze pijnlijke scheiding te overwinnen, "Dieselbe Sehnsucht in allen Gegenständen" zoekt - de broedergroet

---

43   Ibidem, 54.
44   Theweleit, *Mannenfantasie,* 290.
45   Philipp Otto Runge, zoals geciteerd in Vollemans en Schreiner, *Een golf van bloed.*

van alle omgevende gestalten. Ervaart men de eeuwige oorsprong van alle verschijningen in de oneindige melodie van de natuur, dan is tegelijk de smart om de
verscheidenheid van de wereld vervlogen. De kunst van het landschap dient de
eenwording met de tot tegenstander geworden natuur, en daarmee de "eenwording":
de vernietiging van het Ik. Ze stimuleert de verzinking in de aanschouwing. Daartoe
moet ze een eind maken aan de emblematiek van de uiterlijke verschijningen, die in
de kunst van de Barok had geheerst: alles moest onmiddellijke manifestatie zijn van
het goddelijke.[46]

Toen dat de opgave werd, de onmiddellijke manifestatie van het (vormeloze, stromende, ritmische) goddelijke, betekende vorm voortaan voor de kunstenaar lijden. 'De vorm, dat was
voor Wagner tevens de Wet, het joodse keurslijf waaruit hij het christendom wilde bevrijden
in zijn opera Parsifal, het professoren- en journalistendom, de verkalkte instituties, ook de
jezuïtisch verziekte kerk waartegen de slapende Rede van de Muziek moest worden gemobiliseerd, de demonische, monstrueuze én verheven sublimiteit van het tot klank geworden
Es, de wereldlibido van de onwillekeurige melodie. Vorm hield voor Wagner de blokkade in,
die door de kerkleer was opgeworpen om te voorkomen dat de God van de monotheïstische
stilstand zou gaan stromen, zich zou verveelvoudigen in een posthistorische mensheid van
de Toekomst (de nieuwe aarde). De kerkleer van de vorm en de wet is patriarchaal, en de
antipatriarchale gezindheid karakteriseert Wagner als revolutionair - als politiek revolutionair
(op de barricades van Dresden in 1848), en als muzikale. Als anarchist, om kort te gaan, die
de revolutie zag als een regeling van een historisch proces zonder fundering in een door God
geschapen Orde.'[47] Het doorbreken van de rationele vorm om de 'irrationele' inhoud te laten
stromen, dat is de revolutionaire slogan.

XIX. Historisch onderbewuste

Revolutionair? Ongetwijfeld. Maar revolutionair in naam van een onbewuste dat pas aan het
eind van de 18e eeuw was gaan stromen, toen de scheiding tussen mens en natuur, tussen
subject en object, tot stand was gekomen. En dan niet revolutionair om de scheiding weer
op te heffen, maar om alles subjectief te maken, verlangend, productief door de levenswil,
onderdeel van een universele verlangenproductie.

Het kapitalisme ontstond toen een stroom geld en een stroom vrije arbeiders gekoppeld
werden tot een onbeperkte productie van stromen van goederen, die de hele maatschappij ondersteboven haalde en zich tegelijkertijd accumuleerde tot Kapitaal. Het onbewuste
ontstond toe zich een stroom geschiedenis bevrijdde uit een door God geschapen boven-
historische 'objectieve' orde, en deze gekoppeld werd aan een van de dood ontdane stroom
'subjectieve' levenswil tot een universele verlangenproductie, die stromen van verlangen door
het onbewuste en het maatschappelijke veld heen joeg, en zich tegelijkertijd accumuleerde
tot een orgaanloos lichaam. Maar misschien is dit overdreven.

---

46   Vollemans en Schreiner, *Een golf van bloed*, 112.
47   Ibidem, 133.

Duidelijk is wel dat toen (om hier niet nader te analyseren redenen) aan het eind van de 18e eeuw de scheiding mens-natuur, subject-object ontstond, die scheiding te overwinnen werd in een landschapskunst à la Runge, die de eenwording met de natuur proclameerde, en daarmee in één keer door ook het stromende, ritmische en eeuwige onbewuste (de muziek van de ziel). Wagner is exemplarisch voor het bevrijden, het ontketenen van zoveel mogelijk stromen van het onbewuste in een universeel ontwikkelend Gesammtkunstwerk, dat ook een politieke dimensie had. Want in zijn toekomstvisie moest de hele maatschappij een Gesammtkunstwerk worden, gezuiverde, vereeuwigde, esthetische politiek, het doorbreken van de Duitse Wil in een van vreemde smetten bevrijde Duitsche of Indo-Germaanse Historie.

Door Freud kreeg dit alle kanten op stromende onbewuste hij het begin van de 20e eeuw weer een wet opgelegd: het verlangen stroomt naar moeder de vrouw, in koers gehouden door de seksualiteit, de oedipale wet van het onbewuste. Deleuze en Guattari bevrijdden in '72 het verlangen weer uit het oedipale gezinsframe, zodat het als schizofreen proces absoluut kan stromen (decoderen), door het hele onbewuste en de maatschappij heen, en een nieuwe aarde kan doen ontstaan. 'In werkelijkheid zal de aarde op een dag een plaats van genezing zijn': een genezing waar Wagner al van droomde, en die bestond in de vereeuwiging van de geschiedenis en het verdwijnen van de dood. De schizofreen is alle namen van de geschiedenis, en hij is in zijn verlangenproductie één met de natuur (met de woudmelodie?). Iedere scheiding is verdwenen, alles stroomt altijd overal. Er zijn geen grenzen meer, en als er grenzen zijn, is dat onderdrukking, dan wordt het verlangen paranoïde / fascistisch.

Als er geen stromend innerlijk was, geen onbewuste, dan zou er ook geen fascisme zijn. En als er geen stromende maatschappij was (de productie in het kapitalisme) zou er vermoedelijk ook geen stromend onbewuste zijn. Als Deleuze en Guattari, en met het Theweleit, 'een fascist in ieder mens' ontdekken, kan dat omdat ze (filosofisch gesproken) eerst in ieder mens een stromend onbewuste hebben geïnstalleerd. Is een van de aantrekkelijke kanten van het fascisme als object van kritiek niet juist dat het zo nadrukkelijk grenzen stelde, aan het lichaam, de vrouw, de massa en het ras? Waar grenzen zijn, daar zijn stromen: want iedere grens wordt ingesteld opdat hij wordt overschreden, en iedere grensoverschrijding dient het Leven, het Onbewuste, het Es (ook de fascisten wisten dat: zie hun frontervaring). Hoe meer grenzen er worden ontdekt, des te meer bevrijding is mogelijk. (We hoeven niet naar de Derde Wereld of de straat op voor een bevrijdingsstrijd, er is aan onszelf nog zoveel werk te doen!)

Theweleit kan vertellen wat alle mensen van nature willen zonder het zich bewust te zijn: grenzeloos stromen wilt u. Maar hij kan dat alleen maar stellen, omdat hij ons eerst heeft aangepraat, dát we willen, dát we een onbewuste hebben. En hij dwingt zijn lezers te willen: wie niet verlangen wil, is een fascist. En als we nou eens echt niet wilden verlangen?

Iedereen geeft heimelijk de voorkeur aan een op willekeur berustende en wrede orde die de keuze heeft afschaft, boven de kwellingen van een liberale orde waarin men niet weet wat men wil, en waarin men gedwongen wordt te erkennen dat men niet weet wat men wil: want in het eerste geval is men overgeleverd aan de grootst mogelijke determinering, in het tweede geval aan de onverschilligheid.[48]

XX. Bevallingen en initiaties

De Soldaatman, de 'fascist', was tegen lust en genot. Hij verzette zich tegen zijn natuurlijke verlangen om te verlangen. Dat kwam door de kille opvoeding die hij te verduren kreeg in zijn vroegste kindertijd door een moeder die het recht ontzegd was om zelf te mogen verlangen, om zelf met plezier met het eigen lichaam te mogen omgaan. (De vader van de Soldaatmannen was een slappeling, die in hun opvoeding een ondergeschikte rol speelde). Hun verzet tegen het verlangen tegen het stromende innerlijk, was een 'mechanisme tot zelfbehoud', zoals de kinderpsychologe Margaret Mahler het noemde. Wat de Soldaatman nodig had was een moeder die zijn lichaam liefdevol koesterde, in die zin was hij nooit losgekomen van zijn moeder.

> In Mahlers terminologie zou men diegene die nooit de zekerheid heeft bemachtigd van eigen lichaamsgrenzen die van binnenuit libidineus bezet zijn, "symbiotisch" kunnen noemen. Maar dat lijkt me nog te klinisch/classificerend. Ik stel een eenvoudiger beschrijving voor, die de verschillende verschijningsvormen van dit type mens omvat, zonder die in een of andere richting vast te leggen. Ik zou willen zeggen dat het hier gaat om mensen die het geboorteproces niet tot het einde toe hebben doorlopen, "niet volledig geboren" zijn.

> Het "einde" van de geboorte zou ik die toestand willen noemen die Mahler in de "individuatie" bereikt ziet. Daarvoor is nodig dat kinderen zich differentiëren uit de onvermijdelijke symbiose, die bepalend is voor de eerste levensjaren. Dit gebeurt door een lustvolle bezetting van hun lichaamsgrens, totdat ze het zekere gevoel hebben dat ze een eigen zelf zijn, onderscheiden van de moeder en de anderen. Dit proces heeft alleen kans van slagen als ze van buitenaf liefdevol worden bejegend. Ze kunnen zich dan ook voor de spiegel als "object" zien zonder angst of verlangen om opnieuw opgeslokt te worden, en dit ook in hun spreken te kennen geven. Bijgevolg duurt de "buitenbaarmoederlijke" geboorte zo'n twee en een half jaar. Als die afgelopen is, dan is het kind een "Ich" geworden.[49]

Een 'volledig geboren mens' is dus een zelfstandig individu, een wezen dat in staat is zijn verlangen te laten stromen zonder bang te zijn daardoor zichzelf te verliezen, zonder de noodzaak van een 'mechanisme tot zelfbehoud'. Pas als je je verlangen durft te verlangen ben je volledig geboren.

Jean Baudrillard wijst er in zijn *De symbolische ruil en de dood* op, dat er een tijd is geweest dat de biologische geboorte totaal onbelangrijk was, net als de biologische dood:

---

48   Baudrillard, *De fatale strategieën*, 261.
49   Theweleit, *Mannenfantasie*, 351.

De wilden hebben geen biologische voorstelling van de dood. Het biologische feit
-dood, geboorte of ziekte - alles wat natuurlijk is en dat wij als noodzakelijk en objectief beschouwen, heeft voor hen eenvoudigweg geen enkele zin. Het is de absolute
wanorde, omdat het zich niet "symbolisch laat ruilen", en wat zich niet symbolisch
laat ruilen, vormt voor de groep een dodelijk gevaar. Dat zijn onverzoenlijke, onverzo-
ende, toverachtige en vijandige krachten, die de ziel en het lichaam omsluipen, die
de levenden en de doden beloeren: vroegere en kosmische energieën, die de groep
niet de baas wist te worden in de ruil.[50]

Wat is deze 'symbolische ruil', waardoor dood en geboorte ophouden biologische feiten te
zijn? Om in de huidige tijd te beginnen. Op een gegeven moment word je je bewust dat je
bestaat, dat je gemaakt bent en geboren, zonder dat je er ooit om gevraagd hebt, zonder dat
je het ooit hebt kunnen willen. Je bent op aarde neergezet, je slaat je door het leven heen,
het is mooi en lelijk, vrolijk en verdrietig, maar wat je ook doet, de uitkomst van al je moeite
is dat je na een tijdje gewoon dood gaat. De onomkeerbare, biologische dood maakt een
einde aan alles. Je kunt je leven doorgeven aan je kinderen, maar daarmee geef je hen ook
hun dood. Wij hebben ons leven ontvangen, maar we kunnen het aan niemand teruggeven.
Wij leven nog, waarom zijn anderen al dood?

'De lichamelijke dood, die ons verlamt door de "objectieve" kracht die wij hem hebben
gegeven, jaagt de wilden geen schrik aan. Zij hebben de dood nooit "genaturaliseerd", zij
weten dat de dood (net als het lichaam of een natuurgebeuren) een maatschappelijke verhouding is, dat zijn definitie maatschappelijk is.'[51] Wij noemen de dood een realiteit: de dood
is de laatste zekerheid. Maar eigenlijk is ze iets imaginairs, want wat de dood is weten we
niet: niemand is ooit teruggekomen om het te vertellen. De wilden, zoals Baudrillard ze noemt,
kennen geen realiteit en geen imaginaire, zij overtreffen die begrippen met de invoering van
het symbolische.

De initiatie is de tijd van de symbolische handeling. Het is het cruciale ritueel in de jeugd
van de primitieve stammen. In dit ritueel 'verslindt' de groep van de voorouders de initi-
atie-kandidaten, die daarna door de aarde opnieuw worden gebaard, zoals hun moeder hen
gebaard heeft. De jongeren geven hun leven terug aan hun voorouders, die hen daarna hun
leven en hun dood weer geven. De dood wordt op deze manier de inzet van een wederkerige
uitwisseling, een ruil, tussen de voorouders en de levenden. De dood wordt in plaats van
een breuk een maatschappelijke verhouding tussen partners, een circulatie van gaven en
tegengaven - een spel van onophoudelijke beantwoordingen, waarin de dood zich niet meer
als einde of als instantie kan installeren.

Nadat de geïnitieerden aldus zijn 'wedergeboren', worden ze overgedragen in de handen van
hun culturele initiatie-ouders, die hen onderwijzen, verzorgen en opvoeden. Het niet-geïni-
tieerde kind is alleen maar biologisch geboren, heeft enkel een 'reële' vader en een 'reële'

---

50   Jean Baudrillard, *Der symbolische Tausch und der Tod* (München: Matthes & Seitz, 1982 (1976)), 206.
     Door de auteur uit het Duits vertaald.
51   Idem.

moeder. Om een maatschappelijk wezen te worden, moet het de symbolische belevenis van de initiatorische geboorte/dood doormaken: het moet de reis van het leven en de dood maken, om in de symbolische realiteit van de ruil te treden. De initiatie maakt het kind van individu tot lid van de stam.

'De initiatie is het tegendeel van ons realiteitsprincipe. Het toont dat de realiteit van de geboorte enkel ontstaat door de scheiding van dood en geboorte; en dat de realiteit van het leven zelf ontstaat doordat het leven van de dood wordt gescheiden.'[52] Wij kunnen iets alleen maar als reëel ervaren, als we het scheiden van iets anders dat daardoor imaginair wordt. De realiteit, de objectiviteit van de natuur ontstaat enkel door de scheiding van mens en natuur. Het lichaam wordt reëel door het te scheiden van de ziel. Het bewustzijn wordt reëel door het te scheiden van het onbewuste. De natuur is het imaginaire van de mens, de ziel het imaginaire van het lichaam, de vrouw het imaginaire van de man, de man het imaginaire van de vrouw, het onbewuste het imaginaire van het bewustzijn, het 'Oosten' het imaginaire van het 'Westen', de vrijheid het imaginaire van de onderdrukking: we kunnen ons, ons leven, alleen als reëel ervaren door het tegenovergestelde imaginair te maken.

> De prijs die wij voor de "realiteit" van het leven betalen, om het als positieve waarde te leven, is het voortdurende fantasma van de dood: ons leven is reëel omdat de dood ons imaginair is. Alle scheidingen tussen imaginair en reëel hebben hun oerbeeld in de scheiding van leven en dood.[53]

Het symbolische beëindigt overal deze wederzijdse aantrekking van het reële en het imaginaire, doordat ze iedere mogelijke scheiding vervangt door een maatschappelijke ruil, die haar oerbeeld vindt in de initiatie, de symbolische ruil tussen leven en dood. Voor ons is de ruil (als economisch proces) enkel mogelijk binnen het leven. Dit scheidt ons van de primitieven: voor hen houdt de ruil niet met het leven op.

> De symbolische ruil kent geen einde, noch onder de levenden, noch met de doden (noch met de stenen noch met de dieren). Het is een absolute wet: verplichting en wederkerigheid van de ruil zijn onoverwinnelijk. Tegen wie of was het ook gericht mag zijn, niemand kan zich aan deze wet onttrekken, op straffe van de dood. De dood betekent dan niets anders, als uit de cirkel van de symbolische ruil te zijn uitgesloten.

> Maar net zo goed kan men stellen dat dit ons niet van de primitieven scheidt en dat het voor ons precies hetzelfde is. Ondanks het hele systeem van de politieke economie is de wet van de symbolische ruil geen jota veranderd: wij ruilen voortaan met de verloochende en niet geduide doden de breuk van de symbolische ruil met hen betalen we af met ons eigen voortdurende sterven en met onze angst voor de dood. Principieel is het net zo met de levenloze natuur en de dieren. Alleen een absurde opvatting van vrijheid kan aannemen, dat wij aan die wet zijn ontkomen; de schuld is universeel en nooit eindigend, we zullen het nooit klaarspelen om voor alle "vrijheid"

---

52   Idem.
53   Ibidem, 211.

die wij hebben genomen, "terug te geven". De enorme waarde van deze schuld, die uit alle door ons verraden verplichtingen en wederkerigheden is ontstaan, is eigenlijk het onbewuste. Er is geen libido, geen verlangen, geen energetica en geen verdringing van de drift voor nodig, om daarover rekenschap af te leggen. Het onbewuste is in die zin maatschappelijk, dat het uit al datgene bestaat, dat zich niet maatschappelijk of symbolisch heeft kunnen ruilen. Net zo ruilt de dood zich in ieder geval, in het beste geval ruilt hij zich volgens een maatschappelijk ritueel, zoals bij de primitieven; in het ergste geval wordt hij door individuele rouwarbeid (Trauerarbeit) afbetaalt. Het onbewuste bestaat in z'n geheel uit een verwringing van de dood van een symbolisch proces (ruil, ritueel) in een economisch proces (afbetaling, arbeid, schuld, individueel). Daaruit komt een belangrijk onderscheid in plezier voort; wij gaan met onze doden om in de vorm van de melancholie, de primitieven leven met hen onder de voortekenen van het ritueel en het feest.[54]

XXI. Het verleide verlangen

Theweleit ontdekte dat de Soldaatman niet volledig geboren was. Wie wel volledig geboren is, durft zijn verlangen, zijn onbewuste te laten stromen, zonder bang te hoeven zijn daardoor zichzelf te verliezen. Door een goede liefdevolle opvoeding zou aldus het fascisme uit de wereld kunnen worden geholpen: in een wereld van volledige mensen is geen gewelddadig zelfbehoud meer nodig. Tot dit uiteindelijke inzicht bracht hem de filosofie van het verlangen.

Baudrillard ging uit van de tegenovergestelde stelling: verlangen om niet te verlangen is de normale toestand: ruilen moeten we in plaats van te willen verlangen. Dit voerde hem tot een beschouwing van de initiatie, als tweede geboorte die de eerste geboorte vervangt, die van de mens een maatschappelijk wezen maakt in plaats van een biologisch, individueel persoon. Maar in onze huidige maatschappij bestaat de initiatie toch niet meer? Toch wel: wij kennen nog steeds de initiatie, het opgeven van de eigen wil, het loslaten van het zelfbestuurde, zelfbewuste, zelfgewilde lot: in de verleiding namelijk.

De psychoanalyse heeft één aspect van het leven bevoorrecht en het andere verzwegen. Ze heeft één van onze geboortes, de biologische en genitale geboorte, overgewaardeerd en de andere, de geboorte door initiatie, genegeerd. Ze heeft vergeten dat als er twee mensen betrokken zijn bij onze biologische geboorte, er altijd anderen zijn die ons verleiden (het kunnen dezelfde zijn), en in zekere zin zijn zij onze ouders door initiatie. Deze tweede geboorte verlost ons van de eerste geboorte en van alle oedipale conflicten die door de psychoanalyse wel goed beschreven zijn, maar toch alleen de eerste betreffen.

Die eerste geboorte legt ons een geschiedenis op, één die wel oedipaal moet zijn. Een geschiedenis van verdringing en rouw, van altijd aangetaste en vernederende verhoudingen tot de Vader, de Wet, de symbolische orde. Wat de psychoanalyse niet heeft ingezien, is dat ons gelukkig altijd nog iets anders overkomt, een gebeurtenis zonder precedent die geen

---

54   Ibidem, 212-213.

geschiedenis inluidt, maar een lot, en die ons, omdat ze geen geschiedenis kent, bevrijdt van die wording en die geschiedenis. Deze gebeurtenis zonder precedent is de verleiding, ze is ook zonder herkomst, ze komt van elders, ze komt altijd onaangekondigd, ze is een pure gebeurtenis die met één slag de bewuste en onbewuste determinismen uitwist.

Allen zijn we eens voortgebracht, allen moeten weer worden verleid. Dat is de enige en ware "bevrijding", een die ons uit Oedipus en de Wet leidt en die ons onttrekt aan de zware lijdensweg van de psyche, maar tegelijk ook aan de biologische fataliteit dat we zijn voortgebracht via de seks.

De enige patiënten zijn zij die leiden aan de verleiding. En wel diegenen wie deze gebeurtenis zonder precedent nooit is overkomen, diegenen die deze tweede ge- boorte door initiatie niet hebben gekend en om deze reden gekluisterd blijven aan de oedipale geschiedenis en overgeleverd aan de psychoanalyse. Deze behandelt hen op basis van een economie van het verlangen, dat wil zeggen van het afwijzen van de verleiding, hoewel ze er in niet geringe mate toe heeft bijgedragen dat zij in die situatie belandden.

Want de onbevattelijke hallucinatie van het individu over zijn eigen verlangen komt voort uit de psychoanalyse (natuurlijk niet alleen uit haar). De psychoanalyse is er aan liet eind van de "psychologische revolutie" van de 19e eeuw in geslaagd om op deze wijze een individuele psychische economie, een libido, een eigen verlangen en de oedipale verwikkelingen rond dit verlangen in de plaats te stellen van de gebeurt- enis die van elders afkomstig is, van het initiërende, verleidelijke, fatale incident van de ander als gebeurtenis zonder precedent, van de verrassing, van de samenloop van omstandigheden van de wereld en de tekens, die van ons geen subject maken, maar een object van uitverkiezing en verleiding.

Waar ons bestaan van afhangt, is niet de kracht van ons verlangen (heel dat energet- ische en economische imaginaire van de 19e eeuw), het is het spel van de wereld en de verleiding, de passie om te spelen en met zich te laten spelen, de passie van de illusie en de verschijningen; het is iets dat van elders afkomstig is, iets in de anderen, iets in de anderen, in hun gelaat, in hun taal, in hun gebaren dat ons verontrust, ons misleidt, ons dwingt te bestaan; het is de ontmoeting, de verrassing van wat voor ons, buiten ons, zonder ons bestaat, van wat ons overkomt zonder dat we er enige invloed op kunnen uitoefenen. Wat een opluchting, zoiets is al voldoende om ons te verleiden: men heeft immers steeds bij ons aangedrongen om de oorzaak van alles te zijn, om voor alles een oorzaak te vinden. Een mineraal object, een zonnestand, een sensueel object, een woestijnvorm, dit alles verleidt ons omdat het niets te maken heeft met onze economie van het verlangen en omdat het in feite alleen in zijn eigen wezen bestaat, het is. niets en bestaat slechts om buiten zichzelf tot leven te worden geroepen, in het spel van de wereld en de duizelrong van de verleiding.

Tegen dit alles keert zich de psychoanalyse, als ze de hypothese stelt van de buiten- wereld als agressie, van het ik als afweer- en bezettingssysteem, van het genot als ontlading van de spanningen Freud had maar één probleem: dat oncontroleerbare gebeuren van de verleiding uitschakelen.[55]

Leed de Soldaatman van Theweleit dan aan de verleiding? Was hij nooit verleid, liet hij zich nooit verleiden? Als we Baudrillards filosofie kortsluiten op het materiaal van Theweleit, verschijnt het in een ander licht opeens. Ook Theweleits Soldaatman wilde bevrijd worden van zijn psychologische geschiedenis, van de verplichting om te willen en te moeten erkennen dat hij niet wist wat hij wilde. Zijn bevrijding kwam toen hij zich liet betoveren, niet door de verleiding, maar door het spektakel van de Wet, de Macht, door het bevel. Het bevel dat hij hoorde in de redevoeringen van de Leider - door de klank ervan, die de klank van een bevel was. Door dat bevel kreeg hij een wil opgelegd, hij levert zich over aan de grootst mogelijke determinering, hij raakt 'bezield': weg is de onverschilligheid! Hij wordt deel van een symbolische orde doordat hij zijn eigen wil 'terug geeft'.

Alle Soldaatmannen lijken dit letterlijk te hebben ervaren. Een Soldaatman over een redevoering: '[De redenaar] daarboven kijkt mij een moment aan. Deze blauwe sterre-ogen treffen me als vurige stralen. Dat is een bevel. Vanaf dit moment ben ik opnieuw geboren. Er valt een last van me af.'[56] Die last is de last van zijn individuele wil, zijn individuele lot: hij is tot maatschappelijk wezen gebombardeerd, herboren tot deel van een symbolische orde. Maar ergens in hem voelt hij een geheime ongehoorzaamheid tegen het bevel en het spektakel van de macht. Waarom verlangt hij zo naar de frontervaring, waarom verlangt hij naar dat andere spektakel, van de roes, de explosie, het overleven, de wedergeboorte? Is het omdat hij voorvoelt dat in de grensoverschrijdende black-out van de frontconfrontatie hem iets 'heel anders' zal overkomen, een ervaring die van elders afkomstig is, van buiten zijn onvermogen om te willen en de innerlijke noodzaak om zich een wil te laten voorschrijven? Het fascisme heeft een man van hem gemaakt. Probeert hij zich aan het front te bevrijden van deze laatste rest psychologie, door zich blindelings te storten in wat hem zal overkomen zonder dat hij er enige invloed op uit zal kunnen oefenen? Zijn overleven zal hem een object van uitverkiezing maken, het maakt het hem mogelijk lak te hebben aan de wet, de macht, het bevel en de Duitse wereldgeschiedenis (maar bij terugkeer van het front staat het leger klaar om hem weer in te voegen in de orde). Is dit voorgevoel van de frontervaring als initiatie in leven en dood de verborgen verleiding die hem met plezier het doodsgevaar doet zoeken? Is dat de verleiding van ieder geweld?

'De gehoorzaamheid is eigenlijk een banale strategie, die geen opheldering behoeft, want elke gehoorzaamheid bevat in het geheim een fatale ongehoorzaamheid aan de symbolische orde.'[57] En bleek die ongehoorzaamheid aan de Macht niet ook uit de bereidheid waarmee het overgrote deel van het Duitse volk zich liet 'entnazifizieren' (al bleef de droom van het bevrijdende bevel wel voortbestaan in deze nieuwe gehoorzaamheid)?

---

55   Baudrillard, *De fatale strategieën*, 214.
56   Spreker hier is de fictieve protagonist in Josef Goebbels, *Michael: Ein Deutches Schicksal in Tagebuchblättern* (München: 1929), zoals geciteerd in Theweleit, *Mannenfantasie*, 298.
57   Baudrillard, *De fatale strategieën*, 281.

XXII. Het raadsel, het spektakel

Geen verlangen, maar verleiding dus? Toch blijft ook in dit verhaal één ding een raadsel. Die redenaar, die leider, al die fascistische leiders: waarom meenden zij dat zij dat bevel mochten geven? Waar kwam hun absolute aanspraak op de macht uit voort? 'Het fascisme is de enige macht van de moderne tijd, die zich als macht begreep, als uitdaging, in zoverre het vrijmoedig afzag van iedere politieke motivering en zich de uitdaging stelde om tot de eigen ondergang toe (en die van de anderen) macht te zijn. Het fascisme heeft zich door de kans laten uitdagen die lag in die verbazingwekkende consensus, dat merkwaardige uitblijven van verzet tegen de macht.

Waarom is - eenmalig in de geschiedenis - ieder symbolisch verzet voor het fascisme gevallen? Geen ideologische misleiding, geen seksuele verdringing à la Reich kan dat verklaren. Enkel de uitdaging (de verleiding) kan zo'n begeesterde reactie ontketenen, zo'n krankjorume instemming met dit spel oproepen en daarmee ieder verzet uit de weg ruimen. Slechts één ding blijft overigens een geheim: Waarom men de uitdaging aanneemt. Hoe komt men tot het geloof, dat men beter kan spelen? Waarom voelt men zich verplicht, om op zo'n willekeurige uitdaging met zoveel hartstocht te reageren?'

In deze vragen verschijnt het fascisme weer als het huiveringwekkende raadsel, dat ons wel altijd zal blijven verbijsteren. Onverklaarbaar: niet te verhelpen met een lieftallige opvoeding en evenmin op het conto te schrijven van kapitalisme of kille moeders. Een verschijnsel dat om waakzaamheid vraagt, niet om geruststellende verklaringen.

Maar één ding valt toch wel uit Baudrillards verhaal te leren. Het wegnemen van iedere onderdrukking, het bewustmaken van de mensen de bevrijding van hun verlangens en emoties, zal niet automatisch tot de revolutie voeren, die ons voorgoed zal bevrijden van het fascisme. De fascisten verleidden de massa door hun redevoeringen en door het spektakel van hun politiek, hun machtsuitoefening: ze maakten een Gesammtkunstwerk van de Duitsche Historie dat onweerstaanbaar bleek, alleen te weerstaan door het letterlijk in puin te bombarderen. Maar de onweerstaanbaarheid kwam voort uit de verplichting die de mensen in de Republiek van Weimar kregen opgelegd om zelf te willen, en uit het (geheime) verlangen om van die verplichting te worden bevrijd. De onbeperkte aanspraak op macht van de fascisten kwam als een totale - en aangename - verrassing. Zou een antifascistische strategie, in plaats van het fascisme tot het imaginaire te maken van de werkelijke vrijheid van het eigen verlangen, niet zelf ook verrassend moeten zijn? Het antifascisme als feest, als spektakel: wie zou dat willen weerstaan?

XXIII. Wetenschappelijke feiten

Een laatste vraag. Theweleits *Mannenfantasie* werd hier benaderd als een wetenschappelijk vertoog, dat wetenschappelijk kon zijn doordat het zich beriep op een samenhangende filosofie. Maar, verzette Theweleit zich niet uitdrukkelijk tegen de 'wetenschappelijkheid'? De manier waarop de wetenschap de dingen bekijkt is niet minder kunstmatig en fictief dan bijvoorbeeld het kijken vanuit een centraal perspectief of andere mannelijke uitvindingen of fantasieën van dien aard.

"'Je verlangen zegt me niets, het verschijnsel vergaat,

ik ben op zoek naar de wetmatigheden..."

Zo hebben mannen lang genoeg gepraat. En zo praat de man in zekere zin ook hier.'[58]

Theweleit liet zijn eigen subjectiviteit meespreken in zijn boek als verzet tegen de mannelijke, 'objectieve' wetenschap. Dat deel van de tekst werd in het begin 'het vertoog van het mannelijke feminisme' genoemd. Maar ook dat vertoog is eigenlijk objectief. Hij die zijn subjectiviteit bekent, is veel objectiever. Theweleit is zo objectief in zijn boek dat zowel zijn feminisme als zijn wetenschap en filosofie te plaatsen zijn in de geschiedenis van de westerse subjectiviteit. Een geschiedenis die begon aan het eind van de 18e eeuw, bij de instelling van de scheiding mens-natuur, subject-object, vrouwelijk Es-mannelijk Ich... Wat een opluchting als deze geschiedenis op een dag blijkt te zijn wat ze genoemd werd: mannenfantasie, mannenfantasie...

---

58   Theweleit, *Mannenfantasie*, 191.

5. EMOTIONALITEIT, ALLEDAAGSHEID EN VERZET: EEN ANDERE KIJK OP FASCISME/RACISME/ SEKSISME

BAS-JAN VAN STAM

Geschreven in juni 1984.

'Wie niet over het kapitalisme wil praten zou ook over het fascisme moeten zwijgen.' (Max Horkheimer, 1939)

'Wie alléén over het kapitalisme wil spreken, zou eveneens over het fascisme moeten zwijgen.' (J. van Santen, 1982)

'Waarom zijn mannen het stilzwijgend eens dat ze het niet over seksisme moeten hebben als ze over fascisme en kapitalisme willen praten?'

I. Fascisme, racisme, seksisme

Er wordt nogal eens moeilijk gedaan, hoewel 'moeilijk doen' in dit verband niet zo'n gelukkige uitdrukking is, over de verschillen tussen fascisme, racisme en seksisme. Zo van: niet elke racist is een fascist, en niet elke seksist is dus daarom ook een racist. Of dat men zegt dat de Centrumpartij wél racistisch maar daarom nog niet per se ook fascistisch is. Of dat je mensen die op de Centrumpartij stemmen, niet allemaal over één kam kunt scheren en ervoor moet oppassen ze zondermeer van racisme te beschuldigen: het gevaar van 't 'morele vingertje'.

Nou pleit ik er niet voor om verschijnselen die inderdaad verschillend zijn al te gemakkelijk op één hoop te gooien; in tegendeel verzet ik me tegen de neiging die je wel eens tegenkomt om reactionaire en/of autoritaire gebeurtenissen niet reactionair en/of autoritair maar zonder meer racistisch te noemen.

Waarom ik dan toch moeite heb met discussies over wel of niet racistisch en zo, is omdat het mij allereerst gaat om de manier waarop fascisme, racisme en seksisme met elkaar samenhangen en onderling als het ware een samenwerkingsverband aangaan. Precies die samenhang verliest men uit het oog, wanneer een discussie over de verschillen erop uitdraait die verschillen zo exact mogelijk te bepalen. Om een misschien wat simpel voorbeeld te geven: een batterijtje is inderdaad heel iets anders dan een horloge. Precies echter de kombinatie van klokje en batterijtje maakt dat het horloge ook werkt. Zo is het voor mij ook de politieke kombinatie van seksisme en racisme die het mechanisme in werking zet, dat ik 'fascisme' noem. En het is precies zo'n kombinatie van factoren die ik met het verschijnsel 'Centrumpartij' (maar niet alleen dáár!) in werking zie treden.

De samenhang en samenwerking tussen (inderdaad van elkaar verschillende verschijnselen als) racisme en seksisme stel ik dus in mijn benadering centraal. Die samenhang noem ik in verwijzing naar het Duits Fascisme 'fascisme' als ze politiek werkzaam is. Omgekeerd is het dan ook zo dat ik het automatisch, per definitie, ook over racisme en seksisme heb als ik over 'fascisme' praat/schrijf.

II. Fascisme en 'fascisme'

Als ik het over Fascisme heb, dan bedoel ik daar in eerste instantie het Fascisme in Duitsland mee. Meer toegespitst versta ik onder Fascisme: de geweldsbeweging die in Duitsland na de Eerste Wereldoorlog ontstaan is, met de NSDAP onder leiding van Hitler massale steun verwierf, in 1933 aan de macht gekomen is en in 1945 heeft opgehouden te bestaan. Dat ik me met deze omschrijving van Fascisme beperk tot het Duitse Fascisme betekent zeker niet dat ik het Italiaanse, het Portugese, Franse en Spaanse Fascisme minder 'erg' of gevaarlijk zou vinden. Wel is het zo dat ik van deze andere vormen van Fascisme gewoon minder afweet. Daarnaast is er voor mij ook een minder banale reden om me tot het Duitse Fascisme te beperken.

Het Duitse Fascisme heeft naar mijn mening namelijk duidelijker dan andere fascistische bewegingen laten zien hoe het Fascisme de beweging organiseert en waartoe dat leiden kan. Je kan zeggen dat het Duitse Fascisme het Fascisme in zijn meest 'zuivere vorm' is. Dat ik me tot de analyse van die 'zuivere vorm' beperk, betekent daarmee tegelijkertijd dat ik op zoek ben naar zoiets als 'het fundamentele principe' van het Fascisme. Een principe dat afhankelijk van de bijzondere omstandigheden (nationaliteit, politiek, economie, traditie) tot uiting kan komen in van elkaar verschillende vormen.

Een herhaling van het Duits Fascisme is naar mijn overtuiging in onze tijd niet mogelijk. Dát Fascisme heeft een aantal ontstaansvoorwaarden gehad die zozeer met het Duitsland van toen te maken hebben, (een goed georganiseerde, revolutionaire arbeidersbeweging, een autoritaire traditie, het 'Dictaat van Versailles', nauwelijks een staatkundige eenheid en nog minder een democratische traditie, enzovoorts), dat het zich op die wijze niet in andere landen kon ontwikkelen en in andere tijden niet kán herhalen.

Hoe kan ik dan aan de ene kant toch spreken van het Duitse Fascisme als de 'zuivere vorm van Fascisme', terwijl ik aan de andere kant aangeef dat dit Duitse Fascisme een aantal zeg maar typisch Duitse trekjes kent? Voor mij is dit bepaald geen academische vraag, maar is het veeleer de kern van de vraag naar de actualiteit van 'fascisme' en naar de betekenis van een verschijnsel als de Centrumpartij. Ik kan deze vraag ook niet zomaar beantwoorden: zo tegenstrijdig als mijn benadering van Fascisme / 'fascisme' is, een 'zuivere vorm' die 'typisch Duits' is, zo tegenstrijdig zijn ook mijn associaties wanneer ik aan het actuele (gevaar van) fascisme denk: Centrumpartij, rakettenbesluit, ME-optreden, Zuid-Amerika, Libanon, 'overdosis heroïne', Vietnam, porno-industrie, 'stenengooiers', maar ook heksen- en ketterverbrandingen, slavenhandel, religieus fanatisme…

Met mijn benadering van de 'zuivere vorm' van Fascisme wil ik bewust afstand nemen van al die chaotische, associatieve indrukken. Die distantie geef ik aan door fascisme vooralsnog tussen aanhalingstekens te plaatsen. 'Fascisme', dus. Ten aanzien van bijvoorbeeld de Centrumpartij heb ik het dan ook over een 'fascistische' partij. Deze aanhalingstekens betekenen echter niet dat ik 'fascisme' eigenlijk maar 'zogenaamd fascisme' vind, iets dat er misschien wel ergens op lijkt en zo, maar het eigenlijk toch ook weer niet is.

Met de term 'fascisme' verwijs ik uitdrukkelijk naar het Duitse Fascisme, zonder deze twee aan elkaar gelijk te stellen. Concreet: de Centrumpartij pleit bijvoorbeeld niet voor een systematische vernietiging van 'buitenlanders'; ze organiseert geen massabijeenkomsten met vlaggen, hakenkruisachtige symbolen, bulderende toespraken, glimmende laarzen en straffe uniformen; ze heeft het niet over een 'internationale samenzwering van de Islam tegen het christelijke volk van Nederland'; ze heeft het evenmin over 'de biologisch gefundeerde superioriteit van het blanke ras', enzovoorts; maar toch herken ik in diezelfde Centrumpartij een racistische politisering van bepaalde angsten op een dusdanige wijze dat ik die organisatie 'fascisme' noem.

Kortom: wanneer ik het over 'fascisme' heb, distantieer ik me aan de ene kant van een al te onmiddellijke gelijkstelling van huidige en vroegere fascistische bewegingen (vandaar de aanhalingstekens), maar aan de andere kant wijs ik op de werkzaamheid van eenzelfde mechanisme (en vandaar dus dat de naam tussen de aanhalingstekens dezelfde is).

III. Hoe men kijkt en wat men ziet

Ik vind het belangrijk om te benadrukken dat er niet alleen op verschillende manieren tegen 'fascisme' aangekeken wordt, maar dat er ook op verschillende manieren tegen aangekeken kan (en moet) worden. Daarmee bedoel ik niet alleen te zeggen, dat er naar mijn mening niet zoiets bestaat als 'de' benadering of definitie van 'fascisme'. Op zich zit aan zo'n stellingname van mij al een hele discussie vast, maar daar gaat het me nu niet om. Wat ik vooral bedoel met de stelling dat het belangrijk is dat er verschillende manieren zijn om tegen 'fascisme' aan te kijken, is het volgende: *De manier waarop je naar 'fascisme' kijkt is bepalend voor ten minste twee gevolgen: ten eerste is de manier van kijken in hoge mate bepalend voor wat je ziet; ten tweede bepaalt datgene wat je ziet in hoge mate het hoe en wat van de bestrijding.*

Dat lijkt misschien een opmerking die het karakter heeft van het intrappen van een open deur, maar juist met betrekking tot dit onderwerp blijken er vaak een aantal deuren gesloten te zijn die niet anders te openen zijn dan door ze inderdaad in te trappen. Met de drie motto's bovenaan deze tekst wilde ik wijzen op één van die door de gangbare kijk op 'fascisme' afgesloten terreinen. Afgesloten dus is de blik op Fascisme voor de manier waarop de verhoudingen tussen mannen en vrouwen zijn georganiseerd en daarmee ook afgesloten voor de vraag wat die organisatie tussen de seksen te maken kan hebben met het ontstaan van 'fascisme'.

Voordat ik een paar van de meest gangbare benaderingen van Fascisme en hun consequenties voor de bestrijding van 'fascisme' weergeef en bekritiseer, wil ik een voorbeeld geven van hoe een bepaalde kijk op dingen of mensen kan resulteren in een door die kijk bepaalde omgang met die dingen of mensen. Een voorbeeld dus van hoe in zijn algemeenheid de manier van kijken de mogelijkheden van het handelen bepalen en beperken kan.

Het voorbeeld, de seksistische kijk van mannen op vrouwen, kies ik natuurlijk niet zomaar, ik schud dit voorbeeld niet zo hupsakee uit mijn mouw (of eigenlijk ook wel, maar dat zegt dan op zich weer het één en ander!), maar ik denk dat het zowel voor mannen als voor vrouwen behoorlijk herkenbaar zal zijn en bovendien komt het verderop nog van pas.

Om de één of andere reden en op de één of andere manier slagen mannen er al eeuwenlang in geloof te vinden voor het idee dat het mannelijke beeld van en de mannen-kijk op de wereld het dominante beeld van en de heersende kijk op de wereld is. Hoe je het ook wendt of keert en hoe vernuftig je het misschien ook weet te maskeren, als man neem je hoe dan ook deel aan dit door de mannelijke blik gedomineerde wereldbeeld. Daarin verschijnen vrouwen als objecten van de mannelijke lust.

Kijk je bijvoorbeeld (als man) naar vrouwen met deze bij wijze van spreken sociaal of cultureel overerfde blik, dan levert zo'n kijk niet alleen een bepaald uit onderdelen opgebouwd beeld van vrouwen op: borsten, billen, mond, ogen, wimpers, haar, buik, benen, oren, handen, nagels, tanden, kleding, schoenen, oorbellen, sieraden, stem, lachen, blikken. Zo'n kijk bepaalt bovendien de manier waarop je met vrouwen omgaat: versieren, beledigen, uitdagen, drinken, stoer doen, uithuilen, negeren, maar ook het maken van beoordelingen op-

het-eerste-gezicht: hoeren, sletten, trutten, godinnen, 'echte' vriendinnen, 'brains', moeders, ouwe vrijsters, lekkere wijven, heroïnehoertjes, mannetjesputsters, mannenhaatsters, kenaus, afdankertjes, domme gansjes, geile dames, vrouwen die 'vrij' of 'bezet' zijn, vrouwen die makkelijk of juist moeilijk te versieren zijn, vrouwen bij wie je moet 'oppassen', vrouwen die feministisch, eigenzinnig, niet-op-hun-bekkie-gevallen, uitdagend, je-hoofd-op-hol-brengend zijn, lief, jongensachtig, stom, lelijk, hard, koud, klein/groot, dik/mager, slank/stevig, sterk/zwak, zwart/wit, pervers/preuts, enzovoorts, enzovoorts. Ten slotte heeft zo'n kijk ook gevolgen voor de wijze waarop vrouwen aan mannen mogen en kunnen verschijnen.

IV. Gangbare fascisme-benaderingen

De meest algemene en gangbare benadering van Fascisme kenmerkt zich doordat het als vanzelfsprekend uitsluitend naar het Duits Fascisme kijkt en daarbij de blik even vanzelfspre-kend beperkt tot het Fascisme van de oorlogsjaren: de bezetting, de concentratiekampen, de SS, de beulen, Hitler, de slachtoffers. Als je vanuit zo'n Fascisme-begrip naar het hedendaags 'fascisme' kijkt dan leidt dit al snel tot de conclusie dat het wat betreft de Centrumpartij nogal meevalt allemaal. (Een voorbeeld van de consequentie van deze blikvernauwing ten aanzien van 'fascisme' leveren uitspraken waarin ontkend wordt dat de Centrumpartij fascistisch zou zijn 'omdat ze niks tegen de joden hebben'). Veel meer mogelijkheden dan ondergrondse netwerken te organiseren (sabotagegroepen, onderduikadressen verzamelen voor eventueel vervolgde 'buitenlanders', lijsten opstellen van 'verdachte personen' enzovoorts) levert zo'n kijk niet op; erg praktisch voor nu is zo'n strategie niet. Niettemin is het vooral dit beeld van Fascisme dat ons voortdurend weer wordt voorgehouden in romans, dagboeken, televisie, films, strips, herdenkingen, onderscheidingen, monumenten, tentoonstellingen, speelgoed, enzovoorts.

Naast deze meer alledaagse kijk op 'fascisme' bestaat er een drietal meer (partij)politiek georiënteerde benaderingen. Zo schematisch als ik deze drie nu van elkaar onderscheid tref je ze in de praktijk niet aan, maar vooruit maar. Drie benaderingen dus, waarin het Fascisme respectievelijk als een reactie op een crisis 1) in de economie, 2) in de politiek, of 3) in de 'cultuur' wordt gezien. (Nogmaals: in de praktijk lopen deze drie posities vaak door mekaar heen, maar dan nog kun je zeggen dat in de theorie vaak bij één van de drie een accent gezet wordt). Ik wil hierop niet al te uitvoerig ingaan en alleen nog aanstippen op welke posities ik dan doel.

De opvatting dat 'fascisme' vooral als een reactie op een *crisis in de economie* gezien moet worden, trof en tref je met name aan bij revolutionair socialistische bewegingen van klassiek marxistische of leninistische signatuur. 'Fascisme' is dan uiteindelijk een soort noodsprong van de kapitalistische machthebbers in tijden van crisis in het kapitalisme. Het enige juiste antwoord daarop is een krachtige arbeidersbeweging met het juiste revolutionaire klassen-bewustzijn. Een voorbeeld hiervan levert de definitie van Fascisme die Dimitroff in 1935 formuleerde op het zevende wereldcongres van de communistische internationale:

Fascisme is de openlijke terroristische dictatuur van de meest reactionaire, meest chauvinistische, meest imperialistische elementen van het financierskapitaal.

[...]

Het Duits Fascisme speelt de rol van stoottroep der internationale contrarevolutie, - van aanstichter van de imperialistische oorlog, - van aanstichter van een kruistocht tegen de Sovjet-Unie, het grote Vaderland der werkers van de gehele wereld.

[...]

Het eerste, wat gedaan moet worden en waarmee men beginnen moet, is: het vormen van het eenheidsfront, het tot stand brengen van de eenheid van actie van de arbeiders in ieder bedrijf, in ieder district, in ieder gebied, in ieder land, in de gehele wereld. Eenheid van actie van het proletariaat op nationale en internationale schaal, - ziedaar het machtige wapen, dat de arbeidersklasse niet alleen tot een succesvolle verdediging in staat stelt, maar ook tot een succesvol tegenoffensief tegen het fascisme, tegen den klasse-vijand.[1]

---

1   Georgi Dimitroff, 'Arbeitersklasse gegen Faschismus (1935), in *Texte zur Faschismusdiskussion I: Positionen und Kontroversen,* red. Reinhard Kühnl (Reinbek: Rowohlt Taschenbuch Verlag, 1974), 58-68. Citaat uit het Duits vertaald door de auteur.

Vrij duidelijk, lijkt me: wanneer je 'fascisme' inderdaad uitsluitend ziet in termen van klasse-vijand en de meest brutale vorm van crisis-kapitalisme, dan rest eigenlijk alleen nog maar je hoop te vestigen op 'Het Grote Vaderland Der Werkers Van De Gehele Wereld', waar overigens kort daarvóór nog enkele miljoenen 'werkers' vermoord waren; en het Vaderland ook, dat enkele jaren later een vriendschapsverdrag met datzelfde fascistische Duitsland sluiten zou. Een eenheid, ten slotte, die in de praktijk neerkwam op onvoorwaardelijke gehoorzaamheid aan de Leiding en de Partij, op zelfdiscipline, zelfopoffering en paranoia ten aanzien van alles wat ook maar de geringste neiging tot afwijking van de Grote Lijn vertoonde. Nog één citaatje uit de slotredevoering van Dimitroff:

> Trekken wij thans de slotsom uit de achtdaagse discussies, dan kunnen wij constateren, dat alle stellingen, waar het op aan komt, eenparig door het congres zijn goedgekeurd. Geen der sprekers heeft tegen de door ons aangegeven tactische stellingname en de voorgestelde resolutie bezwaren ingebracht.[2]

Dat is voor mij dus een vorm van discussiëren waar de fascisten even bedreven in waren en die naderhand geijkt is met de uitdrukking *'Befehl ist Befehl'.*

De sociaaldemocraten verschilden op zich niet van mening met de Stalinisten wat betreft de relatie tussen de opkomst van het Fascisme en de economische crisis, alleen hechtte die eerste groep meer waarde aan de mogelijkheden langs parlementaire weg de machtsaanspraken van Hitler te verhinderen.

Zij plaatsten daarmee een accent bij de crisis in 'de politiek' zowel wat betreft de opkomst van het Fascisme als wat de mogelijkheden tot bestrijding van het Fascisme betreft. 'Fascisme' wordt dan gezien als een in wezen politiek probleem, dat om een politieke oplossing vraagt. Verdediging van de parlementaire democratie tegen tendensen die daartegen ingaan dus. Dezelfde soort argumenten, draaiend rond het belang en de waarde van 'de' democratie, kom je ook tegenwoordig tegen bij vragen over het hoe en wat van de bestrijding van de Centrumpartij. Een uitgesproken voorbeeld hiervan is dat STER-spotachtige filmpje waarin Simon Carmiggelt op zijn welbekende klagerige toon uitlegt dat je toch liever maar dat geklooi en gerommel in de Tweede Kamer kunt hebben dan het overzichtelijke systeem van de Sterke Man dat we nog vanuit de Tweede Wereldoorlog kennen. Er is natuurlijk weinig in te brengen tegen zoiets als het ideaal van de democratische vertegenwoordiging, zelfs wanneer dat ideaal in de praktijk verre van gerealiseerd wordt. Alleen bergt zo'n visie het risico in zich dat buitenparlementaire vormen van antifascistische actie al te gemakkelijk uitgelegd worden als tegen-parlementaire acties en om dien verstande op hun beurt weer bestreden worden. Zoiets is er bijvoorbeeld aan de hand als het verstoren van vergaderingen van de Centrumpartij veroordeeld wordt, omdat zulke acties nu eenmaal niet in een democratische rechtsstaat thuishoren; terwijl degenen die die veroordeling uitspreken in hun hart er eigenlijk wel blij om zijn dat het de Centrumpartij weer eens niet is gelukt een vergadering te houden. (Tenminste, dat hoop ik dan maar, dat ze er in hun hart blij mee zijn...)

---

2   Idem.

De derde benadering in dit rijtje meest gangbare visies op 'fascisme' typeerde ik met dat hierin het 'fascisme' vooral gezien wordt als een reactie op of een product van een culturele crisis. Dit accent werd/wordt met name in liberale en confessionele kringen vaak gezet. Zij zitten er namelijk mee dat er onmiskenbaar een verband bestaat tussen de opkomst van 'fascisme' en de (gevolgen van de) economische crisis, maar dat dit verband niet al te zeer naar de voorgrond gehaald kan worden. Een economische crisis wordt in deze kringen namelijk vaak gezien als een proces van gezondmaking. De redenering kent iedereen wel, namelijk dat de lonen en uitkeringen omlaag (c.q. minder snel omhoog) moeten omdat zoiets, hoe pijnlijk misschien ook, op de lange duur toch goed is voor de werkgelegenheid en dus voor ons allemaal en zo. En iets wat in principe goed is, kan niet iets slechts voortbrengen (overeen-komstig het eenvoudige beginsel van de Socratische logica). De crisis (die namelijk opgevat en verdedigd wordt als een genezingsproces) kan daarmee dus ook niet zoiets als 'fascisme' produceren. Dus ligt dat ergens anders aan. Dat andere is dan dat bij een crisis bijvoorbeeld de eeuwige kankeraars, de in hart en nieren verdorven elementen in de samenleving nog harder gaan kankeren en nog meer te koop gaan lopen met hun verdorven praatjes en ideeën. In de hoop namelijk, dat, nu iedereen het wat slechter dan voorheen heeft, er meer mensen zullen zijn die geneigd zijn hen gehoor te geven. In het 'fascisme' worden met andere woorden alle slechte, kwade en perverse zijden en elementen van onze cultuur gebundeld. Hitler wordt in deze visie dan ook gezien als een soort Satan aan het hoofd van een al even barbaarse en duivelse beweging.

De strategische mogelijkheden binnen deze cultuurvariant om 'fascisme' te bestrijden zijn legio: alles wat te maken heeft met het in stand houden en verder ontwikkelen van beschaving en culturele waarden valt in principe hieronder. In de praktijk komt deze benadering er echter vaak op neer dat ten aanzien van bijvoorbeeld de Centrumpartij een strategie van doodzwij-jgen gevolgd wordt, op de manier zo ongeveer waarop ouders wel eens een eind proberen te maken aan het gezeur van een kind: 'geen aandacht aan geven, dat helpt nog het meest'.

Wat ik heb willen aangeven met deze weergave van de drie crisis-varianten (economie, politiek en cultuur) is, dat die visies op 'fascisme' veel zo niet alles te maken hebben met partijpol-itieke stellingnames. Daar heb ik op zich niets op tegen, alleen, precies wanneer het om antifascistische strijd gaat, ligt daarin een groot dilemma.

Deze drie benaderingen hebben ondanks hun verschillen met elkaar gemeen, dat ze een van de motieven van mensen die fascisme steun(d)en over het hoofd zien. Namelijk dat heel veel mensen zich tot 'fascisme' voel(d)en aangetrokken juist omdat ze hun buik vol hebben van partijpolitiek. Zoiets is er nu ook aan de hand met de steun die de Centrumpartij krijgt. Zo van: 'het moet nu maar eens afgelopen zijn met dat gekloot in Den Haag; de Hoge Heren doen maar raak', enzovoorts, en dat het 'toch allemaal geen moer uitmaakt wat voor regering er zit; het is één pot nat'. Fascisme/ 'fascisme' steunt onder meer op verzet tegen wat je zou kunnen noemen de arrogantie van de politieke macht; verzet tegen de onzichtbare aanwezigheid van 'de' politiek in het alledaagse leven. In de alledaagse leefwereld bestaat er om de één of andere reden en op de één of andere manier een grondig verzet tegen de ingrepen in het dagelijks leven vanuit zoiets vaags als 'Den Haag'.

De aanwezigheid van 'buitenlanders' is voor de huidige 'fascisten' HET bewijs van de ingrepen van de langs partijpolitieke lijnen georganiseerde macht op het dagelijks leven. Door 'hun' komst zouden de buurten nog verder achteruitgegaan en nog dieper in het slop geraakt zijn. 'Vreemde' gewoontes en zeden zouden de rust in de buurten, ja in heel Nederland, verstoord hebben. En wie draait daarvoor op? De gewone man en vrouw dus!

Deze redenering neem ik hier niet op omdat ik het ermee eens zou zijn, of zo. Maar omdat het duidelijk kan maken dat 'fascisme' steunt op alledaagse ervaringen, gevoelens van onvrede met 'de' politiek. Die sfeer van de alledaagsheid vind ik dan ook een belangrijke invalshoek om naar fascisme/racisme/seksisme te kijken. En het is juist deze kijk op 'fascisme' die door de gangbare benaderingen en theorieën vaak consequent buiten beschouwing gelaten wordt. Met alle praktische consequenties voor de bestrijding daaraan vast.

V. Emotionaliteit, alledaagsheid, verzet

Persoonlijk kan ik me die afkeer van de 'institutionele macht' met hun papierkultussen, vergaderrituelen en democratische principes goed indenken. Nou ben ik toevallig niet zo'n uitgesproken activist en mijn carrière bij het toneel is ook nooit wat geworden, maar zo'n leus als 'stem niet, acteer zélf', die spreekt me wel aan. Wat ik echter niet begrijp, of beter: waar ik me tegen verzetten wil, is dat dit (terechte) verzet tegen de institutionele politieke macht een racistische wending krijgt; dat dit alledaagse racisme vervolgens toch weer politiek georganiseerd wordt.

Dit roept bij mij dan de vraag op a) waar komt dit alledaagse, vanzelfsprekende en bijna automatisch werkzame racisme vandaan, en b) waarom vinden zoveel mensen een 'fascistische' politiek (Sterke Man, Sterke Staat) een aantrekkelijker vooruitzicht dan een minder overzichtelijk en minder eenduidig geheel? Wat heeft racisme te maken met de organisatie van het alledaagse leven? Waarom alsmaar dat gezeur over 'die Turken die zich niet aan willen passen', terwijl buitenlandse mensen die hier wonen en werken niets anders doen dan zich godvergeten alsmaar aanpassen, aanpassen en nog eens aanpassen?

En sla er dan eens een willekeurige greep uit een stapel vakantiefolders op na: dán heet het ineens exotische gewoontes, rijke tradities, spreekwoordelijke gastvrijheid, gezellige drukte, zonovergoten droomparadijs, culinaire bijzonderheden, verrukkelijke keuken, avontuurlijke gerechten, veilige en zonnige stranden. Je zou dan ook geneigd zijn te denken dat er geen gezelliger, spontaner, warmer, vriendelijker, gastvrijer, beleefder, eerlijker, vreedzamer, royaler, handiger, fijnzinniger, gevoeliger, sensueler en gelukkiger mensen bestaan dan juist die 'buitenlanders'. Om dan nog maar te zwijgen over 'hun' kindertjes: schattig, lief, puur, onbedorven, ongerept, levenslustig, speels, spontaan, vrolijk, blij, zo natuurlijk, zo leuk om te zien met hun bruine lijfjes en hun roetzwarte oogjes, lekkere krullekoppies ... 'engeltjes' kortom. Vreemd dus dat diezelfde 'buitenlanders' waar we zoveel plezier mee kunnen maken en van wie we zoveel kunnen opsteken, dat zij in Nederland plotseling geen soort supermensen zijn maar gevaarlijk, onaangepast, asociaal, agressief en weet ik veel wat niet nog meer. Waaróm zijn die 'engeltjes' dan ineens achterlijk, vies, onbetrouwbaar enzovoorts? 'Van die dingen dus, ja?' om met (wijlen?) Cor van der Laak te spreken.[3]

Cor van der Laak dus. Hij heeft iets van de doorsnee-iets-boven-modale burgerman: netjes rijtjeshuis, gewoon maar toch kritisch AVROlid, keurig gekleed, voelt zich overal bij betrokken, beetje overactief misschien, een iets minderbegaafde echtgenote en een duidelijk minderbegaafde zoon, het prototype van de eeuwige schoolverlater die te sloom is om punk te zijn maar het eigenlijk zou moeten zijn. Cor van der Laak heeft het altijd over zeer alledaagse problemen. Waar Cor van der Laak echter bovenal door wordt gekenmerkt is zijn emotionaliteit.

Wat hij ook zei en waarover het ook ging en hoe onnavolgbaar zijn argumenten ook waren, altijd wond hij zich ergens over op, werd kwaad en riep op tot ondermijnende acties: regels kloppen niet of kloppen wel maar worden niet nageleefd, mensen doen maar raak zonder enig benul van wat dan ook, de kleine man wordt op allerlei manieren belazerd, gepakt en láát zich ook voor gek zetten en ga zomaar door. Er klopt geen ene moer van en overal is het een zootje. En daar windt Cor van der Laak zich op positief kritische opbouwende wijze over op, ja?!

Voor mij staat Cor van der Laak model voor wat ik noemde 'de sfeer van de alledaagsheid'. De alledaagsheid waarin Emotionaliteit en Verzet overwegende factoren zijn. Het zijn ook deze beide factoren die bijvoorbeeld in de propaganda van de Centrumpartij centraal staan, terwijl dan bovendien de verwijzing naar de alledaagsheid een belangrijke plaats inneemt: 'Wacht niet totdat Uw auto als barricade misbruikt wordt of Uw ruiten worden ingegooid. Hoe lang wacht U al op een woning? Op werk? Hoe lang zit U gemiddeld in de file? Al deze vragen zijn kennelijk *TABOE* voor de grote partijen. Daarom stellen wij die aan de orde. We geloven nog in de democratie, in Uw nuchtere verstand, Uw mondigheid om over deze problemen mee te denken en mee te beslissen zónder zich te laten intimideren door allerlei pressiegroepen' (uit een verkiezingspamflet). Verzet, Alledaagsheid en Emotionaliteit maakten ook dat Cor van der Laak zo 'echt' overkwam: zo gáát het inderdaad. Alleen de vraag blijft hoe de verbinding tussen emotionaliteit en verzet aan de ene kant en racisme aan de andere kant gelegd wordt.

Mijn stelling is dan, dat er op de één of andere manier zoiets als een emotionele vatbaarheid voor racisme moet bestaan. Iets waardoor er een soort vanzelfsprekende neiging bestaat om verzet tegen 'de' politiek een racistische wending te geven. Om dit na te kunnen gaan is het nodig eerst nader te verklaren hoe ik aankijk tegen 'emotionaliteit'. Want daar ergens vermoed ik dat die omslag plaatsvindt tussen zeg maar het apolitieke verzet à la Cor van der Laak en het uitgesproken racistische verzet à la de Centrumpartij.

---

3   Cor van der Laak was een 'Krities AVRO-lid' en typetje van Koot en Bie uit
de eerste helft van de jaren '80. Het was een driftig mannetje dat altijd zijn gelijk
probeerde te krijgen en in de clinch lag met de oude AVRO, de NS en de rest van
Nederland. Zie bijvoorbeeld: https://www.youtube.com/watch?v=vG96OFA9M1w.

VI. Emotionaliteit en seksisme

Emotionaliteit is dus een sleutelwoord voor mijn kijk op 'het alledaagse'. Nou dreigt er gelijk een misverstand en ik weet niet precies hoe ik dat kan omzeilen. Het misverstand namelijk dat emotionaliteit alleen tot uiting komt in het alledaagse verzet, of zo. En dat ik daar 'dus' tegen zou zijn, getuige het kopje boven deze paragraaf bijvoorbeeld. Of het misverstand dat 'de' politiek, c.q. de institutionele macht, in tegenstelling tot de alledaagsheid geen emoties zou kennen...

Ik denk dat ik alleen via een omweg dit (eventuele) misverstand uit de weg kan ruimen. In 'de' politiek, maar ook bij allerlei formele vergaderingen en zo, is het weliswaar zo, dat er een soort code bestaat om 'de emoties erbuiten te houden', maar dat zo'n code überhaupt kán werken veronderstelt al een bepaalde vorm of constructie van de emotionaliteit. Op die constructie van de het gevoelsleven ga ik dus eerst in. Dan zal hopelijk ook duidelijk worden waarom ik seksisme en emotionaliteit zo direct aan elkaar koppel.

Misschien klinkt het op het eerste gezicht wat vreemd om over 'de constructie van het gevoelsleven' te praten. Vaak neem je namelijk als vanzelfsprekend aan, dat gevoelens dan misschien wel onderdrukt kunnen worden, maar dat er tegelijkertijd niets zo puur individueels bestaat als juist die eigen persoonlijke gevoelens. Dat gevoelens/emotionaliteit met andere woorden iets 'puurs' zouden zijn; iets wat je 'van nature' zou hebben meegekregen en waar je verder ook niks aan kunt doen: 'zus en zo ben je nu eenmaal...', je diepste gevoelens die zijn van jou alleen en vormen het meest persoonlijke deel van jezelf.

Nu wil ik niet ontkennen dat mensen dat inderdaad zo ervaren. Alleen vraag ik me af of dat iets van alle tijden en alle culturen is. Volgens mij kun je er bijvoorbeeld ook niet omheen dat gereformeerden zich op feesten wat minder uitbundig gedragen dan katholieken, of dat het op een straatfeest in de Jordaan toch wat anders toegaat dan op een barbecue bij iemand die in de Apollobuurt woont. Waar ik maar mee wil zeggen, dat die vreselijk diepliggende, en ontzettend persoonlijke gevoelens van schaamte en 'houterigheid' die ik heel persoonlijk ervaar te midden van het vrolijk feestgedruis waarschijnlijk toch meer te maken hebben met het feit dat ik als gereformeerde jongeling ben opgevoed en opgegroeid, dan dat ik die houterigheid, ook wel de karakteristieke stijfheid der gereformeerden genaamd, van nature mee gekregen zou hebben. Zulk soort dingen zijn niet alleen vorm-kwesties in de zin dat arbeidsters, Griffen of Roomsen hun *emoties anders uiten*; nee, ik denk dat er wel degelijk ook sprake is van dat er *andere emoties geuit* worden; en dat die 'andersoortige emotionaliteit' dus te maken heeft met het milieu waarin mensen zijn opgegroeid en opgevoed.

Met andere woorden: je meest persoonlijke gevoelens zijn (in elk geval *mede*) gevormd door klassepositie, religieuze subcultuur, enzovoorts. Iemand als Freud is dan nog een flinke stap verder gegaan. Want die heeft, in elk geval voor mij, op overtuigende wijze aangetoond, dat het gevoelsleven van mensen voor (pak 'm beet) honderd procent maatschappij- en cultuurbepaald is. Daarmee ontkende Freud bepaald niet dat er tussen mensen persoonlijk en emotionele verschillen bestaan; hij maakte echter duidelijk dat ondanks al die persoonlijke verschillen mensen principieel een gelijk 'emotioneel verleden' kennen; een verleden dat door de maatschappij gevormd is. (Die individuele verschillen zijn volgens Freud op hun beurt ook weer in hoge mate bepaald door het gezin waaruit je komt, het milieu waarin het gezin thuishoort enzovoorts; ook al ontkent Freud weer niet dat er toch wel zoiets bestaat als 'aanleg', die dan me weer iets te maken zou hebben met fysiologische en biologische verschillen tussen mensen).

Freud benadrukte de overeenkomst tussen mensen in emotioneel opzicht. Die overeenkomst bestaat er dan uit, dat 'de' cultuur ervoor zorgt dat het gevoelsleven georganiseerd en gevormd wordt rond de seksualiteit, c.q. het probleem van de voortplanting. Het uiteindelijke gevolg van deze cultuurbepaalde organisatie en vorming van gevoelens/emotionaliteit (via opvoeding, scholing, vrije tijd, enzovoorts) is, dat mensen het onderscheid tussen mannen en vrouwen gevoelsmatig en heel persoonlijk ervaren als het meest wezenlijke dat er tussen mensen bestaat. Er bestaat met andere woorden gezegd een emotioneel verschil tussen de ervaringen van mannen en die van vrouwen. Concreet: het is niet alleen een vorm-kwestie dat mannen hun emoties anders uiten dan vrouwen (bijvoorbeeld dat mannen meer moeite hebben met het laten lopen van hun tranen); maar er bestaan ook verschillen in emotionaliteit tussen mannen en vrouwen (in het algemeen gesproken heeft het huilen van mannen een andere betekenis dan het huilen door vrouwen).

Ik denk dus dat het werkelijk zo is dat het gevoelsleven en de emoties van vrouwen verschillend zijn van die van mannen. Dat zou allemaal nog te overbruggen zijn, en in werkelijkheid worden die verschillen in concrete verhoudingen tussen een vrouw en een man ook overbrugd, als het in zijn algemeenheid niet zo was, dat deze verschillen samengaan met een bepaalde beoordeling aan de ene kant en met machtsverschillen aan de andere kant. Mannelijke emoties worden anders gewaardeerd en beoordeeld dan vrouwelijke emoties. Als mannen al te vaak en al te gemakkelijk huilen dan is dat een teken voor hun gebrek aan mannelijkheid; iets negatiefs dus én iets dat bij vrouwen thuishoort. Vrouwelijke emoties kunnen wel gewaardeerd worden (lief, zacht, teder enzovoorts), maar die waardering moet op de één of andere manier telkens weer door mannen gecompenseerd worden met macht over vrouwen en dat komt in de praktijk neer op geweld door mannen tegen vrouwen.

Kortom: in de manier waarop (bij ons in het Westen) het gevoelsleven rondom het probleem van de (regulering van de) voortplanting is georganiseerd, komt een fundamentele ongelijkheid tussen mannen en vrouwen tot uiting; een ongelijkheid die systematisch ten nadele van vrouwen uitpakt. Vandaar dus dat voor mij 'emotionaliteit en seksisme' zo nauw met elkaar samenhangen.

VII. Het Onbewuste, macht en symbolen

Ik maak me geen illusies over de helderheid van mijn formuleringen in de paragraaf hierboven. Ik bedoel: had ik het helder voor ogen dan zou ik het ook helder kunnen formuleren, maar dat heb ik nou eenmaal niet, dus...

Maar stel dát het inderdaad zo is dat mannen en vrouwen niet alleen emoties anders beleven maar ook andersoortige emoties kennen, én dat die verschillen inderdaad door machtsongelijkheid tussen mannen en vrouwen (mede) in stand gehouden worden; en stel ten slotte nog even dat ik dit allemaal glashelder op papier gezet had... Dan zou je dus kunnen denken: 'Aha, dat zit dus zo! Nou, dat zullen we dan eens mooi gaan veranderen!'

Voor mij ligt echter een andere verdienste van Freud erin, dat hij duidelijk gemaakt heeft dat je misschien wel een heldere analyse zou kunnen maken van de emotionele fundamenten van machtsongelijkheid tussen mannen en vrouwen, maar dat je er daarmee in de praktijk nog lang niet bent. Macht en de werking van macht is namelijk in hoge mate iets onbewusts en iets wat via symbolen werkt. Macht is vaak iets ongrijpbaars. Het is ook vaker zo dat macht de mensen *heeft* dan dat mensen macht *hebben*. Of eigenlijk: die twee momenten lopen voortdurend door elkaar. (Natuurlijk is het waar dat [President van de Verenigde Staten Ronald] Reagan feitelijk veel macht heeft, maar het is even waar dat hij tegelijkertijd niets meer is dan een symbool van een veel ongrijpbaarder machtssysteem).

Freud kwam tot zijn 'ontdekking' van het bestaan van het Onbewuste eigenlijk heel simpel omdat hij de 'wartaal' en 'abnormale handelingen' van gekken eens serieus ging bestuderen. Hij ontdekte toen dat in die wartaal en in die abnormale handelingen een bepaalde systematiek en logica zat. Een logica en een systematiek waarvan de 'gekken' die Freud behandelde zichzelf niet bewust waren. Kortom: de logica en de systematiek van het Onbewuste.

Overigens is het natuurlijk niet zo dat Freud het Onbewuste 'ontdekt' heeft. Voor zijn tijd waren er natuurlijk ook 'gekken' die 'wartaal' spraken en dromen droomden. En ook toen besefte men dat er achter die geheimzinnige taal en die vreemde gedragingen iets verborgen zat. In het Oude Griekenland stonden om die reden 'gekken' bijvoorbeeld juist in hoog aanzien. Zij, zo meende men toen, stonden rechtstreeks in contact met de goden en brachten dus als het ware goddelijke boodschappen over die men maar beter serieus kon nemen dan er achteloos aan voorbij te gaan. De manier waarop wij de afgelopen paar honderd jaar in het Westen 'gekken' behandeld hebben, opsluiten, verminken, platspuiten, hen als gevaarlijk en bedreigend definiëren, is ook tamelijk uniek als je deze manier vergelijkt met de plaats die 'gekken' in samenlevingen binnen andere culturen innemen. (Als wij Reagan een 'gek' noemen is dat dan ook niet zozeer omdat hij 'gek' zou zijn, maar meer omdat hij 'gevaarlijk' geacht wordt; een *gevaarlijke* gek dus). Ook vóór Freud was men zich dus wel van het bestaan van het Onbewuste bewust. Hetzij omdat gekken een geheimzinnige, c.q. onbewuste, band met de goden hadden; hetzij omdat ze juist zo'n band met duivels en kwade geesten hadden. Daarnaast werd natuurlijk erkend dat de Kunst iets met het onbewuste te maken had. Kunstenaars werden namelijk geïnspireerd; oftewel door de goden of de Schoonheid (of wat dan ook) krachten ingeblazen die hen in staat stelden die wonderlijke producten te maken die kunstenaars nu eenmaal maken. In de Kunst werden dingen meegedeeld die van 'een hogere orde' waren. Een orde waarvan zelfs kunstenaars zich niet bewust waren, maar die ze door een gave (van de goden) konden uitbeelden en doorgeven. Laat staan dus dat mensen die niet 'begaafd' waren wisten hoe die hogere orde eruitzag.

Freud nu heeft van die goddelijke en verheven of duivelse en verdorven orde van het Onbewuste een heel wat platvloerser, oppervlakkiger en wereldser affaire gemaakt. De vreemde dingen waarvan de gekken spraken, de rare beelden die mensen in hun dromen dromen, en de wonderlijke producten van de Kunst die hebben allemaal elk op hun specifieke wijze betrekking op 'de symbolische orde van het Onbewuste'.

Aan de hand van de analyse die Freud maakte van de dromen en taal van en de gesprekken met gekken, mensen dus die psychisch in de knoop geraakt zijn en ergens niet meer uit weten te komen, kwam hij erachter dat dat Onbewuste systematisch en volgens een eigen logica naar onverwerkte ervaringen uit de vroegste kinderjaren verwees. De periode waarop die problemen betrekking hadden, viel samen met de eerste vier levensjaren. Niet toevallig, ga maar na bij jezelf, is het ook precies die periode waarvan je in de regel zo goed als niets meer weet te herinneren. Dat wil zeggen: je kan je bijvoorbeeld niet herinneren of je moeder je de borst of een fles gegeven heeft, hoe dat smaakte en voelde, hoe die borst en tepel eruitzagen, enzovoorts. Toch weet ik bijna zeker dat alleen deze passage al in staat is bij veel mannen (en vrouwen?) seksuele opwinding te weeg te brengen of juist een gevoel van walging of juist verwarring tussen opwinding en walging...

Dit Onbewuste, dat dus op een bepaalde wijze in je latere leven werkzaam blijft, wordt in die eerste drie à vier jaar door allerlei ingrepen van de ouders op het kind gevormd. Door die ingrepen worden de psychische fundamenten van de persoonlijkheid gelegd. Kinderen weten als ze een jaar of vier zijn niet alleen wie en wat ze zijn (een meisje of een jongetje) maar ook wie vader is, wie moeder en dat er tussen vader en moeder een bepaalde machtsverhouding bestaat. Pas als deze fundamenten gelegd zijn begint het 'bewuste leven'. Het fundament en de vorming daarvan blijven echter onbewust, een zwart gat in de herinnering.

Precies echter in dit zwarte gat, deze duistere periode, zijn de meest primaire gevoelens georganiseerd: de gevoelens ook waaraan mensen persoonlijk het meeste belang hechten. Freud zegt dan, dat in die periode het kind van een 'polymorf pervers wezentje', dat wil zeggen: van een lichaam dat op een ongeregelde manier met allerlei andere lichamen en dingen verbindingen en relaties kan aangaan, is veranderd in een 'echt' meisje of een 'echte' jongen. Rond het (overigens in veel gevallen helemaal niet zo duidelijke) biologische onderscheid tussen vrouwen en mannen, het hebben van een kutje of een pikje, is dan van alles geregeld en vastgelegd. Zo niet, dan is er iets niet in orde en dat kan zo iemand later nog behoorlijk opbreken.

VIII. Terug naar het alledaagse

Wat ik met deze omweg heb willen aangeven is 1) dat emotionaliteit altijd een georganiseerde en een tot stand gebrachte emotionaliteit is; 2) dat de vorming ervan gecentreerd is rond het biologische onderscheid tussen mannen en vrouwen, c.q. het probleem van de voortplanting; 3) dat met dit centrum emoties ook altijd een seksuele 'lading' hebben; 4) dat emotionaliteit niet alleen gecentreerd is rond het verschil tussen mannen en vrouwen, maar ook rond de tegenstelling tussen mannen en vrouwen; dat emotionaliteit dus seksistisch is; en 5) dat dit seksistische fundament van het (Westerse) gevoelsleven Onbewust is en niettemin als

Onbewuste werkzaam is; dat de manier waarop emoties zich uiten met andere woorden vooral een symbolische is.

Als 'emotionaliteit' dan zo'n belangrijke plaats inneemt in de sfeer van het alledaagse, namelijk de sfeer waarin mensen direct met elkaar omgaan, dan is het de volgende vraag of dit seksistisch gefundeerde gevoelsleven en de symbolische (door)werking ervan licht kan werpen op iets wat je in de alledaagse werkelijkheid ook voortdurend meemaakt: racisme dus.

IX. Seksisme en racisme

'Woman is the n***** of the world

Yes she is ... think about it

Woman is the n***** of

the world

Think about it ... do

something about it.'

(John Lennon en Yoko Ono) [4]

Aan het eind van paragraaf zeven schreef ik, dat als er iets niet in orde is geweest in die 'zwarte periode' van de eerste vier levensjaren, dan ... enzovoorts. Maar in feite is er natuurlijk sowieso iets niet in orde met de wijze waarop het gevoelsleven van mannen en vrouwen georganiseerd wordt! Ik bedoel: seksisme is niet iets dat biologisch vaststaat; mannen onderdrukken vrouwen niet als vanwege dat mannen nu eenmaal een pik hebben en dus instinctmatig zo nu en dan een drang tot onderdrukking over zich heen voelen komen. Seksisme is een maatschappelijk verschijnsel dat ook maatschappelijk toegestaan, gecontroleerd en aangeleerd wordt. Seksisme doet niet alleen vrouwen geweld aan, maar doet ook onrecht aan mannen zelf. Seksisme brengt mannen ertoe zichzelf als schietschijf te laten gebruiken omdat er zo nodig twee legers tegenover elkaar gebracht moeten worden.

Dat van die schietschijf is een extreem voorbeeld. Meer concreet bestaat het onrecht dat mannen zichzelf aandoen eruit dat ze altijd verlangens aan vrouwen verbinden die vrouwen nu eenmaal niet kunnen waarmaken omdat het beeld dat mannen van de ideale vrouwen in hun hoofd hebben niet klopt met zoals vrouwen van vlees en bloed werkelijk zijn. Een hoop ellende, misverstanden, onbegrip, teleurstellingen en pijnlijke vergissingen zijn daarvan de rekening die mannen zichzelf presenteren. Die teleurstellingen, dat onbegrip houden vervol-

---

4   Letters van n-woorden in de oorspronkelijke tekst zijn vervangen door sterretjes (*). Zie voor een verantwoording het voorwoord van deze bundel.

gens weer het seksisme in stand, want 'dat bewijst maar weer eens dat vrouwen uiteindelijk toch stom zijn', enzovoorts. En zo blijft het maatschappelijk systeem vrolijk doorbestaan zonder dat er iets verandert.

Tegelijkertijd zijn mannen echter emotioneel afhankelijk van relaties met vrouwen: daarin kunnen zij, mannen, als man werkelijk tot hun recht komen. En wat gekker is: die haat-liefdeverhouding van mannen tot vrouwen is, ook al levert die verhouding nog zoveel pijn en narigheid naast plezier en pret op, iets dat ervaren wordt als iets volkomen natuurlijks: 'een kwestie van geven en nemen, zo is dat nu eenmaal!' Nogmaals: een van de verdiensten van Freud is dan, dat hij erop gewezen heeft dat er aan zo'n heteroseksuele haat-liefdeverhouding tussen mannen en vrouwen in feite helemaal niets natuurlijks is. In tegendeel: wat natuurlijk is, is dat 'polymorf perverse wezentje', dat met allerlei lichamen en dingen wil samenwerken.

Hoe de cultuur ook haar best doet van dit perverse wezentje dat alle kanten uit kan gaan, een keurige, nette jongen of meisje te maken, die cultuur slaagt er nooit in die ondefinieerbare menselijke 'natuur' volledig te verloochenen. Waar ze wel in slaagt is dat wij denken en menen dat het heel natuurlijk is dat je een man bent of een vrouw met alles wat daar al dan niet aan vastzit. Wij denken dat er niets natuurlijkers is dan juist dat; en we kunnen dat denken, omdat precies de manier waarop en de periode waarin we dat zijn gaan denken voor ons onbewust blijft. We kunnen dat dan wel denken, maar op de een of andere manier verzetten onze lichamen zich tegen die zo 'natuurlijke' denkbeelden inclusief hun zo 'natuurlijke' gevolgen. Simpelweg omdat de constructie van het gevoel geen natuurlijke kwestie is! Dat lichaam wil veel meer dan alleen maar mannen en alleen maar vrouwen. Dat lichaam wil lust, opwinding, bevrediging en het hoe en wat zal het verder een zorg zijn. Het zal het niet alleen geen zorg zijn, maar het maakt ook geen verschil tussen mannenlichamen en vrouwenlichamen. Van nature, om het zo maar even te noemen, kent het lichaam geen geslacht. Freud zei: 'zijn mensen zowel mannelijk als vrouwelijk'.

Het belang van dit hele verhaal over de polymorf perverse natuur van mensen zit 'm hierin, dat mensen om de simpele reden dat ze lichaam én man, (c.q. vrouw), tegelijkertijd zijn, aan een hele hoop verlangens niet toekomen. Of beter: dat de verlangens van het lichaam telkens weer uitmonden in seksuele verlangens omdat de cultuur/maatschappij het zo geregeld heeft, dat lusten en verlangens rond het probleem van de voortplanting georganiseerd zijn. Iets dat inderdaad 'natuurlijk' is (voortplanting) verheven heeft tot hét wezen van de menselijke natuur. Daarmee is een welhaast oneindige keten van verwarring tussen lichamelijke en gevoelsmatige verlangens in gang gezet.

Die verwarring stijgt ten top, als de maatschappij in een crisis raakt. Dan is de maatschappij niet langer in staat mensen emotionele rust te geven; een economische crisis bijvoorbeeld maakt bij mensen allerlei reële angsten vrij voor de toekomst: werkloosheid, armoede, oorlog. Voor mannen komt de dreiging van verlies van werk en daarmee verlies van inkomen extra hard aan, omdat het (nog steeds) zo is, dat mannen via betaalde maatschappelijke arbeid aanzien krijgen (terwijl het ook nog steeds zo is dat het maatschappelijke aanzien van vrouwen veel meer in het gezin en het moederen ligt).

Bij een crisis in de economie zijn het dus vooral mannen die emotioneel in de knoei raken. In tweede instantie de vrouwen, want die worden opgezadeld met depressieve, chagrijnige en kankerende mannen die thuis geen raad meer met zichzelf weten. Dat gekanker en dat gevit hoeft bepaald niet alleen het gevolg van werkloosheid te zijn; de dreiging van werkloosheid is op zich al genoeg om mannen die (nog) werk hebben ertoe te brengen dat ze het erover eens zijn dat bijvoorbeeld die uitkeringen best wel wat omlaag kunnen, of dat er als je wilt altijd wel ergens werk te vinden is, maar dat de meeste uitkeringstrekkers het wel best vinden om elke week hun geld van de sociale dienst overgemaakt te krijgen en dat er dus veel strenger opgetreden moet worden tegen die lieden die alsmaar van de staat profiteren.

Mijn stelling is dan, dat in zo'n maatschappelijke crisissituatie er zoiets als een emotionele aanleg tot racisme bestaat. Om de formulering van Freud nog eens te gebruiken: in zo'n situatie wordt de tegenstelling tussen mannelijke en vrouwelijke verlangens op de spits gedreven. In een uiterste poging te voldoen aan de eisen die de maatschappij aan het lichaam gesteld heeft, zullen mannen alle vrouwelijke verlangens in zichzelf met geweld de kop proberen in te drukken. Alles wat met 'vrouwelijk' wordt geassocieerd wordt als een bedreiging ervaren en omgekeerd: alles wat als iets vrouwelijks ervaren wordt, wordt met 'gevaarlijk' geassocieerd. Juist omdat mannen koste wat kost maatschappelijk aanzien willen behouden, zullen ze in een tijd van maatschappelijke én persoonlijke verwarring ertoe neigen duidelijkheid te scheppen. Emotioneel betekent dat: duidelijkheid omtrent wat mannelijk en wat vrouwelijk is.

En dan kunnen er rare dingen gebeuren. Rare dingen die als het ware zijn voorgebakken in het fundament van het gevoelsleven: de tegenstelling tussen de seksen. Van die rare dingen zal ik een al even raar voorbeeld geven:

De Les van Kuifje In Afrika

'Kuifje in Afrika', het album waarmee Hergé in 1930 zichzelf verzekerde van een glanzende carrière als tekenaar van de strips over de avonturen van Kuifje, wordt algemeen gezien als een nogal uitgesproken racistisch verhaal. De n****stammen in Afrika worden inderdaad voorgesteld als randdebielen die op volwassen leeftijd in feite nog niet eens het niveau van een Belgische kleuter bereikt hebben. (Kun je nagaan!)

Naar aanleiding van een opmerking van een zekere Pierre Sterckx ben ik dit album met andere ogen gaan herlezen. Die opmerking is te vinden in een feest-album ter gelegenheid van het 50-jarig bestaan van Kuifje. In zo'n album past natuurlijk een terugblik. En dat doet die Pierre Sterckx dan aan de hand van de vraag wat dat nou betekent dat 'de vrouw' in de eerste albums van Hergé geheel ontbreekt en in de latere albums slechts in de figuur van Bianca Castafiore, van wiens zingen Kuifjes hond Bobbie spontaan misselijk wordt, vertegenwoordigd is. Op zich is dat al opmerkelijk, dat 'de vrouw' in het werk van Hergé ontbreekt. Opmerkelijk, omdat je daar echt op gewezen moet worden. Anders valt het namelijk helemaal niet zo op. Kennelijk is Hergé in staat ondanks de afwezigheid van vrouwen toch een beeld van de werkelijkheid op te roepen waarin die afwezigheid niet stoort. Je kan ook zeggen: kennelijk zijn die plaatjes van Hergé zo realistisch (of komen ze zo realistisch op mannen over) omdát in werkelijkheid vrouwen door mannen als storende factor ervaren worden…

Een interessante vraag dus. En een nog interessanter antwoord, wat mij betreft. Die Pierre Sterckx presteert het namelijk om in volle ernst over 'Kuifje in Afrika' te beweren, 'dat Hergé de schoonheid van de vrouwen wellicht niet kon voorstellen, omdat de verleidelijkheid van het vrouwelijke onmiddellijk beslag gelegd zou hebben op alle gebogen lijnen, en een storende ontroering zou teweeggebracht hebben'. Vreemd, denk je dan, maar dan komt het: 'In het raam van een christelijke opvoeding die de geslachten als rassen van elkaar scheidde, was de vrouw, voor Hergé, eerst een vreemd land, een andere wereld.'[5]

Het Vrouwelijke - Het Verleidelijke - De Ontroering - De Voorstelling: en pats! Hergé zou direct gestoord raken en opgenomen dienen te worden in een psychiatrische inrichting. Dat weet Hergé, DUS (?!) laat hij Kuifje in een door en door racistisch avontuur belanden. Dat zegt Pierre Sterckx althans en hij zegt het ook in volle ernst. Met andere woorden: emotioneel gezien is racisme dus een verkapt of een afgeleid soort seksisme. Alleen dat 'DUS', hoe zit het daarmee?

X. Het Vrouwelijke/Het Mannelijke: de werking van symbolen

Hoe die omslag van seksisme naar racisme theoretisch geformuleerd kan worden, daar ben ik zelf nog niet geheel uit. Vooralsnog denk ik, dat die omslag te maken heeft met zeg maar de onplaatsbaarheid van de als een fysieke bedreiging ervaren verlangens: mannen moeten weer echte mannen en vrouwen weer echte vrouwen worden en de verlangens die binnen deze man- en vrouwbeelden geen plaats hebben, die moeten dan niet alleen wel een vreemde herkomst hebben maar bovendien radicaal vernietigd dan wel onderdrukt worden. Wat kan daartoe beter aangewezen worden dan mensen die toch al onderdrukt worden en waar bovendien algemeen van bekend is, dat ze 'primitief, barbaars, en niet-beschaafd' zijn? Mensen dus die tot een andere cultuur en wat dan heet een 'ander ras' behoren?

Dat is dus nauwelijks een theoretische verklaring te noemen. Dat is naar mijn idee ook niet per se noodzakelijk. Ik kom er aan het eind van deze paragraaf nog wel op terug, maar eerst wil ik datzelfde mechanisme laten zien zoals dat werkzaam is via allerlei door fascisten gebruikte symbolen.

Wanneer je de sfeer van het alledaagse als invalshoek voor het kijken naar en bestuderen van 'fascisme' neemt, dan wordt de wijze waarop binnen de emotionaliteit gebruik wordt gemaakt van symbolen uiterst belangrijk. Fascisme kun je dan typeren als een bij uitstek 'mythische beweging'. Een beweging die dan bijvoorbeeld de mythe van het Arische en het Joodse Ras bij voortduring naar voren bracht; verder de mythe van Bloed en Bodem, de mythe van de

---

5   Pierre Sterckx in Hergé, Pierre Sterckx en Georges Ade, *Het Imaginair Museum van Kuifje*, (Brussel: Casterman, 1980), 21-22.

Soldatenman en de Moedervrouw, de mythe van edele en ontaarde 'rassen', de mythe van het Duizendjarig Rijk, de mythe van de Geboren Leider, van de Volksgemeenschap, van de Germaanse Cultuur en Superioriteit, van de internationale Joodse samenzwering tegen het Duitse Volk, de mythe van het zuivere boerenleven, van de eer tot opoffering, de mythe van de Totale Oorlog, enzovoorts. Juist door de klaarblijkelijke aantrekkelijkheid van zulk soort mythes is de fascistische beweging groot geworden. De fascistische beweging sprak mannen recht-streeks aan op hun man-zijn, op hun kameraadschap met andere mannen, op hun fysieke superioriteit, op hun 'natuurlijke neiging tot agressie' en hun al even 'natuurlijke bereidheid tot gehoorzaamheid aan superieuren en de Leider'. De fascistische beweging sprak vrouwen aan op hun 'moederinstincten', op hun natuurlijke plaats achter de man, hun natuurlijke neiging tot zorgen, liefde geven, afwachten, passiviteit, opofferingsgezindheid, op hun cruciale betekenis van opvoedsters van de toekomstige Duitse mannen en vrouwen, op hun rol in het zuiver houden van het Duitse Volksbloed, op hun taak het Bloed door te geven: het bloed van menstruatie, geboorte en nageslacht dat terugvloeit naar de aarde als de zonen aan het front blijven en het bloed dat de aarde vruchtbaar maakt. Het Bloed van Leven, Dood en Moederschap. De vruchtbare bodem die bewerkt moet worden opdat ze haar vruchten geeft.

De natuur komt in deze mythen voortdurend om de hoek kijken. Alleen het is wel een bep-aald soort natuur; een passieve natuur, die daar is om door de mens, c.q. de man, bewerkt te worden of een wilde, onstuimige natuur die de krachten en de driften van het mannelijke voorstellen.

Bloed en Bodem zijn dan ook typisch vrouwelijke symbolen. (Denk bijvoorbeeld aan 'gewone' uitdrukkingen als Moeder Aarde, vruchtbare en/of maagdelijke gronden, en Moederland. Wat betreft 'Moederland' verwijst deze term naar het land van herkomst als het land waar je geboren bent, terwijl 'Vaderland' ook wel het land van herkomst betekent, maar dan meer de staatskundige aspecten en grenzen bedoelt; het vaderland heeft een politieke, het moeder-land een emotionele betekenis). Het 'vrouwelijke' heeft een emotionele, het 'mannelijke' een rationele betekenis. Die tegenstelling komt onder meer tot uiting in algemene vooroordelen ten aanzien van vrouwen en mannen; bijvoorbeeld dat vrouwen meer gevoelsmatig en man-nen meer verstandig reageren en dat vrouwen dus geen verstand van politiek hebben (zo ze überhaupt verstand hebben) terwijl mannen nu juist wel geschikt zijn om te heersen en macht uit te oefenen. Het vooroordeel is dan dat dit verschillende reactiepatroon een biolo-gisch bepaalde grond heeft in plaats van een cultuurhistorische.

Juist omdat mensen zich niet van de culturele bepaaldheid van het verschil tussen mannen en vrouwen bewust zijn, denken ze dat vrouwen zus en mannen zo zijn omdat dat 'van nature' nu eenmaal bepaald is. Letterlijk wordt bijvoorbeeld agressief 'haantjes'-gedrag van mannen verklaard door te wijzen op soortgelijk gedrag dat mannetjes apen, vogels, vissen in de natuur 'ook' vertonen. Idem dito wat betreft het koesterend, verzorgend enzovoorts gedrag van vrouwtjes mensen en dieren (hoewel ik persoonlijk nog nooit bijvoorbeeld een zwangere vrouwtjesmens met takken over straat heb zien zeulen ten einde een nest voor haar aanstaande kind te bouwen).

Deze hardnekkige verwisseling van 'natuurlijke' en 'cultuurlijke' oorsprong van het mannelijke en het vrouwelijke is onbewust. Sterker: die verwisseling *moet* ook onbewust blijven, omdat anders de vanzelfsprekendheid ondergraven wordt van een cultureel systeem dat juist werkt op basis van deze verschillen tussen het mannelijke en het vrouwelijke. De consequentie van deze noodzaak is, dat het culturele systeem als het ware van hoog tot laag doordrenkt is van zulk soort onbewuste voorstellingen. Onbewuste verwijzingen naar de 'natuurlijkheid' van bepaalde regels, ordeningen, maatschappelijke en tussenmenselijke verhoudingen dienen ertoe de maatschappelijke samenhang te garanderen en de maatschappelijke machine geolied voort te laten draaien.

Daarmee krijgen symbolische constructies als het ware een dubbel symbolisch karakter. Niet alleen 'symbolisch' in de zin dat zij in feite naar iets anders verwijzen dan 'de natuur'; maar ook in de betekenis, dat bepaalde symbolen weer verwijzen kunnen naar crises in de cultuur-machine. Een zo door en door symbolisch verhaal als de Bloed en Bodem mythe ontstond niet voor niets in de jaren twintig en 'veroorzaakte' ook niet voor niets een zo gewelddadige en racistische beweging als het Fascisme geweest is.

Behalve dat Bloed en Bodem typisch 'vrouwelijke' symbolen zijn, symboliseren ze ook heel duidelijk een cultuurcrisis. De grond onder de voeten dreigt te verglijden; het bloed dat door de lichamen stroomt dreigt vergiftigd te raken: de bodem en het bloed moeten gereinigd en gezuiverd worden! Die bodemloze bedreiging van de Het Duitse Volk heeft dus iets 'vrouwelijks'. Want met het vrouwelijke, Bloed en Bodem, is kennelijk zoiets ergs aan de hand dat het voortbestaan van de beschaving erdoor in het geding is gekomen. Dáár wordt dan ook symbolisch oorzaak én oplossing van de crisis gelegd (zulks in overeenstemming met de mannelijke logica dat je tendensen die je wilt bestrijden in hun oorzaken moet aanpakken wil er inderdaad iets veranderen).

Dit betekent omgekeerd, dat de dreiging en de ellende ervaren werden als bedreigingen van het mannelijke/de mannelijkheid. Vanuit deze ervaring 'vroeg' de crisis dan ook om een mannelijk antwoord. Het Fascisme was dan ook bij uitstek een 'mannenbeweging'. Een beweging waarin geen plaats was voor mietjes, slappelingen, halfzachten, doetjes, moederskindjes, huilebalken, intellectuele waterhoofden, bangeschijters, verweekte types, slomeriken, Jan Doedels, twijfelaars, klagers, kankeraars, lijntrekkers, ziekelijken, 'mismaakten', stuntels, knoeiers, leugenaars, misdadigers, religieuzen en andere 'kastraten', hoerenlopers, drinkebroers en zatlappen, zenuwpezen, kwezels, zeurkousen, lafaards, debielen en gestoorde figuren, angsthazen, kleinzerigen, egotrippers, pacifisten, zwakkelingen, schijnheiligen, heilige boontjes, Joris Goedbloeden, Jan Lullen, slijmjurken, softies... Blijft niet veel over, zou je zeggen. Zo was het ook: werd je toegelaten tot de SS, dan behoorde je automatisch tot de elite van de elite van het mannenvolk. Soldaat zijn was al iets geweldigs, maar in het (gewone) leger wisten soms toch nog mietjes, slappelingen enzovoorts door de controles heen te glippen. Bij de SS, de elite van de elite, was dat uitgesloten: daar waren de controles waterdicht.

Op een andere wijze komt de vrouwelijke betekenis van de symbolen Bloed en Bodem terug in de verheerlijking door de fascisten van het boerenleven en het leven op het platteland en anderzijds in hun afkeer van het ongeordende en woelige leven in de stad. De boeren leven in harmonie met de natuur: zij bewerken de aarde, zaaien het zaad, oogsten de oogst in een eeuwig terugkerend ritme al naar gelang de wisseling der seizoenen. De verhouding tussen de boer en zijn akker weerspiegelt de 'natuurlijke' verhouding tussen Man en Vrouw: ZIJN vrouw. De boerinnen staan model voor het ideale moederschap van de vrouw: haar 'lotsbe-stemming'. En legio zijn dan ook de prenten en schilderijen uit die tijd over het boerenleven: de boer tuurt over de eindeloze bewerkte akkers, naast hem staat zijn vrouw die naar hem opkijkt met een blik van vertrouwen en liefde en opofferingsgezindheid; de kinderen scharen zich rond moeder en alles ademt rust, geluk, liefde, werkzaamheid, eerlijkheid, zuiverheid. De ideale Man bewerkt met zijn handen de aarde en is gelukkig; de ideale Moeder geeft haarzelf aan Man en kinderen en is gelukkig.

Ten slotte: de natuur moet ook voortdurend bewerkt en onderhouden worden, anders wordt ze overwoekerd door onkruid en leggen de edele graansoorten en edele rassen het loodje. Tegenstanders van het 'fascisme' worden dan ook niet slechts vergeleken met minderwaardige rassen, maar ook overeenkomstig de harde natuurwetten als onkruid bestreden en verdelgd. Het feit alleen al dat er mensen zijn die de fascistische boodschap niet willen of kunnen begrijpen bestempelt hen al tot onwaardige, gedegenereerde en ontaarde 'soorten'.

Als zij dan ook nog eens een eigen 'cultuur' kennen, dan is het wel helemaal zo klaar als een klontje: die horen hier niet thuis!

XI. Conclusies: wie de oplossing weet werpe de eerste steen...

Het Symbolische, dat zal duidelijk zijn, heeft in mijn verhaal centraal gestaan. 'Fascisme' heb ik hier benaderd als een mythische beweging: een beweging, zo formuleerde ik hiervoor ergens, die groot kon worden juist omdat ze mensen aansprak door middel van symbolen en emoties. Het onderscheid tussen mannen en vrouwen, het mannelijke en het vrouwelijke, speelt daarin de voornaamste rol. Van dit onderscheid leidde ik racisme af door te stellen dat de tegenstelling tussen de seksen het model levert voor de tegenstelling tussen 'rassen'.

('Ras' schrijf ik tussen aanhalingstekens, omdat ik niet in zoiets als het bestaan van rassen geloof. 'Ras' is een uitvinding, een constructie, die in werkelijkheid gewoon niet bestaat, net zomin als 'de' man en 'de' vrouw in werkelijkheid bestaan. Tijdens het Naziregime leidde de rassenleer dan ook tot uiterst vreemde toestanden. Raszuiverheid was daar voornamelijk een papieren aangelegenheid, die erop neer kwam dat je moest aantonen dat in de burgerlijke stand de afstammingslijnen van moeders en vaders kant enige generaties lang niet gekruist werden door 'onzuiver' bloed. Die papieren konden vervalst worden en dan werd je gezuiverd. Anderzijds leverde de raszuiverheid in de praktijk vaak problemen op bij mensen die om de een of andere reden niet geheel en al in de (politieke) smaak vielen bij hun superieuren. Van Rost Van Tonningen is bijvoorbeeld bekend dat zijn carrière binnen de NSB en Germaansche SS voortdurend op deze wijze werd opgehouden en tegengewerkt. Ergens zou hij 'Indisch' bloed hebben en 'dus' kon hij maar steeds geen promotie maken. De Führer himself voldeed overigens ook in geen enkel opzicht aan het ideaal van de blonde reus met de blauwe ogen, maar dat leverde 'natuurlijk' geen enkel probleem op).

De belangrijkste vraag die hier in de conclusies ter sprake moet komen, is natuurlijk, wat deze kijk op 'fascisme' nu oplevert aan mogelijkheden ter bestrijding van fascisme/racisme/ seksisme. Eigenlijk zou ik meteen moeten antwoorden: niets! Maar dat is natuurlijk een beetje raar. Ik bedoel, dan had ik net zo goed niets kunnen schrijven en omdat dat nu ook weer niet het geval is, moet ik op z'n minst uitleggen wat ik met zo'n antwoord bedoel.

Wat ik ermee bedoel is dat voor mij het belangrijkste probleem niet ligt bij de vraag hoe fascisme/racisme/seksisme te bestrijden; maar bij de vraag 'hoe de ontkenning van fascisme/ racisme/seksisme te bestrijden'. Het probleem ligt niet zozeer bij het zichtbare 'fascisme', maar veeleer bij de onzichtbaarheid ervan. Daarbij komt dan nog dat ik inderdaad denk dat het een illusie is ervan uit te gaan dat 'we' ons van 'fascisme' zouden kunnen bevrijden; dat het een (gevaarlijke) illusie is te streven naar een samenleving waarin geen fascisme/racisme/ seksisme zouden bestaan. Een beweging die dat ten doel stelt, daar heb ik zo mijn twijfels bij; ik geloof juist dat 'fascisme' juist daar is waar ontkend wordt dat het er is. (Een heel banaal voorbeeld: de Centrumpartij ontkent bijvoorbeeld ten stelligste dat ze 'fascistisch' of 'racistisch' zou zijn. Dit doet ze zelfs bij monde van een Turkse buitenlander. Die ontkenning zou ontkracht moeten worden!) Kortom: 'fascisme' grijpt aan op haar ontkenningspunt.

Waar deze kijk op 'fascisme' voor mij met name toe leidt is het belang van de erkenning dat fascisme/racisme/seksisme een voortdurende actualiteit is. Deze erkenning heeft voor mij weinig van doen met een 'bekentenissen-praktijk'. Voor mij ligt de erkenning tussen ontkenning en bekentenis. De erkenning bijvoorbeeld dát een door witte mannen gedomineerde samenleving vrouwen zwart maakt ('woman is the n***** of the world') en daarmee de mogelijkheid én actualiteit in zich heeft groepen mensen als 'anders en minderwaardig', kortom: als 'rassen' te definiëren.

Met een bekentenissen-praktijk schiet je naar mijn idee niet veel op. Achter die bekentenissen schuilt toch altijd weer het idee dat je je van je eigen racisme en van de schuld van racisme zou kunnen bevrijden. En precies dit streven naar bevrijding eindigt dan weer in een ontkenning. De ontkenning namelijk dat je nog langer racistisch/seksistisch bent, terwijl je dat (helaas) vroeger wel was. ('Vroeger wel maar nu ik me daarvan bewust ben geworden niet meer').

De erkenning daarentegen houdt een principieel soort openheid in; een openheid, een open oog en oor om seksistische en racistische praktijken, wensen en verlangens te herkennen en de bereidheid daarop gewezen en aangesproken te worden, zonder dat je met een schuldgevoel opgezadeld wordt. Schuld en boete(doening) vind ik zelf althans weinig aantrekkelijke perspectieven (te meer niet omdat berouw, boete en de zondeschuld legitimeren!) Seksisme/ racisme bestaat uit gedragsvormen waar simpelweg niet afgerekend mee kán worden! Precies dit laatste, de suggestie van een afrekening of vereffening van 'schuld', verandert de bekentenis in arrogantie.

Het Symbolische, het onbewuste, het mythische, is naar mijn mening (in (de) werkelijkheid) dominant. Dat betekent dat antiracistische strijd voor mij ook niet ontsnappen kan aan die dominantie; het betekent anderzijds wel, dat voor mij antiracistische strijd allereerst gericht zou moeten zijn op het afbreken van precies die elementen van de symbolische orde die telkens weer 'fascisme' produceren. Het afbreken dus van de discriminerende begrippen 'mannelijkheid' en 'vrouwelijkheid': het nadenken over en experimenteren met regelingen van de voortplanting waarin mannen en vrouwen niet langer worden vastgepind op rollen die ze 'van nature' zouden hebben.

Veel verder kom ik ook niet. En buitengewoon concreet kun je mijn 'voorstellen' al evenmin noemen. Daar komt dan nog bij dat ik zelf de nodige twijfels blijf houden over deze manier van naar 'fascisme' kijken. Tot deze benadering word ik echter vooral aangezet vanuit een grondige twijfel die ik heb bij strategieën waarin wél de ene of andere oorzaak van racisme wordt aangewezen. Oorzaken, die eenmaal vastgesteld altijd weer uitdraaien op de verni-etiging ervan of althans het streven daarnaar. De bommen op Hiroshima en Nagasaki waren bedoeld (?) een einde te maken aan de totalitaire dreiging van communisme en fascisme, maar de dreiging die daarvoor in de plaats is gekomen overtreft de dreiging die als oorzaak en legitimering werd aangegeven. Zulk soort streven naar 'het wegnemen van de oorzaken' leidt nu tot serieuze voorstellen om bijvoorbeeld de zogenaamde 'oude wijken' dan maar geheel plat te gooien en te vervangen door moderne sociale woningbouw. (Tja, inderdaad kun je problemen 'oplossen' door ze te vervangen door nog grotere problemen).

(Bijna) tot slot nog een opmerking die ik misschien beter helemaal aan het begin had moeten maken. Namelijk dat het in de praktijk wel eens moeilijk kan zijn de samenhang tussen de drie in dit stuk besproken verschijnselen in hun onderlinge samenwerking te zien. Racisme 'zie' je bijvoorbeeld op je werk vooral wanneer het gaat om aanwerving of ontslag van personeel; sek-sisme 'zie' je in de praktijk eerder in de manieren waarop vrouwen door mannen behandeld worden. Racisme is vooral zichtbaar in het werk dat gedaan wordt (schoonmaken, de plaats aan de lopende band, zwaar en ongezond werk); seksisme is daarentegen eerder zichtbaar op andere plaatsen (koffiekamers, posters, handtastelijkheden, opmerkingen, enzovoorts). Toch hecht ik eraan die onderlinge samenwerking en samenhang tussen racisme (gericht tegen mensen met een 'andere' culturele achtergrond en een 'andere' huidskleur) en seksisme (gericht tegen mensen met een 'andere' emotionele achtergrond en een 'andere' lichaams-bouw) juist ook in antiracistische acties te blijven zien en te blijven benadrukken. Je hebt er namelijk niets aan als zeg maar 'typische vrouweneisen' ingewilligd worden en tegelijkertijd de arbeidsomstandigheden en arbeidsverhoudingen van 'buitenlanders' slechter worden. Zo goed als in z'n algemeenheid geldt dat 'vrouwen de zwarten van de wereld zijn' zo goed ook kan dit al te gemakkelijk omgedraaid worden en tot resultaat hebben dat 'zwarten als min-derwaardig, onaangepast, labiel, gevaarlijk; kortom als vrouwen' behandeld worden. ('Goed, vrouwen horen niet achter het aanrecht thuis, maar dan moeten wel eerst die 'buitenlanders' naar hun land teruggaan'. Het land van herkomst fungeert dan voor 'buitenlanders' zoals het aanrecht dat voor vrouwen deed: Turkije is (g)een aanrecht!)

Helemaal tot slot nog dit: ik ben bepaald niet tevreden met deze tekst. Het rammelt aan alle kanten en soms trek ik conclusies waarvan ik me afvraag of ik er wel achter kan staan. Misschien had ik het anders moeten schrijven: minder verwarrend, minder 'stellerig', enz. Ik heb dus wel degelijk mijn twijfels. Maar dan nog denk ik liever dit en op deze manier dan de suggestie wekken dat er een, laat staan 'de' oplossing voor fascisme/racisme/seksis-

LAATSTE ONTBREEKT!

6. DE GEWONNEN, DE VERLOREN, DE PERMANENTE OORLOG

GEERT LOVINK EN BAS-JAN VAN STAM

Verschenen in *Manuskript*, november 1984.

I. Over *Helden zonder glorie* van Norman Mailer

'De beste roman van over de Tweede Wereldoorlog'

Helden zonder glorie kwam voor het eerst uit in 1948 in Amerika; in Nederland zes jaar later.[1] In dit boek heeft Norman Mailer observaties en ervaringen verwerkt uit de periode 1944-1946 toen hij in dienst was van het Amerikaanse leger in het gebied van de Grote Oceaan. De strijd tegen de Japanners dus. Over die tijd en dat gebied gaat het boek. Dat wil zeggen: het beschrijft de verovering van een door het Japanse leger bezet eiland.

Norman Mailer vertelt het verhaal door de gedachtegangen van en gesprekken tussen de Amerikaanse militairen weer te geven. Er wordt dus aan één stuk door geouwehoerd in het boek. Dat begint al meteen op de eerste bladzij en gaat zonder ophouden tot en met de laatste bladzij en het laatste regeltje door: 'Een reuzevondst!' De uitgave waaruit hier geciteerd wordt (1968, zwarte beertjes: 'pocketbooks voor iedereen', nr. 47) telt 540 nauwbedrukte pagina's en het lult en het lult maar door... Toch staat dit boek bekend als 'de beste roman over de Tweede Wereldoorlog.'

De roman telt vier hoofdstukken. In het eerste vindt de invasie vanuit zee plaats. Vervolgens komen in een heel lang hoofdstuk, 290 bladzijden, de voorbereidingen binnen het Amerikaanse leger tot de beslissende slag om het eiland aan de orde. Dan in het derde, 210 bladzijden lange hoofdstuk de tocht van een peloton verkenners achter de Japanse stellingen om de sterkte en posities daarvan te bepalen. En ten slotte in een slechts vijf pagina's kort slothoofdstuk de laatste loodjes van de zuivering van het eiland: de overwinning van de Amerikaanse troepen is een feit, het soldatenleven gaat verder.

Zoveel kletspraat achter mekaar, aan één stuk door gevloek, geleuter en gezeur over dit en dan weer over dat en alsmaar opgewonden praat over kut en pik, dat zou een onleesbaar verhaal geworden zijn als er niet de nodige stilistische ingrepen werden toegepast. De eerste is dat voortdurend van locatie veranderd wordt. Nu eens zitten we in de tent van generaal *CUMMINGS* en volgen we een 'gesprek op niveau' tussen hem en zijn assistent: luitenant *HEARN*. Dan weer volgen we een stel soldaten dat bezig is een kanon dwars door de modder een heuveltje op te slepen, enzovoort, enzovoorts. En dan pakken we de draad van het gesprek tussen Cummings en Hearn weer op en ga zo maar door. Flits, flits, flits. Het lezen wordt daardoor een soort videospel waar het neerkomt op snel reageren en de juiste knop indrukken.

---

1   Normal Mailer, *Helden zonder glorie* (Utrecht: A.W. Bruna & Zoon, 1968 (1957)).

Een andere ingreep is, dat Norman Mailer op gezette tijden een intermezzo inlast. Aparte stukken verspreid over de hoofdstukken dus, die hij 'de tijdmachine' heeft genoemd. Daarin komt het levensverhaal (jeugd, adolescentie, volwassenheid) van telkens een van de soldaten, inclusief Hearn en Cummings, aan bod. Zo krijgen we van tien mannen een compleet psychosociaal rapport ter inzage.

Ten slotte kent het boek nog vijf zogeheten 'koren'. In elk 'koor' wordt in een korte dialoog een brokje sleur uit het dagelijkse soldatenleven neergezet. Dat het eten altijd klote is: 'De kok: As 't dampt kookt 't, as 't aanbrandt is 't gaar. Dat is ons motto'. De kwellende onzekerheid of de vrouwen aan het thuisfront het wel zo lang kunnen uithouden zonder hun liefhebbende mannetjes:

> 'Wat dacht je dat je meisje nou doet? Dat za'k je nou 'es vertellen. Het is in Amerika zes uur 's morgens. Ze wordt wakker en naast haar ligt een vent die net zo goed naait as jij en ze vertelt 'm dezelfde smoesjes die ze bij jou gebruikte. Geloof me, je kan d'r geen een vertrouwen. Ze bedonderen je allemaal.'

Over hoe je door gewond te raken uit het leger kunt komen:

> 'Godverdomme, ja, da's waar ook! Verdomd, lui, ik weet niet eens meer hoe die luis van 'n Toglio d'r uitzag, maar 'k zal nooit vergeten dat ie vrij is gekomen door 'n wond in z'n ellenboog.'

Over hoe smerig de verloven geregeld zijn:

> 'Ja, één soldaat uit 'n hele compie. Hier bij 't hoofdkwartier hebben we honderd jongens die er al achttien maand zitten. Blijf jij maar zoet, Brown, als je hier honderd maand zit laten ze je misschien gaan. Als ik jou was zou ik 't maar niet proberen, Brown. Als jij Mantelli gaat likken vindt ie 't misschien zo lekker dat ie 't niet over z'n hart kan verkrijgen om je te laten gaan.'

Het laatste 'koor' gaat over 'wat wij doen als wij afzwaaien':

> 'Als we in Frisco komen, neem ik mijn geld op en bezuip me zo godsliederlijk als de hele stad nog nooit heeft meegemaakt en dan kruip ik in bed met de een of andere meid en doe ik twee weken niks anders als naaien en zuipen. Dan ga ik op m'n gemak naar huis, ik laat 'r niet weten dat ik kom en bezorg haar de grootste verrassing van 'r leven en ik neem getuigen mee, godverdomme, en ik lazer d'r het huis uit en laat iedereen zien hoe je een teef moet behandelen.'

Trouwens, dat Norman Mailer deze uit het leven van de soldaat gegrepen fragmenten 'koren' noemt komt overeen met het karakter van de roman: een moderne klassieke tragedie. Modern qua voortdurend wisselende en veranderende locaties; klassiek qua ontknoping. In het derde hoofdstuk wordt de spanning pagina na pagina en op het laatst stap voor stap opgevoerd tot ineens de catastrofe invalt. Van het ene op het andere moment keert de gedisciplineerde, hiërarchische orde van het leger radicaal om in een (letterlijke: kata = naar beneden; stre-phoo = omkeren) catastrofe: vlak voor het beslissende ogenblik dat het groepje verkenners het hoogste punt bereikt van de berg waarop ze zich dagenlang zichzelf afbeulend meter na meter omhoog hebben gesleept, vindt een plotselinge en krankzinnige versnelling plaats, de uiterst trage beklimming slaat om in een overhaaste, ongedisciplineerde en van alle last bevrijdende vlucht naar beneden. Dan is het boek gelijk ook uit, op een paar bladzijden na, dan. Ook is het zo dat de 'held' van het verhaal, zoals dat de heros uit de klassieke tragedie betaamt, in zijn noodlot berust.

Mannen aan hun top

De 'held' van het verhaal is een tamelijk onmogelijke figuur: zwijgzaam, autoritair, moord-lustig, gekweld door verlangens die onder een pantser van hardheid, stoerheid en discipline koken en kolken. Een 'natuurmens' en 'natuurlijke leider' en in die kwaliteit wordt hij ook gewaardeerd:

> "De sergeant die de verkenners hebben is de beste uit het hele 458e, sir. Daar had ik al eens met u over willen spreken, die moest na afloop van de campagne eigenlijk tot officier bevorderd worden, sir. CROFT heet hij. Een prima soldaat." Cummings overwoog wat Dalleson een prima soldaat zou noemen. De man zal wel praktisch analfabeet zijn, veel gezond verstand hebben en absoluut geen zenuwen.

Met Croft, Cummings en Hearn zijn de drie belangrijkste namen uit *Helden Zonder Glorie* gegeven. Hoewel… eigenlijk moet de naam van een vierde genoemd worden. Te midden van de stank, het lawaai, de rook en het vuur van de, oorlogshandelingen 'zag ze rustig, onver-stoorbaar uit over zee. Zij interesseerde zich niet voor het bombardement'; van haar 'ging een schoonheid uit die in woorden niet kon worden uitgedrukt', aldus de ontroerde reactie van een van de verkenners als hij haar ziet. Zelfs de keiharde, niet gemakkelijk van zijn stuk te brengen Croft 'voelde ontzag en begeerte' en 'voor alles die speciale verrukking die hem doortrild had toen Hennesy [een andere verkenner] dood was en toen hij de Japanse gevangene had neergeschoten.' Door haar wordt Croft 'getart en uitgedaagd' en haar 'macht en alwetendheid' en tegelijkertijd haar ongenaakbaarheid en geheimzinnigheid maken dat Croft zich op den duur 'persoonlijk beledigd' voelt. Generaal Cummings beschouwt haar als 'de as van het eiland, het punt waar alles om draait' en wordt bij haar aanblik door emoties overmand. Als Hearn haar zowel als het gezicht van Croft bestudeert denkt hij 'huiverend en bewogen, dat hij en Croft ongetwijfeld de enige twee zijn die willen proberen de berg te beklimmen'. Inderdaad, zoals de generaal zegt: de berg waar het verhaal om draait!

De berg, *MOUNT ANAKA*, Ananke: de Griekse godin van het Noodlot; Ananke die de grenzen van het Zijn bewaart en bewaakt, wordt in het verhaal 'echt' beklommen, maar bestaat zij wel 'echt'? Bestaat zij niet voornamelijk in en als verbeelding? Hoe dan ook, deze vervlechting van symbolische en feitelijke werkelijkheid is kenmerkend voor de verteltrant van Norman Mailer.

Met enkele citaten kan deze dubbelzinnigheid, deze vermenging van verbeelding en realiteit aangegeven worden. Bijvoorbeeld het vervolg van de passage over die verkenner die ontroerd wordt door de niet in woorden uit te drukken schoonheid van de berg:

'Het visioen dat hem altijd bezield had van iets dat schoner en harmonischer was dan de verwarring waarin hij leefde scheen één moment werkelijkheid te worden. Het ogenblik ging voorbij maar hij voelde nog een troebele vreugde, de echo van een extase. Hij bevochtigde zijn lippen en treurde weer om het verlies van zijn pas overleden vrouw.'

Verwarring, harmonische schoonheid, extase, de herinnering aan zijn vrouw: in de Anaka 'ziet' deze soldaat zijn onbereikbaar geworden vrouw. Zoals gezegd heeft ook Croft het moeilijk bij het zien van de berg: 'Het verlangen de berg te beklimmen laaide in hem op. Hij vroeg zich af of op deze patrouille het noodlot hem eindelijk achterhalen zou. Waarom wist hij niet, maar de berg lokte hem, tartte hem, scheen het antwoord te kunnen geven op iets dat hij begeerde. Hij voelde een primitieve vorm van extase.' Oplaaiend verlangen, primitieve extase: Croft voelt de hete adem van de Anaka in zijn broek. De anders zo doortastende generaal Cummings wordt in zijn verhouding met de Anaka een blinde taster: 'Als je een beetje mystiek wilde doen,' denkt Cummings, 'zou je kunnen zeggen, dat hij en de berg elkaar begrepen. Beide waren ze, noodzakelijkerwijs, eenzaam en somber, en zagen vanuit een grote hoogte neer. Hij voelde een plotselinge emotie, ergernis en verwachting tegelijk. Weer voelde hij zich onzeker, een beetje onrustig.' Ook Cummings 'ziet' in zijn relatie met de berg, als wij nu eveneens een beetje mystiek mogen doen, zijn 'mislukte huwelijk' weerspiegeld; het huwelijk dat geen einde had kunnen brengen aan zijn somberheid en eenzaamheid. Ten slotte Hearn, die heen en weer geslingerd wordt tussen zijn gevoel voor verlangen en zijn zin voor realiteit: 'Hearn keek omhoog naar de Anaka. Ja, vanmorgen leek het niet onaantrekkelijk de berg te beklimmen. Het kon ook. Maar hij schudde zijn hoofd. "Het is onmogelijk."' Hearn wil wel, wil niet en als hij dan een tussenweg kiest, niet naar de top, niet om de berg heen, maar over een pas op de Anaka, is het dan ook met hem afgelopen in de roman. 'Een half uur later werd luitenant Hearn,' staat er dan droogjes te lezen, 'gedood door een mitrailleurkogel die dwars door zijn borst heenging.' Croft neemt het commando over het peloton verkenners over en geeft het bevel de berg te beklimmen.

Kortom: Norman Mailer materialiseert in de berg al die vage twijfels, angsten, verlangens, visioenen en extatische begeertes van de soldatenmannen. Telkens dirigeert Mailer daartoe de soldaten verder van het front: eerst de chaotische landing op het strand, de langgerekte trage gebeurtenissen daarna, dan het plan van de verkenningspatrouille en ten slotte de beklimming van Mount Anaka. Wat rest is het naakte gevecht van de individuele soldatenman tegen de eigen materieel gemaakte verlangens/gevoelens. Op die manier herleidt Norman Mailer het militaire front van de Amerikaanse aan de ene en de Japanse troepen aan de andere kant dus tot een imaginair front waarop lichamelijke verlangens en verstandelijke argumenten van de individuele soldatenman tegenover elkaar komen te staan. En dit dan, zoals de oorspronkelijke titel *The Naked And The Dead* duidelijk aangeeft, in een pure, existentiële vorm.

Het innerlijke front

In de roman staat Croft model voor dit gevecht op het innerlijk front. Hij is het die zijn wil, zijn vlammende begeerte de berg te beklimmen doorzet en daarmee 'het hele leger trotseert'. Dit laatste, niet alleen omdat hij luitenant Hearn gedurende de patrouille opzettelijk verkeerde informatie over de aanwezigheid van Japanners geeft; hij vertelt Hearn namelijk dat er geen Japanners op de berg zijn en dat het dus veilig is de bergpas op Mount Anaka over te gaan, terwijl er wel degelijk Japanners in de pas verschanst zitten. Maar bovendien omdat hij na de dood van Hearn diens 'laatste wil negeert om direct naar de basis terug te keren mocht de patrouille onverhoopt toch op Japanse tegenstand stuiten. Zodra Croft dit controversiële bevel geeft om de berg te beklimmen, protesteren de overgebleven soldaten: '"Gaan we terug, sergeant?" "Houd je brutale bek, man. We gaan tegen de berg op." Als antwoord klonk er een zacht verschrikt gemompel, ontevreden en mokkig. "Had een van jullie daar misschien wat tegenin te brengen?" "Omdat ze ons daar niet voor weggestuurd hebben!"' Croft staat er echter op dat de berg genomen wordt.

Misschien wel handig om even in het 'Dossier Croft', de aan hem gewijde Tijdmachine, te koekeloeren? Per slot van rekening heeft Norman Mailer die tijdmachines niet voor niks opgenomen in zijn roman. Eerst een karakterschets: 'Felblauw waren zijn koude ogen... hij was bekwaam, taai en meestal onaandoenlijk. Zijn voornaamste trek was een hooghartige minachting voor bijna alle andere mannen. Hij haatte zwakheid en hield bijna nergens van. Een vormloze, primitieve droom lag op de bodem van zijn ziel, maar hij was zich daar zelden van bewust.' Dan iets over zijn verhouding tot het 'andere geslacht':

> En dan die griet waar ie mee getrouwd is geweest, die Janey. Dat was een wilde hoor, een echte boskat. Die paste echt bij 'm tot 't mis ging.' Croft geeft Janey zo'n harde klap dat zij valt. 'Er zijn er die het beter kunnen,' gilt ze. Croft staat te trillen op zijn benen en dan holt hij de kamer uit. (Godverdommese hoer.) Eerst voelt hij niets, dan woede en schaamte, dan weer niets. Op dat ogenblik staat zijn oude liefde, zijn oude begeerte naar haar lichaam weer in hem op. (Ik ben godverdomme een naaimachine.) Hij is naar de stad gegaan en heeft zich daar de pens vol gezopen. Toen hij terugkwam had ie dienst genomen in het leger.

Dan de vraag: 'Hoe komt het dat Croft zo is? O, antwoorden genoeg. Hij is zo omdat hij het product is van onze bankroete beschaving. Hij is zo omdat hij van de duivel bezeten is. Hij is zo omdat hij uit Texas komt; omdat hij niet aan God gelooft. Hij is zo'n man geworden omdat de enige vrouw waarvan hij hield hem bedroog, of omdat hij zo geboren is, of omdat hij zich niet aan zijn omgeving kon aanpassen.' Allemaal interessante en algemeen geaccepteerde verklaringen, lijkt Norman Mailer met deze opsomming te willen zeggen. Maar waar het Mailer om gaat is te weten te komen wat die onbewuste en vormloze, primitieve droom op de bodem van Croft zijn ziel is.

De patrouille klimt Mount Anaka op; Croft voorop! Op haar steile hellingen nadert Croft zwoegend en zwetend stap voor stap die 'vormloze, onbewuste, primitieve droom'; hij haalt alles uit hem wat er uit hem te halen valt, gaat tot op de bodem van zijn ziel... en:

[...] eindelijk voelde Croft dat de top niet meer veraf was. Dit spoorde hem aan, zonder dat zijn uitputting er echter minder van werd. Bij iedere stap die hem dichter bij zijn doel bracht voelde hij zich angstiger. Misschien zou hij het toch nog hebben opgegeven, maar hij kreeg daar de kans niet meer voor. Hij wankelde over een rotsblok, zag een geelachtig rest dat ongeveer de vorm van een voetbal had en stapte er in zijn vermoeidheid middenin. Onmiddellijk, maar toch nog te laat, besefte hij, wat het voor een nest was. Er klonk een hevig gezoem en een enorme horzel, zo groot als een halve dollar, vloog eruit, gevolgd door vele andere. De mannen bleven een tel of vijf als aan de grond genageld staan, suffig met hun armen zwaaiend om de horzels die hen aanvielen van zich af te houden. Een van de mannen gaf een gil van ontzetting en begon omlaag te rennen en één voor één volgden zij hem. Croft schreeuwde dat zij stil moesten staan, maar zij schonken er geen aandacht aan. Binnen een kwartier waren zij lager dan het punt van vertrek van die ochtend.

Dat is curieus. De roman is zo opgezet dat alle lijnen van het verhaal op de beklimming van de Anake samenkomen, en precies op het ogenblik dat het doel van deze geheimzinnige psychoseksuele missie bereikt wordt, stopt het verhaal. Alles voor niks geweest; of zoals generaal Cummings na afloop van de militaire campagne op het hele eiland ten aanzien van deze verkenningspatrouille concludeert: 'Knoeiwerk!' En daar bedoelt hij dan niet alleen de afloop van de patrouille mee, maar het plan van de verkenningstocht als zodanig. Wat blijkt namelijk? Dat het Japanse leger, nota bene in afwezigheid van generaal Cummings die voor topoverleg elders is en nogmaals nota bene precies op het moment dat aan de beklimming van Mount Anaka begonnen wordt, dat het Japanse leger in feite door een uit de hand gelopen Amerikaanse actie vrijwel zonder slag of stoot overrompeld en verslagen wordt.

De verkenningstocht, en meer toegespitst de beklimming van de Anaka, blijken dus volkomen zinloos te zijn. Ze heeft geen enkele betekenis gehad voor het verloop van de strijd op het eiland. Een militaire blunder, en dat erkent generaal Cummings ook. En toch houdt de op-en-top soldatenman Croft er iets aan over. 'Diep in zijn hart voelde Croft zich opgelucht dat hij de bergtop niet had kunnen bereiken. Die middag althans vond hij zonder dat hij het zichzelf wou bekennen rust in de wetenschap dat zijn honger niet onbegrensd was.' Diezelfde Croft dus, die in het leger ging nadat of omdat zijn vrouw, die 'wilde boskat', bekende hem bedrogen te hebben, deze 'wilde man' heeft eindelijk de rust gevonden waarnaar hij zijn leven lang op zoek was.

De onmogelijke berg van het verlangen

De meest voor de hand liggende conclusie uit deze plot is, dat het zoeken door mannen naar de eigen psychoseksuele grenzen niet met militarisme te maken heeft. De beklimming van de Anaka heeft niet alleen geen enkele militaire betekenis, maar vindt bovendien plaats ver achter het eigenlijke militaire front. Is dat de 'boodschap' van deze roman? Is dat de idee die Norman Mailer aan de roman ten grondslag heeft gelegd?

Deze vragen kunnen beantwoord worden wanneer het idee achter de opzet van het verhaal bekend is. Norman Mailer onthult deze bij monde van generaal Cummings:

Ik kwam op het idee toen ik vanavond naar de artillerie keek en opmerkte hoezeer het afvuren doet denken aan het voortplantingsproces. De fallus: granaat, die door de glanzende, stalen vagina glijdt, zweef door de lucht en doet de aarde ontbranden. Ik herinner me een opleidingsklasse die ik eens gerespecteerd heb, waar alle leerlingen zo'n plezier hadden over die uitdrukkingen en waar de lesgevende officier zei: "Als je die granaat niet in dat grote gat kunt leggen weet ik niet wat je beginnen moet als je ouder bent." Misschien is het een idee dat de moeite van het onderzoeken waard is. Hebben de psychoanalytici er zich al mee beziggehouden?

Een andere aanwijzing geeft Hearn:

Na 28 jaar was het enige dat hem nog werkelijk interesseerde het ontdekken van de verborgenste drijfveren van mannen en vrouwen. Hij had eens gezegd: 'Als ik die kracht, die heel vaak iets minderwaardigs is, ontdekt heb dan interesseren [mijn al-dus ontmaskerde kennissen] me niet langer. Dan blijft er maar één ding over: hoe ze kwijt te raken.'" En ergens anders vraagt Cummings tijdens een van zijn 'gesprekken op niveau' aan Hearn, wat volgens hem dan wel die diepste, meest heftige drijfveer van mensen is en Hearn antwoordt: 'Waarschijnlijk lekker naaien.

Het 'lekker naaien' als vermoedelijke diepste drijfveer aan de ene kant, de oorlog als voort-plantingsproces aan de andere kant, en de psychoanalytici die daar waarschijnlijk interessante dingen over te zeggen hebben: daar liggen dus idee, probleem en benadering. Croft, die de 'held' uit de roman is, blijkt dan ook een zorgvuldig geconstrueerd model binnen het literair experiment van Norman Mailer te zijn: een 'naaimachine' die het leger in gaat op het moment dat hij zijn 'wilde boskat' verlaat.

Nu we dit weten, laten we dan ook even bij Freud kijken. In zijn *Vorlesungen zur Einführung in die Psychoanalyse* staat te lezen:

Een ladder, helling, respectievelijk het omhoog gaan daarop, zijn duidelijke symbolen voor het geslachtsverkeer. Bij nadere beschouwing blijkt de ritmiek van dit omhoog gaan hier het gemeenschappelijke kenmerk te zijn; misschien ook het sterker worden van de opwinding, de ademnood, naarmate men hoger stijgt.

De berg en het rotsblok zijn symbolen voor het mannelijk lid. Als we daarbij voor het 'geelach-tige, voetbalvormige horzelnest' een symbolische uitdrukking lezen de getande vagina, dan moge duidelijk zijn wat de portee van de roman, c.q. de toeristische beklimming van de berg, is: de catastrofe is de orgastische bevrijding, het bevrijdend orgasme.

In Croft worden de omtrekken zichtbaar van de aantrekkelijkheid die geweldsbewegingen voor mannen kunnen hebben. Daarmee staat Croft echter niet alleen model voor de mannenbe-weging naar het oorlogsfront maar ook voor de antimilitaristische (mannen)beweging naar het :innerlijk front. De 'woordeloze verlangens' en 'de vertrouwde, onverklaarbare spanning die de berg hem steeds gaf' blijven. Maar, ook al blijft dit vooralsnog onbewust, Croft kent nu eindelijk zijn grens: zijn verlangen is het bevrijdend orgasme; in het orgasme, en nergens anders, ligt de mogelijkheid tot bevrijding. Tegelijkertijd is het orgasme ook het noodlot van het bestaan. Wie dit noodlot niet aanvaardt, wie daar niet in berust, zal voor eeuwig zijn verlangens opstapelen en nooit de bevrijding van de last daarvan mogen smaken. Hij zal een dolende zijn, die met geweld zal trachten nu eens hier en dan weer daar van deze berg van het verlangen te verlossen en aan zijomzwervingen zal geen einde komen.

Dat is de 'diepe waarheid' die ons door Norman Mailer wordt voorgehouden. En of hij nu wel of niet Wilhelm Reich gelezen heeft, Norman Mailer heeft zich met deze 'waarheid' bekend tot de revolutionaire klasse van het onbewuste. Het oorlogsgeweld verschijnt vanuit deze 'revolutionaire optiek' als een perverse en vernietigende uiting van het miskende verlangen. Alleen op die manier heeft, aldus Mailer, militarisme iets met het onbewuste van mannen te maken. Het oorlogsgeweld en het militaire front blijken niet het meest geschikte middel en de meest geëigende plaats te zijn om de bevrijding van de last van de last van de lust te bewerkstelligen. In het leger is het maximaal haalbare een cyclische bevrijding: ver achter het militaire front en ver weg van het gebulder van de kanonnen wordt de berg van het verlangen beklommen. Daarmee stelt Norman Mailer bevrijding en lust radicaal tegenover geweld en vernietiging. 'Radicaal', want deze tegenoverstelling valt niet alleen samen met de tegenstelling tussen het psychische en het politiek maatschappelijke: politiegeweld is het product van maatschappelijke onderdrukking van het onbewuste, terwijl omgekeerd de oplossing van het politiek georganiseerde geweld de bevrijding van het onbewuste veronderstelt. Maar bovendien is het geslaagd orgasme daarmee tot het radicale criterium van bevrijding geworden. Omgekeerd legt Norman Mailer daarmee de oorsprong/oorzaak van het soldateske in een gestoord orgastisch vermogen, in het onvermogen tot orgasme.

Het wereldsucces van *Helden Zonder Glorie* betekent dat de benadering van het onbewuste verlangen als het werkelijke proletariaat wereldwijde erkenning vond. De kwalificatie van dit boek als 'de beste roman over de Tweede Wereldoorlog' loopt parallel met de anti-oorlogsbeweging die met de flowerpower van de seksuele revolutie in de zestiger jaren definitief werd bijgezet in het historisch mortuarium van de revolutionaire subjecten.

II. Over *De SS'ers* van Armando en Sleutelaar

'Een verschrikkelijk boek, dat verschijnen moet'

De SS'ers is een fanatiek document. De SS'ers bevat levensherinneringen van zeven gestrafte en gehate mannen en een vrouw. Nederlanders die zich vrijwillig meldden voor de Waffen-SS, het leger dat de geschiedenis inging als de maffia ven de Tweede Wereldoorlog. De uitgever vindt dit 'een verschrikkelijk boek', maar een boek dat verschijnen moet. De samenstellers kregen bekendheid als schrijvers en journalisten. Zij zijn twee jaar op zoek geweest naar wat lammeren kan veranderen in tijgers.

Aldus de tekst op de achterkant van *De SS'ers* van Armando en Hans Sleutelaar.[2] Het boek verscheen in 1967 en draagt als ondertitel: 'Nederlandse vrijwilligers in de Tweede Wereldoorlog.'

Het schrijven over soldaten die aan de foute kant hebben meegevochten was twintig jaar geleden iets schokkends, shockerends, provocerends. De schrijvers zeggen zelf in het 'Vooraf' dat zij dit boek hebben geschreven uit nieuwsgierigheid, 'ongehinderd door persoonlijke gevoelens'. 'Niemand van hen is na de oorlog ooit uitgehoord; geen geschiedschrijver heeft het tot nu toe nodig geoordeeld een SS'er op te roepen als een historische getuige.' Het zilverkleurige boek ziet er inderdaad gewaagd modern uit.

Het boek bestaat uit acht verhalen: nummer 1 tot en met nummer 8. Per 'hoofdstuk' komt één, verder anoniem persoon aan het woord. Elk levensverhaal begint bij de jeugd, de ouders en de streek waar de verteller opgroeide. De schrijvers hebben de vragen die ze stelden, weggelaten en uit de vele gesprekken die zij met de verschillende oud-SS'ers voerden in één doorlopend interview samengesteld. Dit is dan weer onderverdeeld in genummerde fragmenten, waarin telkens een min of meer afgerond aspect aan de orde komt. Deze montage van bekentenissen in de vorm van een levensverhaal heeft iets weg van een psychoanalytische aanpak.

De schrijvers hebben geen veranderingen aangebracht in de woordkeuze, de twijfels en associaties die tijdens het vertellen naar boven kwamen. Daardoor krijgt men een goed beeld van de persoon die praat. Opvallend is dan dat in tegenstelling tot de schrijvers de vertellers wel voortdurend blijken te worden 'gehinderd door persoonlijke gevoelens'. Over hun verleden praten betekent voor hen: praten over een 'fout verleden', waaraan ze toch 'goede herinneringen' bewaren. Deze ambivalentie van goed en fout is iets waar de vertellers telkens weer door in de knoop raken. Niet alleen de vertellers overigens. Juist vanwege deze verwarring tussen ervaring en politieke moraal verwekte het boek nog voor verschijnen een storm van verontwaardiging. Armando en Sleutelaar werd in een artikel in *Vrij Nederland* van 24 september 1966 verweten dat ze bezig waren met een boek waarover een bekende oud-SS'er gezegd had dat daarmee 'nu eindelijk eens het juiste licht op de SS zou worden geworpen'. (Kennelijk toch gehinderd door persoonlijke gevoelens spanden Armando en Sleutelaar een kort geding aan tegen *Vrij Nederland* wegens laster, wat ze verloren).

In elk gesprek wordt uitvoerig ingegaan op de houding tegenover het vaderland, het verzet en de Jodenvervolgingen. De nationaalsocialistische Idee en de rassenleer in het bijzonder worden door de acht verschillend benaderd. We zullen daar in dit kader niet op ingaan, alhoewel daar een hoop over te zeggen valt. Wij willen hier deze verhalen bekijken als bekentenissen van soldaten die de oorlog hebben verloren. Ze hebben met elkaar gemeen dat ze vrijwillig toegetreden zijn tot het elitekorps van het Duitse leger. Ze namen de keiharde opleiding op de koop toe om het doel te bereiken: het front.

---

2   Armando en Hans Sleutelaar, *De SS'ers: Nederlandse vrijwilligers in de Tweede Wereldoorlog* (Amsterdam: De bezige bij, 1967).

Het grootste gedeelte van hun levensverhalen gaat over de ervaringen aan het front. Daar maakten ze dingen mee die ze ondanks alle verschrikkingen niet hadden willen missen. De beschrijvingen van het front staan in onze bespreking centraal. We beginnen met de voorgeschiedenis en de opleiding omdat daar wordt aangegeven wat er op het front gezocht wordt: kameraadschap, spanning en avontuur.

Het zoeken, meemaken en de uiterste consequentie: een sprong in het duister

'Nou ja, de moraal van dit verhaal is, dat de ideeën, die men heeft niet in de eigenlijke zin de motivatie vormen. Waarom nam men dienst bij de SS... Zoiets is niet te verklaren uit iemands denkbeelden. Absoluut niet. Ze weten niet wat ze willen, maar ze willen het toch krachtig: alsof die twee dingen met elkaar in strijd zijn! Niet in het minst!' Deze uitspraak geeft duidelijk aan waar het probleem zit als we willen omschrijven hoe mannen ertoe kwamen zich vrijwillig te melden bij de SS. Ervaren leden van de NSB en de WA die de SS zagen als het verlengde van de partij, zagen de oorlog als een zuiver politieke manoeuvre. In de acht levensverhalen wordt dit directe verband tussen het bij de SS gaan en een bepaald soort politieke stellingname in twijfel getrokken: 'De meesten van ons, die naar de SS gingen, wisten eigenlijk helemaal niet wat de SS was. Bij velen van ons is het zo gegaan, dat naderhand het Nationaal-Socialisme van doel veranderde. Het doel werd de SS-gedachte.' Deze wordt dan omschreven als een idee, een beweging in de Partij, die de zuivere houding voorstond. De Duitse officieren die dit idee overbrachten en belichaamden, werden door de SS'ers vereenzelvigd met het ideaal van 'de eeuwige soldaat.' Over deze 'soldatenmannen', die in de eerste wereldoorlog vochten, in de Freikorpsen zaten en lid werden van de SA en de SS, heeft Theweleit genoeg geschreven in zijn *Männerphantasien*.

De mannen uit het boek van Armando en Sleutelaar hadden geen frontervaringen, waren niet erg gediend van het Nederlandse leger en vonden de mentaliteit daar al helemaal niks. Ze keken uit naar het echte soldatenleven. De Duitse onderofficieren maakten grote indruk op hen. Zij waren het met wie ze direct te maken hadden en zij waren het grote voorbeeld: 'Ze hadden een energie, een geladenheid, een geloof... Ik bedoel niet in de eerste plaats het Nationaal-Socialisme. Nee, zuiver honderd procent soldaten.' Ze wisten echter tevens dat zij dit ideaal van de eeuwige soldaat zelf niet konden bereiken: 'Toch was ik helemaal geen militaire man. Maar ik dacht gewoon, dat wil ik meemaken. Ik beschouwde wel het militaire handwerk als het meest eerzame handwerk dat er voor een man is. Ik wilde er dus in, hè.' Een ander zegt het zo: 'Ik ben helemaal geen militarist, maar het militaire vind ik niet altijd een overbodige zaak. Ik vind het goed dat iedere burger zich op een zeker moment onder gezag geplaatst weet.' Het toetreden tot de SS wordt gezien als een middel, een uiterste consequentie met als doel het soldaat worden:

> We kunnen wel over ideologieën van de SS praten, maar daar hebben we heel weinig tijd voor gehad om over na te denken. We hadden in de oorlog een belang, en dat was die oorlog te winnen. Wij waren dus fanatieke soldaten, we waren in de allereerste plaats soldaten, zondermeer. En wel keurtroepen. We stelden er een eer in het beste korps te zijn dat er in het leger was. Dat wordt een drang in je, hè.

Aan het besluit om soldaat te worden gingen heel wat breuken met het verleden vooraf:

> Ik heb die NSB-arbeiders, boerenarbeiders, fabrieksarbeiders enzovoort altijd heel
> jofele jongens gevonden. Jongens die ook hun hele milieu vaarwel toegeroepen had-
> den, die ook met de nek werden aangekeken. We zaten allemaal in één clan, van alle
> soorten richtingen: liberalen, protestantchristelijken, roomsen, communisten. Je had
> allemaal verbrande bruggen achter je. En dat gaf juist het saamhorigheidsgevoel. Je
> wilde met elkaar naar een doel toe.

Het vertrek naar de opleiding in Duitsland wordt als volgt beschreven:

> Het was voor mij een sprong in het duister. Je wist niet waar je terecht kwam. Maar ja,
> je zat met al die jongens in hetzelfde schuitje. Ik kan me niet herinneren dat er een
> bij was die er uit politieke overwegingen bij ging, het waren allemaal net zulk soort
> jongens als ik was. Het waren fijne jongens. Moordjongens. Echt, hoor. Het waren
> jongens met avontuurzucht, moeilijkheden thuis, jongens die hun draai niet konden
> vinden. Moeilijke leeftijd hè. We bleven ook avonturier. Zo van: we zullen wel zien
> waar we terechtkomen. Over m'n toekomst dacht ik helemaal niet.

Het onzekere werd gezocht door mannen die zelf zoekende waren:

> Neerland en Oranje, in die geest ben ik eigenlijk groot geworden. Nou vond ik dit
> allemaal wel een beetje overdreven, ik wilde het groter zien. Maar ik was een zoeker
> in de woestijn. Ik was te jong om mezelf een richting te geven. Ik was ook te jong om
> uit de wirwar van verschillen iets te kiezen.

De opleiding was erg hard, er werd het uiterste van de mannen gevraagd en de selectie was
zeer streng:

> Ze lieten je niet met rust, tot bezinning komen. Ik heb scherp aangevoeld, dat ze een
> bepaalde tactiek hadden, namelijk om je zo gauw mogelijk te leren aanvaarden dat
> je je persoonlijke wil en je persoonlijke mening uitschakelen moest. Dit heb je in elk
> leger: zodra je onderdeel van een leger bent, zodra je volkomen in een gemeenschap
> leeft, en je daaraan overgeeft. Doe je dat niet dan heb je een hel op aarde.

Continu, ook in de vrije tijd, werden de mannen getest. Er werd gekeken hoe ze zich in het
openbaar gedroegen als ze dronken waren en of ze fysiek ertoe in staat waren in hoog tempo
lange marsen te lopen.

> We werden dus speciaal getest op karaktervastheid, op doorzettingsvermogen, op
> kameraadschap. De gave van de bevelvoering. Je gedrag in het openbaar was van
> zeer groot belang.

> […]

Het ging om "doen of niet doen". Iemand die aarzelde, kon gaan pakken en terug. Ongeschikt!' In de opleiding werd de persoonlijkheid afgebroken en aan het karakter gewerkt. 'Ik kreeg min of meer het gevoel, dat ik voor het eerst een beetje onder de mannen kwam. Dat ik voor die tijd enkel en alleen maar had gezeten onder houdingloze, karakterloze slapjanussen. Het duurt lang voor je dat een beetje kwijtraakt.

Het beeld van hoe een tot SS'er gevormde man eruitziet, omschrijft een van de vertellers als hij het gevoel onder woorden brengt wanneer hij op straat een kameraad meent te herkennen:

Ik wil helemaal niet zeggen dat hij blond is, met blauwe ogen. Ze hebben wel een minimumlengte. Het zijn vrij slanke typen. De manier, waarop ze zich bewegen, met een makkelijkheid, zonder provocatie, zelfbewust, rechtop. Een zelfbewustheid die je bij andere mensen niet ziet... Bij onze mensen is het iets natuurlijks. Ze zijn zich bewust van wat ze zijn, zonder overdrijving, ze weten het. Hij dringt zich niet op de voorgrond, maar als hij denkt dat hij 't weet of 't kan, dan doet hij het ook. Nooit valse bescheidenheid.

Op de Junkarschool werd geleerd: de grootste misdaad is niet dat te doen, wat je kan doen. Deze eigenschappen werden gevormd door de kameraadschap. Die was zowel tijdens de opleiding in de kazerne als tijdens de oorlog aan het front van essentieel, ja zelfs van levensbelang. Deze organisatie van verhoudingen tussen mannen, de kameraadschap, kun je een vriendschap noemen die geheel gebaseerd is op vertrouwen:

[...] een vergrijp tegen de kameraadschap was een van de zwaarste vergrijpen. Kameradendiefstal werd met de dood bestraft. Dit heeft ook de band in de Waffen-SS zo sterk gemaakt. Als iemand een vergrijp had gepleegd tegen de kameraadschap, dan werd hij, omdat we deze jongen geeneens wilden uitleveren, in de kazerne zelf door de kameraden opgevoed. We noemden dat Der heilige Geist. 's Nachts, als die jongen op bed lag, dan kwamen er een paar mannen op de kamer. Ze douwden een kussen op z'n kop en hielden hem vast. Dan gingen die zware koppels een paar maal er overheen. Daar zat een grote zwarte gesp aan, waarop stond: Meine Ehre heisst Treue. En dan werd dat Meine Ehre heisst Treue in zijn body geslagen. Zo'n jongen ging wel voor een paar weken het ziekenhuis in, hè.

Het blindelings opvolgen van een bevel, de zogenaamde kadaverdiscipline, was niet als zodanig het doel van de opleiding. Het was een gegeven, een middel om de 'zuivere houding' te bereiken. Karaktervastheid, doorzettingsvermogen en kameraadschap konden zich pas ontwikkelen als de discipline er was en niet andersom. Ervaringen met 'supermensen' te hebben gewerkt, de kameraadschap onder elkaar en de prestaties ('We konden in 3 weken tijd beter skiën dan de meeste mensen na 7, 8 jaar. Dat was radicaal!') hadden iets nieuws, bijzonders in zich. Bij het soldatenleven hoorde nu eenmaal de discipline en dat was in elk leger zo.

In de loopgraven ging het erom, je eigen leven weg te cijferen en de angst te overwinnen. En als je overwonnen had, dan kon je God danken. Zoals een jongen uit Twente tegen me zei: kameraad, de eerste keer word je ervoor gezet, toen heb ik gebeden, dat ik die angst mocht overwinnen, en toen voelde ik me anders. Toen voelde ik dat ik alles kon aanvaarden wat me opgelegd werd.

Dat is heel wat anders dan de massadressuur waar men over spreekt! Eigen grenzen doorbreken, dat is wat er van hen gevraagd werd, niet zonder meer doen wat je gezegd wordt. De opleiding was 'beulenwerk' maar 'toch hebben de nare dingen me geen kwaad gedaan, integendeel, die zullen me juist wel goed gedaan hebben.'

Op zoek naar de vijand: de teleurstelling van het front

We kwamen aan het front met een trein. Een personentrein. Volgepropt. We lagen in bagagenetten en alles. Het was nacht. Plotseling stopte de trein op een spoordijkje. Uitstappen allemaal. Alles ging altijd onverwachts. Goed. Eruit. Het was pikdonker, er mocht geen licht zijn. Een ontzettend geschreeuw van alle kanten. Ten slotte was alles eruit. Ik dacht nu gaat het gebeuren. Nou gaan we naar het front. Ik wilde het al die tijd al. Daar was het tenslotte om begonnen. Ik was gespannen, dat wil zeggen: verlangend. Tot nu toe was alles maar flauwekul geweest. Ik had veel vertrouwen in mijn eigen courage.' Na een reis van 14 dagen komt hij aan het oostfront bij Leningrad. Hij verbaast zich over de rust en de vrolijkheid. 'Ik had een andere voorstelling van het front. Ik kende die verhalen van Remarque. Bij Verdun. Maar dit was iets anders.

De teleurstelling is groot: 'Mijn vuurdoop was in Gusi. Die naam vergeet ik nooit. Het was geen erg belangrijk moment. Het was heel lauw. Volkomen in strijd met wat ik verwachtte. Een front, dacht ik, is een duidelijk lijn tussen twee partijen. Dat was daar niet het geval met die afstanden.' In het dorp waar hij was werd er wel geschoten met granaten. Maar de dikke laag sneeuw smoorde de inslag. 'Mijn vuurdoop was dus: dat ik uit het raam stond te kijken en een wolkje zag opspringen uit de sneeuw.'

De mannen waren naar het front gegaan om in een directe confrontatie de vijand recht in de ogen te kijken. De Eerste Wereldoorlog diende hierbij als referentiepunt. In de loopgraven op het slagveld zouden karakter en doorzettingsvermogen beslissend zijn geweest om in het man-tegen-man-gevecht te kunnen overwinnen. Je kunt zeggen dat de SS-mannen een ideaal van het tweekampgevecht voor zich zagen als zij aan het front dachten.

Eén keer heb ik dan in het bos een aanval met de bajonet meegemaakt. Nou, eindelijk dan een keer. Dat was dan het ogenblik dat je erop af kon gaan. Ik was echt vooraan, hoor. Ik heb echt m'n best gedaan. Want als ik het doe dan wil ik er ook voor sterven. Maar dat was het wéér niet, hoor! Ik stuif met die bajonet er op af, en hoera. De hele agressiviteit van mij, die kwam er helemaal niet uit. Want wat troffen we aan? Twee Russen! Ik heb ze nauwelijks gezien. Doodsbang...

[...]

Na de eerste schermutselingen was ik ergens teleurgesteld. Ik had me dit voorgesteld als... nou ja, een enorme belevenis, waarbij ik zwaar zou moeten denken, wat ik nou wel en wat ik nou niet deed.

Maar dat was niet het geval. Ze deden automatisch wat ze geleerd was tijdens de opleiding en de directe confrontatie bleef uit.

Bij zo'n opmars wist je helemaal niets, je wist geen richting, niets. Je liep maar. Ik dacht, eindelijk rukken we nou 'es op in vijandelijk gebied, maar daar was ik zowaar met de trein binnengebracht. Een paar keerde hoorde je ineens een schreeuw, dan trapte iemand op zo'n mijntje. Je zag het of je hoorde het en je keek even, maar je liep door. We joegen die Russen voor ons uit, maar we zagen ze bijna niet. We zagen dorpen die voor een deel brandden. Nou ja, ik bedoel het is het voor mij nooit hele- maal geweest. Trouwens in geen enkel opzicht, hoor. In de liefde ook niet.

Het front als een duidelijke lijn, tussen twee strijdende partijen bestaat niet meer. De vijand is ver weg. Niet zichtbaar en niet tastbaar. 'Ik had me de hele oorlog actiever voorgesteld. Ik zat in een dorpje en maakte verschillende acties mee, maar wat er gebeurde, beschouwde ik min of meer als ongeluk. Als iemand onverwachts hier de straat oversteekt, wordt hij ook doo- dgereden.' Dezelfde man geeft ook een kleine verhandeling over de betekenis van de grens:

Voor mij is het woord grens van jongs af aan geen neutraal woord geweest, maar een met pathos beladen begrip. Een min of meer mystiek begrip. In ieder geval niet gewoon een administratieve lijn tussen twee bestuurseenheden, wat het in feite is. Kortom, iets om overschreden te worden. Als jongen al vond ik, grenzen zijn er om te overschrijden. Vreemde landen zijn er om binnen te rukken. Ik spreek nu niet over een mening, die ik toen had, want als mening is het natuurlijk nonsens. Maar ik spreek over een bepaalde gevoelswereld.

Het waren de persoonlijke grenzen die overschreden werden, de angsten die overwonnen dienden te worden om het vol te houden. De tegenstander was er niet, er was alleen een tegenstander in de persoon zelf, die het beest, de 'innerlijke Schweinehund' genoemd werd en daar vochten ze tegen. Het innerlijk front is een lijn, een grens die wel overschreden kan worden. Dit is niet het geval met het oorlogsfront, want daar zijn de afstanden te groot en is er veel te veel beweging. De angst om een beest te worden is groot:

Het was zonder pardon aan weerskanten. Zonder enig pardon. En je bent al hard. Je wordt vanzelf harder. In Malgobek heb ik kippen met een knuppel doodgeslagen, omdat ik ze anders niet kon krijgen. Ja, je wordt een half dier. In de loopgravenoorlog van '14-'18 waren het ook beesten. Je wordt een dier aan het front. En daar moet je natuurlijk zoveel mogelijk tegen vechten. Jezelf steeds weer een beetje tot de orde roepen. Dat is moeilijk. Daar ben je bewust mee bezig. Een burger kan zich niet verplaatsen in een toestand aan het front.

De roes en de na-reactie

Een van de mannen komt met een verhaal waar hij eerst niet over wil uitweiden, maar dan
toch vertelt. Het militair-zijn lag hem wel en hij had het ook willen blijven, maar alleen onder
het Duitse militarisme. 'Je had toen het gevoel dat je wat kon. Iedere situatie was je meester.
Je kon op jezelf vertrouwen. Dat merkte je aan het front! Je moest zelf handelen, Einzelkämpfer
wezen.' Hij is de enige die stormdagen heeft meegemaakt. Dat waren de man-tegen-man-
gevechten, waarin het ideaal van het front nog het meest benaderd werd: 'Je voelt de adem
van je tegenstander. Dat moet je je niet te licht voorstellen.' Hij geeft een beschrijving van
deze stormdagen: 'Je ligt drie dagen en drie nachten in de modder. De kameraden sterven
om je toe. Gewonden kunnen niet worden geholpen. Eten krijg je niet. Rokerij heb je niet.
De luizen vreten je op.' Een ander: 'Angst tijdens de aanval heb ik niet gekend. De angst zit
altijd voor de aanval. De minuten kruipen om.'

De aanval zelf maakt niemand bewust mee. 'Met zo'n stormaanval ben je eigenlijk in een
roes; Je bent weg. Je hebt geen gedachtes meer. Niks meer. Nee… Er is alleen nog maar
een handeling, er is geen reactie.' Deze roes wordt ook door anderen beschreven: 'In een
oorlog mag je niet tot bezinning komen. Zodra je tot bezinning komt krijg je heimwee. Je moet
in een roes doorleven. Dat moet elke soldaat.' Een kameraad die tijdens de aanval gedood
wordt, is de test of de mannen sterk genoeg zijn deze roes vol te houden.

> Wij legden een man die gesneuveld was over de borstwering en dan werd hij door
> sneeuw bedekt. En men dacht eigenlijk niet verder meer. Anders was je psychisch
> ten gronde gegaan… Maar als je dan zoiets ontmoet, hè, dat tomeloze afslachten.
> Dingen die niet nodig zijn. Dan vroeg je je af, is dit leven in een andere wereld? Zijn
> dit andere mensen?
>
> […]
>
> De reactie komt na die tijd. De gehele reactie, bedoel ik. Op het moment dat de
> stormaanval begint, zet je je er op in. En de stormaanval is aan de gang en dan is
> alles weg. Dat is heel makkelijk. Heel makkelijk. Maar je moet je ook niet beginnen
> te realiseren in die tussentijd, want dat kan niet. Wie dat doet is weg. Die is weg. Kijk,
> en nu is het zó: als het afgelopen is dan komt de na-reactie. En dat is het ergste.

Als de roes nadat de aanval afgelopen was, mede afgelopen was, kwam de na-reactie. 'Het
gaat erom dat je eroverheen stapt, dat je zegt: ik ga even alleen zitten. Je zondert je af. Kom
met jezelf weer in het reine. En het is goed. Maar je moet er niet over gaan piekeren. Dat kan
niet.' 'Er zijn verschillende jongens die na die tijd beginnen te huilen. Dat is heel normaal.'

Daarna komt het aan op een vertrouwelijke sfeer, een steunpunt bij een kameraad:

> Is dat steunpunt er niet dan moeten ze het alleen zien te verwerken. En dan is de
> vraag, zijn ze sterk genoeg. Als er een vertrouwelijke sfeer is, hebben ze hulp. En dat
> verlangen ze ook. Daar zijn ze dankbaar voor. De jongens die dat niet hebben, ja…

De een loopt een shock op en de ander loopt dat op. Er zijn wel jongens krankzinnig geworden. Krankzinnig! Die blijven lopen! Die gaan maar door. Na die tijd nog. Dat zijn wel de ergste dingen die gebeuren aan het front. De ergste dingen.

Bij hen is het gevecht tegen het beest een verloren zaak. De roes gaat over in een stadium van zelfvernietiging. De ergste dingen gebeuren op het innerlijk front. De andere mannen die in het boek aan het woord komen, hebben niet zulke frontervaringen, maar weten wel dat daar de grens ligt. De beschrijving van de stormdagen is het meest intieme en aangrijpende gedeelte van het boek.

De beweging en de snelheid van het front

De mannen die de stormdagen niet hebben meegemaakt waren, zoals we constateerden, teleurgesteld over het front. Opvallend is alleen dat dwars door die beschrijvingen van het gemis aan confrontaties, een fascinatie doorklinkt van de bewegingen aan/van het front en de grote afstanden die de soldaten moesten afleggen. 'Men was in de Waffen-SS altijd sterk. Men sprak nooit over terug, maar altijd over vooruit.' In de aanval, de beweging vooruit zaten de mannen in een roes en was het stilstaan, letterlijk en figuurlijk, onmogelijk en dodelijk.

Ik ben doorlopend bij de Spitze geweest, door toeval, want niet alle Strumgeschützen waren doorlopend bij de Spitze. Ik had dus veel geluk, want wij waren graag bij de Spitze. Er was natuurlijk meer risico, maar de drang naar voren had je. Alles wilde naar voren. Artillerie begon te schieten, pantsers vlogen schietend vooruit, daarna de infanterie, en dan ging het met hoera d'r in… door het dorp heen! Dan kwam je aan de andere kant van het dorp, en achter je sloot het weer. Gaf niet. Door… door… door!

Ook als de opmars min of meer tot stilstand was gekomen en er slag geleverd werd, was de beweging een overlevingsstrategie. Na de slag bij Narwa komt één van de mannen nogmaals op het slagveld:

Toen de pantserslag na kwam, werd er niks opgeruimd. Ook geen gewonden, die lagen er ook. De Russische Panzer werd teruggedrongen, dus kwam je over het-zelfde slagveld weer terug, waar je geweest was. Want de Duitsers kregen de kans om de Russische Panzer terug te dringen. Dus wij als infanterie kwamen daar weer achteraan. Over hetzelfde slagveld, waar voor die tijd de normale slag was geleverd. Stelt u zich die chaos maar voor! Als je zoiets niet gezien hebt, kun je je daar geen voorstelling van maken. Denkt u zich die toestand nou eens in! Als soldaat zie je dat praktisch niet. Als je daarbij blijft stilstaan… Waar blijf je dan? Waar blijf je dan?

De beweging is zelfs meer dan een overlevingsstrategie, het is een doel in zichzelf, een leven op zich dat balanceert tussen rust onrust, kazerne en front, spanning en ellende. Na hevige gevechten werden de soldaten teruggetrokken in een zogeheten 'ruststelling', dat was een overlevingskwestie: 'Als je in de rotzooi zat, dacht je, nou even een paar dagen rust.' De mannen wisten dat rust nodig was, ze waren er ook aan toe, maar zodra ze rust kregen wilden ze weer in beweging komen:

> En dan gebeurde er iets heel eigenaardigs: na twee dagen wou je weer graag terug.
> Want die ruststelling kon je helemaal niet. Dat was hopeloos. Als ik met verlof was bij
> vrouw en kinderen, en dat hoeft u niet te geloven, dan was ik blij dat ik weer terug
> kon! Ik werd al onrustiger. Steeds onrustiger! Toen ik maar eerst weer op de trein
> zat! Dan zat je weer tussen de militairen, je hoorde weer verhalen. Hoe is dit en hoe
> is dat? En bij die en die Compagnie. Kijk, dan zat je weer middenin de sfeer. Heel
> eigenaardig.

Over de volle treinen werd niet geklaagd. De sfeer daar was kameraadschappelijk. Avontu-
urlijk zelfs:

> Iedere jongen wil graag verder kijken dan z'n neus lang is. Het avontuur, dat hoort bij
> de jeugd. Spoorzoeken en al dergelijke meer. Het begrip heimwee was mij vreemd. Ik
> hield ervan om een beetje de vreemde op te zoeken, een beetje op avontuur te gaan.
> Het reizen was toen avontuurlijk. Hahaha. Ik vond het mooi. Half Europa door, in de
> trein en hartstikke vol, overal, allemaal bezet. En als je de koffer in de trein had, dan
> was je niet zeker dat je er zelf ook in kwam. Of omgekeerd, als je er zelf in was dan
> was je niet zeker dat je je koffer er ook in kreeg. De stemming was altijd prima. Je
> had nooit kankerderij.

De reis naar en van het front kan vergeleken worden met de frontbeweging, die niet bewust
beleefd wordt én een verplaatsing van de grenzen aan het (eigen) front in zich heeft. De verplaatsingen van kanonnen(voer) wordt als uiterst belangrijk ervaren: 'De treinreis duurde 14
dagen. Het vervoer speelde zo'n enorme rol in de oorlog. Enorm. Je moest steeds wachten op
andere treinen, die waarschijnlijk belangrijker waren. Met munitie of weet ik wat. Op zichzelf
een technisch interessant detail. Wat een enorm knooppunt het vervoer is.' De snelheid van
de verplaatsingen wordt doorslaggevend. 'De grote fout van het Amerikaanse leger is volgens
mij geweest, dat ze niet de snelheid van de gemotoriseerde eenheden hebben uitgebuit. Het
Duitse leger heeft veel meer vertrouwd op z'n snelheid dan op z'n wapens. Dóór, steeds dóór!'
De snelheid doorbreekt ook de internationale regels, de moraal en het recht:

> Ik had toen niet zulke ideeën als "schending van neutraliteit". Trouwens, zo'n term
> neem ik helemaal niet serieus. Een oorlog is het opheffen van rechtsregels. Als je
> iemand de oorlog verklaart, dan schend je al z'n neutraliteit! De snelheid is zo bel-
> angrijk in de tegenwoordige oorlog, wie zal er nou werkelijk z'n kansen om te winnen
> verminderen door te denken, nee, ik doe het niet zonder verklaring. Kletskoek! Zulke
> termen heb ik nooit serieus genomen!

Samenvattend kunnen we zeggen dat voor de SS'ers de teleurstelling aan het front niet de
vijand te ontmoeten, maar de eigen grenzen, dat deze teleurstelling gecompenseerd wordt
door de fascinatie voor de beweging. De oorlog is een machine, een bewegende machine,
waarbij de plaats van handeling is opgeheven. Een SS-man gebruikt de trein-metafoor om
aan te geven wat hij onder oorlog verstaat:

Ik zie dit alles als een machine, die één keer loopt en die niemand meer kan ophoud-
en. Een locomotief, waar de machinist vanaf gevallen is. En dit gat van kwaad tot
erger, tot hij ergens tegenop botst. De kolen raken nooit op met zoiets, en dan komt
het ergens tot een geweldige catastrofe. Dat is dan het einde...

III. Over het psychisch front en de nieuwe oorlog

Kanttekeningen bij 'mannelijkheid en militarisme'

Bij het thema 'mannelijkheid en militarisme' denken we aan een samenhang tussen het
geheimzinnige wapen onder de soldatenrok en het door de macht(hebbers) georganiseerde
geweld. Deze hardnekkige geheimzinnigheid over zoiets gevoeligs als de mannelijkheid zou
mede mogelijk maken dat het militarisme blijft voortbestaan. De discussie over mannelijkheid en militarisme wil daarmee de al te vanzelfsprekende link tussen psychoseksuele en
politiek-maatschappelijke identiteiten doorbreken. In zo'n aan het alledaagse spraakgebruik
ontleende stelling als 'het leger maakt een man van je' ligt zowel de ontdekking als de strategie
besloten.[3] Met behulp van een aan de psychoanalyse ontleend therapeutisch model zouden
de onderdrukte en gedisciplineerde verlangens en gevoelens van mannen aan de praat
gebracht en bevrijd kunnen worden. Het militarisme, c.q. het leger, representeert namelijk
niet alleen het opvoedingsmodel van mannelijkheid 'par excellence', maar toont bovendien
de 'waarheid' onder het ideologisch kleed van democratie, tolerantie en moderniteit van
de westerse samenlevingen. Daarom zou een mannenbevrijdingsbeweging de samenleving
van haar militaristisch karakter kunnen verlossen. Nou ja, 'verlossen'... In elk geval zou de
discussie over de onderdrukte mannelijke gevoelens en verlangens een geschikt voertuig zijn
om de gemilitariseerde samenleving ter discussie te stellen. In het militarisme zou zich dus,
zo suggereert het thema onzes inziens, zowel het centrum van de politieke als dat van de
psychoseksuele moraal werking en macht bevinden. Bij deze suggestie willen we een paar
kanttekeningen zetten

Psychoanalyse en oorlog

Sinds haar ontstaan als therapeutische instelling heeft het psychoanalytisch weten twee
wereldoorlogen meegemaakt. Dit was tevens de periode waarin de psychoanalyse fel werd
bestreden door de zedelijkheidsleer. Zowel in de Eerste als in de Tweede Wereldoorlog heeft
ze zich door haar bemoeienissen met de oorlog aanzien en erkenning trachten te verwerven.
In de Eerste Wereldoorlog sloofden psychoanalytisch geschoolde medici zich uit om 'gek'
geworden soldaten te genezen. 'Mooi', zou je zeggen; alleen was het zo, dat de van hun
gekte afgeholpen soldaten weer naar het front teruggestuurd werden: een dode soldaat is
altijd nog beter dan een gekke.

Gek geworden soldaten boden de psychoanalytici een uitgelezen kans de bruikbaarheid
van hun therapie te bewijzen. Hun gekte, zo veronderstelden de psychoanalytici namelijk,

---

3   Zie voor dit denken Marcel Bullinga, *Het leger maakt een man van je* (1958).

moest te maken hebben met diepe, onbewuste angsten waaraan onder de grote spanningen aan het front niet langer weerstand geboden konden worden. De angsten werden gevoed door verdrongen herinneringen aan niet verwerkte conflicten uit de kinderjaren. Door het verdrongene aan het licht te brengen kon de patiënt met hulp van de psychiater zijn terechte angst voor het front scheiden van zijn alsmaar weggestopte angst uit zijn jeugd. Dan was het resultaat van de behandeling niet alleen dat voor het eerst van zijn leven de patiënt verlost was van een hem tot dan toe kwellende maar vage angst; maar bovendien kon de herstelde patiënt weer zijn soldaten-taak vervullen.

De wonderbaarlijke genezingen die deze artsen bereikten, werden gebruikt als reclamemateriaal voor de psychoanalyse. Er werden lezingen georganiseerd over de medische bijdragen aan het oorlogsbedrijf door psychoanalytici en het was een goed gebruik om daar in uniform te verschijnen. Freud was de enige die zulke bijeenkomsten in burgerkleding bijwoonde.

De Eerste Wereldoorlog werd trouwens niet alleen door de psychoanalytici met enthousiasme ontvangen; een gevoel van feestvreugde en dat er eindelijk iets groots gebeurde was algemeen. Pas toen de oorlog verzandde in een bloedige loopgravenoorlog en er geen einde scheen te kunnen komen aan de slachtingen, keerde het enthousiasme om in afgrijzen. Dan ook krijgt Freuds psychoanalyse een (cultuur)pessimistische wending: het voorkomen van een nieuwe oorlog en de bijdrage die hieraan door de psychoanalyse geleverd kan worden, zijn vragen die Freud steeds meer aandacht geeft. Direct na afloop van de Eerste Wereldoorlog houdt hij zich bezig met de organisatie van de massa, en de kerk en het leger neemt hij dan als analytische voorbeelden. Later ontwikkelt hij dan de hypothese van het fundamentele conflict tussen Eros en Thanatos, levensdrift en doodsdrift. Deze hypothese speelt een belangrijke rol in zijn beroemde brief aan Einstein over de vraag 'Warum Krieg?'; daarin spreekt Freud over zijn fysieke afkeer van oorlog die zou corresponderen met een hoog ontwikkelingsstadium van de samenwerking tussen Eros en cultuur, maar tegelijkertijd vreest hij het ergste voor de toekomst (de briefwisseling tussen Einstein en Freud vond plaats tussen juni en september 1933!).

De psychoanalyse was in eerste instantie vooral een Oostenrijks-Duitse aangelegenheid en met de vestiging van het Derde Rijk werden de beoefenaren van de psychoanalyse gedwongen hun praktijk in het buitenland te vestigen. Met name in Amerika probeert men vaste voet aan wal te krijgen en weer biedt de oorlog (het 'ergste' is dan inderdaad gebeurd) een mooie gelegenheid de nuttigheid van de psychoanalyse te bewijzen. De taak die zij nu krijgt is echter een meer preventieve. De psychoanalyse wordt ingeschakeld bij vooral het ontwikkelen van testen voor het selecteren van rekruten die in opleiding zijn om de oorlog ingezonden te worden. Hoe kun je er van tevoren al achter komen of soldaten wel of niet in staat zullen zijn de spanningen van de oorlog te overleven zonder gek van angst te worden? De psychoanalyse wist hier wel raad mee: vragen voorleggen over situaties die met seksualiteit te maken hebben, bijvoorbeeld: 'hoe zou je het vinden als je zus met een n**** omgang heeft?', en uit het antwoord rolt of ze wel of niet een stabiele persoonlijkheid bezitten.[4]

---

4   Letters van n-woorden in de oorspronkelijke tekst zijn vervangen door sterretjes (*). Zie voor een
     verantwoording het voorwoord van deze bundel.

Ook na de Tweede Wereldoorlog is de rol van de psychoanalyse geen andere geweest dan dat ze zich met succes trachtte te integreren binnen het militaire apparaat. In het Nederlandse leger is het bijvoorbeeld (nog steeds) zo dat bij de keuring van dienstplichtigen een niet exclusief heteroseksueel 'verkeer' reden is tot buitengewoon dienstplichtigstelling. Bij de S-5 procedure wordt altijd een psychiatrisch rapport opgesteld, waarin het afwijkende getraceerd wordt in het verleden.[5]

Als integraal onderdeel van het leger, c.q. het militarisme, is de taak van de psychoanalyse en psychologie de psychische stabiliteit van rekruten en soldaten te testen en op te lappen. Met de veranderingen van de laatste decennia in de seksuele moraal en opvattingen over wat wel of niet 'normaal' genoemd kan worden als het om seksualiteit gaat, kan verwacht worden dat de exclusiviteit van de heteronorm als criterium van psychische stabiliteit zoetjes aan gerelativeerd zal worden. Er zal steeds meer ruimte komen voor kritiek op de nare kanten van een exclusieve heteromoraal en -seksualiteit. Met de integratie van de psychoanalyse in het militarisme is ook de seksualiteit integraal onderdeel van het militaire bedrijf geworden. De prostitutie in Vietnam werd pas een probleem toen het Amerikaanse leger naar huis ter-ugging: waren de kinderen van Vietnamese vrouwen en Amerikaanse soldatenmannen nu wel of niet wettig? Een vraag die eens te meer moeilijk beantwoord kon worden, omdat het Amerikaanse leger verslagen was en er *dus* alle reden bestond om aan te nemen dat die hele oorlog onwettig was. (Naast prostitutie werd ook het gebruik van psychedelica een probleem zodra het leger thuis kwam; niet alleen de seksuele maar ook de psychedelische revolutie van de zestiger jaren werd moeiteloos in het militarisme geïntegreerd.)

De veranderingen in de opvattingen over de seksuele moraal kwamen duidelijk naar voren toen de Engelse militairen na het 'succes' op de Falklandeilanden met het nodige eerbetoon en feestgedruis binnengehaald werden. De soldaten droegen spandoeken met zich mee waarop teksten stonden als 'moeders, houd jullie dochters binnen.' Daarmee werd de intocht een nostalgisch gebeuren dat verwees naar de orgastische golf bij de bevrijding in 1944/1945. Exclusieve heteroseksualiteit is nostalgie, geschiedenis geworden.

Want waar in 1944/1945 de legerleiding voorafgaand aan de intocht van de Canadezen enzovoorts pamfletten verspreidde onder de burgerbevolking en hen opriep toch vooral geen 'aanleiding' te geven, daar waren het nu de soldaten zelf. Van schandaal veranderde het effect van de waarschuwing in een grap, een demonstratieve grap.

Het openbaar geworden onderbewuste

Voor zover de psychoanalyse integraal onderdeel van het militarisme is en in zoverre ze haar zaakjes bijhoudt, zal een discussie over de linken tussen mannelijkheid en militarisme althans

---

5   Bij de keuring van dienstplichtigen in Nederland werd de ABOHZIS-gezondheidsclassificatie gehanteerd, die werkte met een schaal van 1 (niets aan de hand) en 5 (ongeschikt voor dienstplicht). De 'S' stond voor 'stabiliteit'. S5 betekent dus: te onstabiel voor dienstplicht. Deze classificatie werd door artsen toegekend aan o.a. sterk ongemotiveerde dienstplichtigen, geestelijk gehandicapten en homoseksuelen.

binnen het leger niet op al te veel weerstand stuiten. Geestelijk verzorgers en welzijnswerkers binnen het leger ergeren zich al enige jaren aan het seksistisch gedrag van bepaalde groepen soldaten: daar moet iets aan veranderen, dat kan zo niet langer. Hierboven noemden we de discussie over onderdrukte verlangens en gevoelens een 'voertuig'; het risico is niet denkbeeldig, dat de legerleiding het stuur van dit voertuig overneemt van de antimilitaristische mannenbeweging en er een avant-garde van bevrijde mannen-soldaten ontstaan zal. En eigenlijk is daar ook wel wat voor te zeggen. Want wat zoeken antimilitaristen in het leger? Technocraten en psychocraten werken in het leger soepel samen...

Er is echter een reden te meer om te twijfelen aan de kans op een antimilitaristische doorbraak middels een discussie over de onderdrukte gevoelens en verlangens van mannen. Als er al sprake is van onderdrukking van gevoelens, dan toch wel op een zeer bijzondere wijze. Een onderdrukking namelijk die verloopt middels een massale bevrijding/exploitatie/openbaring van precies dat onbewuste waarvan het thema 'mannelijkheid en militarisme' veronderstelt dat daar het centrum van de onderdrukking gelegen is. Er is wat ons betreft eerder sprake van een vorm van onderdrukking die werkt via bevrijding van gevoelens en verlangens; onderdrukking dus door gevoelens.

Met de algemene maatschappelijke erkenning van de bruikbaarheid van de psychoanalyse is ook de bruikbaarheid van het onbewuste algemeen geworden: het onbewuste is veranderd van een specialistisch beroepsgeheim (waartoe alleen de specialisten zelf via een geheimzinnige initiatierite toegang kregen) in een publiek geheim, waar elke dag opnieuw in film, reclame, taal in fragmenten toespelingen op worden gemaakt. Nergens komt de onderdrukking duidelijker naar voren dan uit de dwangmatige herhaling van het onthullen van het onbewuste. Dat de seksuele verlangens van het onbewuste de diepste motieven van het bestaan leveren, is niet langer een stelling waar de zedelijkheid tegen te hoop loopt, maar een feit dat algemene zedelijke erkenning vindt. Daarom kan deze vorm van onderdrukking niet langer bestreden worden door daar een lokkend en wenkend perspectief van bevrijding tegenover te stellen. Bevrijding is nu juist de specialiteit van de nieuwe vorm van overheersing. Dat specialisme is haar best bewaarde geheim.

Wanneer het onbewuste bezig is aan één lange, eindeloos in zichzelf spiegelende en voortdurend zichzelf herhalende talkshow, dan wordt het de vraag of het nog wel zin heeft nogmaals het onbewuste op de snijtafel te leggen. Indien het onbewuste bij dergelijke operaties tegenstribbelt, is dat alleen nog maar bedoeld om de lust aan hem te binden. De verleidelijkheid van het onbewuste, de verleiding het onbewuste te willen bevrijden, is een werking van de macht die men nu juist bestrijden wil. Macht werkt niet langer (uitsluitend) via onderdrukking, maar (allereerst) via verleiding. Als verleiding het geheim van de macht is, dan moeten wij ons niet langer ertoe laten verleiden het onbewuste te bevrijden, maar ons de kunst van het verleiden (van de macht) eigen maken.

De nieuwe oorlog

Onze kanttekeningen bij het eerste element van het thema, mannelijkheid dus, komen erop neer, dat het twijfelachtig geworden is de kritiek op overheersing en onderdrukking in te zetten bij het persoonlijke, aangezien de bevrijding van het persoonlijke tendentieel gekolonialiseerd is door de macht/politiek. Het persoonlijke is niet langer de plaats waar de tegenmacht geformeerd kan worden, maar juist de plaats waar de macht zich formeert. Maar wat is die geheimzinnige macht dan? Dit kan het best aangegeven door een kritiek op het andere element uit het thema: militarisme. Dit willen we doen door wat wij 'de nieuwe oorlog' noemen te beschrijven. Misschien lijkt dit een overbodige omweg: militarisme staat namelijk niet zozeer voor oorlog als wel voor de voorbereiding daarvan. En door het militarisme te bestrijden zouden de voorbereidingen geblokkeerd kunnen worden. Met andere woorden: voorkomen zou moeten worden dat de geplande overgang van een civiele naar een oorlogstoestand plaatsvindt.

Bij die redenering kunnen echter vraagtekens gezet worden. Het is namelijk niet alleen zo de seksualiteit openbaar geworden is en dat daarmee de macht juist inzet bij gevoelens en verlangens; maar bovendien is de oorlog zodanig van karakter veranderd dat de verhouding tussen het leger c.q. het militarisme en de oorlog problematisch geworden is. Het innerlijk front waarop gestreden wordt voor de bevrijding en mobilisatie van verlangens en gevoelens is het laatste front dat het leger nog kent. Het front als plaats van oorlogshandelingen is verdwenen. Dat is de nieuwe oorlog. Voor zover er nog sprake is van een front, namelijk dat wat in afgeleide zin het 'innerlijk front' genoemd kan worden, wordt deze buiten de eigenlijke gevechtshandelingen geplaatst. 'De oorlog is een machine, een bewegende machine, waarbij de plaats van handeling, het front, is opgeheven.'

In de nieuwe oorlog staan beweging en snelheid centraal.[6] Discipline en kameraadschap zijn niet langer nodig om de fysieke confrontatie met de fysiek aanwezige vijand aan te kunnen gaan (er is geen front meer, dus ook geen confrontatie); maar discipline en kameraadschap zijn nodig om de soldaat op het juiste moment in beweging te zetten. De soldaat is een onderdeel van de machine geworden en naarmate de machines belangrijker worden, worden de soldaten onbelangrijker. (In *The Day After* ontbreekt de soldaat vrijwel; pas als de oorlog is afgelopen verschijnen ze weer in beeld). Deze machines moeten bevoorraad worden door transportsystemen, die van zeer groot strategisch belang zijn. Bij de nieuwe oorlog is deze bevoorrading slechts in ondergeschikte zin materieel (munitie en zo). Waar het vooral op aankomt is de snelheid van de bevoorrading met informatie. De nieuwe oorlog bestaat daarmee uit stelsels van aan elkaar gekoppelde machines/informatiestromen, die in hoge mate geautomatiseerd zijn: computers, satellieten, afluisterposten, AWACS, zelfzoekende raketten. In de nieuwe oorlog is het front vervangen door een beeldscherm waarop modellen de internationale verhoudingen simuleren, plannen en uittesten.

De nieuwe oorlog is er niet een die nog voorbereid moet worden. Het probleem is veel meer om de militaire organisaties, zoals die overgebleven zijn uit de Tweede Wereldoorlog, aan te sluiten op de machines/systemen van de nieuwe oorlog. Het militaire apparaat oefent niet voor de nieuwe oorlog, maar voor zijn inpassing in en aanpassing aan de nieuwe oorlog.

---

6   Donald van Dansik, Jan de Graaf, Wim Nijenhuis en Piet Rook, *De Muur* (Rotterdam: Uitgeverij 010, 1984), recentelijk opnieuw uitgegeven door het Institute of Network Cultures: http://networkcultures.org/blog/publication/de-muur/.

Deze in- en aanpassing wordt goed beschreven in BUNKERBUIT van Onkruit.[7] Daarin gaat het vooral om de controle over ziekenhuizen, snelwegen en treinen met behulp van informatie-overbrengings-systemen. Niet voor niets is de PTT daarin uiterst belangrijk.[8] Waar het in BUNKERBUIT om gaat zijn dan ook niet oorlogsscenario's maar aanpassingsscenario's. Het leger past zich aan aan de nieuwe oorlog.

De machines en informatiesystemen van de nieuwe oorlog zijn niet in exclusief gebruik van het militaire apparaat. Ook al is het zo dat het militarisme nog steeds de drijvende kracht achter de economische ontwikkeling is en het merendeel van het wetenschappelijk onderzoek in dienst daarvan wordt uitgevoerd, toch betekent dit niet dat binnen de huidige situatie economie en onderzoek nog van de nieuwe oorlog losgekoppeld kunnen worden. Pleiten voor conversie laat de drijvende kracht van de nieuwe oorlog, de informatie-overbrengingssystemen, intact. Het is onmogelijk geworden nog langer een onderscheid te maken tussen civiel en militair gebruik van de massamedia. Snelwegen, vliegvelden, vliegtuigen, computersystemen, satellieten, glasvezelkabels doen het militaire en het civiele samenvallen. Het leger kan deze media operationeel uittesten en verder ontwikkelen, maar heeft er geen exclusieve macht over. In een noodtoestand schakelt het leger zichzelf in op de media.

Het is dan ook niet langer meer zo dat de machines dienstbaar gemaakt kunnen worden aan het militaire apparaat. Maar omgekeerd: het militaire apparaat staat voor de taak zijn diensten te verlenen aan de nieuwe oorlog en de informatiestromen. Ook is het niet meer zo, dat het civiele apparaat dienstbaar gesteld kan worden aan het militarisme door middel van civiele mobilisatie of paraatheid. Maar omgekeerd: via de informatiesystemen en massamedia zijn we terechtgekomen in een voortdurende staat van paraatheid. Wij zijn direct gekoppeld aan de machine: er is geen ander front meer dan die van de confrontatie met het beeldscherm, dat telkens melding maakt van nieuwe oorlogen en brandhaarden in de wereld.

Inderdaad is het militarisme overal. Alleen is ze niet meer te herleiden tot één machtscentrum: het leger, de wetenschap, het militair industrieel complex, mannelijkheid…

Dat soldaten gereduceerd zijn tot onderdelen van machines, betekent nog niet, dat het leger daarmee zijn aantrekkelijkheid verloren zou hebben. De aantrekkelijkheid van het leger zit echter niet meer in het gegeven dat daar mannen gemaakt worden, maar bijvoorbeeld dat het leger een technisch specialist van je maakt. Dat is een kwaliteit waarmee je vooruit kunt komen! In het leger wordt geoefend met de meest geavanceerde apparatuur. En het is niet zo dat je je kansen op een carrière in de burgersamenleving vergroot door in een tank te gaan rijden, maar vanwege de elektronica waar mee zo'n auto bestuurd wordt en de praktische ervaring en theoretische kennis die je daar opdoet.

Deze ontwikkeling werd in de Tweede Wereldoorlog ingezet. Er trad toen een enorme vers-

---

7   Onkruit, een groep antimilitaristische activisten, stal in 1983 een aantal documenten uit twee
     commandobunkers in Noordwijk en Katwijk en actieweekblad *Bluf!* publiceerde een selectie hiervan in
     Bunker in bunkerbuit: de plannen die de oorlog mogelijk maken (Amsterdam: Bluf!, 1983).
8   PTT was de voorganger van PostNL, het nationale postorderbedrijf.

nelling op die via de Blitzkrieg en de V-1 en de V-2 leidde tot de bommen op Nagasaki en Hiroshima. De SS'ers raakten hierdoor gefascineerd. In de plaats van de teleurstelling hun mannelijkheid te kunnen bewijzen aan het niet aanwezige front, trad de fascinatie door de snelheid en de beweging. Deze fascinatie is niet meer te herleiden tot een militaristische eigenschap van mannen alléén. De fascinatie van mannen voor de beweging en snelheid heeft niet langer meer te maken met het zo geheime wapen onder de vrouwenrok, maar juist met de opheffing daarvan door de snelheid en beweging. Dat daarmee nog efficiëntere machtsvormen zijn ontstaan, is evident. We zien dit echter niet als het nieuwe mannenideaal, maar eerder als de ideale/zuivere macht, die plaats noch tijd, centrum noch persoonlijkheid kent.

Mannelijkheid en militarisme II

Net zoals de seksualiteit openbaar geworden is, is de oorlog algemeen geworden. Permanente oorlogstoestand en totale vrede zijn niet meer te onderscheiden. De nieuwe oorlog, de machines en de inschakeling op de massamedia heffen tendentieel de maatschappelijke differentiatie naar sekse op. Achter het beeldscherm vervalt het sekseonderscheid om de eenvoudige reden dat de machine geen sekse kent. Daarmee vervalt ook de noodzaak van de koppeling tussen psychoseksuele en maatschappelijke identiteiten. In de jaren dertig/ veertig bestond deze noodzaak nog wel en precies dat maakte het toen aantrekkelijk om bij afwezigheid van andere mogelijke vormen van maatschappelijke arbeid dan in godsnaam maar in het leger te gaan. In roerige tijden van crisis en revolutie was het soldatenleven een volwaardig alternatief, waarin dus ook alle toen gebruikelijke mannenidealen bereikt konden worden. In het leger werden mannelijke eigenschappen gevormd en op prijs gesteld, die (later) van nut konden zijn in de burgerlijke maatschappij: discipline, doorzettingsvermogen, karaktervastheid, gehoorzaamheid, het kunnen leidinggeven en het gevoel voor hiërarchische verhoudingen werden niet alleen in het leger beloond, maar evenzeer in het bankwezen, de ambtenarij en het bedrijfsleven in zijn algemeenheid. Nu werken diezelfde eigenschappen eerder belemmerend bij het maken van carrière, dan bevorderend. In de plaats daarvan worden open en democratische omgangsvormen geëist: flexibiliteit is tegenover discipline komen te staan.

Dit betekent onzes inziens dat de vraag niet langer zou moeten zijn: hoe een discussie in gang te zetten over de vorming van een type mannelijkheid waardoor mannen het leger niet meer nodig hebben om een maatschappelijk gewenste seksuele identiteit te krijgen (waarbij het leger dan fungeert als het opvoedingssysteem van mannelijkheid 'par excellence'). Maar: wat betekent het dat het leger die kennelijk maatschappelijk achterhaalde vorm van mannelijkheid in de opleiding gebruikt en conserveert? Waarom verleidt het leger tot seksismekritiek, terwijl de aantrekkelijkheid van een militaire opleiding al lang sekse-indifferent is?

De kritiek op de eerste vraagstelling, die volgens ons de consequentie van het thema 'mannelijkheid en militarisme' is, komt erop neer, dat een seksismekritiek op het leger het risico met zich meebrengt de verdere civilisering van het militarisme of de verdere militarisering van het civiele alleen aar te versnellen. Een niet-seksistisch leger is maatschappelijk gewenst eens te meer omdat de nieuwe oorlogstoestand geen belang heeft bij problemen met seksuele identiteiten. Bovendien is deze kritiek op het seksisme binnen het leger koren op de molens van de leger-welzijnswerkers die het boerse gedrag en de seksuele excessen van soldaten als asociaal bestempelen en meer dan zat zijn.

Wat dan? Geen seksismekritiek meer? In elk geval heeft de kritiek op seksisme niet zonder meer te maken met kritiek op de nieuwe oorlog, want die is noch mannelijk, noch vrouwelijk, maar technisch. Seksismekritiek zou wat ons betreft gekoppeld moeten worden aan de boven geformuleerde vraag. Wij vermoeden dan dat de conservering van het oude mannenideaal binnen het opvoedingssysteem van het leger allereerst gezien kan worden als een poging de exclusiviteit van het leger ter onderscheiding van de burgermaatschappij te bewaren. Daarmee is het leger in al zijn materiële concreetheid tot ideologie geworden. De conservering van het mannenideaal maskeert niet alleen het vervallen onderscheid tussen het civiele en het militaire; maar het kan bovendien uitgelegd worden als een poging de versnellingen binnen het leger zelf te maskeren. Alles verandert, het ene wapensysteem is nog niet in gebruik of een nieuw systeem wordt alweer in productie genomen, terwijl dat in feite reeds achterhaald is door de plannen voor weer nieuwere systemen... maar de soldaat blijft een man! De eigenschappen die mannen vroeger werden aangeleerd om oorlog te kunnen voeren, keren nu terug als rituelen die een toeristische attractie vormen. In de vele jaarlijks terugkerende vliegshows komen het militaire ceremonieel, de fascinatie voor snelheid en (bewegende) machines, het massatoerisme en... het antimilitarisme bijeen. Hiermee willen we niet suggereren dat het leger zijn oude taken verloren heeft. In BUNKERBUIT staan genoeg voorbeelden van hoe het leger wordt ingezet als binnenlandse strijdmacht. Zonder de nieuwe oorlogstoestand kunnen deze functies niet meer begrepen worden.

De loskoppeling van seksuele en maatschappelijke identiteiten, zoals deze tot uitdrukking komt in de nieuwe oorlogstoestand die tegelijkertijd een totaal maatschappelijke is, heeft niet per se tot gevolg dat er in het leger identiteitsloze persoonlijkheden gevormd (zouden moeten) worden. Net zo goed als dat in de rest van het maatschappelijk gebeuren het geval is, is de opvoeding tot machinemens in het leger een gangbaar schrikbeeld van de moderne tijd. Het door deze moderniteit ontwortelde subject bewaart de nostalgische herinnering aan de oude identiteiten en is daarnaast naarstig op zoek naar nieuwe. De psychedelische en seksuele revolutie van de jaren zestig heeft een bloeiende markt doen ontstaan in subjectiviteiten en psychische fronten. Om te kunnen overleven heeft het leger zich hierbij moeten aanpassen. Het verwarrende is nu dat een van de aangeboden identiteiten het oude mannenideaal is. Om zijn aanspraak op het algemene te kunnen bewaren kan dit ideaal echter niet als keurmerk van het leger dienen; dit keurmerk heeft daarentegen de bedoeling de bijzonderheid van het leger, c.q. het militarisme te bewaren.

Daarom zou seksismekritiek op het leger als plaats waar het oude mannenideaal nog waargemaakt kan worden een zekere ondermijnende betekenis kunnen hebben, ook omdat het een maatschappelijke identiteit naast nog vele andere is. Alleen: de nieuwe oorlogstoestand wordt er niet door opgeheven. Het is dan ook een vergissing te denken dat men door de handleiding van het militarisme op te sporen en deze goed te lezen, men deze machine toch nog kan stopzetten of vast kan laten lopen door zand in de oorlogsmachinerie te strooien. Deze vergissing komt voort uit een spraakverwarring ten aanzien van het begrip militarisme. Als het militarisme namelijk beschreven en bestreden wordt als dé motor van de oorlogsmachinerie, waarin disciplinering van de mannelijkheid dan een cruciale rol zou vervullen, dan wordt een onderdeel van de nieuwe oorlog (dat bovendien ook nog eens kampt met aanpassingsmoeilijkheden) verward met de machine zelf. Wij denken dat niet het belangrijkste is het militarisme als machine te beschrijven en daarvan dan de handleiding te bestuderen, maar eerder de nieuwe oorlog als een beweging an sich te beschrijven en de fascinatie daarop bekijken. Dáár, in de beweging en de snelheid van de informatieoverbrengingssystemen ligt niet alleen de kern van de nieuwe oorlogstoestand, maar ook haar maatschappelijke aantrekkelijkheid voor zowel mannen als voor vrouwen. Ook lijkt het ons beter de hopeloze zoektocht naar dé identiteit te staken en de ernst ervan te veranderen in een spel van verleiding.

7. ERFASSUNG, AUSSONDERUNG, VERNICHTUNG: EEN KENNISMAKING MET HET WERK VAN DE HAMBURGSE VEREIN ZUR ERFORSCHUNG DER NATIONALSOZIALISTISCHEN GESUNDHEITS- UND SOZIALPOLITIK

GEERT LOVINK

Geschreven in juli 1986.

I.

Dat in Nederland een 'geest' alleen met een moraal bestreden kan worden, bewijst het geruchtmakende artikel van professor C.I. Dessaur, 'Euthanasie: de zelfmoord op zieken en bejaarden', dat in het decembernummer van het tijdschrift *Delict en Delinquent* verscheen. Onder het motto 'alleen een keihard geluid wordt gehoord' werd er een historisch verband op de mediamarkt gebracht waardoor een meerderheid van de bevolking, dwars door de gebruikelijke politieke scheidslijnen heen, werd wakker geschud. Hoe simpel het schema er ook moge uitzien, de schakeling was aangelegd en overgehaald: er ging een lampje branden. Dat de EO daar niet eerder op was gekomen ligt eerder aan hun eigen onverwerkte oorlogsverleden, te doen wat Paulus in Romeinen 13 hen had opgedragen, dan aan hun mediatieve onkunde. In het gebruik van de moraal zijn zij nog vooroorlogs. Dessaur daarentegen kijkt vooruit, naar 'het eind van de eeuw': 'in een sfeer van blind terrorisme, natuurvergiftiging en economische dreiging begint de twintigste eeuw aan haar laatste decennia.'[1] Met aan de ene kant de 'onverbiddelijke optimisten' en aan de andere kant 'de zwarte brigade, wier oplossing voor alle euvelen is: *more of the same*. Meer bureaucratie, meer technocratie, meer mechanisering en automatisering, meer dehumanisering, meer doodsimpulsen.' Maar het was niet dit schrikbeeld van wat ons nog te wachten staat dat zoveel ophef veroorzaakte, maar de vergelijking met de Nazi's. Dit was 'bepaald beledigend', deze 'goedbedoelde maar bizarre bijdrage' bevatte 'blinde emoties', het was 'krenkend, onbekookt en onzindelijk'. De voorstanders van wetgeving reageerden rustig op deze 'kwaadaardige verdachtmaking. 'In de eerste plaats wil ik benadrukken dat er niet genoeg gewaarschuwd kan worden tegen Nazistische en fascistische invloeden. Dit artikel kan gelezen worden als een hartenkreet van iemand die persoonlijk zó angstig is voor herhaling van wat in de Nazitijd is gebeurd, dat zij niet anders kan dan de ontwikkelingen van nu in dit perspectief zien', zo verklaarde de voorzitter van de Nederlandse Vereniging voor Vrijwillige Euthanasie, dr. L. Fretz. 'Grove onkunde', 'of dom of boosaardig' zeiden anderen. De benadering van het probleem met scheldwoorden als 'Nazisme' achtte de pasbenoemde hoogleraar Terborgh-Dupuis 'verwerpelijk en laakbaar'. De indienster van het wetsontwerp [voor liberalisering van euthanasie- en abortuswetgeving] E. Wessel-Tuinstra zag het als een 'cri de coeur en als zodanig volkomen legitiem'. Of het

---

1   C.I. Dessaur, 'Het einde van de eeuw,' in *Mag de dokter doden?*, geredigeerd door C I. Dessaur en C.J.C. Rutenfrans (Amsterdam: Querido, 1986), 137.

hiermee nu wordt afgedaan of niet, pamfletten worden hier te lande slecht ontvangen. Dat kan liggen aan een ontbrekende traditie die tot gevolg heeft dat er geen 'leerschool' ter bevordering van het pamflettisme is. Het kan de wetenschapster Dessaur, tevens schrijfster Andreas Burnier, dan ook niet verweten worden dat zij die niet doorlopen heeft. Wat er precies in dat artikel stond deed niet ter zake, de hoofdzaak was dat het aankwam. Het lampje ging branden en wierp licht op een onderwerp dat in Nederland nagenoeg onbekend is gebleven. Binnen de antifascismebeweging is zeker 'euthanasie' tot dusver niet met 'fascisme' in verband gebracht. En andersom al helemaal niet. Mijns inziens ligt hier geen taboe of een 'onderwerp waar men over gezwegen heeft'. In Duitsland ligt dat anders, daar is het wel een onverwerkt verleden. Het verband brengt in Nederland zo'n schok teweeg omdat men zich plotseling realiseert hoe bewerkt de eigen opvatting van 'fascisme' is. Algemeen geaccepteerd zijn de Jodenvervolging en concentratiekampen, net als de associatie met geweld. Iedereen kan in Nederland elkaar uitmaken voor 'fascist' als geweld in het geding is. Bij racistische organisaties en uitspraken komt men al in de problemen. Het lampje dat racisme al voor het fascisme bestond en daar misschien wel de wortel van geweest is, brandt al jaren. Maar dat er in de gezondheidszorg en geneeskunst eenzelfde soort praktijk met bijbehorende ideeën heeft bestaan (en dat die wellicht nog doorwerkt), werd niet vermoed.

Dat er door een 'Staphorster intellectueel' in een pamflet een nauwkeurig verband wordt aangegeven tussen 'euthanasie' en 'fascisme' toen en nu, is wel erg veel gevraagd. Toch wil ik hierbij stilstaan en de citaten waarin er een direct verband gelegd wordt geven omdat ik ze zie als de 'Stand der Dinge'. De vijfde alinea gaat als volgt:

> Slechts 40 jaar geleden werd Nederland bevrijd van de tirannie en terreur van horden ons bezettende Duitsers. Tot voor kort was het zo, dat wie aan een later geboren generatie de verschrikkingen van het Duitse terreurbewind probeerde uit te leggen, dat kon doen met behulp van het verslag der Jodenvervolging als concreet exempel, of met behulp van de notoire Duitse ideologie der eugenetica, die in abortus, uitroeiing en euthanasie haar weerslag vond. Hoewel Nederland zich formeel van het Duitse juk heeft bevrijd, blijkt het gif der nationaalsocialistische ideologie toch diep in ons collectieve bewustzijn te zijn doordrongen. Veertig jaar na Hitler en zijn eugenetica is het geenszins gemakkelijk voor tegenstanders van (universele) abortus en (vanzelf-sprekende) euthanasie uit te leggen wat hun bezwaren zijn tegen de engeltjesmakers, of de do-gooders die met injectienaald en spuit maar al te gaarne hun medemensen uit hun aardse lijden willen verlossen.[2]

Even verderop blijkt dat de inhoud van de eugenetische ideologie typisch nationaalsocialis-tisch is: 'Het is in het belang van moeder en/of kind, respectievelijk van de ernstig zieke of de niet meer productieve bejaarde, dat medici en verpleegkundigen of hen te hulp snellende leken zich in dienst te stellen van de dood.'[3] En het pamflet eindigt dan met een klaagzang over het verval van 'onze beschaving': 'Het nationaalsocialistische geestelijke erfgoed, verpakt in de rode vlag van het groepsheil of in het plastic van het individuele hedonisme, kan tot

---

2   Idem.
3   Idem.

niets anders leiden dan totale barbarij, totale angst van allen voor allen, totale vernietiging van wat eens onze beschaving was.'[4]

In een gesprek met NRC-Handelsblad voegt ze daar nog wat aan toe:

> In geen land in Europa is de Jodenvervolging zo perfect geregeld als indertijd in Nederland. Het is opvallend en griezelig nu te moeten constateren, dat men de huidige doodsideologie andermaal tot in de details wettelijk wil regelen. Dat verontrust mij zeer. Ik vind het angstwekkend dat zoveel mensen niet bereid of in staat zijn om over deze zaken een eigen oordeel te hebben en het dus maar aan de wetgever overlaten.

Verder corrigeert zij later in een interview met het weekblad *De Tijd* dat de uitdragers van het 'euthanasiasme' allemaal Nazi's zouden zijn:

> Ik heb niet gezegd dat mensen die in de actieve euthanasie-ideologie geloven nationaalsocialisten zouden zijn, dat is onzin, het zijn mensen van iedere politieke signatuur. Maar ik heb gezegd: de geest die zich vijftig jaar geleden manifesteerde, onder meer in het nationaalsocialisme, manifesteert zich nu in sommige andere culturele bewegingen.[5]

Een nuancering die een paar vragen later weer verdwijnt als het gaat om de demagogie van de voorstanders:

> Demagogisch is het gebruik van het woord "levenstestament". Dat doet me denken aan "Arbeit macht frei" dat boven de concentratiekampen stond. Er was daar geen Arbeit en er was ook geen Freiheit. Met levenstestament bedoelen ze een verklaring hoe de drager ervan door de hand van een ander wenst te sterven. Een demagogisch eufemisme dus.[6]

Op de vraag of ze naar *Shoah* gekeken heeft, antwoordt ze van niet:

> Het belangrijkste van die film is te beseffen wat er nu gebeurt, wat er nu gaande is. Een tijdje geleden vroeg iemand wat ik vond van het feit dat Reagan op verzoek van Kohl een krans had gelegd in Bitburg, waar die SS'ers begraven liggen. Mijn antwoord was dat ik het niet verstandig vond, een tragisch misverstand, maar duizend keer belangrijker is hoe de Duitsers nu omgaan met hun Turkse gastarbeiders dan dat er zo'n historische fout gemaakt wordt. Zo is het ook wat Shoah betreft belangrijker te constateren dat zoveel mensen nu nog in diezelfde mentaliteit leven van afzijdigheid en misdadigheid.[7]

---

4   Idem.
5   Wam de Moor, 'Andreas Burnier – Prof. dr C. Dessaur,' *De Tijd*, 31 januari 1986, 32-37.
6   Idem.
7   Idem.

Boudewijn Büch is iemand die het voor haar opneemt:

> Hoewel ik haar woord- en begripskeuze soms wat ongelukkig vind, vooral haar niet
> aflatende vergelijkingen die behelzen dat euthanasievoorstanders eigenlijk een soort
> Hitlertjes zijn (dat vind ik toegestane, maar overspannen retoriek), laat ze een geluid
> horen dat harder en luider tot het geitenharensokkenvolk zou moeten doorklinken.
> Ik veracht dat modieuze volk dat maar lult en lult over dood zonder er ooit werkelijk
> mee geconfronteerd te zijn geweest.

En hij besluit zijn column in *Het Parool* met 'Dood wordt nooit modern, dus moeten we
onmiddellijk stoppen met zogenaamd moderne opvattingen over euthanasie te ventileren.
Mevrouw Dessaur heeft met *Mag de dokter doden?* alweer een goed boek geschreven.'[8] Büch
zegt ten aanzien van de dood een conservatief standpunt in te nemen. Zou hij ook onder de
typering van Carel Peeters vallen, een 'Staphorster intellectueel' te zijn? Zo tenminste noemt
hij Dessaur in zijn aanval op haar recente werk, een artikel over de 'morele radicalisering van
Andreas Burnier' in VN-Boekenbijlage, 'De harde taal van de hogere sferen'. Volgens hem
heeft Dessaur de vroegere neiging om haar radicalisme enigszins te relativeren, verloren. Haar
kwalificaties gaan nu gepaard met 'de dreun van de morele ernst. Het is wat men vroeger de
manicheïstische manier van denken noemde, waaruit alle differentiatie is verdwenen omdat
alles wordt afgemeten aan de hoogst verheven morele code.' En dat leidt tot eigenaardige
generalisaties waarin 'schaduwloze volkeren' als Duitsland en Japan, die de schaduwzijde
in het leven verdringen en daardoor van tijd tot tijd erupties van 'kwaad' teweegbrengen:

> Getuigt dit nu van "intellectuele subtiliteit" en "psychische differentiatie" (uit het hoge
> niveau van leven vóór Plato) om deze atavistische volkerenpsychologie te bedrijven?'
> vraagt Peeters zich af. 'Als dit "intellectuele subtiliteit" van vóór Plato is dan is het
> maar goed dat het erg lang geleden is. Maar bij mijn weten was Efeze toen geen
> Staphorst.[9]

Waarom komt er dan uit Efeze geen kritische beschouwing over euthanasie en moet een
boeddhist zich opwerpen als de beschermengel van 'onze beschaving'? Op voors en tegens
van een wettelijke regeling van euthanasie gaat Carel Peeters niet in.

'Een van de zegeningen van de door Andreas Burnier geminachte Angelsaksische taalfilosofie
is dat men gevoelig wordt voor het herkennen van woorden die niet veel betekenen, maar
met het grootste gemak gebruikt worden.' Dat Dessaur dit als enige toepaste op het woord
'euthanasie' in een land waar de belangstelling voor 'fascisme' toch groot genoemd kan
worden, is een grote verdienste. Dat ze met buitenaardse middelen aansluit op de Nederlandse traditie van de moraal, moeten we daarbij op de koop toenemen. In laatste instantie
hoort de euthanasiediscussie daar ook thuis.

Dat er ook hele andere ingangen zijn om op eenzelfde standpunt terecht te komen, bewijst

---

8   Boudewijn Büch, 'De dood wordt nooit modern,' *Het Parool*, 12 mei 1986.
9   Carel Peeters, 'De harde taal van de hogere sferen,' *VN-boekenbijlage*, 3 mei 1986.

recent onderzoek in West-Duitsland dat in dit hoofdstuk centraal staat. Net als Dessaur in haar afsluitende zin van *Mag de dokter doden?* wordt de vraag wat er achter het selectieprincipe schuilt gesteld. Deze dan als laatste, bij wijze van afscheid van Dessaur:

> Wanhopig over de problemen die men zelf heeft geschapen door de eigen mentaliteit en de eigen blindheid, de eigen onwil, het eigen nihilisme, de eigen angsten, kan men suggereren dat de mensheid gelukkiger en gezonder moet worden gemaakt door de dood: selectie aan het begin via eugenetische abortus, selectie aan het eind via euthanasie op geïndoctrineerde bejaarden en straks selectie halverwege op al diegenen die anderen niet gezond en gelukkig toeschijnen. Zo wint Hitlers geest toch nog de wereldoorlog.[10]

II. De Dokumentationsstelle zur NS-Sozialpolitik

Sinds eind 1984 bestaat in Hamburg de 'Verein zur Erforschung der Nationalsozialistischen Gesundheits- und Sozialpolitik'. Deze werd indertijd opgericht om lokale en specialistische onderzoeken te coördineren, financiering hiervan op poten te zetten, onderlinge kontakten te verstevigen en een gezamenlijke discussie over het onderzoek te kunnen voeren. Begonnen werd met de opbouw van een bibliotheek, waarvan een groot gedeelte bestaat uit kopieën van documenten uit die tijd. In een grote, hoge kamer, waarvan drie wanden tot de nok toe gevuld zijn met boeken en ordners, staan aan het raam twee tegen elkaar gezette bureaus waar de twee betaalde medewerkers hun werk doen. De Dokumentationsstelle barst uit haar voegen en zal dan ook binnenkort gaan verhuizen. Hier ook worden twee- of driemaandelijkse 'Mit-teilungen' geredigeerd en verspreid. Zij hebben het karakter van universitaire readers, waarin eerste onderzoeksresultaten, deelonderzoeken met een uitgebreide documentatie worden afgedrukt. De bedoeling is dat er een maandblad uitkomt waarin onderzoeken samengevat worden in artikelen, 'Thesen' en discussies in het openbaar gevoerd worden zodat aan het werk van de Verein meer bekendheid gegeven kan worden.

In de pakweg drie jaar dat er door deze mensen onderzoek wordt gedaan naar de 'NS-So-zialpolitik', althans gezamenlijk en met eenzelfde vraagstelling, zijn hun publicaties ontelbaar geworden. Door de bundeling zijn ze in 1984 in een stroomversnelling geraakt en vinden sindsdien steeds meer erkenning en weerklank in de Bondsrepubliek. Dat komt omdat ze nauwkeurig historisch onderzoek weten te combineren met en in te voegen in actuele politieke debatten. Dit doen ze vanuit een rijke ervaring op beide terreinen. Velen van hen zijn afge-studeerd en hebben werk op hun eigen terrein. Het zijn historici, sociologen en politicologen, psychologen en vooral medici. Wat opvalt is dat vrijwel niemand van hen werkzaam is op de universiteit. In z'n algemeenheid kan gezegd worden dat het fascismeonderzoek op de Duitse universiteiten nog in de vijftiger jaren verkeert. Controverses worden vermeden, het gaat er 'wetenschappelijk' aan toe. Onderlinge haat en nijd en een vraagstelling die verbon-den is met een persoonlijke carrière zorgen ervoor dat vernieuwend onderzoek buiten haar muren gedaan wordt. Linkse docenten zijn voor zichzelf bezig, net als in Nederland, met

---

10   Dessaur, 'Het einde van de eeuw,' 140.

als uitzondering vrouwenstudies. Een onderzoekstraditie komt daardoor niet van de grond. Publicaties die elkaar aanvullen en dezelfde vraag en politieke inzet hebben, versterken elkaar in het kwadraat. Juist door de verschillende terreinen die ze bestrijken, versterken ze het beeld dat we krijgen van die tijd. In dit geval is dat een achterliggende strategie van de Nazi's in hun sociale politiek.

Voordat ik de publicaties de revue laat passeren, wil ik nog op de beperkingen van deze kennismaking wijzen. Ik ontkom er niet aan algemene uitspraken te doen over 'het' Hamburgse onderzoek. De controverses daarbinnen komen niet duidelijk naar buiten. Tijdens een bijeenkomst van de vereniging in februari 1986 is het tot een scheuring gekomen tussen de Hamburgse fractie die in en rond de Dokumentationsstelle werkzaam is en waar Karl-Heinz Roth de drijvende kracht achter is, en de Berlijnse afdeling rond Götz Aly. Mijn vermoeden is dat het karakter van het onderzoek hier in het geding was. De wetenschappelijke aanpak van 'Hamburg' stond hier tegenover de journalistieke en snellere van 'Berlijn'. Een gefundeerde bewijsvoering tegen de verantwoordelijken tegenover de directe politieke inzetbaarheid van het materiaal. Een strategische keuze die het gevolg is van de ontdekking van duizenden nieuwe documenten in Duitse, maar vooral Poolse, Russische en Amerikaanse archieven die stukje bij beetje opengaan. De documentatieafdeling onderhoudt er goede contacten mee en is in staat een groot gedeelte daarvan te verwerken in publicaties. De vraag is alleen hoe er binnen de verhoudingen in de Bondsrepubliek politiek mee bedreven kan worden. Dat is de vraag waar er een subversief of revolutionair potentieel gezocht kan worden. Breekpunt in dezen vormen de Grünen en daarmee verwante alternatieve bewegingen. In hoeverre verdraagt een fundamentele kritiek op hen praktische samenwerking bij actuele onderwerpen als de volkstelling, de uitkeringen aan Nazislachtoffers (zoals dwangarbeiders), of genentechnologie en euthanasiewetgeving? De Hamburgse lijn ziet in dit opzicht geen direct verband tussen onderzoek en politiek. Bij gebrek aan beweging zou hun wetenschap gezien kunnen worden als een 'overwintering', wachtend op betere tijden stug door werkend. 'Berlijn' daarentegen gelooft dat er ook nu nog mogelijkheden zijn om politiek te bedrijven.

Een andere beperking is de hoeveelheid materiaal. Door het op één hoop te gooien dreigt alles toegeschreven te worden aan deze vereniging. Dat is bezijden de waarheid. Er zijn talloze publicaties over dezelfde onderwerpen die een lokaal karakter hebben, die ook tot doel hebben verdrongen geschiedenis naar boven te halen. Bijvoorbeeld over een psychiatrische inrichting of een ziekenhuis uit de buurt, een biografie van een Nazi-dokter die nu aan het hoofd staat van onderzoek naar gen-manipulatie of het 'Erbgesundheitsgericht' van toen dat nu 'Humangenetischen Beratung' heet. Plaatselijke historische studies die gedaan zijn vanuit een politiek perspectief, en aantonen hoe groot de personele en ideologische continuïteit in de gezondheidszorg is en hoe weinig er tot dusver is uitgezocht over deze, niet afgesloten geschiedenis.[11]

---

11   Als voorbeeld kan hier genoemd worden: Angelika Ebbinghaus, Heindrun Kaupen-Haas en Karl Heinz Roth, red. *Heilen und Vernichten im Mustergau Hamburg: Bevölkerung- und Gesundheidspolitik im Dritten Reich* (Hamburg: Konkret Literatur Verlag, 1984). Achterin dit boek wordt de 'Projektgruppe für die Vergessenen Opfer des NS-Regimes in Hamburg' voorgesteld, die een achttal werkgroepen heeft en voor een gedeelte zorgde van de artikelen in deze bundel.

III. Vernietiging en modernisering

De vervolgden die het Nazisme overleefd hebben en de historici van de generatie voor ons hebben voor de gaskamers gestaan. Zij hebben voornamelijk verslag gedaan over de laatste stadia van een sociale techniek die eindigde in een industrieel geplande massamoord. Dat was belangrijk en verdienstelijk, want anders was zelfs deze laatste act van de Nazistische vernietiging in de restauratie van 50'er en 60'er jaren ten onder gegaan.

De verschrikkingen hebben ook onze biografie getekend. Onze opgave zal het daarom niet zijn dit te 'verklaren' en tegen beter weten in weg te rationaliseren. In tegendeel: de afrekening met de Nazi-massamisdaden moet nog beginnen. Hun reikwijdte is tot op vandaag nog geenszins onderzocht. Maar buiten dat vinden we het bovenal van belang vragen te stellen naar de historische voorwaarden, die enerzijds tot Auschwitz en anderzijds tot VW-Wolfsburg geleid hebben. Wij zijn bijeen gekomen omdat in het hedendaagse onderzoek in de Bondsrepubliek te veel de afzwakking, afgrenzing en verdringing overheerst. De molensteen van het Naziverleden hangt nog steeds om onze hals.

Deze laat zich door omschrijvingen niet vatten. Het is niet genoeg om zijn verlammende gewicht enigszins verdraaglijk te maken. Hij moet uiteengebarsten worden. En dat kan alleen als we z'n substantie blootleggen.[12]

Een intentieverklaring die aangeeft in welke richting het onderzoek gaat. De samenstelling van de molensteen bestaat voor hen uit twee elementen die met elkaar verbonden werden en zo in elkaar verstrikt raakten dat ze ook veertig jaar later elkaar moeilijk loslaten: modernisering en vernietiging.

Ze zitten zo vast aan elkaar door het planmatige karakter dat het werk had wat de Nazi's deden. Ook dit heeft een dubbele betekenis: planmatig in de zin van systematisch, zonder uitzonderingen te maken (*restlos*, *lückenlos*). Maar ook planmatig in de betekenis van het hebben van een plan, stap voor stap een doel te bereiken. Beide vinden we ook terug in de onderwerpen die aan bod komen. Bij het eerste horen registratie, concentratie en het vermoorden van Joden, zigeuners, gehandicapten, asocialen en zwakzinnigen. Bij het tweede een term waarvan ik niet waar die vandaan komt, de 'Endlösung der sozialen Frage', soms ook wel 'de Duitse manier om de sociale kwestie op te lossen' genoemd. De nadruk valt dan op 'Duitse' om aan te geven dat het om een specifieke historische verhouding gaat tussen de bovengenoemde gewelddadige introductie van het 'nieuwe' en een evenzo gewelddadige vernietiging van het 'oude'. Het vooruitstrevende karakter van het Duitse fascisme wordt dus naar voren geschoven, haar dynamiek en niet haar conservatisme.

We kunnen zeggen dat de onderzoekers van de Verein, net als Theweleit en de *Spurensicherung*, in alle nuchterheid vaststellen dat het de middenklasse en het geschoolde proletar-

---

iaat goed is gegaan tijdens de Nazi's. Zij hadden een hogere levensstandaard ten koste van anderen. Inderdaad werd er gewoond in geconfisqueerde huizen en gehandeld in geroofd huisraad. Dat zijn de punten waarop het onderdrukkingsverhaal ophoudt en de superioriteit van het Duitse volk zich gaat uitdrukken in een materieel voordeel. Vandaar die klemtoon op 'Duitse' oplossing. Het maakt dit plan niet internationaal, maar betrekt het op 't eigen land waardoor de schuldvraag ook nu nog overeind blijft staan. Een te algemene theorie zou dat kunnen afdoen en de 'Endlösung der sozialen Frage' zou dan een wetmatigheid krijgen die we kennen uit de theorie van het staatsmonopoliekapitalisme.

In theoretisch opzicht is de Verein erg terughoudend. Slechts hier en daar duiken marxist-ische begrippen op. Van een 'economische determinatie' is geen sprake. Waar het hen om gaat is een tot dusver niet gelegd verband door middel van ambtelijke rapporten en soms ook ooggetuigenverslagen van slachtoffers, aan te tonen en de reikwijdte hiervan aan te geven. Het doel is te beginnen met de geschiedschrijving van de Nazistische bevolkings- en gezondheidspolitiek om deze vervolgens in een groter kader van sociaaleconomische politiek te plaatsen. En niet andersom. Misschien komt er nog een overzichtswerk waarin dit verband nader wordt uitgewerkt. Maar als je de publicaties leest, krijg je toch eerder de indruk dat er net een begin gemaakt is met de verwerking van de bronnen en dat een overzicht met een theorie nog lang niet gemaakt kan worden. Of beter gezegd: dat daar nog geen tijd voor was.

Wel is er een aantal artikelen die aanzetten geven voor een breder kader waarbinnen de Nazi-bevolkingspolitiek zou passen. Daarin gaat het om de (geplande) arbeidsverhoudingen binnen de 'europäischen Grossraumwirtschaft'. Kar-Heinz Roth schreef hierover drie artike-len. 'De drievoudige uitbuiting van buitenlandse arbeiders' over het schuiven met loon- en spaargelden door de banken (die voor aflossing van buitenlandse schulden gebruikt werd).[13] 'Bevolkingspolitiek en dwangarbeid in het "Generalplan Ost"' is een referaat dat hij voor een congres in Warschau hield. Gevoed door 'mannelijke seksuele angsten wordt de haat tegen de Polen omgezet in een experiment dat Roth ziet als het begin van de 'Lösung des Aso-zialenproblems'. Dwangarbeid, deportatie, sterilisatie en selectie voor de 'Vernichtung durch Arbeit' waren nergens anders dan in Polen zo geïntegreerd en gerealiseerd. Ze stonden in het kader van het 'Generalplan Ost' waarin Polen de functie kreeg van leverancier van werkslaven en koloniale grondstoffen. Extensieve landbouw moest ingevoerd worden en de industrie ontmanteld.[14]

In het artikel 'Vernietiging en ontwikkeling: de Nazistische "Neuordnung"', dat Roth samen met Bretton Woods schreef voor het tribunaal tegen de economische wereldtop die in mei '85 in Bonn werd gehouden, zien we welke plaats Polen (en de Sovjet-Unie) heeft in vergeli-jking met de andere landen. In wisselwerking met de veranderende Amerikaanse en Engelse

---

13   Karl Heinz Roth, 'Dreifache Ausbeutung der Fremdarbeiter: eine Dokumentation über Okonomie
     und Politik des Lohnersparnistransfers in der "europäischen Grossraumwirtschaft" 1940-1944,'
     in *Mitteilungen der Dokumentationstelle des Vereins zur Erforschung der nationalsozialistischen
     Gesundheitsund Sozialpolitik e.V.*, no. 1, vol. (september-oktober 1985), 69.
14   Karl Heinz Roth, Bevölkerungspolitik und Zwangarbeit im 'Generalplan
     Ost', *Mitteilungen der Dokumentationstelle des Vereins zur Erforschung der nationalsozialistischen
     Gesundheitsund Sozialpolitik e.V.*, no. 1 (september-oktober 1985), 70.

handels- en geldpolitiek, krijgen we inzicht in de plannen die de Nazi's in '40/'41 hadden voor hun 'Wirtschaftliche Neuordnung Europas'. De exploitatie van de 'Ostgebiete' staat hier in het licht van de buitenlandse handel en wisselkoersen. Een monetaire politiek die gebaseerd was op komende structurele verandering in arbeidsdeling en productie binnen de 'Grossraum Europa'. Aansluitend hierop kan nog een kritiek vermeld worden van Michael Hepp op het boek van Albert Speer, *Der Sklavenstaat* waarin ook een schets wordt gegeven wat Europa en in het bijzonder de Oost-Europese landen te wachten stond. Niets meer dan een verlate wraak op Himmler en een verontschuldiging vol met fouten van een man die zijn eigen rol verzwijgt, aldus Hepp.[15]

In Roths artikel over de betalingen aan buitenlandse arbeiders kwam de rol van de Deutsche Bank ook ter sprake. In het diepste geheim werkte de Dokumentationsstelle samen met Greno Verlag aan de vertaling en uitgave van de zogenaamde GMGUS-Ermittlungen, tegen de Deutsche Bank. Dit is het onderzoek dat in opdracht van de Amerikaanse regering gedaan werd door een aantal financiële deskundigen, die in 1947 een hard oordeel velden: de Deutsche Bank zou geliquideerd moeten worden, de verantwoordelijke medewerkers zouden als oorlogsmisdadigers moeten worden aangeklaagd en de top zou moeten worden uitgesloten van deelname aan het economische en politieke leven. Dit gerechtelijk vooronderzoek verdween aan het begin van de Koude Oorlog in de la. Andere boeken over dit onderwerp werd het verschijnen onmogelijk gemaakt doordat de juridische afdeling van de inmiddels weer groot geworden bank, op zoek ging naar fouten in de bewijsvoering en door processen verspreiding onmogelijk maakte. Daarom werd nu de grootst mogelijke voorzichtigheid en precisie in acht genomen. Pas toen de boekhandels bevoorraad waren, lichtte men de pers in. In de publiciteit werd dit schokkende boek gedekt door de naam van de uitgever, Hans Magnus Enzensberger. De Deutsche Bank ondernam dit keer geen juridische stappen. Een jaar later, in mei '86 verscheen het tweede deel van het OMGUS-onderzoek, waarin de belastende documenten zijn opgenomen. In de media werd dit niet het enige grote Duitse bedrijf dat door haar oorlogsverleden en banden met de Nazi's in de problemen kwamen. Bij het honderdjarig jubileum van Daimler-Benz viel het bedrijf door de mand omdat ze haar rol bleef verzwijgen. Onder druk liet ze een onderzoek hiernaar instellen, een initiatief dat Volkswagen maar uit eigen beweging heeft overgenomen. Centraal in deze kwesties staat de betaling van pensioenuitkering aan de dwangarbeiders die nog in leven zijn. Tot nu toe waren zij veelal buiten de herstelbetaling ofwel 'Wiedergutmachung' gevallen. Op de valreep trachten de Grünen en vele organisaties van kampslachtoffers hier nog verandering in te brengen. Het is nu nog de vraag of daar via de Bundestag een wettelijke regeling voor gemaakt kan worden. Daarnaast zijn er onder andere in Bremen en West-Berlijn initiatieven om het sneller op lokaal niveau te regelen en tot een schadeloosstelling te komen. Het spreekt voor zich dat hierbij de publicaties van de Dokumentationsstelle een belangrijke rol spelen.[16]

---

15   Karl Heinz Roth en Bretton Woods, 'Vernichtung und Entwicklung: die nazistische "Neuordnung",' *Mitteilungen der Dokumentationstelle des Vereins zur Erforschung der nationalsozialistischen Gesundheitsund Sozialpolitik e.V.*, no. 1, vol. 4 (juni 1985), 1.

16   Michael Hepp, 'Fälschung und Wahrheit: Albert Speer und der "Sklaven-staat",' *Mitteilungen der Dokumentationstelle des Vereins zur Erforschung der nationalsozialistischen Gesundheitsund Sozialpolitik e.V.*, vol. 1, no. 3 (mei 1985), 1.

IV. Registratie en selectie

Het planmatige wordt zo benadrukt om af te komen van het hardnekkige beeld van de fascisten als woedende horde, beesten die wild om zich heen grijpen, die zo te zien in een roes (zonder voorbedachte rade?), zonder voorbereidingen slachtoffers maken. Hun overvaltactiek doet dat vermoeden. Maar in de voorbereidingen blijkt dat het rationele mensen zijn geweest. Dat tenminste is de uitkomst van de geschiedenis van de registratie die aan de vernietiging voorafging en die Karl-Heinz Roth en Götz Aly op papier hebben gezet.

In het voorjaar van '84 verscheen hun boek *Die restlose Erfassung: Volkszählen, Identifizieren, Aussondern im Nationalsozialismus*. Niet toevallig in het heetst van de strijd tegen de volkstelling in april '83 hadden ze al in *Die Tageszeitung* hun historisch onderzoek in het kort uit de doeken gedaan. In tegenstelling tot Nederland in '71 speelden in de Bondsrepubliek argumenten over het gevaar van registratie, met als voorbeeld de Jodenvervolging tijdens de Tweede Wereldoorlog, een ondergeschikte rol. De angst voor de alleswetende en controlerende Orwellstaat had de boventoon bij het volk dat bang was een 'gläserner Mensch' te worden: 'Ze weten zelfs naar welk tv-programma je kijkt!'

De historische excursie diende ervoor om te laten zien dat er met gegevens meer gedaan wordt dan alleen optellen en passieve controle. Het zou de uitspraak van minister Zimmermann weerleggen die voor het Bundesverfassungsgerichtshof verklaarde dat 'bij de negentien volkstellingen die er sinds 1871 gehouden zijn, er in geen enkel geval sprake was van het verbreken van het statistiek-geheim.' Toen ik *Die restlose Erfassung* voor het eerst las, maakte het een grote indruk op mij. Dat is zo gebleven en ik vind het de beste van de vele publicaties die ik tot dusver van hen heb gelezen. Lange citaten uit ambtelijke stukken blijven achterwege en de onderwerpen die aan bod komen zijn veelzijdig: zowel algemene als registratie voor bijzondere groepen worden behandeld, de Joden-statistiek, de rol die nieuwe technieken speelden en biografieën van enkele statistici die stuwende krachten achter de 'Erfassung' waren.

Direct na 30 januari 1933 neemt de statistiek een grote vlucht. Nadat de wet op 12 april werd aangenomen werd op 16 juni een volkstelling gehouden. Nieuw waren de vragen aan getrouwde vrouwen om erachter te komen hoe de 'Gebärleistungen' er in de komende jaren uit zou gaan zien. Hier zat echter meer achter dan alleen een demografische belangstelling. Het geboortecijfer zou gestuurd moeten worden: de 'Arische' gezinnen groter en 'asociale' gezinnen kleiner. Aan de hand van deze gegevens zou in '34 de 'Arbeiterschlacht' en de 'Geburtenkrieg' uitgeroepen worden. De volkstelling in '39 stond geheel in het teken van de oorlogsvoorbereidingen. Daarnaast waren er nog de invoering van het 'Arbeitsbuch' in 1935, het 'Gesundheitsstammbuch' in 1936 en de meldingsplicht bij verhuizing in '38, een maatregel die bedoeld was voor de grote, onoverzichtelijke steden. In 1939 kwam daar de 'Volkskartei' bij, waarvoor de gegevens, net als bij de volkstelling, huis aan huis werden opgehaald. Geordend naar geboortejaar en alfabet gaven ze toegang tot de bovenaan de kaart vermelde speciale kenmerken. Een rode streep door nr. 9 betekende 'in bezit van een rijbewijs', een zwarte streep over nr. 14 'Jude' en een blauwe door nr. 5 dat diegene geen arbeidsboekje had. Later kwamen hier nog gegevens bij, 'WD' als deze man was opgeroepen voor de Wehrmacht en vanaf 1941 een 'Z' als het een zigeuner was. Tevens kwam bij de kaart een kopie van de 'Kennkarte' (de legitimatieplicht was vrijwel gelijktijdig ingevoerd). In de eerste drie oorlogsjaren kon men uit de Volkskartei genoeg mensen halen die men nodig had. Ze waren immers gemaakt voor het gebruik, te kunnen schiften. Registreren, sorteren en deporteren (naar fabrieken, het front of het concentratiekamp) gingen zo vloeiend in elkaar over. De kaartenbak was hierin de beslissende instantie.

In de zomer van 1943 kwamen Nazifunctionarissen tot de ontdekking dat de Volkskartei die tijdens de Blitzkrieg zulk goed werk had gedaan, niet meer te gebruiken was voor de op handen zijnde 'Totaler Krieg'. Vrouwen en jeugdigen die nu tewerkgesteld moesten worden waren niet als aparte categorie in de Volkskartei opgenomen en konden niet 'erfasst' worden. Ook gaf het geen overzicht van de miljoenen buitenlandse dwangarbeiders omdat alleen Duitse 'Volksgenossen' in de Volkskartei zaten. Registratie en aanmelding dreigden in het honderd te lopen. Mobiliteit, chaos en dreigende binnenlandse onrust zaaiden paniek onder de Nazi's en er moest snel een nieuw systeem komen.

De afdeling 'Maschinelle Berichtswesen' kreeg van Speer de opdracht een datasysteem ontwikkelen waarmee de 'Personal-Einzelerfassung' kon worden bereikt. Met behulp van IBM-machines ondernamen zij een laatste poging en ontwikkelden het 'Reichspersonalnummer' dat nog op 28 december 1944 door Hitler per decreet werd ingevoerd.

Speciale aandacht besteden Roth en Aly aan de Joden-statistiek. Die begon al bij de eerste volkstelling in '33. Wie bij de criteria nr. 3 ('jüd.mos.isr.') en nr. 10 ('polnisch') had ingevuld werd al snel 'Ostjude' bij de selectie. Daarmee was het geloof, maar nog niet het ras geregistreerd. De statistici hadden een precieze omschrijving nodig wie Jood of half-Jood was. Dat werd vastgelegd in de wet van 19 november 1935. Door het grote aantal vluchtelingen gaf de volkstelling van '39 een daling te zien van de 'Rasse-Juden'.

Maar dit waren gegevens in het groot. Iets wat tegenstrijdig klinkt, maar tijdens de oorlog zeer werkzaam bleek te zijn, was de 'individuele statistiek' die de bevolking andersom registreerde. Hét voorbeeld hiervan is Nederland met z'n bevolkingsregisters. Roth en Aly staan even stil bij de Nederlandse situatie omdat hier de registratie individueel en modern tot stand kwam en tegelijkertijd (daardoor?) de Joden nergens anders in Europa hier zo 'restlos erfasst' zijn. Een combinatie van het bevolkingsregister, de centrale registratie van Joden en half-Joden in Den Haag en de persoonsbewijzen maakte dit mogelijk. Zij wijzen hierbij op de actieve rol die de ambtenaar Lentz hierin speelde (die hiervoor na de oorlog drie jaar gevangenisstraf kreeg) en de actieve sabotage van de bevolkingsregisters in '43/'44 door het verzet. Tot aan de volkstelling van 1939 waaruit het Joden-register werd samengesteld, verzamelden velerlei organisaties gegevens over de Duitse Joden. Kerkboeken werden onderzocht door partij-vrijwilligers onder toezicht van de evangelische kerk, het 'Reichssippenamt' had een stambomenbestand 'zur Überwachung der Bevölkerungsentwicklung'; politie, veiligheidsdienst en de partij deden hun eigen onderzoeken (onder andere bij de SD waar Eichmann z'n carrière begon). De grote 'J' op de Kennkarte maakt hier in september 1939 een eind aan. Nu werden de bureaucratische en statistische technieken toegepast in de bezette gebieden.

Direct achter het front werden statistici ingezet bij het verzamelen van bevolkingsgegevens, kerkboeken en alle mogelijke andere bestanden. Overal vormde telling gekoppeld aan meldings- en legitimatieplicht de grondslag voor de latere deportaties. Als een van de voorbeelden wordt hier het rapport van Fritz Arlt, leider van de afdeling Bevölkerungswesen und Fürsorge in het bezette Polen gegeven. Hij rekent voor wat de 'Entlastung' van 1,5 miljoen Joden voor 'erfolgreiche, konstruktive' oplossingen biedt voor overbevolking en werkloosheid. Ook het plan om de Joden naar het eiland Madagaskar te deporteren wordt doorgerekend. Drie jaar later worden de deportaties die wel doorgang vonden in opdracht van Himmler door de statisticus Korherr voorgerekend. Opgedeeld naar regio of land telt hij: 'Evakuierungen insgesamt einschl. Sonderbehandlung... 1 873 519 Juden'.[17]

De schrijvers verbazen zich erover dat in al die boeken over de Jodenvervolging dit wezenlijke aspect ontbreekt. Zelfs de historicus Hilberg die hierover het standaardwerk schreef, meent dat de systematiek in Nederland geweten moet worden aan de 'geografische ligging'. Zij vinden het tekenend dat de voorbereidingen zo onderbelicht zijn gebleven. De algemeen gangbare mening is ook immers dat technieken, in dit geval de statistiek en registratie, 'waardenvrij' zijn en door iedereen gebruikt kunnen worden. Daardoor blijven ze hun algemene geldigheid houden en wordt hun geschiedenis ook niet geschreven. En pas als die bestudeerd wordt kan beoordeeld worden waar en hoe er een fascistische draai aan zulke machtsinstrumentaria gegeven wordt.

Zoals alles heeft ook de statistiek voor '33 en na '45 bestaan. Een continuïteit die zowel personeel als wat de denkbeelden betreft angstaanjagend groot is. Zoals de bevolkingswetenschap in de Bondsrepubliek die onderzoek doet naar 'het lage geboortecijfer van de Duitsers' en de hoge bij Turken of naar de 'bevolkingsexplosie in de Derde Wereld'. Maar wat mij na lezing van dit boek het beste bij is gebleven is de dreigende lading van het woord 'Erfassung' dat in tegenstelling tot 'Führer' allerminst uit de Duitse taal is verdwenen:

> Meteen in het nieuwe jaar van 1941 stond de Joden wat te wachten: de zeer belangrijke verordening nr. 6 van 10 januari 1941, voorschrijvend aanmelding en registratie van alle Joden, allemaal, heel, half, kwart, orthodox of vrijzinnig, allen. Het doel vindt men het duidelijkst aangegeven in een stuk, door de Amsterdamse Beauftragte Böhmcker veel later, op 2 oktober 1941, aan Seyss-Inquart gezonden. De eerste zin stelt: "Die Juden in den Niederlanden sind durch die Verordnung 6/41 des Reichskommisars erfasst." Dat woord "erfassen" moet de Duitsers na aan het hart hebben gelegen, want het komt op de eerste bladzijde welgeteld liefst zevenmaal voor; eenmaal staat er zelfs "besonders erfasst". Men vindt het bijna steeds aan het eind van een zin, zodat alleen het uitroepteken lijkt te mankeren. De kat had de muis erfasst.[18]

17	Götz Aly en Karl Heinz Roth, *De restlose Erfassung: Volkszählen, Identifizieren, Aussondern im Nationalsozialismus* (Berlin: 1984). Projektgruppe Autonomie, '"Volkszählung", "Vernummerung" und Datenerfassung bei den Nazis,' *Die Tageszeitung*, 18 mei 1983.

18	Jaques Presser, *Ondergang: De vervolging en verdelging van het Nederlandse Jodendom 1940-1945* (Den Haag: Staatsuitgeverij, 1965), 58.

Dat schrijft Jaques Presser in zijn indrukwekkende boek *Ondergang: De vervolging en ver-delging van het Nederlandse Jodendom 1940-1945*. Daarin komt het woord 'erfassen' en zelfs 'schlagartig erfassen' vele malen voor. Een goede vertaling bestaat er in het Nederlands gelukkig niet. Vastgrijpen of achterhalen betekent het letterlijk en in moderne informatietaal registreren of verzamelen. Maar in een andere betekenis wordt het 'begrijpen', een die ik tot nu toe nog niet heb kunnen doorgronden.

V. Genezen en vernietigen

Voordat ik stil wil staan bij de recente onderzoeken naar euthanasie en hervormingen van het gezondheidswezen, zou ik een overzicht willen geven van aangrenzende thema's. Daar hoort een voorgeschiedenis bij van de gegroeide belangstelling voor de Nazi-gezondheidspolitiek. Pas in 1980 werd er voorgoed gebroken met het taboe om over de Duitse artsenij tijdens het Nazibewind te zwijgen. Toen werd de Gesundheitstag in West-Berlijn gehouden dat als thema had 'Medizin und National-Sozialismus Tabuisierte Vergangenheit Ungebrochene Tradition?'. Vijf dagen werd daar gepraat over een geschiedenis die voor het eerst aan het daglicht kwam en rees de vraag naar de continuïteit. De bijdragen die daar gehouden zijn werd gebundeld en uitgegeven. De doorbraak valt vooral af te lezen aan de lange plenaire discussie waarvan het verslag in het boek is opgenomen.[19] Ook hier komen we mensen van de latere Dokumentationsstelle tegen. Gebroken werd vooral met toen gangbare opvatting dat Naziartsen zich alleen in de concentratiekamp te buiten waren gegaan en de slachtoffers daar misbruikt hadden voor wetenschappelijke doeleinden (met als symbool dr. Mengele). De rassenleer was als ideologie van bovenaf opgelegd en kon daarom na '45 even makkelijk weer afgeworpen worden. Individuele artsen droegen daarom geen medeverantwoordelijkheid. Dat de geneeskunde zélf een sociale technologie ontwikkelde die selectie en uiteindelijk de 'Lösung der sozialen Frage' tot doel had werd niet eens ontkend; dat inzicht bestond in de naoorlogse jaren niet eens.

Een artikel behandelt het sociaal-Darwinisme, een leer die in de twintiger jaren onder artsen populair was. Ook het standaardwerk over euthanasie van Ernst Klee opent hiermee.[20] In de Hamburgse publicaties is daar tot dusver geen aandacht aan besteed. Misschien omdat daar genoeg over bekend is en men tegenwoordig voorzichtig is in het doen van zulke uitlatingen. Het kan eraan liggen dat discriminatie op sekse of ras en andere 'afwijkingen' niet meer gebaseerd is op biologisme, maar sociaal-cultureel gedefinieerd wordt. Andere artikelen stellen de vraag of en hoe er door artsen verzet werd gepleegd en bekijken de ideologie van de 'medische stand'. Voor het eerst ook wordt er gewezen op de invoering door de Nazi's van de bedrijfsartsen die verzet door middel van ziekte-simulatie, luiheid en sabotage de kop moesten indrukken. Andere bijeenkomsten die in onder andere Tübingen en in de evange-lische academie te Bad Boll volgden gaven aan het thema meer bekendheid.

---

19   Gerhard Baader en Ulrich Schultz, red. *Medizin und Nationalsozialismus: Tabuisierte VergangenheitUngebrochene Tradition?*, (Berlin: 1980).
20   Friedemann Pfäfflin, 'Zwangssterilation in Hamburg: Ein Überblick,' in *Reilen und Vernichten im Mustergau Hamburg*, red. Ebbinghaus, Kaupen-Haas, Heinz Roth, 26-29.

In januari '85 werd in het Hamburgse universiteitsziekenhuis Eppendorf een tentoonstelling gehouden over 'Heilen und Vernichten im "Mustergau Hamburg"'. Te zien waren een groot aantal documenten waarvan een speciaal gedeelte aan het academische ziekenhuis zelf was gewijd. Daarbij verscheen een boekwerk dat als encyclopedie een schoolvoorbeeld genoemd kan worden van een lokale geschiedschrijving. Een zeventiental onderzoekers leverden een bijdrage aan deze rijk geïllustreerde documentatie. Daarin wordt de mythe ontzenuwd dat de 'vrije en Hanzestad Hamburg' niet of maar weinig door de Nazi's was aangetast. Doorgaand op 'die restlose Erfassung' wordt er gewag gemaakt van de invoering van het gezondheidspaspoort. In mei 1939 was al meer dan de helft van de bevolking (totaal 1,7 miljoen) geregistreerd in dat archief dat ook selecteerde naar categorieën als gehandicapten, homoseksuelen en criminelen. Als voorbeeld diende Hamburg in haar voortvarende aanpak van het 'asocialenprobleem'. Sterilisatie, gedwongen abortus, dwangarbeid én stadvernieuwing waren goed op elkaar ingesteld. Als sociaal-hygiënische maatregel tegen 'asocialen' werd alleen in Hamburg zo rigoureus de sloophamer ingezet (het 'Gängeviertel' werd in z'n geheel afgebroken). Verder is opvallend dat de maatregelen tegen alcoholici, daklozen, steuntrekkers, hoeren, et cetera, zo vroeg werden genomen. In '35/'36 waren ze 'erfasst'.[21]

Karl Heinz Roth opent met een verhandeling over de armoedepolitiek in de jaren dertig in Hamburg waar nog jaren na '33 de noodtoestand van kracht bleef. De armoebestrijding ging er anders toe dan in Berlijn, dat vooruitgang aan de ene en onderdrukking aan de andere kant voorstond: in Hamburg werd efficiënt opgeruimd. Selectie en concentratie als crisismaatregelen werden direct toegepast. Opvallend daarbij is dat criteria als 'Erbgesundheit' bij bestrijding van criminaliteit te relativeren zijn. De ambtenarij stond een bredere beoordeling voor, waarin niet de erfelijkheid maar 'sociale normen' als prestatie het doorslaggevende selectiecriterium moest worden. De beslissingsbevoegdheid zou naar hun mening niet al te zeer in handen gelegd moeten worden van de medische wereld. Dit blijkt uit de voorbereidingen in '40-'42 van de 'Gemeinschaftsfremdengesetz'. Hierin had geregeld moeten worden hoe na de 'Endsieg' óók de asocialen van Duitse afstamming behandeld zouden worden. Hamburg vond de omschrijving van 'Gemeinschaftsfremd' te medisch, omdat iedereen 'schwachsinnig' werd verklaard. 'Zinnelijk minderwaardig' vonden zij beter, immers opvoeding in werkkampen kon daar verbetering in aanbrengen. De krankzinnig-verklaarden waren tot passiviteit veroordeeld in overvolle inrichtingen. Die weg leidde alleen naar de dood en niet naar 'Leistung' waar de Hamburgse bestuurders naar streefden.

Een aantal artikelen is geschreven door de 'Projektgruppe für die vergessenen Opfer des NS-regimes' die acht werkgroepen telt en achterin het boek een oproep tot ondersteuning doet ('Noch leben Zeugen... Die Befragung von Betroffenen und Zeitzeugen ist dringend vonnöten.'). Naast historisch onderzoek streven ze naar erkenning van het recht dat alle slachtoffers van het Naziregime hebben op schadeloosstelling. Dat zijn daklozen en prostituees, sektes maar ook de zogenaamde 'Swingjugend' die met het dansen op jazzmuziek zware straffen riskeerden en waarvoor sommigen in het concentratiekamp terecht kwamen.

---

21   Karl Heinz Roth, 'Ein Mustergau gegen die Armen: Leistungschwachen und "Gemeinschaftsunfähigen",' in *Reilen und Vernichten im Mustergau Hamburg*, red. Ebbinghaus, Kaupen-Haas, Heinz Roth, 7-17.

Naast documenten en 'Täterbiografien' vond ik twee opmerkelijke artikelen, beide in het gedeelte 'Aussonderung und Vernichtung in den Anstalten.' Het eerste is van de hand van Angelika Ebbinghaus die de 'Aktive Therapie' plaatst in een breder kader van bezuinigingen en moord in de psychiatrische inrichtingen. [22] Het gaat hier om de toepassing van de elektroshock, die na onderzoek in jaren dertig niet langer op het hele lichaam, maar alleen op de hersenen werd verricht. Een 'wetenschappelijke' foltermethode die voor veel patiënten de dood betekende. Een gruwelijke methode die ze wakker zou moeten schudden doordat een krachtige stroom plotseling een nieuwe ordening in de hersenen zou aanbrengen (of zoiets want wat er precies gebeurde wisten de psychiaters niet). Anderhalf jaar na verschijning van dit artikel wordt er elders toegegeven dat na onderzoek geen direct verband kon worden aangetoond tussen de gewelddadige activering in de therapie toentertijd en de specifieke nationaalsocialistische geneeskunde. Het onderscheid tussen de 'gewone' medische vooruitgang en het fascistische gebruik van het therapeutisch activisme kon niet worden aangebracht.

Het tweede artikel is een openhartige zelfkritiek van een vooraanstaande naoorlogse psychiater, Klaus Dörner die ook al op de Gesundheitstag in 1980 vraagtekens zette bij de mede door hem opgestelde en doorgevoerde hervorming van de Duitse psychiatrie in de jaren zeventig.[23] Doordat het Naziverleden niet verwerkt is dreigt deze hervorming een kant op te gaan die veel overeenkomsten heeft met de Nazi-hervormingen en 'oplossingen'. Vrijwel iedereen had weet van de dodentransporten van gehandicapten naar de 'Heilanstalten'. Toch werden daar na de oorlog geen vragen over gesteld aan de verantwoordelijken ('Man fragt nur, wo man keine Angst für der Antwort hat'). Weliswaar geschiedde er een 'Sprachreform', maar het steeds toenemende 'activisme' in de behandelingstherapieën werd niet in een historische context geplaatst. Evenals het probleem van de langdurige patiënten. Het principe van de concentratie daarvan in een speciaal daarvoor bestemde inrichting is onaangetast gebleven en in tijden van crisis en bezuinigingen op de gezondheidszorg vallen daar de hardste klappen. De stap van 'te hoge kosten' via 'onproductieve mensen' naar 'geen uitzicht meer' en euthanasie is binnen de hervorming niet voorzien en zo wordt hetzelfde mechanisme weer in werking gesteld. Het probleem van de langdurige patiënten wordt nijpend evenals de roep om 'radicale veranderingen'. Hierbij is het van belang vast te stellen dat de Nazi's de droom van de vooruitgang het radicaalst gedroomd hebben. Om een gezonde samenleving zonder lijden of pijn te verkrijgen hebben zij pedagogie en dwangarbeid en als dat niet hielp medische maatregelen ingezet om dat doel te bereiken. Daarbij diende de geneeskunde al in de Verlichting als 'politiewetenschap' te zorgen voor 'innerne Ordnung und Sicherheit'. Deze rol van artsen als 'polizeiwissenschaftliche Sozialkontrolleure' zou volgens Dörner ter discussie gesteld moeten worden. Pas dan kan er opnieuw gedacht worden over een hervorming.

VI. Hervorming en euthanasie

---

22   Angelika Ebbinghaus, 'Kostensenkung, "Aktive Therapie' und Vernichtung: Konsequenzen für das Anstaltswesen,' in *Reilen und Vernichten im Mustergau Hamburg*, red. Ebbinghaus, Kaupen-Haas, Heinz Roth, 136-146.
23   Klaus Dörner, 'Ist die Psychiatrie-Reform der siebziger Jahre in Gefahr, zu einer 'Euthanasie' Reform zu werden?' in *Reilen und Vernichten im Mustergau Hamburg*, red. Ebbinghaus, Kaupen-Haas, Heinz Roth, 162-163.

Een korte geschiedenis van de euthanasie dient hier gegeven te worden alvorens de verschillende recente studies te behandelen. Na Darwin staan in de jaren twintig voorstanders van
de 'Vernichtung lebensunwerten Lebens' op die tevens sterilisatie voorstaan. De wetgeving
daarvoor komt in verbluffend korte tijd tot stand. Op 14 juli 1933 wordt de 'Gesetz zur Ver-
hütung erbkranken Nachwuchses' van kracht. In dit kader past ook de maatregel uit datzelfde
jaar landlopers in concentratiekampen te stoppen, lomscholen onder controle te stellen en
alcoholici onder gedwongen behandeling te stellen. In de propaganda richt men zich openlijk tegen zieken die op kosten van de gezonden leven en geen nuttige arbeid verrichten
(geen waren produceren dus zelf ook van geen waarde zijn). Vanaf '37 zijn er aanwijzingen
te vinden dat artsen bij ongeneeslijk zieken maar de 'Gnadentod' moeten vellen. Maar dat
gaat niet vanzelf. In '39 starten de voorbereidingen en vrijwel gelijktijdig met het begin van
de Tweede Wereldoorlog beginnen in augustus en september twee 'acties'. Ten eerste de
'Kinderaktion' waarbij een 'Reichsaussschuss' oordeelt over gevallen van kinderen die al bij
de geboorte een afwijking vertoonden. Het werd verplicht gesteld een formulier in te vullen
waarover tot driemaal toe een 'wetenschappelijk' oordeel werd gegeven. Ongeveer 6000
kinderen werd zo vermoord.

Als tweede was er de meest bekend geworden 'Aktion T-4' (genoemd naar de Tiergartenstrasse 4 waar vanuit de selectie, transporten met autobussen en de klinieken waar de patiënt-
en vergast werden, geregeld en beheerd werden). Tot aan de officiële stop van T-4, door Hitler
afgekondigd op 24 augustus 1941 vanwege de openlijke protesten vanuit de kerken tegen
euthanasie, vonden in zes klinieken waar de gaskamers en crematoriaovens gebouwd waren,
in totaal 70.723 mensen de dood. Maar daarna hield het moorden niet op. Door de 'Wilde
Euthanasie' vielen door verhongeren, vergiftiging van medicamenten en 'Vernichtung durch
Arbeit' nog meer slachtoffers dan in de eerste T-4 fase. Bovendien werden zieke gevangenen
uit concentratiekampen omgebracht, 'gemengde kinderen' in klinieken gedood en liep ook
vanaf '42 de tot dusver nog niet beschreven 'Aktion Brandt' die van bovenaf gepland was,
maar decentraal ten uitvoer werd gebracht. Tevens werden in Polen en het bezette deel van de
Sovjet-Unie zwakzinnige kinderen en volwassenen op aanwijzing van plaatselijke artsen, dus
zonder de bureaucratische weg te doorlopen zoals bij T-4 via 'Gutachten' het geval was, door
'Einsatztruppen' doodgeschoten. Een summiere voorgeschiedenis en een uitgebreide uitleg
over de verschillende stappen van de 'T-4 Aktion' is te vinden in het eerste overzicht dat Ernst
Klee in 1983 schreef, *'Euthanasie' im NS-Staat*.[24] De documentatie is zelfs apart uitgegeven.
Het is een goed naslagwerk zonder enige analyse en het houdt zoals gezegd op in 1941.

Als voorbeeld bij T-4 heeft hij de inrichting Grafeneck genomen, waar het georganiseerde
moorden eind '39 begon. Een dergelijk uitgewerkt voorbeeld mist na 1941. Op sommige
punten wordt Klee's werk door de publicaties van de Dokumentationsstelle aangevuld.
Anderen daarentegen werken een 'deelonderwerp' zo nauwkeurig uit en met zo'n duidelijke
vraagstelling (ook naar het heden toe) dat je bij het lezen de moeite moet doen de 'officiële'
geschiedschrijving à la Klee te koppelen aan de sociaal-politieke 'lezing' van de documenten
zoals Roth, Aly en anderen dat doen. De accenten worden anders gelegd. Dat kunnen we

---

24   Ernst Klee, *'Euthanasie' im NS-Staat: Die Vernichtung lebensunwerten Lebens* (Berlijn: Fischer, 1985).

bijvoorbeeld zien aan de biografieën die gegeven worden. Bij Klee vinden we alleen Werner Heyde terug die tot eind 1941 hoofd was van de afdeling T-4.

Bij de Hamburgers van de Verein echter vinden we mannen die in hun bezigheden en geschriften een verband gelegd hebben. Zo is er ene Werner Catel, een van de drie 'Gutachters' van de Reichsausschuss die moesten oordelen over leven of dood van gebrekkige kinderen. Hij deed dit niet alleen voor de wetenschap maar ook vanuit een 'nieuwe antropologische humaniteit'. Naast psychiater en neuroloog was hij tevens dichter-kunstenaar en natuurgenezer. Hij is de enige professor in Duitsland die tot in de jaren zestig een pleidooi hield voor het doden van ongeveer 2000 'Vollidiotischer Kinder'. Zij zouden geen bewustzijn hebben en daarom ook geen leed met zich mee dragen, 'eine massa carnis die niemals die Stufe eines Menschen erreichen kann'. In *Beiträge 2: Reform und Gewissen* van de Dokumentationsstelle, merkt Ulrich Schultz op dat in Catels werk op kinderkliniek in Leipzig een duidelijk verband te leggen is tussen actieve therapie, onderzoek en moord.[25]

In datzelfde nummer van de *Beiträge zur Nationalsozialistischen Gesundheits- und Sozialpolitik* (die sinds voorjaar '85 bij Rotbuch Verlag uitkomt en die samengesteld wordt door de vereniging in Hamburg) staat nog een andere biografie, *De diagnostische blik van Gerhard Kloos*, geschreven door Karl Friedrich Masuhr en Götz Aly. Deze schrijver van de *Grundriss der Psychiatrie und Neurologie mit besonderer Berücksichtigung der Untersuchungstechnik* (een leerboek uit '44 dat nog steeds gebruikt wordt), werd vlak voor de oorlog directeur van een ziekenhuis in de buurt van Jena met zevenhonderd chronisch zieken. Al snel schrijft hij de rapporten voor T-4 waardoor tachtig patiënten naar de gaskamers getransporteerd worden. Om tot uitdrukking te brengen dat er in Stadtroda iets gedaan werd en onderzoek in volle gang was, veranderde hij de naam van 'Anstalt' in 'Krankenhaus'. Hierdoor kreeg de 'Behandlung' een dubbele betekenis. Hij deed onderzoek naar vroegtijdige hersenbeschadigingen en doodde tevens in opdracht van de Reichsausschus kinderen die naar zijn 'Kinderfachabteilung' werden gebracht. Hij beoordeelde volgens zijn 'diagnose op het eerste gezicht' (dat voor velen een doodvonnis bleek te zijn). Eenzelfde lot waren 'asociale tuberculosepatiënten' beschoren. Na de oorlog werd hij directeur van het provinciale ziekenhuis van Göttingen. In '62 werd er wel een strafrechtelijk vooronderzoek naar hem verricht, maar dat leidde niet tot een veroordeling. In de herdrukken van zijn handboek verdwenen Nazistische rassentermen, maar onvermeld bleef waar hij zijn 'materiaal' ('het liefst zo vers mogelijk') vandaan had waar hij zijn observaties op had losgelaten.[26]

Deze en andere biografieën tonen de persoonlijke inzet toen en de continuïteit tot aan het nu. Ze zijn van controversiële aard, als de arts nog niet dood is bestaat er de kans een proces wegens belediging te krijgen. Een juridische afdeling hebben ze bij de Verein niet. In 1986

---

25   Ulrich Schultz, 'Dichtkunst, Heilkunst, Forschung: Der Kinderarzt Werner
     Catel,' in *Beiträge zur nationalsozialistischen Gesundheits- und Sozialpolitik: 2: Reform und Gewissen: Euthanasie im Dienst des Fortschritts*, (Berlijn: Rotbuch Verlag, 1985), 107.
26   Karl Friedrich Masuhr en Götz Aly, 'Der diagnostische Blick des Gerhard Kloos,' in *Beiträge zur nationalsozialistischen Gesundheits- und Sozialpolitik: 2: Reform und Gewissen: Euthanasie im Dienst des Fortschritts*, (Berlijn: Rotbuch Verlag, 1985), 81.

zijn in Frankfurt weer processen gevoerd tegen 'euthanasie'-artsen, maar daar zijn deze publicaties niet direct op uit. Duitse artsen en medicijnenstudenten hebben hun kennis uit zulke handboeken en lopen college bij leerlingen van Kloos en Catel en dat zou te denken moeten geven.

In datzelfde nummer 2 van de *Beiträge* staat ook het artikel van Götz Aly, 'Der saubere und schmutzige Fortschritt' dat het duidelijkst aantoont dat hervormingen in de psychiatrie, selectie en moord één geheel vormden.[27]

Zijn veelzijdige betoog begint met de hervormers uit de Weimar republiek. In hoofdzaak bekritiseerden zij de doodse, passieve toestand in de inrichtingen waar te veel patiënten bij elkaar lagen. Daar kwam bij dat in de Eerste Wereldoorlog tienduizenden verhongerd waren. De psychiatrie was met haar genezingsmethoden verouderd en had een slechte naam. Alleen uit deze situatie en de hervormingsdrang vallen de latere radicale maatregelen van de Nazi's te verklaren. De belangrijkste voorstellen ter verandering pleitten voor differentiatie, flexibiliteit en bezuinigingen waar mogelijk. De 'bezigheidstherapie' werd in die tijd uitgevonden, evenals het idee van de kleine inrichting met paviljoens. De 'euthanasie' paste binnen dit nieuwe concept waarin ruimte gemaakt werd voor nieuwe ontwikkelingen. Deze kwamen voort uit het intensieve onderzoek op de patiënten. Voorheen was daar nooit de nadruk op gelegd en bij de hervorming na '33 zou vooral deze 'wetenschap' de belangrijkste motor blijken te zijn. Met deze drang in het achterhoofd bekijkt Aly de planning die 'T-4' vanaf '41 maakte. Het was vooral het hoofd van deze afdeling (de opvolger van Heyde), Paul Nitsche, die zelf als hervormer in de 'Systemzeit' al actief was geweest, die gegevens en statistieken ging verzamelen om een overzicht te krijgen van alle Duitse inrichtingen. Hoeveel bedden hadden ze? Hoeveel waren de verplegingskosten per patiënt? Een complete inventarisatie moest er gemaakt worden. De nieuwe richtlijnen die verschenen betekenden dat van '39 tot '41 het aantal bedden met 60% verminderd moest worden. Ook wilde de Tiergartenstrasse de beheers- en financieringsstructuur anders zien, waarvoor het 'Reichsamt für die Heil- und Pflegeanstalten' in het leven werd geroepen. De 'Verrechnungstelle' hiervan had allereerst tot doel het financiële gedeelte van de 'verplaatsing' van de patiënten te regelen. Schokkend is de vergelijking die Aly daarna maakt tussen het interne rapport uit '43 van enkele psychiaters over de 'toekomstige ontwikkelingen' en de Psychiatrie-enquête uit 1975. Beide komen in verweer tegen de 'onmenselijke toestanden', het 'simpele in bewaring stellen' en de 'ontbrekende therapeutische wil'. Verpleging moet actieve behandeling worden. Beide willen af van het probleem van de verzorging van langdurig zieke mensen. Een 'probleem' waar in '43 een oplossing voor gevonden was, maar waar in '75 niets op gevonden was. Vooral de bezuinigingen op de gezondheidszorg in de jaren tachtig laten dit duidelijk zien. De wil tot hervorming is weer groot, de druk van buiten ook om de inrichtingen 'economischer' te beheren. Een situatie waarin de roep om selectie in goede aarde kan vallen, ook nu weer omwille van de 'modernisering'. Zo'n analyse geeft goed aan dat (massa)moord geen doel op zich was, maar

---

27   Götz Aly, 'Der saubere und der schmutzige Fortschritt,' in *Beiträge zur nationalsozialistischen Gesundheits- und Sozialpolitik: 2: Reform und Gewissen: Euthanasie im Dienst des Fortschritts,* (Berlijn: Rotbuch Verlag, 1985), 9-78.

slechts een klein onderdeel was van een goedkopere, gedifferentieerde psychiatrie die ook in
'43 al vurig pleitte voor ambulante eerstelijnshulpverlening (zoals in Nederland het RIAGG).

VII. Propaganda en legaliseringsvoorstellen

Het spreekt niet voor zich dat 'T-4' en andere 'acties' het predicaat 'Geheime Reichssache'
kregen. Onder oorlogsomstandigheden werden de transporten en moorden dat wel door het
massale karakter dat het aannam. De doctoren en bureaucraten die hieraan meewerkten
waren zich ervan bewust dat dit een eenmalige onderneming was in het kader van een
radicale, maar langdurige 'hervorming'. Om hiermee verder te kunnen gaan waren twee
zaken vereist: acceptatie door een meerderheid van de 'Vernichtung lebensunwerten Lebens' en een legalisering hiervan in een 'Gesetz zur Sterbehilfe'. Aan beide werd in de jaren
dertig al gewerkt, maar toen de 'hervormingen' in 1940 op gang kwamen was daar ook
een noodzaak toe. Door de dokteren die de rapporten schreven wie er vergast zou moeten
worden werd daar ook naar gevraagd. Graag zouden ze door een wet gedekt willen worden.
In wisselwerking tussen 'T-4', de 'Kanzlei des Führers' (die zelf met de door haar opgerichte
'Reichsausschuss' achter de 'Kinderaktion' zat) en het 'Reichssicherheitshauptamt' (en ook
nog de criminele politie) ontstond er in de zomer van 1940 een aantal versies van deze wet.
Professoren werden erbij gehaald, maar in de late herfst stopte Hitler zelf al deze initiatieven,
ook al was de definitieve tekst dan klaar. De massamoord op zwakzinnigen die toen op z'n
hoogtepunt was, raakte algemeen bekend en eind '40 was zeker niet het juiste ogenblik
deze wet openbaar te maken. Aly en Roth houden het erop dat dit niet gelegen heeft aan de
'Feindpropaganda' die uit de legalisering bij de gelovige bevolking munt wilde slaan om zo het
Naziregime te ondermijnen. 't Zou kunnen dat in 1940 de 'modernisering' nog niet voldoende
op gang was gekomen en de 'Gesetz über die Leidensbeendigung bei unheilbaren Kranken
und Lebensunfähigen' een te moorddadige, conservatieve indruk zou achterlaten. Het leek
beter dit tot na de oorlog uit te stellen.[28]

Een tussenstap om justitie en de kerken van de noodzaak tot wetgeving te overtuigen was
de speelfilm *Ich Klage an*. Duidelijk moest worden dat het wat de Nazi betreft afgelopen was
met de 'smerige' massavernietiging en het tijdperk van de wetenschappelijke, individuele,
openbare en geïnstitutionaliseerde 'euthanasie' nu aangebroken was. Aan de bevolking moest
duidelijk gemaakt worden dat het niet om moord maar om 'Sterbehilfe' ging, de zogenaamde
'Tötung auf Verlangen'. Het laatste artikel van *Beiträge* no. 2 betreft een uitvoerige analyse
van deze film door Karl Heinz Roth, waarmee ik dit gedeelte wilde afsluiten.[29]

---

28   Karl Heinz Roth en Götz Aly, 'Das Gesetz über die Sterbehilfe bei unheilbar Kranken: Protokolle der
      Diskussion über die Legalisierung der nationalsozialistischen Anstaltmorde in den Jahren 1938-1941,'
      in *Redaktionskollektiv 'Autonomie', Erfassung zur Vernichtung, von der Sozialhygiene zum 'Gesetz über
      Sterbehilfe,'* red. Karl Heinz Roth (Berlin: 1984), 101.
29   Karl Heinz Roth, 'Filmpropaganda für die Vernichtung der Geisteskranken und Behinderten im
      "Dritten Reich",' in *Beiträge zur nationalsozialistischen Gesundheits- und Sozialpolitik: 2: Reform und
      Gewissen: Euthanasie im Dienst des Fortschritts*, (Berlijn: Rotbuch Verlag, 1985), 125-193. Het eerste
      feministische standaardwerk over deze geschiedenis is naar mijn weten het historische overzicht van
      Gisela Bock, *Zwangssterilisation im Nationalsozialismus: Studien zur Rassenpolitik und Frauenpolitik*
      (Berlijn: Opladen, 1986).

De voorlichtingsfilms over psychiatrie hebben 'n geschiedenis. Zowel voor als na '33 werd dit medium gebruikt, maar dan op kleine schaal voor vak- of partijgenoten. *Opfer der Vergangenheit* uit '37 is de eerste propagandafilm (van het 'Rassenpolitischen Amt') waarin gekken zelf zonder commentaar in beeld komen. Hun verschijning als zodanig, hun afwijkingen en rare opmerkingen zijn schokkend. Eind '39 begint T-4 met het maken van eigen opnamen voor een grotere productie. Een cameraploeg maakt een rondreis langs de inrichtingen die een speciale kwaliteit hebben. Er wordt hard gezocht naar een 'paleis' waar ze volgens T-4 luxueus in zouden verblijven, waar ze al nietsdoend en vegeterend de Duitse kastelen en burchten 'bezet' zouden houden. Het materiaal voor wat een 'Kultur- und Dokumentarfilm' moet worden is moeilijk te vinden maar niet hét probleem. Dat is het scenario, want eind 1940 vindt er een koerswijziging plaats in de gebruikte propagandamiddelen. Het moet een speelfilm en geen documentaire worden. Het concept hiervoor ligt wel op tafel maar daar moet nog een passend verhaal bij verzonnen worden. Verschillende verhalen worden uitgewerkt en weer verworpen. De crux zit 'm in 'een driehoeksverhouding van vader, moeder en dokter'. In een eerste versie is het dokter die doodt, maar dat moet gezien de veranderde situatie liever niet de essentie van de film worden. Het gewetensconflict over het zelf om het leven brengen moet in het gezin geplaatst worden. De vader doodt, niet de arts. De plot is zoals het hoort kort maar krachtig. De zoon van een arbeider wordt door een ongeval zwaar gehandicapt. Zijn moeder wil niet dat hij naar een inrichting gaat, maar vader kan daar niet tegen, want zijn arbeidskracht wordt door de dagelijkse confrontatie met zijn gehandicapte zoon ernstig verzwakt. De man besluit zijn zoon te doden. De directeur van de inrichting weigert dit echter te doen, omdat daarvoor de vereiste wetgeving ontbreekt. Nadat de man het heft in eigen hand heeft genomen, geeft hij zich bij de politie aan en komt er een proces. Tijdens de rechtszitting wordt de vader de held en daagt de advocaat de staat uit nu eindelijk eens een 'Sterbehilfegesetz' te maken. Opmerkelijk hieraan is dat het hier niet om 'n erfelijke ziekte maar om een noodlottig ongeluk gaat en dat van 'Tötung auf Verlangen' geen sprake is. Maar het doel is wel eenduidig: de 'oude' normen aanklagen en pleiten voor een nieuwe wetgeving die in overeenstemming is met de gangbare sociale normen en praktijken.

Dit schema werd gebruikt voor het uiteindelijk produkt, de Tobis-speelfilm *Ich klage an* gemaakt door regisseur Wolfgang Liebeneiner naar het scenario van Eberhard Frowein. Ook hier draait het verhaal om het samenspel tussen familiaire en medische verhoudingen. De arts Thomas Heyt, die beroepsmatig onderzoek doet naar de raadselachtige ziekte multiple sclerose, komt erachter dat zijn vrouw Hanna aan deze dodelijke ziekte leidt. Zijn oude vriend Bernard Lang, die in het dorp waar zij wonen huisarts is, wordt ingelicht. De beide medicijnmannen verschillen van mening of aan haar leven een voortijdig einde gemaakt moet worden. Juist op het moment dat arts en vriend Bernard op bezoek is bij de onderzoeker-echtgenoot Thomas en ze op de kinderafdeling met ernstige gevallen rondwandelen, krijgen ze te horen dat Hanna een aanval heeft gekregen en in ademnood is. Ze spoeden naar huis waar haar man gelijk de dodelijke dosis medicijnen aan haar toedient (…'Ich wünschte, das wäre der Tod'… 'Es ist der Tod, Hanna'… 'Wie ich dich liebe, Thomas…'). Haar huisarts kijkt toe en direct daarna komt het tot een breuk tussen hem en de weduwnaar Wolfgang. De broer van Hanna, die van de huishoudster te horen had gekregen wat er was gebeurd, geeft Wolfgang aan bij de politie. Tijdens de rechtszitting duiken verschillende types op om de verscheidenheid aan meningen en invalshoeken te benadrukken. Het verlossende woord echter komt pas aan het eind van Bernard, die eerst niet kwam opdagen, maar nu toegeeft dat Hanna het zelf gewild had. Het slotwoord is aan de aangeklaagde medicus Wolfgang die de titel van de film uitlegt:

Ich klage die Vollstrecker überwundener Anschauungen und überholter Gesetze an. Es geht hier nicht um mich, sondern um die Hunderttausende jener hoffnungsloser Leidenden, deren Leben wir gegen die Natur verlängern müssen und deren Qualen wir damit ins Widernatürlichen steigern...

Daarmee eindigt de film en het wordt in het midden gelaten of hij wordt veroordeeld.

Op 29 augustus 1941 vindt de wereldpremière in Berlijn plaats. Tobis, Goebbels en de censuur zijn voorzichtig geweest, het verzet vanuit de katholieke kerk is op z'n hoogtepunt. Maar de film wordt goed ontvangen, uiteindelijk hebben 18 miljoen mensen hem gezien en krijgt *Ich klage an* verschillende filmprijzen. Binnen Nazikringen zorgt hij voor een nieuwe consensus en de legitimatie naar de bevolking toe bleek te werken. Toch weet Roth uit andere bronnen te halen dat vele bioskoopbezoekers de moorddadige boodschap doorzagen, vooral in de katholieke delen van het land. Maar de operatie die gestart was in de 'T-4'-centrale, van een planmatige uitroeiing en 'hervorming' een 'gewetensprobleem' te maken, was geslaagd: velen begonnen de noodzaak in te zien dat op dit vlak wetgeving noodzakelijk was.

In *Ich klage an* zijn de documentaire opnames die in het beginstadium voor deze film gemaakt waren, niet terug te vinden. Die werden bewaard voor twee andere films, waar Hermann Schweninger in'41/'42 aan verder werkte. De eerste moest een 'Kulturfilm' worden en kreeg als titel *Dasein ohne Leben*. De ophanger om beelden te kunnen tonen van de inrichtingen, patiënten en therapieën is heel simpel. Studenten stromen een grote collegezaal binnen waar op de deur staat aangekondigd dat 'prof. dr. Kämpfer' een lezing zal houden over het thema 'Dasein ohne Leben Psychiatrie und Menschlichkeit'. En dan volgt zijn rijk geïllustreerde college. Hij bedient zich niet van propagandistische taal maar doet zich voor als een vooruitstrevend wetenschapper. Met 'actieve therapie' moet tegen elke prijs bereikt worden dat de langdurig zieken en zwakzinnigen genezen worden, anders... Doel van deze film is, anders dan in 1940, te laten zien dat het nieuwe psychiatrische paradigma zodanig is uitgewerkt dat het in begrijpelijke beelden en commentaar omgezet kan worden. Dat houdt in dat als de staat alle mogelijkheden die de therapeutische vooruitgang te bieden heeft, benut en er zoveel mogelijk patiënten genezen worden, hij ook het recht heeft diegenen die ondanks alles toch ongeneeslijk blijken te zijn, op te ruimen. Bijna een jaar lang wordt er in de Nazitop die met dit onderwerp te maken heeft onderhandeld over het uiteindelijke resultaat en op 22 december 1942 vindt de eerste besloten voorstelling plaats. De uitgenodigde hoge heren met hun dames reageren enthousiast. Maar het verloop van de strijd om Stalingrad beslist anders. Hij wordt niet in roulatie genomen. Ook de tweede, wetenschappelijke documentaire waarin aan het einde van een lang betoog beelden hadden moeten komen van de moord door verstikkingsdood in de gaskamer (gemaakt in '40), kan door de 'Totale Krieg' niet worden afgemaakt en vertoond. Van *Dasein ohne Leben* zou nog een kopie moeten bestaan, maar die is tot dusver nog niet gevonden. Het andere materiaal is aan het eind van de oorlog verbrand. Pas onlangs zijn de scenario's en de correspondentie daaromheen in Heidelberg en Washington gevonden. Wat wel sinds 1943 openbaar toegankelijk is, is een aantal wetenschappelijke super 8-films zonder geluid waarin ook nu nog voor onderwijsdoeleinden experimenten met 'T-4'-slachtoffers te zien zijn. En natuurlijk de regisseur en acteurs van *Ich klage an*. Zij worden breeduit geloofd voor hun prestaties en kunnen terugkijken op een glansrijke carrière waarin deze film toch zo'n belangrijke rol in speelde.

VIII. Het gebruik van historische analyses

Zo veelzijdig als het bovenstaande historische onderzoek zelf is, kan ook het gebruik van dit materiaal in de recente controverses in de Bondsrepubliek beschreven worden. Registratie, selectie gevolgd door het 'afschrijven' van mensen om 'afwijkingen' te elimineren is een mechanisme met een (verhulde) stapsgewijze logica die na 1945 in de Duitse gezondheidszorg allerminst verdwenen is, evenals het vooruitstrevende karakter van deze sociaal-politieke ingreep. In de jaren tachtig hebben de conflicten op dit vlak zich gemanifesteerd rond het thema 'gentechnologie', variërend van reageerbuisbaby's, de zogenaamde 'draagmoeders', gen-manipulatie, erfelijkheidsvoorlichting en de gedwongen sterilisatie van gehandicapten. Fenomenen die afzonderlijk genoeg aandacht in de media krijgen maar waarvan de samenhangen en de achterliggende maatschappijvisie onbekend zijn. Vooral uit feministische hoek wordt getracht de medische ontdekkingen te plaatsen in de bevolkingspolitiek (op internationale schaal). Net als bij andere technologieën gaat het hier om de vraag in hoeverre dit 'wetenschappelijke' machtsinstrumentaria dat in patriarchale handen gebruikt wordt om (ook) de voortplanting vrouwen te ontnemen, compromisloos radicaal bestreden moet worden of dat er 'goede' en 'slechte' kanten aan zitten. In de feministische teksten spelen de verwijzingen naar de Nazitijd een belangrijke rol. Ook daarbij is het historische onderzoek dat tot nu toe ontbroken heeft, van groot belang. De Hamburgse publicaties sluiten indirect aan bij de radicale politieke argumentaties tegen het gebruik van de nieuwe reproductietechnieken. Ook bij dit onderwerp is het verwijt het gebrek bij artsen en wetenschappers de continuïteit van zaadbanken en reageerbuisbaby's vanaf de Nazitijd tot aan de dag van vandaag te onderzoeken en zich daarvan te distantiëren. De specifieke scheiding van seksualiteit en voortplanting die toen gemaakt werd is nu weer bij de genen-technici terug te vinden. Roth typeert deze opvatting over seksualiteit als volgt: deze medici zien het als een 'zinloos roulettespel' en daarom kan voortplanting ook zonder seks. Roth gaat daar tegenin en beweert dat seksualiteit een wezenlijke kern van onze sociale identiteit is. Door seks boven reproductie te plaatsen ontstaat er een vrijheid om te zelf te kunnen beslissen over alle emotionele verhoudingen, ook die of wij kinderen willen of niet:

> Het geheime programma van deze mensenfokkers luidt dan ook: laat ons de maatschappij in het oogpunt van haar arbeidsvermogen productief maken, maar laat ons ook de volgende stap zetten en de reproductievoorwaarden gaan onteigenen. Het laatste doel van de hele eugenetische sociale techniek is de fundamentele a-socialiteit van het menselijke leven.[30]

---

30 Karl Heinz Roth, 'Menschen-Zucht und Gen-Ordnung,' *Konkret* nr. 1 (1986), 48.

De maatschappij zal beroofd worden van z'n historiciteit doordat het sociale leven vernietigd wordt, een 'Brave New World' waarin de medische macht het voor het zeggen heeft.

Een voorbeeld waarin een politieke en een historische verhandeling in elkaar geschoven zijn is de uitgebreide brochure 'Die WohlTATER-Mafia' van een Hamburgse groep die strijdt tegen erfelijkheidsvoorlichting zoals die door de 'humangenetische Beratungsstellen' gegeven wordt. Zij vragen zich af wat achter de angst voor de geboorte van een gehandicapt kind verborgen ligt. Zij constateren bij deze voorlichtingsbureaus een zelfde werk- en denkwijze als in de Nazitijd: homoseksualiteit, criminaliteit en alcoholisme dreigen ook onder het werkterrein te vallen en net als vroeger zijn deze bureaus bijzonder vlijtig in het verzamelen van persoonlijke gegevens. Ze ontdekten dat tientallen medewerkers direct of indirect medeschuldig zijn geweest aan Nazimisdaden.[31]

Naast de continuïteit is er nog het verleden zelf dat in de laatste jaren in West-Duitsland op de voorgrond is komen te staan. Een moeizame strijd van slachtoffers om erkenning die door de controversiële herdenkingen van '83 en '85 de politieke arena hebben betreden. Een overzicht daarvan valt op dit moment moeilijk te geven, de publicaties over dwangarbeid zijn van zeer recente datum (zoals het derde deel van de *Beiträge* 'Herrenmenach und Arbeitsvölker' en het tweede deel van OMGUS over I.G. Farben). Vast staat dat men zich niet laat afkopen met een kleine fooi zoals de Deutsche Bank dat bij de overname van het Flick-concern dat dacht te doen door 5 miljoen DM over te maken aan de Joodse hulporganisatie 'Claim Conference'. Zoals ik al eerder vermeld heb ligt bij de Bondsdag het wetsvoorstel van de Grünen, maar dat schijnt niet veel kans te maken.

Als afsluiting wilde ik de aanleiding voor het schrijven van dit overzicht nog terughalen, de discussie over de wenselijkheid van wetgeving van 'euthanasie'. In het licht van de Hamburgse terminologie en het inzicht in het verband tussen sociale machtstechnieken, de hervormingen van de gezondheidszorg en uiterste consequenties daarvan tijdens het Nazibewind, massamoord op psychiatrische patiënten, gedwongen sterilisatie, dwangarbeid en deportatie, mogen de gebruikte krachttermen van Dessaur ('tirannie en terreur van horden ons bezettende Duitsers') wel heel simpel klinken. In haar angst dat de '*do-gooders*' van nu zich ook van de eugenetica bedienen die vijftig jaar geleden in Nazi-Duitsland werd geprakseerd doet ze een beroep op precies de verkeerde angstbeelden. Ze zet het schrikbeeld van de gewelddadige en irrationele barbaar in, hopend dat met deze vertwijfelde poging de sluipende ontwikkeling in Nederland nog gekeerd kan worden. Ze doet dit in naam van 'wat eens onze beschaving was'. De vooruitstrevende, hervormingsgezinde Naziartsen deden daar alleen met hun rationeel-geplande bevolkingspolitiek ook een beroep op. Door dit beeld te gebruiken had Dessaur duidelijker de parallel aan kunnen geven. Angelika Ebbinghaus doet dit nadrukkelijk in een lezing die ze hield op de Hamburgse universiteit. Aanknopend bij de cruciale scene uit *Ich klage an* behandelt ze de eigentijdse argumenten voor 'Sterbehilfe' ook wel 'Tötung auf Verlangen' genoemd. Ze keert zich daarbij tegen de wijze van argumenteren door met individuele gevallen als voorbeelden te pleiten voor een wetgeving die een algemeen

---

31   Udo Sierck en Nati Radtke, *Die Wohltätermafia: vom Erbgesundheitsgericht zur Humangenetischen Beratung* (Hamburg: 1984).

sociaal-politiek karakter heeft. De voorstanders dienen in te zien dat ze zich bewegen binnen de krachtsverhoudingen van de gezondheidspolitiek die in de jaren tachtig beheerst wordt door een efficiënte kostenbatenanalyse. De moraal moet zich er rekenschap van geven dat we in een tijdperk van bezuinigingen en hervormingen leven. Het maatschappelijk gesanctioneerde taboe op de dood en de grondwettelijke garantie dat het leven beschermd wordt mag volgens haar niet aangetast worden. Het recht van de enkeling moet in vergelijking daarmee geringer geacht worden. De kosten-baten overwegingen in de gezondheidszorg leiden noodzakelijkerwijs tot selectie die zich naar 'lebenswert' of 'lebensunwert' richt. Dit brengt allereerst oude en aan de rand van de maatschappij levende mensen in gevaar. Ze zouden onder een psychologische druk gezet worden en inderdaad naar de dood gaan verlangen als ze het gevoel zouden krijgen dat hun familie en het verplegend personeel van hen verwachten dat ze 'vrijwillig' en 'bijtijds' uit het leven stappen.[32]

Voorts zou de vertrouwensrelatie tussen arts en patiënt onherroepelijk verstoord worden. In plaats van een debat over de verandering van de wetgeving te eisen zou men er beter aan doen de leef- en verzorgingsmogelijkheden van oude, zieke en stervende mensen te verbeteren zodat een menswaardig levenseinde en sterven voor vele mensen mogelijk wordt. Ebbinghaus eindigt haar stellingen met de constatering dat in West-Duitsland alleen uit conservatieve hoek gewaarschuwd wordt voor historische herhalingen. Inderdaad zijn de Grünen vurige pleitbezorgers voor het 'zelfbeschikkingsrecht voor dood op verlangen'. Dat 'recht' is het begrip waarop Grünen, SPD en de 'Deutsche Gesellschaft für Humanes Sterben' elkaar gevonden hebben. Gedaan wordt er volgens Götz Aly in een redaktioneel kommentaar dat hij schreef voor de TAZ naar aanleiding van een hearing in het Bundeshaus te Bonn, alsof deze zelfbeschikking buiten de maatschappelijke / gewelddadige verhoudingen om geformuleerd zou kunnen worden.[33] En alsof het doodsverlangen uit de diepte van het individu zou komen, terwijl men eigenlijk door het idee van de 'nutteloze verlenging van het leven' tot zo'n verklaring gedwongen wordt.

Gezien het feit dat geen enkele politieke partij principiële bezwaren heeft tegen verandering van de wet ziet ook Aly alleen nog maar hoop in de buitenparlementaire oppositie in CDU/ CSU-kringen: de conservatieve en in het bijzonder de katholieke theologen. Een sombere en cynische inschatting van het potentieel dat in de Bondsrepubliek zich zou verzetten tegen de aanname en invoering van de 'Gesetz über Sterbehilfe'. Waar er binnen de Grünen wel heftig gestreden wordt om het abortusvraagstuk (behouden en mystieke vrouwen uit met name Zuid-Duitsland zijn tegen legalisatie), blijft het rond het 'euthanasie'-thema opvallend stil. Een niet zo Duits verschijnsel is het dat men het antwoord op dit soort kritiek schuldig blijft. Dat komt omdat hier de kern van de Grüne-ideologie geraakt wordt. Zelfhulp en decentralisatie vormen de trefwoorden van hun gezondheidszorg-politiek. Een ideologie die moeiteloos aansluit bij de in crisis geraakte grootschalige gezondheidsfabriek op zoek naar 'alternatieven'.

---

32 Angelika Ebbinghaus, 'Sterbehilfe Tötung auf wessen Verlangen?' in: *Mitteilungen der Dokumentationstelle des Vereins zur Erforschung der nationalsozialistischen Gesundheitsund Sozialpolitik e.V.* vol. 1, nr.7-8 (september-oktober 1985), 3.
33 Götz Aly, 'Selbstbestimmung als Vernichtungsutopie, Kommentar zum Hearing über die Sterbehilfe,' *Die Tageszeitung*, 17 mei 1985.

Over de afbraak van het sociale verzekeringsstelsel die nu in volle gang is wordt in hun 'Gesund Sein 2000 Wege und Vorschläge' met geen woord gerept. Het toverwoord luidt 'Selbstbedienung' en dat in tijd waarin het inkomen van grote groepen van de bevolking achteruitgaat. Een middenklasse-utopie die vraagt om een klassieke marxistische kritiek.[34] Het ontwerpen en beheren van de armoedepolitiek wordt zo in handen gelegd van een groep goedbedoelende ecologen die er altijd alleen achteraf achter komen dat ze in de harde realiteit het sociale machtsinstrumentaria in de hand gedrukt hebben gekregen. Als zij hun geloof in geweldloosheid niet naast zich neerleggen is het gevaar groot dat de grün-alternatieve gezondheidspolitiek niet meer wordt dan een variant op de heersende sociale technologie. Een kans dat er gebroken gaat worden met de tradities en denkwijzen die de Nazi's met zoveel voortvarendheid hebben omgezet in moorddadige praktijken moet dan klein geacht worden.

---

34   Götz Aly, 'Die Neuausrichtung der Gesundheitsdienste: Alternative Gesundheitspolitik als Farm der Selbstbedienung.'

8. SPURENSICHERUNG - SPURENVERNICHTUNG: OVER DE HERDENKING BIJ HISTORISCHE PLAATSEN IN BERLIJN

GEERT LOVINK

Geschreven in juli-september 1986.

I.

Berlijn, 8 dec. 1983

Beste Basjan,

[…] Ik zou je iets schrijven over Berlijn en mijn leven hier. Na de kolenkachel te hebben aangemaakt en de krant gelezen te hebben, besloten naar de film Bomben über Berlin te gaan. De bioscoop die qua ligging wat weg heeft van 't kerkje in Kalverstraat 'Een kwartier voor God', was halfvol. De kerstinkoop die zeker op zaterdagen als deze een hoogtepunt bereikt maakt het contrast met de oorlogsjaren nog groter. Een koopterreur die net zo goed slachtoffers opeist. Aanleiding voor de gang naar de bioscoop was een klein berichtje in de Berlijnse editie van de [Tagezeitung] op de dag dat de Bondsdag het besluit nam tot het plaatsen van de kruisraketten. Veertig jaar geleden, in november '43, was de Slag om Berlijn begonnen en dat werd nu herdacht. In één nacht viel er 40.000 ton TNT op deze stad. Eén groot inferno moet het geweest zijn. Al met al werden 1 miljoen Berlijners dakloos en 50.000 stierven door de bombardementen.

Elke dag kan je parallellen met het verleden trekken. Dat weet ik en soms doen ze niet ter zake. Het blijven gedachtenconstructies. Deze raakte mij alleen in het bijzonder. Op zich waren de filmbeelden niet uniek: overwegend materiaal uit de Wochenschau, wat je elke zaterdagavond op de Duitse tv kan zien. Dat aangevuld met heimelijk gemaakte privéopnamen hoe de stad er werkelijk uitzag tijdens en na een bombardement. In mijn dromen ken ik, naast het vallen van een brug of flatgebouw, maar één nachtmerrie en dat is het bombardement. Laag overvliegende machines, rennende mensen, het suizen van de bommen en de inslag… dan schrik ik wakker. Het is 't meest schokkende natuurverschijnsel dat ik ken, een geschenk uit de hemel nota bene! Ik verafschuw oorlogsfilms, maar deze fascineerde mij. D'r was iets dat mij naar deze film dreef, waardoor ik mijn ogen niet af kon houden van de huilende, ronddwalende mensen te midden van een vuurzee. En dat was de gedachte die ik sinds mijn aankomst, een maand geleden, niet meer heb kunnen loslaten, namelijk dat ik op die plek, waar eens de hel op aarde was nu dagelijks rondloop, woon en er vanuit de bibliotheek op uitkijk. Het is voor mij moeilijk te vatten om op een voormalig slagveld te wonen.

Toen de bezoekers strompelend de zaal verlieten, viel mij een oude man op die volstrekt verward, hinkelend en in zichzelf pratend de kerstdrukte inliep. Ik wilde hem vragen of hij erbij was geweest. Een vrouw twijfelde ook of ze hem zou aanspreken, maar we deden het niet. Zoiets voel je aan. Oude mensen staan daar in de regel wel voor open. Ze spreken je op straat of in de metro aan om te vertellen over hun huis en familie die ze zijn kwijtgeraakt, verloren. Deze man was alleen zó schuw en in zichzelf gekeerd dat het me dit keer niet verstandig leek. Na een rustgevend bezoek aan een grote boekhandel ben ik naar huis gegaan om te eten. [...]

tot snel, de hartelijke groeten.

geert

In het Orwell-jaar 1984 verbleef ik voor langere tijd in West-Berlijn. Een jaar dat ingeklemd is tussen de herdenking van de 'Machtsübernahme' in 1983, toen 50 jaar geleden en de viering van het feit dat Duitsland in 1985 40 jaar bevrijd was van het Naziregime. Begin- en eindpunt van een periode waar ik mij al langer mee bezighield, zonder precies te weten waarom. En daar wilde ik in Berlijn een antwoord op vinden. Een expeditie die wat dat betreft schromelijk mislukt is omdat er alleen maar vragen bij kwamen. Al lezende dienen de nieuwe invalshoeken en deelonderwerpen zich aan en 'fascisme' heeft mij sindsdien niet meer losgelaten. De drijfveren zal ik verder laten voor wat ze zijn. Waar het in dit verslag om gaat is de verhouding tussen de plek en de herinnering. Een raadsel dat mij, zo te zien aan de eerste brief die ik een maand na aankomst schreef, in het begin sterk heeft bezig gehouden. Ik boog mij over de plattegronden van de binnenstad om het oude stratenplan en de namen die nu veranderd zijn, uit m'n hoofd te leren. Ik las het dagboek van Ruth Andreas-Friedrich waarin de Joden-deportaties en bombardementen zo indringend beschreven worden. En het relaas van de Amerikaanse correspondent Howard Smith die in '40/'41 in Berlijn werkte en in zijn *Last Train from Berlin* (uit 1942) zowel de grote als kleine gebeurtenissen heel nauwkeurig beschrijft. Of het standaardwerk van de Berlijnse Alltagsgeschichte waar ik al eerder mee had kennis gemaakt: Jochen Köhlers *Klettern in der Grossstadt: Volkstümliche Geschichten vom Oberleben in Berlin 1933-1945*, verknipte interviews met achttien verschillende mensen.

Ik trachtte plaats en naam van belangrijke cafés, restaurants en theaters te onthouden om zo aanknopingspunten te hebben. Ik wilde een voorstelling hebben hoe de straten en pleinen van de 'Reichshauptstadt' er in die tijd uitzagen. Maar waarvoor? Ik had me niet voorgenomen interviews te gaan maken met de weinigen die nog leefden, daar waren al genoeg mensen mee bezig. Ik wilde dat ik over een tijdsmachine kon beschikken of dat ik bij het lezen kon doordraaien om in mijn dromen door de Berlijnse straten te kunnen lopen. Voor nostalgie had ik te weinig belangstelling voor de 'Golden Twenties', dat kon het niet zijn. Ik meende dat het ook geen verborgen verlangen was de stad te zien zonder Muur. Ik dacht dat de Muur een afdoende garantie was dat Duitschland geen wereldmacht kon worden, dus vanuit Nederland bezien mocht ie wat mij betreft voorlopig nog wel even blijven staan. Het was 't verschijnsel 'plek' zélf waar ik mee in m'n maag zat. Berlijn plaagt z'n bezoekers met de ongerijmdheid die je tot gekte kan drijven: aan de ene kant zijn er resten, ruïnes, gaten, monumenten. Aan de andere kant weet en zie je dat het verleden verdwenen is, gebombardeerd, maar ook gesloopt, gedeporteerd en verdreven.

Anders gezegd: Berlijn is het openluchtmuseum van de 20ste eeuw, zoals Amsterdam dat van de 17de eeuw is, een enclave wier voortbestaan te danken is aan de eigen geschiedenis, iets waar kosten noch moeite voor gespaard wordt om de toeristen daarop te wijzen. De films, fotoboeken, romans, tentoonstellingen en monumenten zijn in hun aantal en kwaliteit overweldigend. Je krijgt de indruk dat alles al gezegd, geschreven en uitgebeeld is. Het is allemaal gedocumenteerd, tot in het kleinste detail onderzocht. Dat is niet in de laatste plaats te danken aan de Nazi's zelf, die de eigenschap hadden alles pijnlijk nauwkeurig te boek te stellen, te fotograferen, registreren en administreren. Dat is ook de belangrijkste eigenschap van de naoorlogse boeken over het fascisme, ze zijn documentair en chronologisch.

Het materiaal is gigantisch, de interpretaties daarentegen schaars. Dit correspondeert ook met de mening van velen dat het fascisme nog nauwelijks begrepen is. Een vreemde gewaarwording als je eerst zo onder de indruk was van hetgeen er tot nu toe al geschreven is. De fascinatie, de grondigheid, de snelheid (verdichting van de geschiedenis) en de allesomvattendheid blijven een raadsel. En naast de oorzaken zijn er nog de gevolgen die onvoorstelbaar blijven. Hoe precies de fabrieksmatige onmenselijkheid in de vernietigingskampen ook beschreven moge zijn, het zal onbegrepen blijven. Het was het eindstation en waar het nu om gaat is al het voorafgaande reconstrueren en doordenken. Niet om herhaling te voorkomen, want dat credo calculeert zelf al met de eventuele mogelijkheid dat het ooit weer 'daar' eindigt ('en wellicht nog erger' wordt er dan achter gezegd). In deze lijn ligt ook de gedachte om een voorstelling te maken van wat 'niet-fascisme' zou kunnen zijn.

Maar er is ook nog een andere gedachte die met het bovenstaande, de continuïteit, breekt. En die beweert dat de geschiedenis zelf verdwenen is. Elias Canetti noemt dit een pijnigende voorstelling: 'dat vanaf een bepaald punt in de tijd de geschiedenis ophield reëel te zijn. Zonder het te merken heeft de hele mensheid plotseling de realiteit verlaten; alles wat sindsdien is gebeurd is absoluut niet waar, maar we kunnen het niet merken.'[1] Zo verdwijnt in Berlijn de geschiedenis van straat en verschijnt vervolgens weer ten tonele in het Openlucht Museum. Idem dito met de geschiedschrijving, die alleen nog z'n waarde heeft als catalogus bij de rondleiding. De banden met onze tijd en waarneming van de werkelijkheid zijn losgesneden. Maar binnen het museum kunnen deze documenten met interpretatie geniaal zijn. Het lijkt erop dat de studies naar het tijdvak 1933-1945 voor de huidige tijd van geen belang meer zijn, juist omdat na '33 (of '45?) de wereld zo veranderd is. Ik zou het 'Dead Point' van Canetti ook in deze periode zoeken.

De grootste opgave die het fascisme-onderzoek zichzelf gesteld heeft, is te leren van de geschiedenis. Maar wat gebeurt er als de sporen van het verleden verdwenen zijn? Of nog een stap verder, als de geschiedenis als zodanig verdwenen is en we Mulisch' uitspraak dat

---

1   Elias Canetti, *Die Provinz des Menschen: Aufzeignungen 1942-1972* (Frankfurt: Fischer, 1976), 79, zoals geciteerd in Jean Beaudrillard, *De fatale strategieën* (Amsterdam: Duizend & Een, 1985 (1983)), 19.

'Auschwitz de geschiedenis van Europa voorgoed verknoeid heeft' letterlijk nemen?[2] Dan wordt het naar mijn idee van belang om ook het fenomeen 'geschiedenis' in dit onderzoek op te nemen én te gaan kijken naar de breuken, de dingen die verdwenen in plaats van stil te staan bij de resten die gebleven zijn. Dat zou de vraag kunnen zijn waar ik na mijn verblijf in Berlijn op uitkwam: bestaat de herinnering (aan het fascisme) zonder dat deze zich kan vastmaken aan of manifesteren op een plek? Als rode draad dient de super 8-film *De Zaak 40-61-84* die ik in het voorjaar en de zomer van '84 samen met Just Vercruijsse in Berlijn gemaakt heb. Dit verslag is een verlate voorstudie hiervan, een scenario twee jaar na dato. De vraag zelf zal ik niet kunnen beantwoorden. Het doel is meer aan te geven hoe ik daar op uit ben gekomen. Daarvoor gebruik ik een aantal boeken over Berlijn die een diepe indruk op mij gemaakt hebben vanwege hun eigen kijk op de plek en de herinneringen die daar al dan niet aan vastgeknoopt kunnen worden.

II. Het uitzicht vanuit mijn raam

Harry Mulisch schreef in 1961 wekelijks artikelen in Elseviers Weekblad over het proces tegen de Nazimisdadiger Adolf Eichmann dat toen in Jeruzalem werd gehouden. Deze werden in '62 gebundeld en uitgegeven onder de titel 'De Zaak 40/61' (die nummers slaan niet op jaartallen maar op Eichmanns dossier bij de Israëlitische politie). Eichmann werd in 1960 in Argentinië opgespoord en door de Israëliërs ontvoerd. Na een langdurig verhoor en het opsporen van overlevenden die konden getuigen, begon in maart '61 het proces. Maandenlang kreeg het grote aandacht in de massamedia. Op 31 mei 1962 werd hij opgehangen. Het proces tegen Eichmann was een kristallisatiepunt geworden van bekentenissen, filosofische uitspraken en juridische uitspraken over de vervolging van (Nazi) oorlogsmisdadigers.[3] Op het hoogtepunt van de Koude Oorlog, tijdens de eerste bemande ruimtevluchten en de bouw van de Berlijnse Muur werd dit proces aanleiding tot een eerste herziening van het beeld dat er toentertijd van de fascisten en het fascisme was. Mulisch hekelt in zijn boek het beeld dat van Eichmann gemaakt werd als zou de 'kern' van deze man bestaan uit een wrede, gewelddadige massamoordenaar, een psychopathisch beest. Voor hem is Eichmann een machine, een plichtsgetrouw ambtenaar die onverschillig wat voor bevelen ten uitvoer brengt. Een medium zonder geloof of hypnose, het symbool van de 'vooruitgang'.

Bij lezing 25 jaar later valt op hoe hardnekkig het beeld van de fascist is. Dit rechtvaardigt volgens mij de telkens weer terugkerende belangstelling (theater, boeken) voor de persoon van Eichmann. Zijn bezigheden en uitspraken die hij tijdens het proces deed blijven actueel. Aanleiding voor het maken van een film hierover was voor mij het hoofdstuk uit 'De zaak 40/61' dat 'Een ruïne in Berlijn' heet. Daarin gaat Mulisch op zoek naar het kantoor van Eichmann, de 'Zentralstelle für Jüdische Auswanderung' die van '39 tot '45 in de Kurfürstenstrasse 116 was gevestigd, in de Berlijnse wijk Schöneberg, niet ver van het begin van de Kurfürstendamm. Geheel in de traditie van Armando (waarover later meer) ging ik een kijkje nemen in deze straat waar ik vanuit mijn raam uitzicht op had. Tijdens het lezen van Mulisch vroeg ik

---

2   Harry Mulisch, *De zaak 40-61: een reportage* (Amsterdam: De bezige bij, 1979 (1961)).
3   De bekendste in deze soort is Hannah Arendts *Eichmann in Jeruzalem: de banaliteit van het kwaad* (1965).

me plotseling af of de bejaardenflat en de oprit van het elektronicawarenhuis waar ik achter woonde, misschien op de plaats waren gekomen van de door Mulisch beschreven ruïne waar vandaan de jodentransporten waren gecoördineerd. Ik wist namelijk de huisnummers van de buren en wellicht waren die ook veranderd na de oorlog.

Het bleek nog zeker 10 minuten lopen. De Kurfürstenstrasse is lang en heeft vele gezichten. Hij loopt van het verlaten rangeerterrein Gleisdreieck tot aan de Breitscheidplatz bij de Kaiser-Wilhelm Gedächtniskirche. De statige 18e-eeuwse huizen aan 't begin zijn gespaard gebleven, evenals de kinderhoofdjes. Na de kruising met de verkeersader Potsdammerstrasse met het metrostation komen we in een rommelig gedeelte: parkeerterreinen, meubelpaleizen, een kerk met een plein ervoor, bomen aan weerszijde van de straat, villa's (waarin o.a. Kafe Einstein te vinden is). Dan begint na het stoplicht een vierbaansweg met afwisselend hoge en lage flats, kantoren en hotels. Bij nr. 116 werd toen ik voor het eerst ging kijken een bus met West-Duitse toeristen uitgeladen. In een vrolijke stemming verdwenen de bejaarden uit Hildesheim achter de automatisch sluitende glazen deuren van het 'Sylter Hof Hotel'. Naast de ingang is een poort die toegang geeft tot de ruime binnenplaats waar haaks op het lage hotel een torenflat staat, de 'Sylter Hof Appartementenflat'. Niemand te zien, wel hekken en luchtverversers, een Grünanlage en afvalcontainers en geparkeerde auto's, verder niks. Had ik een gedenksteen verwacht? Zal ik mij laten meeslepen door de Berlin-Blues in z'n aanklacht tegen de ijzeren hekken, de Klingelanlage en de grijze betonnen muren, het kort gehouden prikkel-groen en de open afritten van de parkeergarages? De teleurgestelde woede van de bewegingsleus 'Schade dass Beton nicht brennt' laat ik maar links liggen. Hier is de 'Geschichte abgerissen' zou ik later te horen krijgen. En geschiedenis wordt hier ook niet gemaakt - niemand kent dit stukje 'binnenstad'. Ik weet niet of ik nou verbaasd moet staan of niet. Ik neem me voor nooit van m'n leven dat hotel van binnen te gaan bekijken of aan de balie en bij de directie in het naast gelegen pand navraag te doen. De vraag wat zij van Eichmann en z'n kantoor afweten kan mij niet meer bezighouden. In één klap heb ik mezelf afgeholpen van de interesse voor plattegronden en afbeeldingen van het vooroorlogse Berlijn. De wandeling is het begin van een volgende onderneming, de verdwenen sporen en afwezige restanten, maar ook de ontbrekende (?) gedenktekens toch in beeld te brengen, een hopeloze poging om de façade van een nietszeggend hotel toch tot uitspraken te dwingen.

III. Een ruïne in Berlijn

In mei '61, na teruggekeerd te zijn van z'n eerste reis naar Jeruzalem, maakt Harry Mulisch een reis naar Berlijn. Hij kan alleen niet onder woorden brengen waarom. Aanleiding vormt een passage uit het verhoor van Eichmann door kapitein Less op 6 juli 1960. Hij vraagt hem hoeveel verdiepingen zijn kantoor in Berlijn had. Hij geeft direct een zeer precieze beschrijving van het gebouw. Mulisch raakt hierbij geboeid door de geografische gecompliceerdheid van Eichmanns bekenning: 'Een man wordt ontvoerd uit Buenos Aires; twee maanden later beschrijft hij in Haifa een gebouw in Berlijn; ik lees het in Amsterdam, terwijl hijzelf op dat moment luistert naar een verhaal van iemand uit Warschau, terwijl hijzelf toen (b.v.) in Parijs was.'[4] Daarna volgt een verhandeling over de Duitse beweging die volgens Mulisch 'mystiek

---

4   Sterk ingekort citaat uit de zes bladzijdes lange zoektocht, in Mulisch, *De Zaak 40-61*, 94-97.

en gevaarlijk' is. 'Voor Duitsers heeft 'beweging' altijd meer betekend dan voor anderen; zij is niet alleen noodzakelijke verplaatsing, door haar krijgt men ook deel aan verse bronnen van de ziel.'[5] Het antwoord op de vraag waaruit deze fascinatie voor (de) beweging is voortgekomen krijgen we niet direct maar in de vorm van reis. Een zoektocht naar de bron, het centrum van waaruit de meest afschuwelijke beweging die de Nazi's op gang brachten, werd geleid het onopvallende kantoor aan de Kurfürstenstrasse.

Het kost Mulisch heel wat moeite om in de ruïne door te dringen. Het gebouw, dat voor de 'Reichskristallnacht' van november '38 gebruikt werd als feest- en vergaderruimte van de Joodse Brüderverein, was door de bombardementen in november 1943 weliswaar beschadigd, maar niet ingestort. Die indruk krijgen we ook van de serie foto's van het huis (gemaakt na de oorlog) die te bezichtigen zijn in het gemeentearchief, de Landesbildstelle. We volgen nu de beschrijving van Mulisch' zoektocht naar de kamer van Eichmann die hij maakt 'om de betrouwbaarheid van Eichmanns geheugen te testen'. In zijn hand heeft hij het verhoor en reconstrueert de indeling zoals die volgens Eichmann geweest moet zijn:

[Ik sta] in de hal van het voormalig Amt IV B 4, Eichmanns hoofdkwartier.

Uit alle hoeken komt getjilp, zacht gekoer en fladderen van vleugels, maar ik zie niets bewegen. Geflankeerd door Dorische zuilen stijgt voor mij een brede trap van zachtrose marmer, links en rechts zie ik donkere kamers, volgestapeld met bezems, kisten en lege flessen. De gang mondt uit in een vervallen ronde zaal waar de muren beplakt zijn met kleurige stukken papier en bierreclames; in nissen staan kartonnen reclameflessen, er is een toneeltje en uit het doorweekte plafond hangt stro. (...in einem Rundsaal hatten sich die Leute abends versammelt wenn sie musizierten. Da stand glaube ich ein, ein, ein Klavier drin, das wurde im Lauf der Zeit reingebracht von der SS-Truppenbetreuung. Dann waren Geigen und so Zeug drin gewesen. Sonst waren unten keine Diensträumlichkeiten gewesen, nein...) In de grote hal, waar de trap uitkomt, leiden twee trappen verder omhoog. De linkertrap is onbegaanbaar doordat de treden volgestort liggen met de zoldering; de andere trap leidt naar een garderobe, waarvan de haken een jaar of dertien niet meer gebruikt zijn. Een deurtje laat mij door naar boven en daar begint de grote verwoesting (...ein sehr grosser Saal, der war ewig leer...) Het boulevardblad in mijn zak toont een foto ervan, met het onderschrift dat hier de schrijftafel stond van de massa moordenaar, waar hij met één pennenstreek... Maar het was niet hier. Een betonnen trap, die ik opga, eindigt op een geheimzinnige manier in de open lucht, waar ik plotseling over half Berlijn kijk.

Wel vermoedend dat dit de trap is waarover hij heeft gesproken, ga ik haar helemaal af en kom inderdaad uit bij een stikdonkere zaal en ga daar een zijkamer in (...einige Zimmer für die Leute, die auf der Zentralstelle ihren Dienst taten...) en zie nu plotseling in de uitbouw aan de andere kant, waar ik net geweest ben, drie ramen. Ik heb een hele verdieping over het hoofd gezien! Terug aan de achterkant probeer ik op mijn gevoel de weg door de verwoesting en vinden met mijn gids (...Jetzt ging's

---

5   Idem.

hier rauf, eine Treppe, durch einige Türen, die im Laufe der Zeit angebracht worden sind, und dann kam man in einen Komplex, der dann auch, sagen wir mal ungefähr so ausgesehen hat. Dann war hier das Vorzimmer gewesen, das war mein Zimmer...) Nergens zijn meer deuren, het bestaan van muren is vaak alleen nog te zien aan een andere plaatsing van de stenen in de vloer of helemaal niet meer. Maar ik sta ongeveer in de uitgebrande kamer met de drie ramen. Zij is naar schatting vijf bij zes meter, niet bijzonder groot dus. Zacht waait de wind naar binnen. Als ik tegen de muur sla, stort de rotte kalk bij kilo's op de grond. Met een volgende passage, die bijzonder ingewikkeld via de kamer van Günter en Novak naar de telefooncentrale en de toiletten leidt, neem ik de proef op de som. Niet ver van de plaats, waar ik tenslotte aanland, hangt een loden waterleidingbuis uit de muur. Was het dus Eichmanns kamer? Misschien was het Eichmanns kamer.

Ik voel mij zoals rechter Moshe Landau zich moet voelen.[6]

IV. Onzichtbare en zwijgzame tekens

Zoals Mulisch zich in de aangeklaagde en de rechter trachtte te verplaatsen door zich geografisch te laten sturen en van Amsterdam naar Berlijn te gaan om daar, in die ruïne, een antwoord of 'waarheid' te vinden, zo maakte ik in 't klein de wandeling van mijn huis naar het Sylter Hof Hotel. En wat zocht ik daar? De drijfveer achter het opzoeken van historische plaatsen valt, zoals Mulisch al moest constateren, moeilijk te omschrijven. 'Naar zo'n plek gaan we omdat we denken dat het helpt bij onze pogingen, om iets onvoorstelbaars voor te stellen. "Hier stonden zij toen, hier sta ik nu." Ik heb geen spijt van dat ik het gedaan heb, en toch is het vergeefs en ik ga onverrichterzake terug.'[7] Een typering van het bezoeken van gedenkplaatsen voor slachtoffers van het fascisme die ik laatst ergens las.

Claude Lanzmann heeft in zijn film *Shoah* hetzelfde thema, het vragen stellen aan histories beladen plaatsen waar al dan niet iets veranderd is. Met zijn lange, trage opnames van het rijden over een bosweg, de aankomst van de trein op het rangeerterrein van Treblinka of een weiland met een bosrand op de achtergrond, roept een ongekende intensiteit op, terwijl d'r niets te zien is en niks gebeurd. 'De afstand tussen heden en verleden werd zo opgeheven, alles werd voor mij weer werkelijkheid', zei hij in een interview over de werking van deze beelden.[8] Historisch-documentaire opnames kunnen die verplaatsing in de slachtoffers (die nog van niets weten, maar wel een voorgevoel hebben wat hen te wachten staat) niet bewerkstelligen. Volgens Lanzmann komt dat allereerst omdat deze beelden er niet zijn. De sporen zijn verdwenen. Daar komt nog bij dat wat er wél is, geen verbeeldingskracht (meer?) heeft. In ons beeld over het fascisme hebben ze een vaste betekenis en daar wilde hij niet op uit

---

6	Ibidem, 95-97.
7	Idem.
8	Marc Chevie en Hervé le Roux, 'Interview met Claude Lanzmann,' *Cahiers du cinéma*, nr. 374 (zomer 1985).

komen of mee werken. 'Er moesten open vragen blijven, raadsels waarbij voor het oplossen daarvan een voorstellingsvermogen gevraagd wordt: het gaat er niet om, alles te verklaren.'[9]

Wezenlijk bij het beeld was voor hem het 'probleem van de plaatsen'. Het praten met de overlevenden en het bezoeken van de plaatsen vaagde bij hem al de boekenkennis weg en hij begreep er naar eigen zeggen niets meer van. Daarom combineerde hij deze beide, overrompelende elementen en voegde daar een derde aan toe: de enscenering. Een reconstructie die in documentaires vaak gekunsteld overkomt, maakt Lanzmann tot een kunst, de getuigen in toneelspelers te veranderen. *Shoah* bestaat nadrukkelijk niet uit een serie herinneringen. 'Ze schrikken mij af, ze zijn zwak. Herinneringen ziet men dagelijks op tv. Niets is saaier dan dat. Het is niet voldoende mensen te laten vertellen hoe. Ze moesten ze spelen. Dat betekent: irreëel maken. Deze act van het irreëel maken definieert het imaginaire.'[10]

De enscenering is een kunst die de schrijver en schilder Armando precies zo in de vingers heeft. Hij laat alleen niet de slachtoffers aan het woord, maar voert de schuldigen op. Zij spréken zonder dwang, een bekentenis te moeten afleggen. Armando stelt geen vragen aan ze, maar is wel bijzonder wantrouwend. Zoals Lanzmann regieaanwijzingen geeft en achter de montagetafel zijn keuze bepaalt in de volgorde en wisselwerking tussen 'De plaats en het woord' (de werktitel van *Shoah* die Lanzmann zeer goed beviel maar die toch té abstract was), zo componeert en comprimeert Armando de verhalen die hij in Berlijn om zich heen hoort tot 'flarden'. Brokstukken van een levensgeschiedenis die daar op straat voor het oprapen liggen en die de vorm krijgen van een aforisme. Het is goed te zien dat de flarden als een puzzel in elkaar gezet zijn. In zoverre is het een gekunstelde vorm van journalistiek, meer dan een interview maar nog net geen fictie omdat je weet dat die oudjes inderdaad nog bestaan en zo praten. Eigenlijk zijn alle woorden die zij gebruiken bij Armando toverwoorden geworden en hun magische klank wordt nog eens versterkt doordat het toverwoord omringd is door z'n soortgenoten. Ook bij Armando dient het geheim bewaard te blijven. De woorden en de plekken dragen dit met zich mee en zijn zich van raadselachtigheid ten volle bewust. Eenmaal in hun midden opgenomen ontdoet zich alles van haar onschuldigheid: elk woord is verdacht, ieder object getuige en ieder mens een vijand. Voor zichzelf dan wel te verstaan. Vijand is bijvoorbeeld zo'n toverwoord van Armando. De vijand ligt in onszelf op de loer, niet altijd maar meestal wel. En daarom zijn wij op onze beurt weer waakzaam. Oplettend, met gespitste oren en turende ogen, verzamelt Armando z'n werk. Hij zegt in een interview met VN:

> Ik heb altijd een boekje bij me altijd, zonder dat boekje heb ik het gevoel dat ik naakt rondloop. En als ik al die aantekeningen geordend heb, dan ga ik tikken. Dat is nog het minste werk. En daarna begin ik te slijpen, eindeloos slijpen. Die aantekeningen maak ik overal, in de bus, de tram, een concertzaal. En als ik me ergens verveel dan kan ik zo gaan zitten slijpen. Een hele dag punteslijpen. Nee, een stuk zo achter elkaar opschrijven, dat kan ik niet.[11]

---

9   Idem.
10   Idem.
11   Interview met Armando door Aukje Holtrop in: *Vrij Nederland*, 10-12-1983.

Het puntigste dat hij naar mijn idee heeft geslepen zijn de *Aantekeningen over de vijand*, samengesteld tijdens het begin van zijn verblijf in Berlijn (1981).[12] Een boek waar hij naar eigen zeggen erg tevreden over is omdat qua vorm er een spanning in zit tussen abstractie en alledaagsheid. Het bevat honderden zinsnedes, dialogen en flarden, kleine beschrijvingen en overpeinzingen waar veelal een verbazing uit spreekt. Als ik ze lees hoor ik ze komen uit de mond van de Nederlandse SS'ers, die na de oorlog vertellen over hun vijand. Volgens mij heeft Armando iets met deze Soldaatmannen. In 1965 maakte hij een serie interviews met Nederlandse SS'ers, samen met Hans Sleutelaar. Destijds was dat een controversieel en taboedoorbrekend boek, omdat tot dan toe de 'foute' landgenoten nog niet zó vrijuit hadden kunnen praten. Maar zoveel vrijheid hadden ze niet. Hun openhartigheid werd gedempt door de verdedigende houding die ze moesten aannemen. Bij ideologische vraagstukken draaiden ze zich in alle mogelijke bochten en dat deed een behoorlijke afbreuk aan hun prettige herinneringen aan die tijd, de frontervaringen, de kameraadschap, ondanks alles...[13]

Afgezien van het feit dat 'n aantal *Aantekeningen over de vijand* vrijwel letterlijk zijn terug te vinden in *De SS'ers*, is er nog een reden om aan te nemen dat de Aantekeningen uit '81 een vervolgboek is op De SS'ers. En dat is het gecompliceerde vijandsbeeld van deze Nederlandse SS-mannen.

Eigenlijk ligt het erg voor de hand de titel en het onderwerp van de *Aantekeningen* te projecteren op 'de' Duitsers. De vijand, dat is de Nazi, de fascist en de bezetter van ons land. Kortom, de Duitse Soldaatman uit Theweleits *Mannenfantasie*. Armando schrijft voor ons, 'goede' Nederlanders, over de 'slechte' Duitsers. Zo zullen velen dit boekje en de veertiendaagse stukken in NRC/Handelsblad ook wel lezen. Maar tegen zo'n lezing keert Armando zich en daarom verplaatst hij zich in de 'foute' fascistische landgenoten. Het bijzondere van deze mannen is dat zij vele vijandsbeelden in zich hebben (gehad). De vijand is bij hen niet eenduidig en daardoor kan Armando gaan abstraheren.

De vijand kan overal en nergens zijn en iedereen is verdacht. In de tijd bezien is de vijand voor de SS-mannen veranderd. Voor, tijdens en na de tweede wereldoorlog ziet hij er anders uit. Het was de Duitser die voor '40 het Vaderland kon binnenvallen, de bolsjewieken en Joden. Tijdens de oorlog waren het de Russen en de Westerse geallieerden, maar ook de franc tireurs en verzetshelden. En na '45 moest de SS-man via heropvoeding leren dat de Nazi de vijand was geweest. In de naoorlogse periode moest hij op z'n hoede blijven voor de vijand die overwonnen had, de landgenoten die het op hem voorzien hadden.

De combinatie van zoveel verschillende vijanden levert een universele vijand op, en dat maakt deze speciale groep mannen zo interessant. Omdat er iemand daarvan aan het woord is, wordt voorkomen dat het filosofische bespiegelingen over De Vijand worden. Er is iemand die zich tot jou richt en verhaalt over vroeger (over de doorwerking in het heden), zonder

---

12 Armando, *Aantekeningen over de vijand* (Amsterdam: Querido, 1985).
13 Zie Armando en Hans Sleutelaar, *De SS'ers* (Amsterdam: De bezige bij, 1967). De frontervaringen van deze mannen hebben wij nader bekeken in ons artikel 'De gewonnen, de verloren, de permanente oorlog', in: *Manuskript* 12, themanummer over mannelijkheid en militarisme, Eindhoven januari 1986.

dat je het gevoel krijgt tegenover een getuige of schuldige te staan die een verklaring met verantwoording dient af te leggen. Dat soort mensen is verdwenen of veranderd, het proces is al achter de rug. Maar wat wél gebleven is, is het landschap. Doordat zij toen getuige was, blijft ze voor altijd schuldig. De onschuld van een plek is maar schijn. Een paar aantekeningen kunnen dit illustreren:

*

Mooi weer, hè. Vanmorgen regende het nog. Je kunt hier vandaan de vijand zien. Hoor je 'm? Nee zeker, hè. Ik wel. Ik wel. Ik hoor 'm de hele dag.

*

Ik zeg het met enige schroom, maar ik meen me te herinneren dat de voertuigen en wapens van de vijand prettig roken, ik bedoel, dat ze een niet onaangename geur hadden. Als je dit een dwaze uitspraak vindt, nou, dan doe je maar net of je niets gehoord hebt.

*

Schuldige bosrand, jaja, alles goed en wel, maar als je ziet hoe zo'n bos zich indertijd voor een deel opzij heeft laten dringen voor het bouwen van zgn. barakken, ja, dan bekruipt je even een gevoel van medelijden. Maar de rest van het bos blijft schuldig. Het heeft alles gezien en toegelaten, zonder een woord te zeggen. En het staat er nog: onbewogen als altijd.

*

Een voorraad splinternieuwe petten?

*

O ja, da's waar ook, ik moest nog tegen je zeggen dat de vijand bewonderenswaardige eigenschappen heeft. De vijand heeft bewonderenswaardige eigenschappen.

*

Elke dag ga ik de vijand bezichtigen. Hij zit op een bank in de zon te luisteren naar een strijkje. Ik denk dat hij ergens op wacht.

*

Er komt een automobiel aan, dus moet ik me snel verbergen. Hier, in het donker, achter de struiken. Zo, voorlopig sta ik goed. Hij rijdt langzaam: de vijand is op zoek.

Als ze maar geen zoeklicht bij zich hebben, dan zien ze me zo staan. Nee, hij rijdt zo voorbij. Ze hadden eens moeten weten dat ik hier stond.

*

We kregen aan het front 7 sigaretten of 2 sigaren. Je kon natuurlijk ruilen, werd veel gedaan.[14]

Armando worstelt met het afscheid nemen van de plek. Hij overlaadt ze niet met geschiedenissen en maakt ook geen reconstructie van de plek, zoals Mulisch dat deed in de ruïne van Eichmanns kantoor. Die verhalen gaan eigenlijk aan de flarden en aantekeningen vooraf. Je hebt de grote gebeurtenis, de reconstructie van de restanten daarvan en de vraag die daarna komt wat je met zo'n beladen plek nog kunt doen. En met dat laatste begint Armando.

Hij heeft wel weet van de geschiedenis. Achterin zijn eerste bundel artikelen, *Armando uit Berlijn*, geeft hij een keuze uit de boeken die hij 'met instemming, genoegen of verbazing heeft gelezen of geraadpleegd.[15] 'Een volkomen willekeurige, nietszeggende lijst, maar wie weet.'[16] Elders verklaart hij graag eigenaardige boeken te lezen, 'die zich in kringen afspelen of die onderwerpen behandelen, die mij door vreemde lotsbeschikking bespaard zijn, waar ik dus onvoldoende weet van heb. Boeken ook van schrijvers, wier mentaliteit mij boeit, omdat zij mij met wilde vraagtekens achterlaten.'[17] Het zoekt de verbazing over het verdwijnen op. 'Ik kan wel naar de plek toe gaan als je dat wilt. Maar ik weet van tevoren wat ik er zal vinden: niets.'[18] Toch gaat hij, om zich te kunnen verbazen. Zo neemt hij op gepaste wijze afscheid van de mensen die de oorlog nog hebben meegemaakt. Ongetwijfeld zal hij kunnen meegaan in de inmiddels gangbaar geworden opvatting dat hun alledaagse levensgeschiedenissen niet in de officiële chronologie zijn opgenomen. Maar van een documentatiedrang als reactie daarop, nog snel verhalen vast te leggen voordat het te laat is, is bij hem weinig te merken. De verhalen die hij hoort schrompelen ineen en krijgen de omvang en zeggingskracht van een broodje-aap verhaal. Gegevens en namen lijken willekeurig inwisselbaar. Er is sprake van een anonieme auteur: de personen die vertellen heten 'man' of 'vrouw' en vertellen de verhalen uit de eerste hand, alhoewel een aanzienlijk deel gaat over vrienden, ooms en tantes, belevenissen van vaders en broers of een kranige houding van moeder. Het zijn niet direct 'eigen ervaringen'. Hierdoor spint hij in een korte tijd een web van woorden en gebeurtenissen die het tijdsbeeld oplevert van het Europa voor '45. Zonder dat ze uitgesproken worden of er in de tekst een kunstmatige overgang wordt aangegeven, is de band tussen de 'eigen gebeurtenissen' en de 'grote politiek' direct duidelijk.

Van afzijdigheid of neutraliteit is in de 'flarden' geen sprake. De bejaarden spreken er juist hun verwondering over uit hoe diep de oorlog, de partij of de ideologie kon doordringen in hun

---

14   Armando en Sleutelaar, *De SS'ers*.
15   Armando, *Armando uit Berlijn* (Amsterdam: De bezige bij, 1982), 197-199.
16   Ibidem, 197.
17   Armando, *Krijgsgewoel* (Amsterdam: De bezige bij, 1986).
18   Armando, *Aantekeningen over de vijand*.

omgeving. Dit uiten ze d.m.v. kleine voorvallen die ze hun leven lang heeft beziggehouden. Details, uitspraken, begrippen en namen die ze in hun geheugen gegrift hebben, die ze talloze malen hebben uitgesproken en waar dan het verhaal omheen wordt gesprongen. Dat zijn ook Armando's toverwoorden. Soms staan ze cursief in het Duits en dan weten we dat daar de klemtoon op valt en we de woorden 'Kameradentreffen' of 'Feigling' voor onszelf moeten herhalen om de kracht hiervan zelf aan den lijve te ondervinden. Naast dit vocale aspect wijs hij er zo op hoe volgens hem de herinnering werkt. Zij groepeert zich rondom plekken, namen en woorden en wel zeer fragmentarisch. Eenmaal op gang gekomen is de herinnering in de vorm van complete verhalen en aaneengeschakelde gebeurtenissen zwak en nietszeggend. Maar als fragment is zij formidabel omdat de onvolledigheid en het onbegrijpelijke ons wijzen op hetgeen verzwegen wordt en vergeten is. Vaak dienen de *Aantekeningen* en de flarden alleen maar om ons daarop te wijzen. Armando wordt ook wel een 'ware meester in het verzwijgen' genoemd. De bewaarder van het geheim hoe het onvoorstelbare toch voorstelbaar gemaakt kan worden, zou ik daar aan toevoegen.

V. Toch op zoek naar sporen?

In 1965 werd de ruïne van het perceel Kurfürstenstrasse 116 opgeblazen om plaats te maken voor het Sylter Hof Hotel en de Sylter Hof Appartementenflat. Daarmee kon het nadenken over de systematiek van de jodenvernietiging die vanuit dit normale verenigingshuis was gedirigeerd, niet meer geografisch gestuurd worden. De kaartenbak van de Joodse raad in Amsterdam bestaat nog wel, evenals sommige eindstations waar monumenten voor de slachtoffers zijn opgericht. Maar de plek waar de opdrachtgevers zaten verdween onopgemerkt, even geruisloos als zij gefunctioneerd had.

In de archieven waar wij toegang tot hadden is er over de geschiedenis van dit gebouw vrijwel niets terug te vinden. Bij de Jüdische Gemeinde kende men noch nr. 116, noch de Brüderverein. Bij het Landesarchiv vonden we wel wat: een aanvraag van het Reichssicherheithauptamt (die in '39 na de onteigening het gebouw beheerde) uit 1942 voor het aanleggen van een badkamer en toiletten. Dat was het enige bewijs dat wij onder ogen kregen dat IV B 4 daar zat (de Zentral stelle für Jüdische Auswanderung viel onder het Reichssicherheithauptamt). Verder lag in die map nog een verslag van de Sprengmeister met de precieze data wanneer wat was opgeblazen. De foto's van de Landesbildstelle noemden we hierboven al. Daar moesten we het mee doen. Aan het vermoeden dat in Moskou, Washington of Jeruzalem en Tel Aviv nog documenten liggen, hadden we niet zoveel. In Berlijn waren de sporen uitgewist, geen enkele verwijzing naar deze plek hadden we kunnen vinden. Ook op de kaarten in de vele herdenkingsboeken ontbreekt de Kurfürstenstrasse 116 altijd. De figuur Adolf Eichmann duikt overal op, maar zijn kantoor is verdwenen. Misschien komt dat wel omdat hij altijd op reis was, naar Wenen, Praag of Warschau.

Op een paar honderd meter afstand staat op het gemoderniseerde Wittenbergplatz wel een gedenkteken. Een hoog bord met helemaal boven de tekst 'Orte des Schreckens die wir niemals vergessen dürfen'. De gele letters staan op een zwarte achtergrond. Daaronder volgt een reeks borden waarop de eindbestemmingen van Eichmann's dodentreinen staan aangegeven: Majdanek, Buchenwald, Auschwitz. De plaatsen mogen de Duitsers nooit meer vergeten, wat daaraan vooraf ging zeker wel. Je kijkt omhoog en ziet de bestemmingen staan. Door de grote gelijkenis in de (moderne) vormgeving, waan je je op een vliegveld en wacht met spanning het draaien van de bordjes af in de vertrekhal… waar zouden de volgende heen gaan en wat zou hun vertrektijd zijn? Maar het zijn geen digitale letters, ook al suggereert de kleur een overeenkomst. Het is koud metaal, weer- en vandaalbestendig. Was het maar een ouderwets aankondigingsbord uit een stationshal waar de vertrekkende treinen op stonden aangegeven! Uit Bahnhof Grünewald in Berlijn bijvoorbeeld, omdat daar de Berlijnse Joden werden samengedreven. Dan had dit monument tenminste nog íets van doen met het Berlijn van vroeger, waar de Berlijners van nu zo in geïnteresseerd zijn. Dan was het authentiek en historisch geweest, terwijl het nu angstaanjagend onopvallend-eigentijds is. Het contrast met de bonte, schreeuwende reclame er omheen is miniem. Snel maar weer verder lopen.

De 'Berliner Geschichtswerkstatt' is een club mensen die, waar dat nog mogelijk is, een verband probeert te leggen tussen de geschiedenis en het hedendaagse leven in Berlijn. Zij hebben een winkel in de Goltzstrasse in Schöneberg en organiseren tentoonstellingen, historische boottochten en geven boeken en brochures uit. Hun methode is de 'Spurensicherung', tevens de titel van een eerste boek dat zij uitgaven in het kader van de reeks tentoonstellingen en herdenkingen die 50 jaar na 1933 werd georganiseerd ('Zerstörung der Demokratie 1933 Machtübernahme und Wiederstand'). Deze oral history, in het Duits 'Geschichte von unten' geheten, bekritiseert de officiële geschiedschrijving uit de jaren vijftig die alleen de grote gebeurtenissen en bekende persoonlijkheden, de 'mannen die de geschiedenis maken', tot onderwerp heeft.

De vraag die zij zich stellen is hoe de Nazi's hun macht hebben weten te vestigen. Op welke angsten en verlangens speelden zij in? De overgang van verzet naar ondersteuning van het fascisme zien zij vloeiend. Tussen actief en passief zat het negeren, ontwijken en 'overwinteren' dat bij 't in kaart brengen van het dagelijks leven zo opvalt. Zij maken ook een verschil tussen de officiële en de individuele chronologie: de data van de 30ste januari '33 en de 8ste mei 1945 ontbreken in de persoonlijke herinneringen van de 'apolitieke' mensen met wie zij spraken. Diversiteit en tegenspraak kenmerkt de Alltagsgeschichte die onderzoekt hoe de Nazi's op alle niveaus de macht konden krijgen.

Een beschrijving van de inhoudsopgave van hun boek kan duidelijk maken wat zij onder het dagelijks leven verstaan. Zo wordt beschreven hoe de macht in de sociaaldemocratische Siedlung 'Lindenhof' in de wijk Schöneberg in de loop van '33 in handen van de Nazi's komt doordat zij het bestuur, de school en diverse verenigingen overnemen. Gevolgd door een artikel over de Duitse verzamelliefhebberij, waar de Nazi's weer een woede van maakte. De overgang van sigarettenplaatjes over de Heimat (waar men albums mee vol kon plakken), via collectes naar het inleveren van oud metaal voor het 'Winterhilfswerk' bleek niet groot te zijn. Een verzamelhobby die zijn pervertering vindt in het verzamelen van bijvoorbeeld mensenhaar in de vernietigingskampen waar het menselijk lichaam tot een grondstof werd. Verder een interview over de positie van vrouwen in de wijk Charlottenburg, het proletarische verzet dat zich organiseerde in de volkstuinen aan de rand van de stad, 'n brochure tegen de olympische spelen van 1936 in Berlijn die in z'n geheel wordt afgedrukt. Curieus is ook een artikel over de methode antifascistische boeken en brochures te camoufleren door ze een andere kaft te geven (bijvoorbeeld Goethes *Hermann und Dorothea* of reclame- en toeristenfolders). De bundel eindigt met de veranderingen die het cabaret onderging in '33 en de vraag in hoeverre propagandafilms bekeken werden als amusement.

Even stilstaan zullen we hier bij een verzameling foto's uit een familiealbum waarvan een selectie op de tentoonstelling te zien was en die ook in het boek staan afgedrukt.[19] 'Eine Familie in Berlin, 1930 bis 1947' vormt de meest algemene uitwerking van het begrip 'Alltag'. In het voorwoord bij de familiefoto's wordt daar ook op gewezen:

> Zodra men zich bevrijd heeft van het idee dat foto's alleen maar "gebeurtenissen" zouden vastleggen, krijgt men een indruk van de complexiteit van de "toestand" die daarop uitgebeeld is. Wat we echter ook wilden is het begrip "alledaagsheid" haar willekeurigheid in zoverre te ontnemen dat we binnen een vaste tijd, plaats en bio-grafie bleven.[20]

Het gevaar waar de Werkstatt hier op wijst is dat alles 'Alltag' wordt. In dit geval wordt dat vermeden door onder de familiefoto's kleine onderschriften te zetten. De gevonden 'sporen' worden zo benoemd en zo ontstaat er een verhaal over een middenklasse-familie uit de wijk Lichtenberg, bestaande uit vader, moeder en twee zoons. Het gaat ze zo goed af dat ze in '36 een huis laten bouwen. In '43/'44 zitten beide zonen aan het front en pas dan wordt de oorlog goed merkbaar. In '45 is het gezin vermagerd en als laatste zien we een foto van de zoon die met een meisje in de berm ligt te vrijen ('Hungerjahre nach 1945: das Leben geht weiter').

Foto's die je op de rommelmarkt in Berlijn kunt kopen, dezelfde foto's ook die in de boeken van Armando staan. Er valt veel op te zien en ze zijn om bij weg te dromen. Veel details die wijzen op ver verleden, een glad kapsel en andere kleding, oude bestrating en een kleedje dat zo onberispelijk op tafel ligt. En wat gebeurt er als de ontrafelingsmethode à la 'Spu-rensicherung' op deze plaatjes wordt losgelaten? En ze bovendien in een politieke context ('praktijk' zoals de Werkstatt dat noemt) komen te staan? Goed, voorheen werd het dagelijks leven tussen '33 en '45 niet relevant geacht. Het stond niet in de schijnwerpers, de 'eigen' ervaring werd verdrongen en vergeten. Maar misschien was dat wel terecht. De Berliner Ges-chichtswerkstatt vermeldt niet waar het (wellicht improductieve) schuldgevoel gebleven is. Is de schuldvraag zélf niet juist, zijn de afzonderlijke, in hun dagelijkse rompslomp verzonken burgers *an sich* niet schuldig of blijft de schuld van de gehele Duitse natie aan deportatie, roof en moord als een paal boven water staan? Daar krijgen we geen antwoord op. Vermeld wordt alleen dat het gevoel aan zoveel misdaden schuld te hebben, ooit in de jaren vijftig dan wel te verstaan de Duitse psyche blokkeerde om vrijuit te kunnen praten.

---

19 Te vinden in: Berliner Geschichtswerkstatt e.V., Projekt: Spurensicherung, Alltag und Wiederstand im Berlin der 30er Jahre, Berlin 1983. De foto's uit het familiealbum zijn voor een gedeelte ook te zien in de film 'De Zaak 40/61/84', evenals een interview met Andreas Ludwig en Eva Brücker, die het boek en de tentoonstelling samenstelden.

20 Idem.

De vraag die we hier stellen is wat gedaan kan worden met de sporen die de tijd van '33 tot '45 wél heeft achtergelaten, zoals die familiefoto's. Het is zeer eigentijds te veronderstellen dat het exposeren hiervan automatisch een antifascistische boodschap uitdraagt. De grove, shockerende propaganda werkt nu niet meer. Iedereen kent de concentratiekamp-foto's en doordat ze in een bestaand raster vallen, zetten ze niet meer aan tot denken. Maar wat bewerkstelligt het uitstallen van de dagelijkse beslommeringen? Het geeft ons inzicht in de gebruiken en gewoontes van een volk waar het na 1933 niet slecht mee ging. We krijgen te zien dat inderdaad vrijwel iedereen meedeed, ja zei of zich afzijdig hield, toekeek. En dat ze daar materieel niet slechter van werden, mag bekend verondersteld worden. Maar dat is niet wat de Werkstatt wil overbrengen. Zij willen aantonen hoe de Grote Politiek wist door te dringen in de persoonlijke levens. Iedereen wordt zo 'Betroffenen', het had op allen een uitwerking. Maar worden alle Duitsers daarmee ook 'slachtoffer van het fascisme'? Impliciet zegt de alledaagsheid-theorie van wel. Ze brengt onderscheiden aan tussen actief en passief verzet, meegaan en collaboreren, bejubelen en zwijgen. Maar vallen de grenzen daartussen nu ook weg?

Analoog aan de Brio-reclame kunnen we zien dat eenieder zo tegenstrijdig (of veelzijdig?) is, als hij of zij zich voelt.[21] Maar over massamoord hoeft niet dubbelzinnig gedaan te worden. Al direct na de overwinning op Nazi-Duitsland is een duidelijk antwoord gekomen op de schuldvraag: iedereen was schuldig, collectief én individueel, zowel de staat, de partij met al zijn leden, alle meelopers, het bedrijfsleven, kortom, ook al die miljoenen 'gewone' mensen.

Dat na dit oordeel de straf niet is voltrokken, trekt de strekking van het oordeel nog niet in twijfel. Dat de Alltagsgeschiedenis zich presenteert als een bevrijding van de last die de Duitsers ondanks alles toch sinds de jaren vijftig met zich mee droegen, doet zij ongewild. De zingeving aan de grote en kleine zorgen tast de zinsnede 'Wir haben es nicht gewusst (es war ja so schrecklich unbewusst)' niet aan. De documentatie toont alleen aan dat overal en nergens microstrategieën van macht werkzaam zijn en dat alles een geschiedenis is.

Maar wat de oorzaken geweest zouden kunnen zijn van dat het zover heeft kunnen komen, laat men verder liggen. En daarmee ook de vraag of het gevaar voor een herhaling nog reëel is. Het kleurt 't plaatje verder in zonder nieuwe vragen te stellen en levert geen controversiële resultaten op, een reden voor de 'officiële' geschiedschrijving om de Alltagsgeschichte met open armen te ontvangen. Als correctie op de heersende beeldvorming kan het opgevat worden als een democratisering van een geschiedenis waarvan nog wel sporen zijn achtergelaten. Deze worden ten toon gesteld en zijn voor alle mogelijke interpretaties vatbaar.

---

21 Zie voor deze reclamespot 'Brio (reclame 1985),' *YouTube,* 10 augustus 2015, https://www.youtube. com/watch?v=ksWOUSOt5EE. De beschrijving legt uit: 'Margarinemerk Brio werd in 2001 door Unilever van de markt gehaald toen het concern flink in haar merkportfolio ging snijden. Bertolli werd als vervangende merknaam gezien van Brio. De margarine was in 1964 ook al eens van naam veranderd. Dit kwam toen door de roemruchtige Planta-affaire. Planta was een zeer populaire margarinemerk dat in 1960 een extra ingrediënt kreeg tegen het spatten. Het betreffende ingrediënt met de naam 'emulgator ME-18' veroorzaakte echter ruim 100.000 ziektegevallen, waarbij Nederlandse consumenten last kregen van huiduitslag en koorts. Planta Margarine werd van de markt gehaald en vervangen door Brio.'

Maar wat moeten we denken van een beweging die geen sporen heeft achtergelaten? Wat moeten we doen als we aan de huichelachtige herdenkingen bij pompeuze monumenten willen ontsnappen om elders (maar waar?) het fascisme te overdenken? 'De mensen moeten niet toekijken, we willen juist laten zien dat de geschiedenis maakbaar was én is en bovendien dat het vol van subversie zit', zegt Andreas Ludwig van de Berliner Geschichtswerkstatt aan het eind van een interview dat we voor de film 'De zaak 40/61/84' met hem maakten. Mobiliseren dus en niet aan de kant blijven is de filosofie achter dit werk. Op zich niets bijzonders, wel als je het beschouwt in 't licht van het onderwerp, want een eerste kenmerk van het Duitse fascisme was toch dat het miljoenen wist te mobiliseren. Waren ze maar binnen gebleven of aan de kant blijven staan! Het nationaalsocialisme wist precies hoe je geschiedenis moest maken. Maar kan dat nu nog steeds, de massa d.m.v. ceremoniën tot politiek verleiden? Waaruit bestaat de erfenis die wij 40 jaar later nog met ons mee torsen?

Met dit soort vragen bleven wij zitten. De 'Spurensicherung' geeft daar geen antwoord op. Zo ook niet op de vraag hoe het herdenken eruit kan zien. Misschien wordt als resultaat het aantal monumenten verdubbeld. Of nog cynischer, kunnen we het Museum für Deutsche Geschichte dat naast de Reichstag in Berlijn gebouwd gaat worden, op hun rekening schrijven. Laten we daarom naar de vraag terug keren waar we in de Kurfürstenstrasse mee bleven zitten, namelijk wat een verdwenen geschiedenis en wat het verdwijnen van de geschiedenis als zodanig zou kunnen zijn.

VI. Een papieren gedenkplaat

Im Scheunenviertel is het meest bijzondere boek dat ik over het verdwenen Berlijn ken. Op de voorkant legt de samensteller Eike Geisel kort uit waar het over gaat, want deze buurt die vroeger een schrikaanjagend begrip was, zegt nu niemand meer iets:

> Het Berlijnse ''Scheunenviertel'' was het toevluchtsoord voor de Poolse en Russische Joden die in de verwarring van oorlog en revolutie immigreerden. Niemand weet meer dat er in 't hart van de oude ''Reichshauptstadt'' tot in de jaren dertig een vreemdsoortig eiland met een Oost-Europees Jodenleven bestond, dat zowel de plaats was van Talmoed-scholen als een buurt van misdadigers.[22]

Daaronder staat een foto van een orthodoxe Jood, een in het zwartgeklede man die in een langzame pas, naar de grond kijkend, vijf kinderen mee neemt. Misschien heeft hij ze van school gehaald of gaan ze daar naartoe. Aan beide handen heeft hij de kleintjes, de anderen (meisjes) lopen om hen heen. Ze lopen dicht langs de huizen; drie voorbijgangers kijken op kleine afstand hen op de rug. Een oude vrouw, ook in het zwart, staat zelfs even stil en kijkt ze stilzwijgend en bedenkelijk na.

Op de muur waar ze langslopen staat groot: Eier Butter Käse. Ze lopen door de Grenadierstrasse waar de handel binnen, maar ook op straat levendig is. Alleen al aan de hand van deze ene foto zou de wijk, waar we door de ogen van anderen een summiere indruk van

---

22　Eike Geisel, *Im Scheunenviertel* (Berlijn: Severin und Siedler Verlag, 1981).

krijgen, beschreven kunnen worden. Hij drukt namelijk als geen andere de afstand uit die toen bestond, tussen de geassimileerde Joden uit het westen van de stad (Schöneberg) en alle andere Berlijners aan de ene, en deze vluchtelingen aan de andere kant. Tevens wekt hij een verbijstering op dat wij als toeschouwers ook achterom kijken en moeten constateren dat van deze wijk helemaal niets is terug te vinden. Van de duizenden Joden, straathandelaars, hoeren met hun cafés, bibliotheken, synagoges en scholen. Geen enkel spoor meer van terug te vinden. Ja, d'r was nog in Hebreeuws schrift het woord 'Koscher' te vinden boven een kelderdeur, ook in de vroegere Grenadierstrasse. Over twee bladzijdes staat de foto van de deur met links en rechts daaronder ook nog de tekst 'Warme Speisen Jeder Tageszeit' in het boek afgedrukt. Nog net op tijd in 1980 gemaakt, want toen ik voor het eerst in '84 ging kijken, bleek ook dit enige overblijfsel verdwenen. De twijfelachtige eer viel te beurt aan de stadsvernieuwing; de huizen werden van een nieuwe stuclaag voorzien en de gaten in de stad werden opgevuld.

Dit vierkante boek op groot formaat bestaat uit drie onderdelen die goed bij elkaar passen. Na een voorwoord van de Oost-Duitse schrijver Günter Kunert, die als kind in het Scheunenviertel speelde en ook 't gevoel had, niet in die vreemde wereld te passen, volgt een lange inleiding in essay-vorm van Eike Geisel, waarin hij de roerige geschiedenis van deze achterbuurt vermengt met vlijmscherpe uithalen naar het naoorlogse Duitsland en de gangbare manieren om het fascisme te bekijken. Zijn leermeester in deze is Adorno, zijn tijdgenoot waar hij in stijl en betoogtrant als twee druppels water op lijkt is de essayist Wolfgang Pohrt, die toentertijd ook in Hannover woonde. Achter in het boek vinden we hem terug als een van de medewerkers.[23] Ze delen met elkaar de hoon tegen al wat alternatief, groen of zacht-geweldloos is. Dat zijn zo'n beetje de ergste Duitsers die er op aarde rondlopen. Zij, de generatie van '68, de kinderen van Auschwitz, hebben niet alleen de revolutie verraden en vergeten, maar hebben ook niet stilgestaan bij de structuur van het fascisme. Met hun liefde voor de natuur, de eigen kruidentuin en het vaderland (dat door de Amerikanen wordt overheerst en verziekt) calculeren deze pacifisten-ecologen nogmaals met de dood van miljoenen anderen. Ze slikken bezuinigingen en verarming voor zoete koek. Hier willen Pohrt en Geisel een onverbiddelijk radicaal, rationeel en kritische analyse tegenover zetten. Dikwijls doen ze dat via de omweg van het fascisme.[24] *Im Scheunenviertel* zie ik als de meest geslaagde poging daartoe, geschiedenis en kritiek met elkaar te verbinden.

Als tweede onderdeel zijn er een twintigtal tekstfragmenten van beroemde Joodse schrijvers over het Scheunenviertel. En als derde daar doorheen een grote verzameling foto's en documenten zoals advertenties, aankondigingen uit kranten, tekeningen en boekomslagen. De foto's van vroeger hebben een gele drukgang meer zodat het verschil met nu nog duidelijker wordt. Zoals bij de synagoge in de Kleine Auguststrasse nr. 10. Op de linker pagina zien we de bakstenen façade met een ronde deur en toegangshek, rechts wat daarvan overgebleven

---

23   Idem. Een bundel artikelen van Geisel hand kwam in 1984 uit bij de Tiamat uitgeverij in West-Berlijn (Lastenausgleich, Umschuldung). Dezelfde uitgeverij overigens van Wolfgang Pohrt. In het voorjaar van '87 komt bij de SUA een vertaling uit van Pohrts werk.

24   Zowel Pohrt als Geisel schrijven veelvuldig over het fascisme. Zo is er een aantal artikelen daarover gebundeld in Pohrts eerste boek, *Ausverkauf*, Berlin, 1980, o.a. over Rudolf Höss en de literatuur over KZ-ervaringen.

is: alleen nog de schaduw op de brandmuur van het belendende perceel waaraan je kunt zien dat het verdwenen huis kleiner moet zijn geweest. Geen gedenkplaat zoals bij andere Berlijnse synagoges, maar een bord dat verraadt waar we zijn, in 'Berlin, Hauptstadt der DDR'. Het voormalige boeven- en vluchtelingenkwartier ligt namelijk vlak achter het Alexanderplatz, naast de spoorbaan die van Alex naar Bahnhof Friedrichstrasse gaat. 'Ein Hinweisschild des verdinglichten Denkens' volgens Geisel, dat als tekst heeft: 'VMI Objekt "Kleine Auguststrasse" Dieses Objekt wurde von Bürgern des WBA 24 Berlin Mitte im VMI geschaffen.' Wat dat precies wezen mag krijgen we door het perspectief van de foto niet te zien, wel dat op de plaats van de voormalige synagoge nu trabanten en Wartburgs staan geparkeerd.

In zijn 'beschrijving van een cenotaaf' (letterlijk leeg graf, grafsteen voor doden die elders begraven liggen) geeft Geisel, in iedere zin polemiserend met de conserverende geschiedschrijving, enkele gegevens over wat eens was. De schuren en stallen die daar het 19e-eeuwse voorstadium vormden van de inlijving van de naar de stad gekomen boerenbevolking in de moderne productie- en verkeersverhoudingen. Als vanouds een doorgangsstation dus, van de boerderij naar de 'Mietskazernen' in Kreuzberg of Wedding. Wie in het Scheunenviertel bleef hangen, kreeg vroeg of laat met de politie van doen. Alhoewel in dit stadsgedeelte al vroeg gesaneerd werd (midden in de wijk werd in 1906 theater De Volksbühne gebouwd dat er nog steeds staat), bleven verval en armoede huishouden. Joden uit Galicië, Polen en Rusland (de 'Ost-Juden') belandden ook in deze buurt, al omstreeks 1880 toen de immigratie naar Amerika op gang kwam. Zij verbleven hier korte tijd op weg naar Amsterdam of Hamburg. De Eerste Wereldoorlog vergrootte deze stroom vluchtelingen. Sommigen werden ook naar Duitsland gehaald om tewerkgesteld te worden. Anderen vluchtten voor pogroms. Naar schatting van Geisel bleven enige duizenden van hen in dit dozijn straten wonen. Ten onrechte wordt het door sommigen aangeduid als 'het getto van Berlijn'. Geisel noemt het liever een amalgaam, een mengsel vreemdsoortige bestanddelen: openlijke handel in gestolen goederen op straat, partijlokalen, gebedshuizen in een enorme verscheidenheid, zionistische verenigingen, bordelen, cafés en ontzettend veel winkels.

Zo werd er in 1916 ook het 'Jüdische Volksheim' geopend dat een symbiose tussen de Joodse cultuur in Oost- en West-Europa tot stand moest brengen. Dit was een strategie die in die tijd onder Joodse intellectuelen veel aanhang vond. Overdag was het een kleuterschool/crèche en 's avonds werd daar vergaderd en gediscussieerd over politieke, religieuze en pedagogische onderwerpen. Felice Bauer, met wie Kafka een romance had, was één van de vele beroemdheden die in het Volksheim werkten of langs kwamen. In één van hun brieven komt het ook ter sprake. Gersehom Scholem was geschockeerd toen hij daar naar binnen stapte: 'wat mij omringde was een sfeer van esthetische extase'. De luxe dames uit het Westen hadden het goed op met die kleintjes, maar het bleef allemaal kunstmatig, die overbrugging. De poging mislukte schromelijk en in '29 werd het Volksheim gesloten. Geisel trekt een parallel met de 'Kinderläden' die door de '68ers in de jaren zeventig werden opgezet en waar de 'Selbstverwirklichung' werd gepropageerd. De jongste bewoners van het Scheunenviertel stonden op z'n minst onverschillig tegenover al deze goede bedoelingen. Alleen de maaltijden lieten de kinderen zich goed smaken, aldus een verslag. De aantrekkingskracht van de Joodse intellectuelen tot de 'Ostjuden' ('der Fremde par exellence'), verplaatste zich weldra naar Palestina en daaruit ontstond een jeugdbeweging die zich op emigratie ging voorbereiden.

Het mislukken van het Volksheim was een van de vele uitingen van een algehele nederlaag, die met de achterhoedegevechten van Spartacus in 1919 in deze buurt bezegeld was toen de Freikorpssoldaten bezitnamen van deze straten en een pogrom aanrichtten. Het jaar 1933 markeert geen omslag of einde. Razzia's van de politie tegen 'ongewenste buitenlanders' en 'illegalen' vonden al in de jaren twintig plaats. Over de deportatie van de Joden uit het Scheunenviertel na de machtsovername door de Nazi's heeft Geisel niet veel te melden. Misschien heeft hij dat laatste hoofdstuk wel expres weggelaten. Dit wordt bij de lezer bekend verondersteld, de precieze gang van zaken wordt niet vermeld. De bestorming door de SA van het Karl-Liebknecht-Haus (het partijhoofdkwartier van de KPD dat ook in deze buurt stond), de razzia's van de SA en SS in het Scheunenviertel in maart '33 waarbij Joden naar 'wilde KZ's' elders in de stad werden getransporteerd en de georganiseerde boycot van Joodse winkels op 1 april '33 zijn wel op foto's terug te vinden. Bij een van deze foto's staat een radioverslag afgedrukt dat gemaakt werd tijdens een razzia van de politie op 5 april '33. Na een korte impressie van de reporter ter plekke ('Ik sta hier in de omgeving die eens het bolwerk van het Duitse bolsjewisme was... Wat een geweldige verbazing, een waanzinnige angst bij al die mensen die ons sinds jaren wilden onderdrukken... Ze hebben allemaal nog duizenden pamfletten, verboden opruiend materiaal in hun woningen verstopt...'), mengt hij zich in een verhoor dat op straat wordt afgenomen. Een Poolse Jood die zojuist gearresteerd is legt uit dat hij zijn pas een paar dagen geleden heeft afgegeven om het te laten verlengen. Hij woont al 36 jaar in Berlijn en heeft een meubelzaak. De verslaggever sluit als volgt af: 'Schön, -Ja, Herr Kommisar, 36 Jahre wollen die einzelne Herrschaften natürlich schon alle in Deutschland gewesen sein.'

De artikelen en fragmenten uit boeken over het Scheunenviertel, geschreven door beroemde schrijvers en journalisten, veelal in de jaren twintig op papier gezet, geven een goede indruk hoe van buitenaf aangekeken werd tegen het Joodse leven in deze wijk. Deze beschrijvingen maken het grootste gedeelte van Geisels boek uit, laten zich echter moeilijk samenvatten of typeren. Het scherpste beeld geeft naar mijn idee Joseph Roth in zijn 'Juden auf Wanderschaft Berlin' uit 1927. Het begint zo: 'Geen enkele Oost-Europese Jood komt vrijwillig naar Berlijn. Wie op deze aard komt vrijwillig naar Berlijn?' Een vraag die Geisel tot een van z'n motto's maakte, daarmee aangevend dat de dwang waaronder vluchtelingen staan bovenal onder ogen gezien dient te worden. '(overigens: de papieren! Een half Joods leven verstrijkt in de doelloze strijd tegen papieren)', voegt Roth daaraantoe. Een strijd waarvan hij zich alleen kan bevrijden door deze met misdadige middelen te voeren. Zijn opsommingen en korte zinnen geven zijn terughoudendheid aan. Volgens hem elimineert Berlijn de verscheidenheid door het 'eigene' om zeep te brengen. De mogelijkheid bestaat om carrière te maken en daarom zijn er maar een paar Jodenstraten, zoals de Hirtenstrasse waar het huisvuil van de stad handelsobject is. Hij beschrijft de handel in lompen en tweedehands kleren. Hij gaat een kleine kroeg binnen om Met te drinken, de nationale drank der Joden. En hij ontmoet Herr Frohmann, die met zijn miniatuurtempel uit de tijd van Salomen (die hij heel precies heeft nagebouwd) van het ene getto naar het andere reist. Hij bezoekt ook een cabaretvoorstelling en vraagt zich bij de gedichten die daar worden voorgedragen af, of de lezer de Joodse melodieën uit het Oosten kent. Die bestaan uit een mengsel van Rusland en Jeruzalem, van volkslied en psalm. Hoor je de tekst dan zou je vlotte muziek verwachten. Maar als je hoort hoe het gezongen wordt, dan is het lied vol smart, dat 'onder de tranen lacht'. Heeft men het eenmaal gehoord, dan klinkt het nog wekenlang door.

Ook Alfred Döblin maakt een wandeling door deze buurt. 'Jullie nemen de Joden in bescherming', zegt een oudere arbeider in een debat op straat waar hij toevallig langsloopt. 'Nee, wij gaan niet voor de Joden staan' zegt een opgewonden heerschap terug, 'maar wij weten wel dat het kapitalisme in de klasse en niet in het ras zit.' Een vlammend protest van Arnold Zweig na de pogrom van '23 (de inflatietijd) is erin opgenomen. Een heel karakter hebben de beschrijvingen van het religieuze leven, zoals 'Die Betstube' van Martin Beradt over een orthodox gebedshuis, met daarbij een foto van de aankomst van het gevolg van een beroemde Chassidische rabbijn die zijn aanhangers in het Scheunenviertel een bezoek bracht.

Tijdens wat de Nazi's 'Reichskristallnacht' noemden (november '38), werd wat nog over was van de buurt in brand gestoken, geplunderd en werden de mensen verjaagd naar Polen, waar de vluchtelingen een jaar later dit maal voor goed opgepakt zouden worden. De geallieerden kunnen met hun bombardementen op deze wijk in '43 niets verweten worden: het Joodse leven daar was al met de grond gelijk gemaakt:

> Vluchtelingen laten vrijwel geen sporen achter, maar een ontegenzeggelijk teken toch dáár waar hun vlucht tot haar einde moest komen en waar ze tot hun eerste rust komen: op het kerkhof. Wie vandaag de dag op het Joodse kerkhof in Weissensee (Berlijn) wandelt, krijgt een gewaarwording die hem bij 'n rondgang door het Scheunenviertel nooit ten deel zou vallen. Want in het verval van de Joodse graven door de wild om zich heen woekerende natuur (omdat er niemand meer is om ze te verzorgen), verschijnt tenminste nog het verlies van de eigen dood. Iets wat degenen die in de vernietigingskampen zijn vermoord, niet meer hadden. Hen te vergeten die geen grafsteen hebben, is na Auschwitz de eigenlijke grafschennis.

Een laatste opmerking van Eike Geisel waarin hij het Scheunenviertel vergelijkt met de immens grote Joodse begraafplaats Weissensee, die ook in Oost-Berlijn ligt. Een labyrintisch bos waar je uren kan wandelen langs de omgevallen, overwoekerde en kapotte grafstenen. Ook hier dringt de vernietiging tot je door, maar niet door een afwezigheid van sporen of tekens. Het is een indrukwekkend herdenkingspark waar niets de rust meer schijnt te kunnen verstoren. Hoe anders is het hedendaagse Scheunenviertel. De schoonmaakoperatie wordt daar door de communisten van vandaag in een laatste stadium afgerond. De 'Altstadt' Berlin-Mitte wordt daar wederopgebouwd. Zo te zien moet het een plaats worden waar het voor de jonge gezinnen en kunstenaars, cultuurgezinden zo prettig wonen is omdat het relatief smalle, oude straten zijn 'waar vroeger zoveel aan de hand was'. 'Duizend Joden uit Galicië en de straat zou weer gered zijn', denkt Eike Geisel hardop. Maar die zijn niet meer in voorraad en wat men nog aan 'Geschichte von Unten' van de autochtonen aan de Stammtisch te horen krijgt is een doorsnee Duitse levensloop: werkloos – naar het front – aardige, maar vreemde mensen – zijn nu verdwenen. In het reëel bestaande socialisme kan en mag er ook geen andere geschiedenis bestaan, waar het Scheunenviertel wel een plaats in zou krijgen. Immers, boeven en hoeren, straathandelaars en vluchtelingen behoren toch niet tot de 'ordentelijke' arbeidersklasse? En dat is nog afgezien van de heikele vraag of voor '33 in Berlijn een zelfstandig Joods leven heeft bestaan. Met het VEB-bruinkolen-Trabanten bestaan heeft men het in de DDR al moeilijk genoeg. Het is daarom maar beter nooit meer naar het voormalige Scheunenviertel te gaan. Trouwens, de oriëntatie daar is toch al erg moeilijk geworden sinds de straatnamen veranderd zijn. Achter het amateurreconstructiewerk van de dagjestoerist kan gevoeglijk een punt gezet worden na lezing van Geisels boek. Een verzameling foto's en teksten waar je met verbazing en verbetenheid nog jarenlang mee kunt blijven zitten.

VII. Berlijn = muur

Terug in West-Berlijn rijden we nogmaals langs het Kurfürstenstrasse-116-complex. Je bent d'r voorbij voordat je het merkt. Het tracé is in een oogwenk doorlopen en aan begin- en eindpunt staan de stoplichten die aangeven of je geluk hebt of niet. Die façade van het hotel laat zich maar niet in het geheugen prenten. Alleen de vlaggen die boven de ingang hangen en aangeven dat het hotel is aangesloten op de Internationale, helpen door hun veelkleurigheid en het wapperen de plek toch te lokaliseren. Maar waartoe? Stoppen is niet mogelijk. Het parkeren is, slechts voor korte duur, een voorrecht van de touringcars. We wilden daar toch niet te gast zijn, wat rijden we hier dan nog in de rondte? Dat komt omdat we ons vast hebben gebeten in een passage uit Harry Mulisch' *De zaak 40-61* die te vinden is in het hoofdstuk 'Het ideaal der psychotechniek' van 18-6-1961. Het gaat daar om het verband Eichmann en Auto:

> Als ik Eichmann eerder een "medium zonder hypnose" heb genoemd, dan is dat de definitie van de machine. Een machine is een rationeel werktuig dat is georganiseerd op het commentaarloos uitvoeren van onverschillig welke bevelen. De auto kan niets doen tegen het "mystieke" bevel van de voet op de starter. Hij heeft geen enkel beroep of verweer. De auto heeft geen stem in het kapittel. Hij moet onvoorwaardelijk gehoorzamen aan het "fatum", ook als de berijder dronken, krankzinnig of stervende is want hij is een machine. Hij heeft geen organen om onderscheidingen te treffen. Een machine wordt gefabriceerd, Eichmann wordt verwekt: daarin bestaat het verschil. Als hij enige lust heeft gevoeld bij het uitvoeren van zijn werk, dan was zij van het soort, dat de coureur heeft in zijn renwagen, waarmee hij tot één machine versmelt: zijn voetzool niet meer te onderscheiden van het gaspedaal en de motor, zijn handen niet meer van het stuur en de voorwielen. De zeldzame keren dat Eichmann enthousiasme voorwendt, is 't enthousiasme van de recordhouder: "Ik zal lachend in mijn graf springen met het besef, vijf miljoen Joden…" Maar de coureur stapt uit zijn wagen, wordt een mens en heeft op dat ogenblik het juichen van het stadion nodig. Eichmann kan nooit uitstappen, -want hij is zelf de wagen.[25]

Dus geen honkvaste kantoorklerk, maar een rondjes rijdende machine. Dat was voor ons reden om onze aandacht te verleggen van plek (waar niets is terug te vinden) naar het overheersende verkeer dat de Kurfürstenstrasse anno 1984 zo typeerde. We kregen het vermoeden dat de systematiek van de vernietiging tijdens het fascisme niet langer plaats gebonden gedacht kan worden, maar onzichtbaar is opgegaan in zoiets abstracts als 'het verkeer' of 'de beweging'. In die abstractie zochten we naar het punt van Canetti waarop de

---

25   Mulisch, *De Zaak 40-61*, 127-128.

geschiedenis een einde nam en verdween. Een punt waarna het tot een hachelijke zaak is geworden stil te staan bij de bestaande gedenktekens die ons slechts doorverwijzen naar het eindstation. Een punt ook waarna het geen zin meer heeft bij een anoniem en verdwenen kantoor zonder gedenkteken stil te staan. Rijdend langs het Sylter Hof Hotel was voor ons daarmee 'De Zaak 40/61/84' gesloten.

Met het moderne verkeer als nieuw uitgangspunt sneden we de banden met het verleden los van onze vraag wat herinnering en herdenken inhoudt. Het openluchtmuseum Berlijn dus dat geheel los staat van het heden. Een stad die zich ontdaan heeft van haar geschiedenis. Dat bracht mij op het idee wat ik langer als vermoeden had, namelijk dat vele Berlijnse vrienden van mij moeiteloos zonder geschiedenis in deze stad konden overleven. Afgeschreven leven zij in een 'dode stad' als nergens anders in het heden. Of het nou Gründerzeit is, of Kaiser Wilhelm, de Weimarer Republik, Reichshauptstadt of Schaufenster des Westens, in welke zwaarbeladen omgeving dan ook, het laat ze koud. Van belang is enkel en alleen of d'r nu wat aan de hand is. Of het nu de 'Bewegung' is van 'Keine Atempause Geschichte wird gemacht' of het uitgaansleven: hoofdzaak is dat de stad een spektakel is dat bruist en broeit. En als er ook maar iets hapert in de opeenvolging van prikkelende politieke en culturele gebeurtenissen, geraakt men snel in een desolate gemoedstoestand en treden ziekteverschijnselen aan de dag die enkel een verder verval tot uitdrukking brengen en de roep naar nog meer impulsen (en daarmee de kunstmatige instandhouding van buitenaf) alleen doen versterken.

Bij deze sensibiliteit voor het moderne leven hoort raar genoeg in de ogen van de buit-en-landse-staander niet de factor 'Muur'. Het feit dat Berlijn een vesting is die permanent belegerd wordt, zou een hoop kunnen verklaren van de bovenstaande behoefte aan prikkels. Maar nee hoor, het is aan de toerist om zich over de muur te beklagen en zich erover te ver-bazen. De West-Berlijners houden hem voor gezien en de vreemdeling zoekt te vergeefs naar de Muur als gespreksonderwerp. Bij de in- en uitreis is het een horde die genomen dient te worden, een zeer eigenzinnige opbreking van de snelweg die tot de gebruikelijke filevorming en vertraging leidt. De belangstelling bij de West-Berlijners om een kijkje te nemen achter de Muur is al evenmin groot te noemen. Het toerisme-in-eigen-stad bestaat vreemd genoeg niet. Terwijl er een vreemd land, een andere wereld op nog geen honderd meter afstand ligt, verkiest men toch het maken van een lange, dure reis. Een klassiek geval van verdringing? Misschien wel de terechte inschatting dat in Oost-Berlijn 'nichts los ist'. Een grauwe, trieste en autoritaire zooi waar je ook nog entreegeld voor moet betalen. Exotisch en 'fremd' is 't daar bepaald niet, Duits wel. Het mag dan handig wezen dat ze daar dezelfde taal spreken, maar in de ogen van de West-Berlijners hebben ze niet veel te vertellen. Daarom zijn het bij uitstek de buitenlandse gasten die de Muur bestormen en zich in z'n schaduw ophouden om op de Muur filosofische en kunstzinnige bespiegelingen los te laten. Met verf (zoals de kunstenaars Christophe Bouchet & Thierry Noir die kilometerslange schilderijen op de Muur aanbrachten) of spuitbus, of gezeten in het gras met pen en papier.

Omstreeks dezelfde tijd dat ik in Berlijn was kwamen vier toeristen uit Delft, op TH-werk-bezoek, gewapend met de meest moderne waarnemingsmethoden, ontwikkeld in Parijs door Baudrillard en Virilio, ook een kijkje nemen bij de Muur. Weer thuisgekomen schreven ze een zeer chic boekje (dat 'tot stand kwam met steun van de Kuwait Petroleum Fundatie'). Zoals het hoort, veel wit en weinig tekst op een bladzijde. Links staan zeer uitgekiende foto's van de Muur, gemaakt door de architectuur-fotograaf Piet Rook, en rechts de tekst.

Het boek heet eenvoudigweg *De Muur* en is geschreven door Donald van Dansik, Jan de Graaf en Wim Nijenhuis.[26] Volgens mij het meest eigenwijze boek over het Berlijn anno nu. Gezien door de ogen van de nuchtere Hollander net zo absurd als Peter Schneider's *Der Mauerspringer.* Maar dan niet fantastisch – 't is de hyperrealiteit waar ons over bericht wordt. Een wereld dus die reëler dan de realiteit is, waarin alles echter dan echt is, waarin de extase van het reële al maar verder woekert en alles alleen nog maar gesimuleerd hoeft te worden.

Dat is althans de taal waarin *De Muur* is geschreven, die van de grootmeesters uit Parijs waar zij vlijtig van hebben overgeschreven. Lastig om te volgen als je niet ingewijd bent in de geheimen van de moderne avant-garde van de jaren tachtig, want zo mogen we de Delftenaren toch wel typeren. Zo postmodern zijn zij nou ook weer niet. Hoezeer zij zich daar ook tegen verzetten, zij zijn 'n gewone klassieke avant-garde uit de Moderne Tijd. Zij plagen argeloze lezers met moeilijke woorden die niet in het gewone woordenboek staan. Een handicap die herinnert aan de academische onbeholpenheid waarmee in de jaren zeventig de sociologen-taal door de wetenschappelijke arbeiders werd gehanteerd. Maar lees je daar overheen dan kan je genieten van een zorgvuldig geformuleerde, soms poëtische tekst waarin de geheimzinnige aantrekkingskracht van de Muur wordt ontsluierd. Een boek dat moeilijk valt samen te vatten zonder al te veel te gaan citeren, maar ik zal een poging wagen.

De verhalen die je in West-Berlijn kunt vinden over de Muur, in boekhandels, kroegen en gesprekken met autochtonen, ontsnappen niet aan de strikt politieke betekenis van de Muur als brute scheidingswand tussen Oost en West. Maar niemand kan zich over de Muur opwinden en dat is toch wel opmerkelijk. Hoe verontrustend het opkomende Duitse nationalisme ook mag zijn, er bestond en bestaat geen 'Anti-Muurbeweging'. Bij de herdenking van het 25-jarige bestaan van deze muur in augustus 1986 bleven grote demonstraties uit. Aan westelijke zijde was het aantal incidenten gering en in het Oosten vond de gebruikelijke parade plaats. Het werd vooral een mediagebeurtenis in de gebruikelijke Oost-Westtaal. We moesten weer even aan het bestaan herinnerd worden, als we maar weten dat ie belangrijk is, verder mag de Muur blijven wat hij is, namelijk dam en afsluiter zoals de Delftenaren dat noemen ('Schutzwall' heet dat in de DDR). Niet als teken van communistische terreur, maar gebouwd met instemming van alle partijen. Dat blijkt in de zomer van '86 maar weer... de Berlijnse Senaat wil dat het 'gat' in de Muur door de DDR wordt dichtgemaakt en de stroom 'Asylanten' door de DDR wordt drooggelegd. De Muur moet een 'gewone' grens worden en van een (heimelijk) verlangen dat-ie ooit eens zal verdwijnen is geen sprake. De tijdsdimensie is verdwenen. De fase van de 'totale vrede' (analoog aan de Totale Krieg) heeft eveneens het karakter van de 'eeuwige vrede'.

---

26 Donald van Dansik, Jan de Graaf, Wim Nijenhuis en Piet Rook, *De Muur* (Rotterdam: Uitgeverij 010, 1984), recentelijk opnieuw uitgegeven door het Institute of Network Cultures: http://networkcultures.org/blog/publication/de-muur/.

In *De Muur* staat niet één verwijzing naar het Berlijn voor 1945. Woorden als 'fascisme', 'Reichshauptstadt' of 'Hitler' komen er niet in voor. Verbazingwekkend voor iemand die denkt dat de Muur het product is van WO II en de overwinning van de grootmachten op Nazi-Duitsland, met als gevolg de indeling in vier sectoren van de voormalige hoofdstad. Nee, zegt Delft, dat weten we allemaal wel, 'we waren erbij'. De grote geschiedenis wordt omzeild door de Muur heel simpel te zien als een object dat een eigen geschiedenis heeft. En die begon bij de oermensch die uit z'n grot kroop en z'n eerste huis ging bouwen, door vier muren tegen elkaar te zetten. Sindsdien regelen muren de in- en uitsluiting (van mensen) en de uitwisseling (via poorten en geheime doorgangen om te kunnen ontsnappen). Daar kwam pas verandering in toen de stadsmuren geslecht en de verdedigingswerken weliswaar in samenwerking met elkaar, maar los, ver buiten de stad gebouwd werden. Dat gebeurde omstreeks de 18^e eeuw en sindsdien is het doel van de militaire strategie niet meer belegering en beleg, maar 'het politionele beheer van het maatschappelijke verkeer' geworden. Deze historische omweg is nodig om de vraag te kunnen beantwoorden wat voor een muur dat toch is die van Berlijn een gespleten stad maakt.

Dat door de Muur DDR-burgers niet zomaar naar het Westen kunnen, maar alleen met toestemming van de staat, kan in Delft niet hardop gezegd worden. Da's politiek, een veel te makkelijke vanzelfsprekendheid. En gelijk hebben ze. Want na 25 jaar is de Muur een eigen leven gaan leiden, het gros van de mensen drüben heeft zich er bij neer gelegd en voor de modale mediaconsument in het Westen is het een symbool geworden. Een toeristische attractie die veel bekijks trekt. Een wond waarvan een litteken is overgebleven, iets dat volgens van Dansik e.a. 'al sinds mensenheugenis het beste voertuig voor herinnering is.'[27] De stad is volgens hen tegenwoordig het sediment van het collectieve geheugen en dat zou onmiskenbaar voor Berlijn opgaan. 'De stad lijdt, voor de goede zaak, daarom waant Berlijn zich martelaar.'

Naast dam en splijter ('voor de onderschikking van het Duitse aan de nieuwe wereldorde') is de Muur vooral stimulus, middel in handen van de militairen en de politiek om de massa te activeren, om te voorkomen dat ze door de onverschilligheid van massa vergeten worden. Na fascisme en wereldoorlog pogen zij 'de desolate resten tot leven te brengen en tot expressie te bewegen teneinde het innerlijk van de massa te kunnen peilen.'[28] Dat komt omdat het naoorlogse Duitsland een gebrekkige identiteit heeft. De economie onder Adenauer heeft weliswaar de beloften die sinds '33 gedaan zijn waargemaakt, 'maar politiek gezien blijft de massa ondoorgrondelijk'.[29] Ze wordt object van permanente peiling. In het tijdperk van de zachte technologie gebeurt dat alleen niet meer d.m.v. onderdrukking en geweld. De tegenwoordige verhoudingen zijn circulair, uitwisselbaar. De politiek staat dus niet meer boven en de massa ligt niet meer onder, maar ze draaien om elkaar heen. Cryptisch gezegd: 'De chantage van de politiek wordt geconfronteerd met de chantage van de massa.'[30]

---

27 Idem.
28 Idem.
29 Idem.
30 Idem.

In dit licht kan de Berlijnse crisis van '61 gezien worden als een activering en binding aan de macht van het binaire internationalisme. 'Het effect van de muur was internationale stabiliteit. Vanuit haar graf op het slagveld van de Berlijnse Muur herrees enkele weken later de Politiek als Phoenix uit de as.' De macht van de Internationale, zoals wij dat in *Het Beeldenrijk* noemden is alleen niet tastbaar, maar abstract.[31] 'Alleen in Berlijn is ze nog concreet. Daarom koesteren we Berlijn als een geschenk uit de hemel; en Greenham Commen en Woensdrecht.' Startbahn West en Wackersdorf zouden we daar nog aan kunnen toevoegen. Door dat soort muren kunnen we nog tegen de macht te hoop lopen. De politiek bestaat nog bij de gratie van dat soort objecten. Met het verschijnsel 'stad' is volgens hen iets dergelijks aan de hand. 'In Berlijn is de stad niet getroffen maar gered. Overal ter wereld verglijden de steden vanuit hun centra in het niet, maar dankzij het beleg wordt de vorm van Berlijn beschaagd vanuit de rand. Het is het vlak waar de wereldmachten elkaar raken en dus iets van elkaar opsteken.'[32]

In tijden van internationale spanningen vormt Berlijn het testgebied van de grootmachten. Dus de duidelijke scheiding door de Muur, geeft de mogelijkheid tot contact, hoe raar dat ook moge klinken. Dit idee wordt uitgewerkt in het hoofdstuk dat 'membraan' heet. Het toverwoord daarin is 'oppervlak' (waar wij in Het Beeldenrijk ook al mee speelden door te beweren dat *The Day After* terecht een oppervlakkige film genoemd mag worden). De belangstelling voor het oppervlak komt voort uit het verdwijnen van de diepte. Een achterliggend motief, een waarheid of werkelijkheid dat een perspectief zou geven wordt niet langer achter het oppervlak gezocht. Tegenwoordig is volgens de auteurs van 'De Muur' het oppervlak niet meer een grens (zoals b.v. een muur), maar geeft het toegang tot het meest verborgene en minst zichtbare. Het hoeft niet meer gezocht te worden. Het oppervlak (zoals b.v. het beeldscherm of de Muur) werkt als een osmotisch membraan, er vindt een uitwisseling plaats. Moderne media zorgen voor het opheffen van het territorium en z'n grenzen. Snelheid en beweging hebben de muur z'n beschermende functie ontnomen. De stad is geen afgeperkte plek meer, maar 'wordt een regelmachine van de stroom van geld, goederen, water, lucht, blikken en lichamen. In deze substantie interveniëren de moderne muren als evenzovele membranen, barrières, geledingen en doorlatingen. Een onophoudelijk geheel, koppelen en scheiden, doorlaten en stoppen, delen en verzamelen. De steden kennen geen onderscheid meer tussen binnen en buiten.' Een dynamisch beeld waarin de muur als beschermer heeft afgedaan en doorzichtig en doorlaatbaar is geworden. Maar dat kan toch van de Berlijnse Muur niet gezegd worden? Nee, maar die is nou juist pas opgericht in de tijd dat de klassieke muur verdween. Hij verschijnt plotseling als wraak. De 'oude' muur komt terug om wraak te nemen op 'de destructieve krachten van de politieke economie en de ideologie van het contact. Ze hebben hun diensten aangeboden aan Lucifer en participeren nu in zijn project om de menselijke ontwikkeling in het hart te treffen.' Hun oude, militaire functie hebben de wraak-muren verloren. Met een stevige auto of tank rij je er zo doorheen. Zo behoren in zoverre tot de moderne tijd dat ze informatie (radio-tv-telefoongolven) gewoon doorlaten. Maar toch hebben ze dat tikkeltje extra, wat ze zo ergerlijk maakt. En waar tevens hun aantrekkingskracht uit bestaat. Het zijn de nieuwe plekken die wij kunnen bezoeken, eigentijdse, controversiële monumenten

---

31   'Wij' is hier Bilwet. Zie Bilwet, *Het Beeldenrijk: over stralingsangst en ruimteverlangen* (Amsterdam: Raket en Lont, 1985), 95-96.
32   Van Dansik, De Graaf, Nijenhuis en Rook, *De Muur*.

muren waarachter wij denken een geheim te vinden. Zeker vormt de Berlijnse Muur zo een vervanging voor de verdwenen monumenten. Toch zit de Muur niet in één scene van 'De Zaak 40/61/84'. Eigenwijs en eigenzinnig als we wilden zijn, namen we ons al bij het begin van de opnames voor de film voor, in ieder geval niet bij de Muur langs te gaan. We vergrepen ons aan het autoverkeer, zonder op dat idee te komen, dat de Muur wel eens de wraak zou kunnen zijn op de moderne beweging. Als absolute stilstand weliswaar opponent van 'beweging', maar eigenlijk net zo raadselachtig. Door onze associatie met 'Oost-West' hadden we hem gemeden, zonder ons af te vragen waar ie dan wel voor stond. Daardoor bleven we toch aan de historische plek hangen, ook al zagen we dan ter plekke dat de geschiedenis in de Kurfünstenstrasse vervlogen was. Maar het afscheid nemen van die plek was ons zwaar gevallen, de film wilde maar niet afkomen. Nu, twee jaar later kan ik gissen waarom de Muur wraak nam op ons filmproject omdat hij niet in het scenario voorkwam.

SCHOONHEID ALS VERGIF: DE ILLUSOIRE NAZIFICERING VAN DE NEUE SLOWENISCHE KUNST

LEX WOUTERLOOT

Verschenen in *Arcade: Jaarboek van de Academie voor Ambulante Wetenschappen* nr. 2, 1990.

Laibach is de Duitse aanduiding voor de Joegolavische stad Ljubljana. Het is tevens de naam van een Sloveense band. De popgroep Laibach maakt deel uit van een samenwerkingsverband van kunstenaars dat presenteert als Neue Slowenische Kunst. Tijdens het Amsterdamse Zomerfestijn 1987 trok het collectief de aandacht met een reeks manifestaties. Laibach trad op in Paradiso. Het schildercollectief Irwin exposeerde onder de titel *Was ist Kunst?* in het historische kantoorpandpand van Monumentenzorg aan de Keizersgracht. Het café van het Shaffy toonde theateraffiches van de Neue Kunsthandlung Design Studio. En de leegstaande Posthoornkerk vormde het toneel voor de theatergroepen Red Pilot en Scipion Nasice. Het Amsterdamse publiek toonde zich geïnteresseerd in deze uitingen van hedendaagse Oost-Europese kunst en de kritiek oordeelde positief.

Het bezigen van de Duitse taal is een in het oog lopende aspect van de presentatie van deze Sloveense kunstenaarsbeweging. Weliswaar komen de kunstenaars uit de meest noordelijke deelrepubliek van Joegoslavië, maar dat betekent niet dat ze zich in een Slavische traditie plaatsen. In een stencil dat op het festival verspreid werd heet het: 'De Sloveense cultuur is, sinds de Germaanse stammen vijftienhonderd geleden over Europa uitzwermden en ook dit gebied koloniseerden, vooral een Germaanse cultuur.' Deze bekentenis tot de Germaanse cultuur is nogal provocerend in een land als Joegoslavië dat zo ernstig onder de Duitse bezetting heeft geleden. Neue Slowenische Kunst tart compromisloos de cultuurpolitiek van het Socialistische Slovenië. Herhaaldelijk kwam ze in botsing met de censuur. Een conflict tussen kunst en staat dat aangemerkt mag worden als een logisch gevolg van strijdige filosofieën die NSK en Communistische partij huldigen. Terwijl de Communistische partij zich schaart in een progressieve politieke traditie, rekent NSK zich eerder tot de artistieke reactie. Neue Slowenische Kunst laat zich leiden door de doctrine van het retro-gardisme, waarbij 'retro-garde' zich laat lezen als tegenhanger van het dominante concept 'avant-garde'. De NSK wil een artistieke achterhoederol vervullen. 'The Retrogardistic art is based on the use of certain methods of painting, cultural images and political phenomena, taken from history and reinterpreted to create its own esthetic.'

Dat de Sloveense kunstenaars geen beroepsverbod trot was te danken aan de successen die ze oogsten in het buitenland. Onverdeelde successen waren dat niet altijd. Over een eerder concert van Laibach schreef *De Volkskrant*: 'Laibach schokt met eng gekoketteer met nazisme.' Van een schandaal was in 1987 echter niets te merken. De manifestaties van Neue Slowenische Kunst pasten misschien wel in het actuele tijdsbeeld dat de cultuurmanagers ons wilden voorschotelen. Op de Dam werden in het kader van het Zomerfestijn personenauto's met staalkabels uiteengereten ten overstaande van met dranghekken op veilige afstand gehouden toeristen en passanten. En de Catalaanse groep La Fura dels Baus zorgde voor opwinding met een spektakel van vuur en vernietiging. Hoe kon het zover komen dat *De Waarheid* repte van 'eigenzinnige en vernieuwende theatrale vondsten' terwijl geconstateerd werd dat het bij dit soort toneel ging om 'verstrooiend fascisme'? Dit opmerkelijke verschil in waardering is voldoende reden om een analyse te maken van de retrogardistische kunst van NSK, uitgaande van een concert van Laibach.

I.

Het publiek dat op 18 juli de zaal van Paradiso betreedt ziet voor zich twee macabere zuilen opdoemen. Het zijn de zwart omfloerste versterkers van de popgroep Laibach. De zuilen worden opgesierd door zilvergrijze symbolen voorstellende een tandrad met in het midden een symmetrisch kruis. Een variatie op het symbool van het Deutsche Arbeitsfront. Tussen de twee optorenende zuilen bevindt zich het podium. Verheven op een metershoog schavot troont daar een drumstel. Vanuit het hoofdpodium loopt een smal plankier recht de zaal in. Een groot gewei is aan de voorkant van deze brug naar de mensenmassa bevestigd. Tegen de achterwand van de concertzaal is een doek gespannen waarop een grauwe voorstelling prijkt die ook de hoes van de lp Opus Dei siert. Het is een Zwitsers kruis waarin de vage contouren van vier aan elkaar gebonden bijlen herkenbaar zijn. Onder dit teken zal de Sloveense popgroep Laibach een Theatraal Concert geven: de swastika.

Het massaal toegestroomde publiek wordt in afwachting van het verschijnen van de musici verstrooid met de zachte pianoklanken van de Gymnopédies van Erik Satie. Deze achtergrondmuziek werd echter bij het naderen van het '22.30 uur stipt' verwisseld voor melodieën die beter passen bij de omgeving die voor dit optreden geschapen is. Volksliederen weerklinken. De speciale aard van de verandering in het geluidsdecor dringt pas goed tot me door als ik de wijs van het 'Deutschland, Deutschland über alles!' opmerk boven het geroezemoes. Het is een multinationalistische potpourri van volksliederen waarin ook de Marseillaise niet ontbreekt. De selectie eindigt met de tonen van het Wilhelmus. Nog net voor de lichten in de zaal gedimd worden zie ik boven me een grote Nederlandse vlag gedrapeerd en die de plaats van de ereloge opsiert.

Dan barst het spektakel los. De speakers produceren een loeihard beukend geluid. Een monotone dreun. Een gestamp dat geen ritme meer mag heten. Een gearrangeerde metronoom. Twee atletische gestalten verschijnen op het podium, uitgedost half als sportlieden half als militairen: met ontbloot bovenlijf en in uniformbroek met koppelriem en laarzen. Het tweetal neemt plaats achter de snaartrommels die aan weerszijden van de drumtoren staan opgesteld. Met pathetische gebaren stemmen ze in met de tromslag die de zaal geselt. Niet minder martiaal ogende gitaristen voegen zich bij hen, evenals een zanger. Een militaire popgroep geeft acte de présence. De trommelaars blijken het gehele instrumentarium van een militaire kapel te kunnen playbacken. Spotlights flitsen aan als ze de bazuinen heffen. Terwijl een koraal van koperwerk Paradiso vult doemen ze als herauten op in een zee van licht. De vloed van licht zwelt aan. De spotlights richten zich op de zaal. Het publiek wordt verblind. Overweldigd door de elektronisch versterkte pop-interpretatie van het marstempo knijpen de aanwezigen de oogleden toe. Totdat het geluidspatroon enigszins verandert en zich een nieuw theatraal effect aandient.

Onstuitbaar als een rupsvoertuig werkt Laibach zich door haar repertoire. De tape eenmaal op gang kan niet meer gestopt. Er worden geen nummers aangekondigd. Het volume staat zo hoog dat door de vervorming van het geluid het vrijwel onmogelijk is om teksten te volgen. Ik vang wat flarden op. 'Ein Mensch, ein Ziel' buldert het uit de speakers in Hoogduits. Men zingt de lof van de 'United States of Europe'. Ik ben niet geheel onvoorbereid naar de manifestatie gekomen en ik herken dat een groot deel van de muziek afkomstig is van de lp Opus Dei. Zo ook het nummer 'Leben heisst Leben'. De beide trommelslagers ontpoppen zich ondertussen ook vocalisten. Met krachtig handgeklap proberen ze het publiek te bewegen om in te stemmen met deze levensbevestigende elektrohymne. 'Leben heisst leben / wenn wir alle die Kratt spüren / leben heisst Leben / wenn wir alle den Schmerz tühlen / leben heisst leben / heisst die Mengen erleben / leben heisst Leben / heisst das Land erleben.'

Het publiek dat het uit moet zien te houden onder deze overweldigende barrage van geluid deelt echter niet spontaan in het gedisciplineerde opgevoerde enthousiasme. De muzikanten werken zich in het zweet, maar ze weten geen sympathiserende beweging in de zaal te krijgen. Pas in de loop van het concert ontstaat er enige deining in de zaal die op dansen wijst. Onder de bewonderaars van deze Neue Slowenische Kunst geven sommigen blijk van een grotere betrokkenheid. Een paar fans staan te swingen op het balkon. Een meisje in lederhose heeft een been over de balustrade geworpen en schurkt zich tegen het houtwerk bij het aanhoren van zoveel opwindende klanken. Maar wie kan zich echt laten gaan terwijl er zwart-witdia's vertoond worden met gruwelbeelden uit de oorlog? 'Achtung, achtung!' brult de zanger de zaal toe, maar dit vermaan heeft geen betrekking op de foto's van pogroms, vluchtelingenstromen, opgehangen gijzelaars die tegen de muur boven hem geprojecteerd worden. 'Ich sag es dir: das Schwarz / und Weiss ist kein Beweis. / Nicht Tod, nicht Not. / Wir brauchen nur ein Leitbild für die Welt.'

Dan nadert geleidelijk het moment voor de toegift. De tamboers hebben zich met oud-Germaanse rekwisieten opgedoft. Over hun pruiken dragen ze gehoornde gotische helmen. De meezinger 'Life is life' moet het zijn: 'When we all give the power / We all give the best / Every minute in the hour / We don't think about the rest.'

De ongeïnspireerde verkleedpartij wordt door de zaal gelaten opgenomen. Nadat het nummer is afgewerkt draait tape zonder effecten verder. Dan is de show voorbij. Er klinkt geen applaus. De artiesten laten zich niet meer zien. Verward blijft het publiek achter. Niemand maakt aanstalten om de zaal te verlaten. Men wacht af. Geleidelijk gaan er wat lichten aan. En dan wordt de tape met de dromerige pianoklanken van Satie weer opgezet om iedereen ervan te overtuigen dat het theatraal concert afgelopen is en men verzocht wordt om naar huis te gaan.

II.

Enige maanden na het concert van Laibach complimenteerde de journalist Hubert Smeets

Paradiso met haar daadkrachtige antifascismebeleid. Hij leidde dit af uit het doortastende optreden van de portiers tegen een poging van een viertal skinheads om concert van de UK Subs te verstoren. Een dreigende matpartij werd in de kiem gesmoord doordat één van de vechtersbazen zonder pardon op straat werd gezet. Hij contrasteerde dit lik-op-stukbeleid van het jongerencentrum met de onbeholpen pogingen van het PvdA-raadslid Grewel om patstelling rond controversiële culturele manifestaties als opvoeringen van het gewraakte toneelstuk Het vuil, de stad en de dood van Fassbinder te beslechten door ze als een vraag-stuk van openbare orde te beschouwen. De decadente fascismediscussie van de politiek kon een voorbeeld nemen aan de no-nonsense opstelling van de portiers van Paradiso. 'Die praten niet over normen, die moeten ermee omgaan.'

Het waren niet alleen de portiers van Paradiso die zich enigszins in verlegenheid gebracht zouden hebben moeten voelen door het spektakel dat Laibach verzorgde. Er deden zich tijdens hun optreden geen gewelddadige incidenten voor in de zaal, maar de show op het podium was misschien zelf wel fout. Zo het theatraal concert van Laibach iets aantoonde dan was het wel dat de bestrijding van hedendaags fascisme niet gedelegeerd kan worden naar politie of portiers, want het verschijnsel neemt lang niet altijd de vorm aan van open-lijke geweldpleging. Nog verwarrender was misschien dat expliciete verwoordingen van politieke denkbeelden ontbraken. Desondanks kon er geen misverstand over bestaan met welke stroming deze kunst verwant was. Het ontbreken van de verbale aanknopingspunten heeft het ontbranden van een discussie, zoals over het toneelstuk van Fassbinder, verhin-derd en tegelijkertijd het antifascistisch activisme buitenspel gezet. Dwingend is daarom de vraag of er ook een fascisme is dat zich onttrekt aan de definities van een rationele politiek zoals zelfs in linkse buitenparlementaire milieus gehanteerd wordt.

Een strijdvraag is lange tijd geweest of het fascisme als een volwaardige politieke ideologie beschouwd kan worden, net als het liberalisme, het conservatisme of het socialisme. Bij het zoeken van het spoor terug meende J.B. Charles in deze te kunnen stellen: 'Er is trou-wens nooit een fascistische ideologie geweest, al heeft men naderhand, nadat het knokken begonnen was, wel een ideologie verzonnen.' Een politieke doctrine moge dan misschien niet ten grondslag gelegen hebben aan het fascisme, het nationaalsocialisme werd wel geconcipieerd in een speciale denkwereld, die van het soterische Thulegenootschap. Deze sociale wortels van het fascisme werden hier te lande een aantal jaren geleden blootgelegd toen leven en werk van de 'onbegrepen oude wijze maagd' Mellie Uyldert aan een kritische analyse onderworpen werd. Wanneer men zich de ideële dimensie van het fascisme wil aanduiden, dan is het begrip 'ideologie' minder goed van toepassing dan 'mystiek'. Tegenover het geweld dat de fascistische massabeweging gekenmerkt heeft staat niet een expliciet politiek programma maar een mystieke wereldbeschouwing. In het schemergebied van militaristische mystiek en artistieke politiek, dat die wereldbeschouwing omvat, kunnen de creaties van Neue Slowenische Kunst ook geplaatst worden.

III.

Om greep te krijgen op deze duistere cultuuruitingen zullen we ons de vraag moeten stellen die Irwin aan hun tentoonstelling gaven: 'Was ist Kunst?' De festivalkrant die ter gelegenheid van het Zomerfestijn werd uitgegeven verschafte enige aanzetten. Er werd daar gesteld dat kenmerkend voor het werk van kunstenaars yan Neue Slowenische Kunst is 'dat ze allen teruggrijpen op grote historische voorbeelden uit Oost- en West-Europa en specifieke Sloveense culturele tradities.' Over Laibach heette het: 'De barokke, bombastische muziek bevat Wagneriaanse elementen en heeft een heroïsch karakter, de teksten zijn als contrast vaak ironisch.' Deze weergaves behoeven echter een zekere correctie. Preciezer zou geweest zijn om te stellen dat het 'grote historische voorbeeld' hoofdzakelijk het nazisme is en Neue Slowenische Kunst cultureel erfgoed van het Derde Rijk artistiek rehabiliteert. Daar moet aan worden toegevoegd dat in deze pose tevens propaganda lijkt te impliceren. De herhaalde verwijzingen in toelichtingen op het werk van NSK en Laibach waarin afstand gesuggereerd wordt tussen schijnbare inhoud en een eigenlijke bedoeling missen iedere specificatie. Zo er iets ontbreekt aan de teksten van Laibach dan is het wel ironie.

Waaruit zou het ironisch moment moeten zijn in het lied 'Geburt einer Nation' dat de volgende strofen bevat 'Es gibt nur eine Richtung / eine Erde und ein Volk. / Ein Leitbilt'. De Ironie die Laibach praktiseert is de omvorming van een element uit een antifascistische fotomontage van John Heartfield, het hakenkruis als vier met de stelen aan elkaar gebonden bijlen, tot een fascistisch symbool. De omkering van de antifascistische ironie schept een afstand die beter cynisch genoemd kan worden. Op de lokale zender Radio STAD werd in de agenda gesproken van 'cynische propaganda'. Dat was een toepasselijker kwalificatie, maar er werd vergeten bij te zeggen in welke zin die propaganda bedreven werd, namelijk voor 'ein Fleisch, ein Blut, ein wahrer Glaube, eine Rasse und ein Traum, ein starker Wille'.

Gelet op de esthetische reproductie van nazistische retoriek kost het weinig moeite om extreemrechtse denkbeelden te associëren met deze Neue Slowenische Kunst. Het gebrek aan concrete verwijzingen naar de actuele politieke realiteit maakt het echter moeilijk precies te zeggen welke bedoeling hierachter schuilt. In de publiciteit is die kwestie dan ook vermeden. De kunstkritiek gaf er de voorkeur aan om de vaagheid van de referentie niet te problematiseren. In plaats daarvan hanteerde ze een intellectuele stoplap uit de postmoderne filosofie door het werk van NSK te typeren als 'citatenkunst'. 'Citeren' suggereert een lichtvoetigheid die niet te rijmen valt met de bittere ernst waarmee de NSK haar kunst produceert en presenteert. Het begrip citaat is tevens misleidend, omdat ermee miskend wordt dat kunst van de NSK niet uit een reeks betrekkelijk willekeurige fragmenten is opgebouwd die een slechts tijdelijk verband vormen, maar uit geconstrueerde gehelen met een dwingende samenhang die teruggaan op een aanwijsbare traditie. Het Gesamtkunstwerk is het ideaal van Neue Slowenische Kunst, en meer dan in een muzikale stijl schuilt in deze kunstopvatting de Wagneriaanse invloed.

Dit ideaal komt ook tot uitdrukking in de visie op de verhouding tussen kunst en publiek. Het is NSK niet om amusement te doen. Een vrolijke zomerhit, de meezinger 'Life is Life' weet Laibach om te werken tot een manhaftig strijdlied waarvan de titel verandert in 'Leben heisst Leben'. Met traditionele burgerlijke kunstopvattingen wil ze ook niets van doen hebben. Het creëren van schoonheid, als een vorm van fijnzinnige expressie, is misschien wel het laatste wat men op het oog heeft. Het is een esthetiek van duisternis en gewicht. Het werk van het schildersgroep Irwin werd in de festivalkrant getypeerd door 'haar robuuste uitstraling die nog wordt versterkt door het gebruik van zwarte, centimeters dikke lijsten die gemaakt zijn uit een mengsel van teer, lood en polyester'. Het is een autoritaire kunst die geen plaats laat voor wat men in de jaren zestig 'publieksparticipatie' noemde. De producties die het toneelgezelschap Red Pilot brengt zijn geen propagandistische Lehrstücke. Ze geven geen aanzetten tot politieke discussie. Het zijn ensceneringen van mythen. Kortom het is kunst die bedoeld is om louter passief te worden ondergaan. Van het publiek wordt alleen de bereidheid verwacht om zich over te geven aan een voorge-programmeerde ervaring. Een totale belevenis.

IV.

Het Gesamtkunstwerk van Laibach is niet in de eerste plaats een multimediaproject. De diversiteit kunstvormen die in een theatraal concert geïntegreerd worden is minder belangrijk dan het effect dat men daarmee probeert te sorteren: een overrompeling met impressies. De lichamelijke inwerking van de media om een specifieke psychische staat op te roepen is de artistieke methodiek die daarbij toegepast wordt Laibach produceert bij uitstek een psychosomatische kunst. Tijdens het concert van Laibach viel die methodiek vooral te herkennen in het welbewust opvoeren van het volume om het publiek te overrom-pelen. De versterkers stonden zo hard dat mijn oren na een dag nog suisden. Daarnaast was er de ruimtelijke indeling van de concertzaal. Voorts was er de architectuur van het toneelbeeld die de sonore overrompeling verder accentueerde. De hoog oprijzende zuilen van de versterkers en de drumtoren maakten de toehoorders nog nietiger dan ze zich onder de neerstortende geluidsmuur al gevoeld moeten hebben. En waren er de begeleidende lichteffecten. De spotlights werden niet alleen gebruikt om de popgroep zichtbaar te mak-en, maar ook om het publiek te verblinden. En aldus verdoofd, verblind en nietig gemaakt was de resultante een zeer speciale gewaarwording.

Het spelen met een extreem hoog volume is praktijk die tegenwoordig wel meer bands hanteren om de betiteling 'hardrock' eer aan te doen. De stijl van Laibach past weliswaar in dat poppatroon, maar kan waarschijnlijk beter begrepen worden als een experiment met een militaire esthetiek. Vanouds is in die legermuziek gebruikt om soldaten in krijgsroes te brengen en tot bovenmenselijke prestaties aan te zetten. Het op het slagveld bege-leiden van cavaleriecharges met trompetgeschal en het bij een stormaanval van schotse infanterieregimenten inzetten van doedelzakspelers zijn daar bekende voorbeelden van. Voorts heeft de marsmuziek zijn functionele waarde bewezen bij het vergroten van het uithoudingsvermogen van het voetvolk tijdens geforceerde verplaatsingen. Op de klanken van marsmuziek vinden de soldaten een gelijkmatige tred te laten lopen, wordt de ver-moeidheid vergeten en raken ze onder invloed van de monotonie van de beweging in een soort trancetoestand. Laibach opende haar optreden met een cadans die niet anders klonk dan het militaire marstempo.

Een psychotechniek die Laibach hanteert bestaat uit het opvoeren van het volume om de mentale weerstand van het publiek te breken. Zo werd het geluidsniveau aan het einde van het nummer 'Le ben heisst leben' steeds meer verhoogd, totdat de pijngrens over schreden werd. Enige ogenblikken was het kabaal ondragelijk. Het publiek trachtte zich het gehoor te beschermen door de han den voor de oren te houden. Na aldus een climax gecreëerd te hebben, begon het volgende nummer plots op een humaan aantal decibels. 'Geburt einer Nation'. De catharsis. Op dat moment werd duidelijk dat er een verband lag tussen dit bespelen van het lichaam en het creëren van een psychisch effect. Een met mechanische middelen opgewekte stress had tot doel om een propagandistisch uitwerking te sorteren: het bewerkstelligen van de bereidheid een boodschap te accepteren die na het wegvallen van de overprikkeling als bevrijdend kon worden ervaren.

Naast de militair-esthetische en politiek-propagandistische aspecten richt de muziek van Laibach zich met name op het oproepen van een mystiek. De lijfelijke indrukken moeten vooral de voorwaarden scheppen waaronder men gevoelig wordt voor een metafysica. De Physiologische Rauschmusik van Laibach voert je mee naar een kosmische ruimte. Paradiso was opgesierd met afbeeldingen van duistere symbolen. Een tandrad met kruis. Zwarte vlakken. Een kruis voorzien van een swastika. Het podium werd tot een altaar. En het ontbreken van iedere spontaniteit aan het optreden transformeert de playbackshow in de uitvoering van een rite. Priester-krijgers gebaren met muzikale attributen. Tijdloze begrippen als Kraft, Streben, Leben, Schmerz, Streit, Blut, Glaube, Rasse, Traum, Welt worden aangeroepen en creëren een mystieke atmosfeer.

De theatergroep Red Pilot ging nog verder dan Laibach in psychosomatisch effectbejag. De voorstelling van het stuk FIAT vond niet plaats op een traditioneel lijsttoneel dat het publiek vanuit comfortabele pluchen fauteuils kon volgen. Red Pilot had in de Posthoornkerk een geheel eigen omgeving geschapen voor de opvoering van dit drama. Onder de dreigende klanken van muziek van Laibach werd het publiek via een zuilengalerij binnengeleid in een stalen grot. Men werd verzocht op metalen treden plaats te nemen die een verhoging vordmen in het midden van een rond gewelf. Deze ongemakkelijke tribune werd omgeven door een soort gracht. Een gapende diepte scheidde het publiek van de hoge roestige stalen wanden die aan alle kanten oprijzen. Duisternis. Afgrond. Staal. Lawaai. Geen middel was onbenut gelaten om het publiek te beklemmen. Het podium zelf werd gevormd door drie openingen die in staalplaten zijn aangebracht in de vorm van een kruis, een cirkel en een driehoek. Pas toen ik een afbeelding zag van de drie tekens besefte ik dat hier een religieus gevoel aan- gesproken werd. Want het koste niet veel moeite om te zien wat er geschreven stond: TOD.

V.

Neue Slowenische Kunst herschept de estethiek van het fascisme tot hedendaagse kunst. Dat roept de vraag op hoe centraal de rol was die het fascistisch spektakel in de Nieuwe Orde speelde. Daar wordt dan niet propaganda voor een politiek bedoeld, maar de esthetiek als een structureel kenmerk van de orde die men wilde vestigen. Weinigen gaan zo ver als NSK, maar ze staan zeker niet alleen in de benadering van het fascisme als een kunstwerk. De popmuzikant David Bowie moet eens gezegd hebben: 'Ik geloof vast aan het fascisme (...). Hitler was geen politicus. Hij was een mediakunstenaar.' Een uitspraak waarin de nadruk gelegd wrd op de esthetiek kon ook uit de mond van de Franse extreemrechtse intellectueel Maurice Bardèche opgetekend worden:'Fascisme is een houding die een bepaalde schoonheid inhoudt.' En zelfs de voorman van het Frond National, Le Pen, benadrukte in een verkiezingsrede de esthetische dimensie van zijn wereldbeschouwing: 'We hebben schoonheid even hard nodig als brood, want de mens is niet alleen materie, maar ook geest en ziel.'

Het nationaalsocialisme laat zich heel goed beschouwen als een poging om een esthetische orde te stichten. Het monumentale bouwprogramma dat de eerste jaren van de nazi-heerschappij kenmerkten en de algehele verkleedpartij die met de opbouw van een gemilitariseerde maatschappij gepaard ging, waren daar de uitdrukking van. Monumenten en uniformen: het fascisme kenmerkte zich door een verregaande ritualisering van het maatschappelijke leven. Opmarsen, parades en geregiseerde massabijeenkomsten waren de situaties waarin het psychosomatische kunstprocédé zijn werkzaamheid bewees. Yrrah bemerkte in de Volkskrant: 'Een hoogtepunt werd bereikt, toen Speer rondom de Zeppelin Wiese honderden zoeklichten had opgesteld. Die pilaren van licht werkten hallucinerend. Het leek een kathedraal van stralenbundels, die op kilometers hoogte versmolten in het perspectivisch verdwijnpunt. Wolken dreven er doorheen als een zwevend plafond.' Vanuit het perspectief bezien van het fascisme als een autoritair esthetische orde is het zoeken naar een fascistische stijl in de kunsten irrelevant. Recent kunsthistorisch onderzoek leert dat er veel minder dan wel gedacht een eenvormige fascistische kunst geweest is. Een analyse van het fascistisch kunstbeleid dient zich te richten op onderzoek van het fascisme als gestructureerde media-ervaring. Tegenover een linkse revolutionaire kunst die, naar het woord van Rimbaud, streefde naar een ontregeling van alle zinnen, stond de niet minder politieke kunst van het fascisme die een maatschappelijk Gesamtkunstwerk voor ogen stond.

VI.

Deze esthetische interpretatie is vooral van belang in verband met de historisering van het fascisme. Kennis omtrent het naziregime, de Jodenvervolging en de tweede wereldoorlog ontlenen de meeste mensen aan schoolboeken en de televisie. Overlevenden en ooggetuigen worden steeds minder talrijk en de kracht van hun stem verzwakt. Onontkoombaar wordt het fascisme een verschijnsel waarover men alleen nog iets te weten kan komen door secundaire bronnen te raadplegen. Dat betekent dat de voorstelling van het fascisme en de verschrikkingen die ze aangericht heeft steeds sterker de signatuur draagt van evocatie en reconstructie. Zijn herinneringen niet over te brengen zonder ze in de vorm van een kunstwerk te gieten, het scheppen van een historische voorstelling kan het helemaal niet hebben zonder de aanwending van de verbeeldingskracht. Met de historisering treedt het fascisme binnen in het bereik van het imaginaire. Zonder de stilzwijgende aanwezigheid van de overlevenden wier bestaan een geserreerde retoriek afdwingt, kan de fantasie vrije baan krijgen bij het denken over het raadsel van het fascisme. Die retorische conventies kunnen niet verhullen dat er onmiskenbaar onbeteugelde fantasieën leven over het fascisme. Onder ogen zal moeten worden gezien dat macht net als het kwaad fascineert. Dit gegeven vindt zijn weerslag in de verwerking en de dramatisering van het verleden.

Het tot spektakel verheffen van de historie neemt een hoge vlucht. Een bloedbad als de slag bij Waterloo wordt tweejaarlijks gereconstrueerd door aanzwellende legioenen toneelsoldaten. Het vormt een toeristische attractie waarvan men de educatieve waarde voor de jeugd benadrukt. Het fascisme ontkomt als historisch geworden artefact niet aan dergelijke perverse heropvoeringen. De uitgave van nostalgische documentaties, de Hitlerwelle en een algehele recycling van politieke symbolen bewijzen die stelling. Fascisme leeft niet alleen voort als schrikbeeld, maar tevens als een opwindende krijgsdroom, een terugverlangen naar spannende tijden en de begeestering voor een gemeenschapsideaal. De omgang met het verleden laat zich maar zeer ten dele beheersen door evenwichtige onderwijsprogramma's, verantwoorde educatieve projecten en een vaderlandslievende monumentenzorg. De historisering van het fascisme geeft een groter gewicht aan de orale traditie. Als beschreven object behelst het fascisme reeds lang een aanzwellend corpus legenden en mythen. Tegen de achtergrond van een voortschrijdende mythologisering moet de artistieke reconstructie van Laibach geplaatst worden. Het is een oefening in het doen herleven van een belaste en verboden esthetiek in de beschermde wereld van de kunst. NSK zien zichzelf geenszins als vrije kunstenaars. Als er iets is waar Laibach zich tegen afzet dan Is het de individualistische kunstopvatting van het liberalisme. De NSK wijst niet alleen de scheiding van kunst en staat af, maar nog nadrukkelijker de scheiding van kunst en rite. De kunstfilosofie van de NSK heet te stoelen op het principe van het retrogardisme. De kunstkritiek heeft dit retrogardisme al te gemakkelijk opgenomen In het populaire jargon van het postmodernisme. De afwijzing van het modernisme door de NSK loopt niet uit op een kunstopvatting die in het postmodernisme vervat kan worden, maar een die veeleer pre-modernistisch is. Ze grijpen terug op een kunstfilosofieën die aan het modernisme voorafgingen. Daarbij moet dan niet gedacht worden aan academische stromingen, maar aan een maatschappelijke configuratie waarin kunst onlosmakelijk verbonden was met religie. NSK is de artistieke component van wat zich elders manifesteert als een nieuw heldendom.

Het sterven naar het maken van een wereldbeschouwelijk gefundeerd Gesamtkunstwerk is een protest tegen de fragmentering die ook de wereld van het postmodernisme kemerkt. Kunst is In het postmodern tijdvak een etherisch spektakel waarin uiteindelijk alleen nog economische wetten gelden. Het is de triomf van het absolute pragmatisme. NSK wijst de deritualisering, depolitisering en demilitarisering die de hedendaagse kunst kenmerken af. Op artistiek vlak is het een revolte tegen die scheiding van machten die het maatschappelijk leven is gaan kenmerken. Een nieuwe heldentijd, een contemporain mythisch universum, het herstel van een betoverde orde dat is het perspectief waarin zij werkt. Neue Slowenische Kunst opereert als kunstenaarscollectief in het vlak waar we de intellectuelen vinden van het Nouvelle Droite, de activisten van het Vlaams Blok en de gelovigen in een New Age.

De Ewiggestrigen en oernostalgici, kortom het diffuse conglomeraat van de anti-rationele herstelbeweging.

VII.

Laibach kan zonder bezwaar als 'fout' gekwalificeerd worden. Dit oordeel is echter tegelijkertijd een gemeenplaats en een dooddoener. Want welke consequenties zouden daaruit getrokken moeten worden? Dat Laibach en NSK populariteit genieten, wil dat ook zeggen dat hun kunst gevaarlijk is? Een criterium waaraan men fascistische kunst mag afmeten is haar Massenwirksamkeit. Het lijkt me dat de functie van de psychosomatische kunst van NSK geplaatst moet worden tegen de achtergrond van de moderne mediamaatschappij. In het hedendaagse spektakel is een tendens waar te nemen naar het aanbieden van vormen van mediaervaringen waarbij alle zinnen geprikkeld worden. De stomme film veranderde in geluidsfilm. Stereoprojectie en cinemascope volgde. Tegenwoordig zijn de grote attracties op cinematografisch gebied de bioscopen met sferische megaschermen waarbij het publiek zich omringd ziet door geprojecteerd beeld. In ontwikkelingsfase zijn de theaters waarbij zetels trillen en bewegen om een alomvattende sensatie van lijfelijke aanwezigheid te simuleren. De maatschappij als attractiepark vult zich met technisch steeds perfectere simulatoren.

De belangstelling voor de amusementsapparatuur verheelt niet dat de verveling met de nepervaringen die deze machines bieden hand over hand toeneemt. De massa's die aangetrokken worden door objecten die geen spectaculaire kwaliteiten bezitten zoals de media die aanbieden als bijvoorbeeld een gestrand schip is een indicatie dat er een grote hang bestaat naar de confrontatie met iets echts. Het primitieve wordt op prijs gesteld, en de lijfelijke omgang met de elementen bevredigt behoeften waarvoor geen gemediatiseerd substituut bestaat. Neue Slowenische Kunst maakt kunstwerken waarin op die primitieve verlangens ingespeeld wordt. De context waarin ze opereren is echter volkomen vrijblijvend. En dat doet afbreuk aan de gewaarwording die ze wensen te bieden. De riten die ze ensceneren behoren tot een gewelddadig universum. De luister wordt opgeroepen van rauwe omgangsvormen behorende tot een wereld waarin levenskunst de heroïsche strijd om het bestaan is. Maar binnen de context van het theater blijft het een consequenlieloze evocatie van een onbereikbaar geworden primitieve orde.

NSK wil een rituele kunst uiten in een vrijwel gederitualiseerde wereld. Hoezeer dat het geval is blijkt uit de locaties waar optredens plaatsvonden. Paradiso is het onderkomen van de voormalige Vrije Gemeente, en de Posthoornkerk was beschikbaar voor culturele manifestaties als gevolg van de radicale secularisering van de Amsterdamse bevolking. Religieuze gevoeligheid is blijven bestaan. Het voormalige kerkgebouw Paradiso was eveneens het toneel voor een theatrale opvoering van een Rooms Katholieke Hoogmis. De nostalgie naar religie is groter dan het vermogen om een nieuwe overtuigende massacultus te grondvesten. Het levensbeschouwelijke vacuüm dat ontstaan is wordt provisorisch opgevuld met artistieke herscheppingen. Soms als tijdelijke ludieke desecularisatie, soms als een lokale illusoire nazificering.

NSK doet een appèl op de aantrekkingskracht van het primitivisme, maar is zelf niet in staat haar publiek een pre-mediale ervaring te bereiden. De reden daarvoor Is dat ze verkeert buiten de gewelddadige en rituele orde waarnaar ze het verlangen verbreiden. En zeker ook omdat ze opereert binnen een kader met een strikte scheiding tussen actieve artiesten en een passief publiek bestaat: die van de postmoderne kunst. Ze kan uiteindelijk alleen een suggestie bieden. Laibach komt niet verder dan het opvoeren van een slechte playbackshow. Het concert in Paradiso toonde een publiek dat volkomen onaangedaan was door het sonore geweld waaronder het bedolven werd. De theatrale trucs ten spijt waar Laibach beroep op deed was er geen ogenblik waarop voelbaar was dat men getuige was van iets anders dan een pantomime en een draaiende tape. Het was smakeloos Ersatz. De overweldiging van de zinnen werd daardoor gereduceerd tot een vorm van geluidshinder. De band faalde met name omdat ze niet capabel om een authentiek liveoptreden te verzorgen. De intense gewaarwording van het momentane, het besef van de aanwezigheid werd daardoor verstoord en de meest minimale voorwaarden om het psychosomatische effect op te roepen dat men nastreefde werd daardoor weggevaagd.

De tragiek van Laibach is dat ze eigenlijk alleen goede studiomuzikanten zijn. Binnen de beperking van één medium weten ze hun artistieke en levensbeschouwelijke visie gestalte te geven. Dat geldt bijvoorbeeld voor de clip bij een abject nummer als 'Geburt einer Nation'. Hier waren alle beelden uit de nationaalsocialistische iconografie teruggehaald. Mannen in uniform. Geheven bazuinen. Laaiend vuur. Heroïsche poses en martiale gebaren. Alleen was die rimram van symbolen en riten onwerkzaam geworden doordat ze ingedrongen was in het beperkte kader van een videoscherm. Een simpel medium als de video kan nimmer een alomvattend beslag leggen op de zintuiglijke ervaring. De videosensatie blijft altijd extern en de omgeving van het scherm merkbaar groter en overheersender dan het extaseapparaat. Het is een belofte waarvan het duidelijk is dat die niet ingelost wordt. Hoe groot de artistieke erkenning ook is die ze mag vinden, Laibach blijft ongevaarlijk zolang ze het culturele erfgoed van het fascisme blijven beheren op gefragmenteerde kunstscenes.

'Het kan ons ook niet schelen of er in de zaal mensen de Hitlergroet brengen. Dat is hun zaak,' verzekerde me een acteur van Red Pilot nog.

'Schoonheid is vergif. Het doet pijn! Pijn! Pijn!'

10. DE REDELIJKHEID VAN HET UNIFORM: OVER MODE VOOR FILOSOFEN

BAS-JAN VAN STAM

Verschenen in *Arcade: Jaarboek voor Ambulante Wetenschappen* nr. 1, 1989.

I. Het andere lichaam

Mensen die draagkrachtig genoeg zijn om geen tweedehands kleren te hoeven kopen, zullen dat ook niet gauw in hun hoofd halen. Je weet namelijk maar nooit of ze van een dooie zijn. Het risico dat de kleding besmet is met het bedervend miasme van de dood, loopt men liever niet. Deze onzichtbare smetstof hecht zich aan vezels en weefsels en geen Biologisch-dynamisch wasmiddel dat daartegen opgewassen is. Dit komt doordat de dood niet dood kan omdat hij de dood-zelve is. Gebruikte kledij waar op het oog niets aan mankeert kan de dood overbrengen, ook al komt het niet van een dode want dan moet ze wel afkomstig zijn van iemand die een besmettelijke ziekte had. Een andere reden om afstand te nemen van goede kleren is er namelijk niet. Afgezien van ziektekiemen zitten er vaak luizen, vlooien of platjes in. En ook deze zijn vervelend. Tenslotte zijn ze doortrokken van de lichaamsgeuren van de vorige, onbekende eigenaar of eigenaresse en ook hiertegen helpt nog geen kookwas. Om nog maar te zwijgen van lichaamssappen, bloed, zweet, sperma en urine die zich in de stof invreten. De minder draagkrachtigen die om economische redenen in het ruilcircuit belanden, worden om hun besmettelijke kleding geweerd. Het gezond verstand weet dat niet alle tweedehands kleding van doden komt en dat het ook overdreven is ervanuit te gaan dat ze altijd besmet zijn met kiemen, bacillen of ongedierte. Het gros van de mensen is wel schoon op hun eigen ('an sich') en op hun kleren. Maar dan nog is gebruikte kleding, kleding die gebruikt is en naar de vormen van een ander lichaam staat. Dat gaat op voor truien, pakken en broeken maar in het bijzonder voor tweedehands schoenen: die staan naar je voeten als een vulpen naar de hand. Ook de verzameling 'moderne mythes' in Broodje Aap van Ethel Portnoy leert dat nieuwe en gebruikte kleding bizarre angsten oproept die met het anonieme lichaam te maken hebben. Het onbekende lichaam, zowel het eigen als het andere, wil sociaal en seksueel bekend worden. Het dient zich aan en net als bij de dood het geval is, is er geen ontkomen aan. Deze onvermijdelijke confrontatie brengt onbekende gevaren met zich mee. Het onbenoembare karakter maakt het mogelijk dat derden ermee aan de haal gaan door hun propaganda-middelen hierin te investeren.

II. Vrouwenfantasiën

Kleine beestjes

Een vrouw kreeg plotseling last van uitslag aan haar middenrif en consulteerde een dokter. Deze kon er niet achter komen wat de oorzaak van dit symptoom was. Toen kreeg hij een ingeving. Had ze soms een nieuwe rok gekocht? Ja, dat had ze inderdaad! 'Onderzoekt u de rokband dan eens,' zei de dokter. Bij haar thuiskomst deed ze dat. Op het eerste gezicht mankeerde er niets aan. Toen tornde ze de naden los. De band zat van binnen vol met luizen. De rok was gemaakt in een land in het Verre Oosten.

In deze fantasie over de romantiek van de dokter en het vrouwenlichaam legt de nieuwe rok verband tussen de irritatie van het lichaamsoppervlak en de onzichtbare aanwezigheid van kleine beestjes. De geniale dokter kan geen somatische oorzaak vinden en weigert vooralsnog de symptomen psychisch te duiden. Een onbekende derde is de oorzaak van haar irritatie. In een ander verhaal, waarin het Verre Oosten door het Midden-Oosten is vervangen, worden de psychoseksuele lasten beter beschreven:

De seks

Een vrouw rijdt met haar man door een stad in Frankrijk. Ineens ziet ze in een etalage een jurk die haar bevalt. Ze vraagt haar man even te willen wachten terwijl ze gaat passen. Nadat er een halfuur is verstreken wordt de man ongeduldig en gaat naar binnen om te zien waar zijn vrouw blijft. Maar ze is nergens te vinden en de eigenaar van de winkel weet van niets. De man maakt geen scenes maar waarschuwt onmiddellijk de politie. Ze vinden de vrouw tenslotte bewusteloos in de kelder. Ze is kaalgeschoren. Toen ze zich in de kleedkamer had teruggetrokken, draaide de spiegel plotseling weg en viel ze regelrecht in de armen van een kerel die haar een dot chloroform onder de neus duwde. De boetiek diende in werkelijkheid als dekmantel voor een blanke-slavinnenhandel die de harems van rijke oliesjeiks in het Midden-Oosten van vrouwen voorzag. Een net van onderaardse gangen leidde van de kelder naar het station.

Nu de tunnel van de rokband door een stelsel geheime gangen vervangen is, kunnen de polygame luizen plaats maken voor rijke oliesjeiks. Zo'n beetje alles in dit verhaal laat zich lezen als een confrontatie tussen straf en wellust. Het zien van een bevallige jurk roept dit conflict tussen moraal en lust op. Het kaalscheren verwijst dan ook zowel naar de straf die moffenhoeren kregen (ter onderscheiding van goede vrouwen), als naar het exotisch-erotische gebruik volgens de lessen in de liefde het schaamhaar te scheren. In dit verhaal leidt het conflict met de black-out naar de kelder van het onbewuste. In andere verhalen volgt botweg de dood.

De dood

Een meisje kocht een doorzichtige nylon nachtpon voor haar huwelijksnacht. Die nacht doet ze hem aan en wil een sigaret opsteken. De bruidegom strijkt galant een lucifer af. Als zij vooroverbuigt raakt de vlam haar schouder. In een flits is de nachtpon verdwenen en staat het meisje ineens poedelnaakt voor de bruidegom, die het voorval vrolijk opvat. Maar de volgende ochtend was hij niet zo vrolijk toen hij haar dood naast zich trof. De gesmolten nylon had al haar poriën afgesloten.

Op een dag kwam een vrouw een bruidsjapon kopen voor haar dochter die het te druk had om zelf te komen passen. De volgende dag bracht ze de japon terug met de mededeling dat hij niet zo bij de dochter in de smaak gevallen was. Een paar dagen later werd dezelfde bruidsjapon opnieuw verkocht, nu aan iemand anders. De huwelijksdag breekt aan, de nieuwe bruid begeeft zich naar de kerk en de ceremonie is in volle gang. Midden in de plechtigheid begint zij te gillen en aan haar japon te rukken. Voor iemand te hulp kan schieten valt ze dood neer. De eerste vrouw had de japon gebruikt om er het gebalsemde lichaam van haar gestorven dochter in op te baren.

In het verhaal over de gebruikte bruidsjurk speelt de angst mee over het al dan niet willens en wetens dragen van gebruikte kleding. Tweedehands kleding is niet gevaarlijk omdat het met armoede te maken heeft, maar omdat men zich met zulke kleding de dood op de hals haalt. In beide broodje-aapverhalen is bruidskleding de fatale schakel tussen de seks en de dood. Het meisje moet dood om als vrouw op te kunnen staan. Een initiatie die het niet kan stellen zonder rituele voorwerpen. Deze eens zo gewelddadige actie leeft voort in deze hedendaagse angstfolklore. Eenmaal vrouw geworden zal het dode meisje voor altijd behept zijn met de angst voor de seks, de dood en kleine beestjes. Elke feestelijke kleding is daarmee automatisch doodskleding.

III. Hitler over mode

Seks, dood en kleine beestjes zijn raadselachtige verschijningen. Het is alsof het menselijk intellect erop gespitst is deze drie te betrappen. Het is er voortdurend beducht op, houdt er rekening mee. Tezamen vormen ze het gevaar waar de gevoelshuishouding blind op vaart. Hun geheimzinnigheid valt samen met wat wel het privéleven genoemd wordt. Men praat er niet graag over, maar kan er bij bijzondere gelegenheden altijd op aangesproken worden. Hitler deed dat en sprak het Volk tot de privéverbeelding door veelvuldig het noodlottig gevaar van de mythische drie-eenheid op te rakelen.

Bestaat er eigenlijk wel ergens iets vuils, een schaamteloosheid, in welke vorm dan ook, vooral op cultureel gebied, waaraan niet minstens één Jood heeft meegewerkt? En wanneer men nu maar voorzichtig in zulk een gezwel snijdt, vindt men, als de made in rottend hout, een Joodje, dat dikwijls nog met verblinde ogen knippert in het plotselinge licht.

Het andere lichaam flikkert hierop in het moderne privébewustzijn. Dit wordt benoemd en voorzien van benodigde eigenschappen als verleidelijk, dodelijk en besmettelijk-vies. De weinige regels die hij in *Mijn Kamp* besteedt aan de gevaren die aan kleding kleven, leren dat de confectie-industrie onderdeel is van een Joods complot. Zijn suggestie is dat de Joden Duitschland met vuil besmeuren omdat zij rot hout nodig hebben om te leven. De kleine beestjes zijn belust op Duitschlands dood. De seks laat zich nu eenmaal makkelijk met de mode combineren en is een van de wijzen waarop de lorrejoden het Duitsche Volk met de dood besmetten:

> Het is werkelijk een zeer treurig gezicht, te moeten vaststellen, dat ook onze jeugd reeds onderworpen is aan een modewaanzin, die werkelijk alles doet, om de beteek-enis van het oude spreekwoord: 'kleeren maken den mensch' tot iets noodlottigs om te vormen. De jongen die 's zomers in lange broek rondloopt, en tot den hals toe ingepakt, die verliest door zijn kleeding een zeer belangrijke stimulans voor de

opvoeding van zijn lichaam. Indien in onze dagen de lichamelijke schoonheid niet zoo volkomen was achtergesteld bij fatterig modegedoe, dan zou het niet mogelijk zijn, dat honderdduizenden meisjes door afstootende krombeenige Jodenbastaards verleid werden.

Het modegetut maakt dat de jeugd het vuil attractief begint te vinden, met het uiteindelijke gevolg dat de prachtige lichamen van de Duitse jongelui in rottende lijken veranderen die tot voedsel van de kleine beestjes dienen. De jeugd zou dan ook verre van de mode gehouden moeten worden. Dit kan enkel worden bereikt door een totale heroriëntatie, waarin kleding de ontwikkeling van het lichaam bevordert in plaats van perverteert:

De geheele opvoeding en scholing moet erop gericht zijn, den jongen volksgenoot de overtuiging te geven, dat hij absoluut de meerder is van anderen. Hij moet door zijn eigen kracht en handigheid het geloof aan de onoverwinnelijkheid van zijn volksk- racht terugwinnen. Ook de kleeding der jeugd moet aan dit doel aangepast zijn. (..) Juist bij de jeugd moet ook de kleeding in dienst van de opvoeding worden gesteld. Men moet ook op de eerzucht, en - laten wij het eerlijk zeggen - op de ijdelheid speculeeren. Niet ijdelheid op mooie kleeren, die tenslotte voor velen onbereikbaar zijn, maar ijdelheid op een mooi, welgevormd lichaam, dat ieder kan opbouwen. Ook voor later heeft dit zijn nut. Het meisje moet haar ridder leeren kennen. Ook dat is in het belang van ons volk, dat de schoonste lichamen elkaar vinden, en zoo helpen, om nieuwe schoonheid aan de natie te schenken.

De angsten uit de moderne mythes over kleding stemmen met de voorstelling van Hitler overeen. In plaats van de racistische (joden) is alleen een geopolitieke identificatie (het Midden-Oosten) gekomen. Kennelijk vormen de drie mythische figuren een traditioneel bestanddeel van de gevoelshuishouding. Het is gebruikelijke politiek deze schemerwereld van angsten op te sluiten in de privéwereld van schijnbaar individuele, autonome ervaringen. Elke nieuwe beweging die naar politieke macht streeft, moet haar propagandistische middel- en wel investeren op deze ervaringsmarkt. Want de kracht van de beweging is erin gelegen dat ze de ware gevoelens van het volk vertolkt. Hitlers retorica stelt de angst voor kleding in een traditie waarin het uniform een sportief en gezond image heeft. Als dit soort denken een traditie heeft, kan het geen kwaad de mening van een paar filosofen op te vragen.

IV. Plato en sportswear

Ook in het werk van Plato is nauwelijks iets te vinden dat specifiek over kleding gaat. Talrijker zijn de verwijzingen naar het weven, dat dan als een alledaags en vanzelfsprekend voorbeeld genomen wordt van de bruikbaarheid van de hypothese dat de techniek van het leven, het liefhebben, het regeren enz. kennis van zaken veronderstellen. Voor het resultaat van al dat voorbeeldige weven, knippen en naaien heeft het werk van Plato geen aandacht. Alleen in zijn hoofdwerk *De Staat* kan Plato er niet omheen iets te schrijven over de kleding in die ideale staat. Die vraag naar de best mogelijke menselijke samenlevingsvorm komt stapje voor stapje tevoorschijn uit een discussie tussen Socrates en een aantal vrienden over de vraag wat rechtvaardigheid is. Als die kwestie eenmaal aan de orde gesteld is, beginnen ze ermee de eenvoudigste te definiëren door de voorwaarden te noemen waaronder een staat, hoe simpel ook, pas mogelijk is: 'Nu is de eerste behoefte aan het benodigde voedsel om in leven te blijven. Daarop volgt de behoefte aan onderdak en in de derde plaats komt de behoefte aan kleding en dergelijke.' Deze drie noodzakelijkheden veroorzaken de mogelijkheid en wenselijkheid van het georganiseerde menselijke samenleven. Het gegeven dat deze drie duurzaam vervuld moeten worden om überhaupt te kunnen leven, gaat vooraf aan de filosofische vraag naar de best mogelijke regeling daarvan. En dus is het consequent dat Socrates volstaat op te merken dat er genoeg voedsel, voldoende beschutting en 'kleding en dergelijke' in de denkbeeldige staat zullen zijn. Nu is het echter zeker niet zo, dat de mensen in die denkbeeldige staat van alles te eten zouden hebben, in luxe behuizingen zouden wonen en met dure kleren aan zouden lopen. De denkbeeldige staat is vooralsnog zeer eenvoudig: de mensen eten er net als varkens hoofdzakelijk eikels. Hun huizen zijn semipermanente afdakjes en kleding is er eigenlijk alleen maar tegen de kou of de regen. Als het zo eenvoudig gesteld is, waarom zou men dan een probleem maken van de drie belangrijkste levensvoorwaarden? Verder in het gesprek ontwikkelt deze 'natuurstaat' tot een complexe samenleving waarin de noodzaak van een georganiseerde verdediging bestaat. Deze veronderstelt een goed getraind leger van dappere mannen en vrouwen. Hier kan Plato bij monde van Socrates een kolderieke draai geven aan het banale probleem van de kleding:

> Nu zullen vermoedelijk veel punten in mijn voorstellen wanneer die in de praktijk worden gebracht, door hun ongebruikelijkheid de lachlust opwekken. Natuurlijk in de eerste plaats dat vrouwen naakt aan sport zullen doen samen met de mannen, niet alleen jonge meisjes maar inderdaad ook oudere vrouwen, net zoals mannen op hogere leeftijd zich niet door hun rimpelig en onaantrekkelijk uiterlijk laten weerhouden om in het openbaar te trainen. Als de praktijk eenmaal heeft uitgewezen dat uitkleden bij het sporten veel beter dan dat alles maar te bedekken, zal men het langzaam maar zeker zo'n gek gezicht niet vinden dat mannen en vrouwen samen naakt sport beoefenen en zullen rationele overwegingen de doorslag geven. Waaruit maar weer eens blijkt hoe onbenullig het is om iets belachelijk te vinden zolang het niet aantoonbaar slecht is.

Deze 'naaktscene' vormt ongetwijfeld het hoogtepunt van Plato's modefilosofie, al moet erbij gezegd worden dat dit niet zozeer kleding als wel niet-kleding betreft. Behalve het weven en de enkele passages in *De Staat* komt het onderwerp kleding nog eenmaal voor in het werk van de grondlegger van het westerse, rationele denken. Deze enkele zinsnede staat enigszins opgeblazen bekend als het 'kleding maakt de man' fragment. Maar na de minimal-kleding uit de natuurstaat en de blootkleding van de meer ontwikkelde staat, leert dit fragment enkel dat kleding niet het wezen der dingen maar de uiterlijke schijn betreft. Deze schijnbare wereld is net zo bedrieglijk als de man die mooie kleren aantrekt en daarmee suggereert beter te zijn dan hij in waarheid is.

V. Thomas More en sekskleding

In zijn ontwerp van de ideale staat gaat Thomas More uitgebreider dan Plato dat deed in op zowel onverstandige als correcte kleding. Bij More gaat het ook niet zozeer om het technische als wel om het morele aspect van kleding:

> De snit der kleren is in heel Utopia van één model en blijft voor alle leeftijden steeds dezelfde; ze is niet onbevallig voor het oog en tevens praktisch voor de beweging van het lichaam, daarbij op koude en hitte berekend, alleen verschilt het kostuum van mannen en vrouwen, ongehuwden en getrouwden. Die kleren vervaardigt dan ieder huishouden voor zichzelf. Zolang de inwoners van Utopia aan het werk zijn, bestaat hun werkpak doodeenvoudig uit leer of huiden, die wel zeven jaar goed blijven. Vertonen zij zich op straat, dan trekken zij daarover een mantel aan om dat grovere pak te bedekken. Over gans Utopia is de kleur daarvan een en dezelfde en wel de oorspronkelijke van de stof. Aangezien linnen minder bewerking vereist dan wol, wordt linnen het meest gebruikt. Bij het linnengoed let men overigens alleen op de witheid, bij wollen kleren alleen op de reinheid; aan fijner weefsel wordt geenszins meer waarde gehecht. Zo komt het, dat men in heel Utopia met één stel bovenkleren en één stel ondergoed meestal voor twee jaar tevreden is. Er bestaat immers ook niet de minste reden, waarom zij meer zouden begeren. Kregen ze die, dan zouden ze toch niet beter beschermd zijn tegen koude en er evenmin ook maar een haar keuriger uitzien, wat hun kleren betreft.

De morele degelijkheid van huiden die wel zeven jaar goed blijven, zet More af tegen de amorele kleding die zijn tijdgenoten droegen om hun rijkdom en macht te representeren. More giet deze moraal in de vorm van een staatsbezoek dat de heersers van het land Anemolië aan Utopia brengen:

> De Anemoliërs wisten dat de Utopiërs allen dezelfde grove kleding droegen, maar wisten niet beter dan dat wat zij niet bezaten ook niet gebruikten. Daarom besloten de afgezanten van Anemolië dan ook, meer hoogmoedig dan wijs, door hun verfijnde dracht zich als een soort van Goden voor te doen en de ogen van de stumpers van Utopiërs door de glans van hun prachtgewaden te verblinden. Zo hielden dan de drie gezanten met een gevolg van honderd man hun intocht, allen in bonte gewaden, de meeste in zijde, de gezanten zelf in met goud bewerkt opperkleed, met grote halskettingen en oorbellen van goud, daarbij met gouden ringen aan de vingers, bovendien nog met colliers hangend aan hun hoed, die schitterden van parels en edelstenen. Kortom: zij waren uitgedost met alles, dat in Utopië diende hetzij om slaven te bestraffen, hetzij om eerlozen te schandvlekken, hetzij voor kinderen om mee te spelen. Het was vermakelijk te zien hoe de gezanten zich in hun hoop en verwachting danig bedrogen zagen en hoe zij helemaal niet de eerbied afdwongen, waarop ze gerekend hadden. In de ogen van de Utopiërs was die hele schitterende opschik iets om zich over te schamen. De Utopiërs begrijpen namelijk niet dat ook maar iemand zich door de valse schittering van een armzalig juweeltje of nietig steentje laat bekoren,

terwijl hij toch de blik kan slaan op iedere willekeurige ster, ja ook nog op de zon zelf. Nog minder begrijpen zij hoe iemand zo krankzinnig kan zijn, dat hij zich verbeeldt deftiger te zijn wegens de draad van een fijner soort van wol. Al is die draad nog zo fijn, toch heeft een schaap eenmaal die wol zelf gedragen en was toch al die tijd niets anders dan een schaap.

Nadat Thomas More de morele zuiverheid van eenvoudige doch degelijke kleding tegenover de amorele irrationaliteit van luxe prachtgewaden heeft gesteld, laat hij tenslotte een ogenschijnlijk kolderieke consequentie van het humanistisch antimode standpunt zien. Net als Plato leidt hij zijn radicale these met de waarschuwing in niet te oordelen naar de gewoonte maar volgens het verstand:

De Utopiërs nemen bij het kiezen van echtgenoten met grote ernst en strengheid een gebruik in acht, dat in onze ogen hoogst ongepast en allerbelachelijkst is. Want een waardige en eerbare moeder toont aan de huwelijkskandidaat naakt de vrouw die hij begeert, hetzij maagd of weduwe. En omgekeerd laat een rechtschapen vader de vrijer naakt aan het meisje zien. Niet alle mannen namelijk zijn zo wijs, dat zij alleen maar op het karakter letten, en ook zelfs in de huwelijken van wijze mannen vormen lichamelijke bekoorlijkheden een niet te versmaden toegift voor de goede eigenschappen van de geest. Inderdaad kan onder de omhulsels van de kleding zulk een afzichtelijke lelijkheidheid verborgen zijn, dat ze het gemoed van de man van zijn vrouw geheel en al kan vervreemden, terwijl eenmaal getrouwd lichamelijke scheiding niet meer mogelijk is.

VI. Filosofie en uniform

Traditioneel zijn de filosofen niet erg te spreken geweest over kleding en mode. Het liefst zwijgen zij erover en wat zij in de schaarse passages te melden hebben, ontstijgt niet het niveau van de platitude. Mode wordt door hen gepresenteerd als een der uitingen van de domheid: mode is stom en achterlijk, product van begeerte en wellust, ze ondermijnt de goede zeden, leidt tot bandeloosheid, ze is onmatigheid en terreur, de zonde van het vlees. Mode verschijnt waar het onverstand aan de macht is; waar onrecht wet is, daar bloeit de mode op. Ze is het product van een maatschappelijke dwang die zich vermomt als persoonlijke identiteit. Mode is erop uit de zinnen te begoochelen, ze wil indruk maken, macht representeren, maar wat ze laat zien is een zwakke geest en een verdorven ziel.

Zou de filosofie prediken dat de naderende ondergang het gevolg van de modewaanzin is, dan is dat in strijd met haar uitgangspunt dat mode van futiel belang is. Want iets dat zo gering is dat het zonder bezwaar in het filosofisch betoog genegeerd kan worden, dat kan onmogelijk zoiets gewichtigs als de ondergang van de beschaving voortbrengen. Maar zelfs dan nog, als de mode wel de ondergang veroorzaakt, zelfs dan is het verstandiger de mode dood te zwijgen, oh, als het echt niet anders kan de zaak met een grap af te doen, want aan terroristen van dat kaliber, maakt men geen woord vuil. De naaktscènes van Plato en More zijn hier het schoolvoorbeeld van. De inzet is moralistisch: ze zijn een soortement test of het publiek mee kan gaan in de redelijkheid van het denken. Ze draaien de vraag naar het 'ongepast gekleed zijn' om in die naar het 'gepast ongekleed gaan'. Wat dit betreft zijn de grote geesten het met elkaar eens. Het afleggen van het uniform mag alleen dan indien het een functie van het biologisch geslachtsonderscheid is. Zowel More als Hitler vinden het gepast zich ongekleed voort te planten. Bij Plato ligt dit wat moeilijker. Hij verzet zich tegen de opvatting dat het aanstootgevend is wanneer oude, onvruchtbare vrouwen samen met mannen en jonge vrouwen bloot aan sport doen. Gemengd sporten zou voortplanting niet in de weg hoeven te staan juist omdat de oude vrouwen toch al buiten de erotiek staan. Hoewel voor Plato de wil tot voortplanting het beginsel van de erotiek is, hoeft deze goesting dus niet door de aanwezigheid van oude, rimpelige blote vrouwen bedorven te worden. Met hun pleidooi voor het ene en onveranderlijke uniform scharen de filosofen zich achter de hysterie van de seks, de dood en de kleine beestjes. Dit is zo'n absurde rationalisatie van het gebruik van kledij dat men wel mag concluderen dat de verwarring van gekleed en ongekleed hen hoog zit. Dat is waar zij duidelijkheid over wensen: kledij is uniform, geen uniform is voortplanting. En dat is wat hen aan de mode stoort, zij rotzooit met de grenzen tussen gepast gekleed en gepast ongekleed. Door de mode raken de denkers in de war en dat wil de mode ook. Zij is niet uit op communicatie, maar op sensatie. Haar terrorisme verwarring te stichten is de worm aan de wortel van het Rijk. De mode is een oude beweging die niet uit is op politieke macht, maar op voortdurende verandering. Ze steekt de draak met de drie-eenheid door met de rekbaarheid van de elementen te spelen.

11. TRIUMPF DES HIMMELS: OVER WIM WENDERS'
HIMMEL ÜBER BERLIN

ARJEN MULDER

Verschenen in *Arcade: Jaarboek voor Ambulante Wetenschappen*, nr. 1, 1989. Geschreven in mei - september 1988 als ingekorte versie van een deel uit een gepland filmboek over Wenders, Riefenstahl en Schwarzenegger.

'Jeder Engel ist schrecklich.' (Rainer Maria Rilke)

I.

Na zijn zevenjarige missie in de Verenigde Staten te hebben voltooid, keerde regisseur Wenders terug naar de Heimat. Hij koos Berlijn als standplaats, begon direct aan de voorbereidingen van een nieuw project. Over de stad verklaarde hij: 'Berlijn is niet enkel de incarnatie en het hart van Duitsland, maar ook een beetje dat van de wereld.' En het project? 'Dat is fundamenteel verbonden met het Verlangen, mijn verlangen: om mijn taal en Duitsland terug te vinden, dat ik op cinematografisch vlak sinds lang verlaten had.'

Laten we direct zo letterlijk mogelijk proberen te horen wat hier gezegd wordt. Een naoorlogse West-Duitser heeft het anno 1987 over Duitsland (en niet de Duitslanden) en zegt daarvan dat het de incarnatie en het hart van de wereld is - de plek waarop het Verlangen gericht is: het 'Verlangen' (van iedereen blijkbaar) is 'Duitsland terug te vinden'.

Wim Wenders had als jonge filmrecensent aan de vooravond van zijn queeste naar de eigen bodem geschreven: 'Ik geloof niet, dat er ergens anders zo'n verlies aan vertrouwen in eigen beelden, verhalen en mythes bestaat als bij ons.' En hij had de taak op zich genomen om, na eerst in een film als *Im Lauf der Zeit* (1976) te hebben aangetoond hoe leeg het geestelijk leven in Duitsland was zonder die eigen mythes, dat vertrouwen te herstellen. Om dit te bereiken bleek er voor hem maar één route mogelijk: hij moest de confrontatie aangaan met de beelden en verhalen uit de Amerikaanse films die Europa na 1945 - zes jaar verstoken van Hollywoodproducties - massaal overspoelden, welke films de oude verhalen, die de Duitse identiteit zijn begin en bestemming hadden gegeven, niet alleen wegvaagden, maar al snel ook compleet vervingen. Om cinematografisch terug te keren naar Duitsland, anders gezegd, om de Duitse mythes te herstellen, moest het amerikanisme uit de Duitse identiteit worden gebannen.

De Yankees die in '45 als bevrijders van het nationaalsocialistische juk waren binnengehaald, werden overigens in de jaren '60 al geherinterpreteerd tot de bezetters van het vaderland, en op sit-ins scandeerde de Duitse studentenjeugd hen toe: 'Amis raus!'. Al werd daar toen nog solidair: 'Aus Vietnam!' aan toegevoegd. In *Der Amerikanische Freund* (1977) laat Wenders iemand zeggen: 'De Amerikanen hebben ons onbewuste gekoloniseerd'. Dat moest de oorzaak zijn van de leegte daarin en dat ook definieerde zijn vorm van anti-imperialisme: hij stelde zich tot taak *the American Dream* uit het Duitse onbewuste uit te drijven. Zijn methode hierbij was deze Droom tot het bittere einde mee te dromen om er daarna uit te kunnen ontwaken, reden waarom hij vertrok naar de enige bodem die daarvoor geschikt was: die van het buitengewest Amerika zelf, alwaar hij na zeven jaar slaapwandelen wakker schrok in het plaatsje Paris, in Texas. Amerika? Wenders:

> In Duitsland is alles verscheurd, versplinterd. De geïsoleerde stad Berlijn bewijst dit duidelijk. Maar het gaat niet enkel om de breuk tussen de twee landen. Deze versnippering heeft niet alleen een politieke betekenis. Iedere staat, maar ook ieder mens vormt een eilandje, alleen en verscheurd, door gebrek aan liefde, omdat men niet weet waarom men leeft, omringd als men is door te veel lelijke beelden, verplicht als men is te leven zonder tederheid.

Duitsland een kapot lichaam dat ter heling met tedere beelden moet worden omringd, opdat het zich herinnere waarom het leeft:

> Als men de negentiende-eeuwse mens zou plaatsen in het hedendaagse leven, zeker in Berlijn, zou hij zich afvragen wat er allemaal gebeurt en hoe men ertoe moet komen om te leven. Wij zijn bevoorrechten. Wij kennen het recht keuzen te maken. Maar wat kan een secretaresse in Dallas doen? Zij kan zich alleen maar afvragen waarom ze leeft. Om wat geld te verdienen en het uit te geven? In de negentiende eeuw was men misschien niet gelukkiger, maar men had een doel: zijn gezin, God. Men had in de eerste plaats God om de wereld te begrijpen.

De negentiende-eeuwer in Wenders heeft nog het Verlangen in zich naar een God om ons uit te leggen waarom wij, en Duitsland, nog steeds in leven zijn, de twintigste-eeuwer in hem weet dat tedere beelden niet meer uit de trouwbijbel komen, maar uit de filmcamera. En blijkens zijn nostalgie om de nu alweer 100 jaar oude zevende kunst, weet de eenentwintigste-eeuwer in Wenders dat de film ten dode is opgeschreven om vervangen te worden door de elektronische media.

Het is niet toevallig dat Wenders – drie-eenheid ingeklemd tussen de rouw om verouderde waarden en de rouw om een verouderde techniek – nu juist zo'n medelijden heeft met een secretaresse in ondemocratisch Amerika. Haar immers had hij in *Paris, Texas* de weg gewezen naar het waarom van haar werken, en in haar had hij zijn eigen Amerikaanse droom uitgedroomd. Nu zegt hij, opnieuw letterlijk: wij in Berlijn zijn bevoorrechten die in staat zijn om te kiezen. Zij in de States leeft onder een juk dat haar een keuze onmogelijk maakt. En de suggestie is duidelijk: zou er niet een omgekeerde historische beweging moeten worden ingezet, zou Duitsland Amerika niet moeten komen bevrijden van de overheersing door geld en consumptie, om het daardoor de gelegenheid te bieden een 'echte' keuze te maken, voor de tederheid namelijk, nu God en gezin in een vorige eeuw zijn achtergelaten? De Amerikaanse invasie leidde tot het Duitse Wirtschaftswunder, d.w.z. de al overheersende toename van geld en consumptie in de Bondsrepubliek. Zou een omgekeerde invasie nu daar niet een wonder kunnen veroorzaken, de al overheersende toename van zin en liefde namelijk?

Een militaire invasie is daarvoor niet nodig, we weten immers dat een culturele kolonisatie van hun onbewuste al voldoende zou zijn?

Duitsland? Herinneren we ons *Paris, Texas,* het eindpunt van Wenders' Amerikaanse missie. De hoofdpersoon, Travis (van traveler, reiziger), was een klassieke Wenders-held: levend op een bodem waar hij totaal van vervreemd was, werd hij gedreven door een nostalgie naar het vergeten beginpunt waar zijn bloed was beginnen te stromen. De man loopt de woestijn van de klassieke Amerikaanse (John Ford-)Western door, op zoek naar het stukje grond waar zijn conceptie had plaatsgevonden. Dit was het patroon: Amerikaanse beelden, en daardoorheen de queeste naar de eigen oergrond, dat was Wenders' Duitse droom - in feite een wezens-vreemd element in het Amerikaanse landschap. Daarin immers was men, in het kader van de trek naar het Westen, de hele negentiende eeuw door op zoek geweest naar nieuwe grond (new frontiers) om zich te kunnen vestigen. In die zin zou Wenders een mislukt kolonist zijn: hij blijft naar zijn oude wortels verlangen. Zelfs Hollywood in het uiterste westen zou hem geen nieuw vaderland schenken, integendeel, Wenders' paranoia ziet daar de demon in die hem van zijn bloedsbodem wil verdringen. De angst voor dat monster nu bezweert hij middels zijn Paris-film, waarin hij Travis, zijn alter ego, definitief the American Dream laat verwezenlijken: hij laat zijn held 100% Amerikaans worden om zich daardoor te kunnen realiseren dat die man in zijn landschap van western-beelden absoluut niet Europees, niet Duits, niet bij mij, Wenders, behorend is. In Travis isoleert Wenders het Amerikaanse element in zichzelf, om het vervolgens uit te kunnen drijven, zich ervan bewust geworden dat de Duitse droom fun-damenteel anders is dan de Amerikaanse; en de Duitse droom, dat is de eigen mythe die in zijn bloed meestroomt. Ga henen van mij. De Hollywood-demon de woestijn ingejaagd, de weg naar het vaderland open en uitnodigend opeens, na zeven magere jaren.

Wat gebeurt er namelijk? Travis wordt van zijn oorspronkelijk Germaanse speurtocht in 'die Wäste' afgeleid door zijn broer, die hem uit zijn zelfverkozen wildernis terugvoert naar de beschaving, in de vorm van zijn huis en zijn vrouw en kind. Daar weergekeerd blijkt echter dat hun zoontje in werkelijkheid Travis' kind is en dat diens moeder is verdwenen. Een toenadering tussen vader en zoon volgt, waarna beide op zoek gaan naar de moeder. Die vinden ze uiteindelijk ook, in Houston, waar ze in een peepshow als secretaresse werkt (ze neemt in ieder geval gedicteerde teksten op). Dan volgt een verzoening, niet tussen hem en haar, maar tussen haar en hun zoontje. Moeder en kind blijven verenigd achter, Travis reist schijnbaar doelloos verder. Het kind (Hunter, jager, dus wel iemand met een doel) heeft gevonden wat hij zocht: zijn echte moeder. Die moeder, Jane (Me Tarzan, you - nu ja, zij is het wilde element) heeft dat ook gevonden: haar moederschap namelijk (en is daarmee getemd). Alleen vader zoekt verder.

Dit werd indertijd geïnterpreteerd als een verbeelding van het moderne gezin, waarin de vader afwezig is (met de echtscheidingsstatistieken in de hand om de sociale werkelijkheid achter de verbeelding te bevestigen). Alleen is er niets moderns aan: het is gewoon het ideale Amerikaanse gezin. Daarin immers blijft de vrouw thuis om de kinderen te verzorgen, terwijl vader de wijde wereld in trekt om carrière te maken, 'van krantenjongen tot miljonair'. Dat was nu precies the Americam dream. Wenders had een held gecreëerd met een bij uitstek 'Duits' Verlangen (het vinden van de eigen bloedsbodem, in modieuzer jargon: 'het vinden van de eigen identiteit'), die van zijn spoor wordt afgebracht door de bij uitstek 'Amerikaanse' dubbele droom van gezin en gezinsonafhankelijkheid voor de man en dankbare aanvaarding van het moederschap en gezinsafhankelijkheid voor de vrouw. Dat is de klassieke reden 'waarom een secretaresse in Dallas leeft'. Wenders kon niet duidelijker zijn.

Maar het is natuurlijk niet de reden waarop een Duitser in het hart van de wereld zijn bestaan grondvest. Het Dallas-gezin is fundamenteel anders dan de Europese familie. In Amerika is iedere relatie tussen een mens en de grond waarop hij geboren is toeval: de mobiliteit van de bevolking maakt het tot iets willekeurigs (en *Paris, Texas* is een en al mobiliteit). Daardoor is ook iedere relatie tussen mensen toeval: als je plotseling vertrekt om elders te gaan werken krijg je daar nieuwe relaties en verdwijnen de oude. Wat weer de reden is dat ook de liefde aan het toeval is overgeleverd. De enige niet willekeurige relatie in Amerika is die tussen oud-ers en kinderen; en gezien het toevallige van het vader-moeder contact is eigenlijk alleen de moeder-kind band geen pure samenloop van omstandigheden, maar iets 'natuurlijks', onver-mijdelijks. Het is het enige noodzakelijke verband in een web van toevalligheden. Vandaar het belang dat Wenders eraan hecht. Want daar gaat het hem om, dat is de Duitse droom: dat de relatie mens-bodem geen toeval is en dat dus de bloedsbanden tussen de mensen, 'tussen man en vrouw', geen willekeur zijn, maar een kwestie van voorbestemming, uitverkiezing, noodzaak, lot, 'Schicksal'. Want alleen dat maakt het leven zinvol (nu Wenders het niet meer 'God' durft te noemen). Dat was het 'eigen' verhaal, de eigen mythe die de Duitse identiteit maakte tot wat ze was, voor ze in 1945 verpletterend verslagen en daardoor 'verscheurd' werd. Dat is de mythe die Wenders terugvindt, de kern van zijn van vreemde smetten bevrijde onbewuste. Met een clean bloed-en-bodem verhaal kon hij terugkeren naar de Heimat nu.

II.

Duitse beelden, Duitse stemmen. Wenders opent zijn film *Der Himmel über Berlin* met een tekst, geschreven en gesproken: 'Als das Kind Kind war, wusste es nicht, dass es Kind war, alles war ihm beseelt, und alle Seelen waren eins.' Dat is het begin - het kind; en dat is de inzet - de eenheid, de heelheid van de ziel en van alle zielen. Dat ook is de mythe: ons leven is nooit begonnen (we herinneren ons er althans niets van), we zijn er, merken we op een gegeven moment (en dat is het eind van de kindertijd, het begin van de versplintering). Als we ontdekken dat we er zijn, zijn we er geweest; daarna kunnen we alleen nog verlangen'naar wat een ander vroeger was', zoals Wenders' scenarioschrijver Peter Handke lang geleden alweer in een toneelstuk had laten zeggen door Kaspar Hauser.

Na de openingstekst zien we wolken, zondoorschenen wolken, we vliegen over een stad, kijkend vanuit het perspectief van de vlieger. En dan zien we wie die vlieger is: een engel. Hij is geland op de Gedachtniskirche, het ruïneuze oorlogsmonument van Berlijn. Zo gaat de mythe verder immers: zodra we weten dat we er zijn, treden we binnen in de geschiedenis, leren we dat wij een belichaming van het verleden zijn, van al die mensen wier levenslijn tot hier, tot ons heeft gevoerd. De engel kijkt omlaag, in de straten onder hem lopen de massa's der stadsbewoners, waarvan sommigen stilstaan en omhoog beginnen te kijken. Weer de mythe: we zijn niet alleen, we leven te midden van mensen als wij, met wie we samen de levenslijn verder voeren. Recht en plicht: recht om te leven (leven waar we nooit om gevraagd hebben), plicht om het leven door te geven, daarmee de dood overwinnend (dood waar we nooit om hebben gevraagd). Dat is de horizontale as waarlangs het leven zinvol wordt: de vooruitgang middels krijgen en geven.

Wenders slaagt er aldus in om in nog geen twee minuten in het onbewuste van zijn kijkers het verhaal te activeren, dat sinds de Romantiek in het Westen het basispatroon vormt van iedere zingeving aan het leven: de Geschiedenismythe namelijk, waarin de geschiedenis het leven zinvol maakt en waarin de geschiedenis zelf zinvol is omdat Gods daden, of sinds de Romantiek die van de Geest, erin tot uiting komen (de verticale as). Dit is ook precies het verhaal waarin we het vertrouwen verloren toen, zoals Elias Canetti schreef, 'de geschiedenis ophield reëel te zijn, en zonder het de merken de mensheid plotseling de realiteit verliet' - d.w.z. sinds Auschwitz, sinds Hiroshima. Wenders vindt, zonder een greintje twijfel of cynisme, de weg terug de geschiedenis in.

Hij kan ook niet anders, daarvoor immers was hij naar Berlijn gevlogen: 'In mijn land is dit de enige stad die me interesseert. Elders ervaart men niet veel meer dan de krankzinnige behoefte om het verleden weg te wissen. Het is de enige plaats waar men niet probeert te vergeten. Men vindt in deze symbolische stad enkele sporen uit de negentiende eeuw, uit de jaren twintig, van de oorlog, van de naoorlogse periode en uiteraard van de huidige politieke realiteit. Het is een vriendelijke stad.' Het is een eilandje waar de Geschiedenis nog functioneert. En alleen daarin kan tederheid bestaan.

Wenders brengt met deze beelden ook een andere mythe in beeld. De geschiedenis als zingevend principe is een Europese, van oorsprong christelijke gedachte. De andere mythe is Duits, al bestaat ze uit dezelfde elementen: het begin dat geen begin is, de versplintering, de geschiedenis, de massa. De inzet ervan is ook dezelfde: het herstellen van de heelheid. Het doel is echter anders: niet het overwinnen van de dood, maar het veroveren van de absolute macht. Het nationaalsocialisme. Laten we even terugkijken op het Duitse cinematografische vlak. In 1934 maakte Leni Riefenstahl een film over de partijdagen van de Nazi's in dat jaar: *Triumpf des Willens*. Ook Riefenstahls film opent met een tekst over een 'begin': 'Vier september 1934. Twintig jaar na het uitbreken van de wereldoorlog, zestien jaar na het begin van Duitslands weedom en verdriet, negentien maanden na het begin van Duitslands wedergeboorte, vloog Adolf Hitler opnieuw naar Neurenberg om de kolonnes van zijn trouwe aanhangers te inspecteren.' Dan zien we wolken, zondoorschenen wolken, we vliegen over een stad. In de straten daarvan lopen mensen, massa's mensen, waarvan sommigen omhoog beginnen te kijken, we zien hen vanuit het perspectief van de vlieger. We zien vervolgens wie die vlieger is: de Führer. Hij is geland op het vliegveld van Neurenberg. De nacht valt, een nieuwe dag begint. Het ontwaken wordt getoond in het historische centrum van Neurenberg, de vakwerkhuizen, de spitse daken, de landelijke klederdracht... Onbewuste oppepper: Duitsland is de nacht in gegaan van een verloren oorlog, maar haar geschiedenis is daardoor niet aangetast, het land is nog ongeschonden - laat nu ook de Duitse mens zich weer herstellen! Vandaar schakelen we over naar het tentenkamp, waar we de massa der partijgangers aan de ochtendhygiëne zien: fris en vrolijk fascisme.

Deze gespierde mannenlijven zijn de belichaming van Duitslands nieuwe heelheid. De mythe is daarmee rond: van begin, versplintering en geschiedenis, naar een nieuwe heelheid (overwinning van de dood). Deze drie thema's keren ook expliciet terug in de toespraken die Hitler houdt, terwijl de massa's toehoren. Tegen de partijjeugd zegt hij: 'En als er van ons niets meer over is, dan zullen jullie de vlag die wij eens vanuit het niets hebben gehesen, in jullie vuisten moeten houden. En ik weet dat het niet anders kan zijn, want jullie zijn vlees uit ons vlees, bloed uit ons bloed en in jullie jonge hoofden brandt dezelfde geest die ons beheerst.' Het thema van het overwinnen van de dood door het verlengen van de levenslijn lijkt hier hardop te worden uitgesproken. Alleen maakt Hitler in zijn slottoespraak tot de verzamelde partijdag duidelijk dat het hem daarom helemaal niet gaat. Hij zegt daar: 'Toen onze partij nog maar zeven man groot was, sprak zij al haar twee grondbeginselen uit; ten eerste: zij wilde een waarachtige, wereldbeschouwelijke partij zijn, en ten tweede: zij wilde compromisloos de macht in Duitsland, voor haar alleen.' Macht maakt heel – 'Heil!' antwoordt de massa. Dat was de triomf van de wil: we wilden de macht en nu hebben we die ook om ons waarachtige, wereldbeschouwelijke werk te kunnen doen. In Wenders' termen: nu konden ze de secretaresses in Neurenberg uitleggen waarom ze leefden. Wenders gebruikt Riefenstahls beelden - en dat hetgeen 'toevallige' overeenkomst maar een citaat betreft, wordt enerzijds aangeduid door het feit dat het citeren van filmbeelden bij Wenders bijna een standaard procedé is, hij is een groot kenner van de filmgeschiedenis; anderzijds door het feit dat deze door Kracauer beroemd gemaakte beelden vaker geciteerd worden, bijvoorbeeld door John Milius in de opening van zijn film *Red Dawn*, waarin Nicaragua binnenvalt in de V.S. Maar hij gebruikt ze omdat hij een antifascistische film wil maken: hij wil een confrontatie aangaan met het verleden en daar hoort het nationaalsocialisme bij. Als hij de engel op de Gedächtniskirche laat landen, herinnert hij eraan hoe Duitsland de nacht in is gegaan van het fascistendom en een verloren oorlog, maar tegelijk zegt hij dat haar geschiedenis daardoor niet is aangetast: hoe geschonden en versplinterd het leven ook is, hoe groot het niets waaruit hij zijn vlag van een nieuw en zinvol bestaan wil hijsen, we bestaan nog, heelheid is nog mogelijk. De weg die daarheen voert is echter niet die van het compromisloos de macht opeisen - dat kan niet meer.

Wenders geeft uitdrukkelijk aan een anti-oorlogsfilm te maken, een anti-totalitaire film ook: tégen de strijd waar Hitler over schreeuwt, vóór de vrede, tégen de macht, vóór de liefde. Wenders helden willen de liefde om, als ze die hebben, hun waarachtige wereldbeschouwelijke werk te kunnen verrichten. Met tederheid in plaats van geweld hetzelfde doel bereiken, daar gaat het om.

III.

Wenders' antifascisme toont zich het duidelijkst in zijn benadering van de massa. De massa's van Leni Riefenstahl hebben iets vreemds over zich: we zien voortdurend enorme aantallen mensen in de film, in strak geordende cohorten vaak, marcherend, stilstaand, luisterend, één keer zelfs collectief een tekst uitsprekend, en dan weer in beweging – met schoppen, met wapens, met fakkels, met vlaggen en vaandels... Alleen, wat er ook gebeurt, niemand leren we nader kennen: er loopt niet één individu in mee. Als we al eens een gezicht in de menigte zien, zien we dat nooit meer terug. De enigen die herkenbaar (met naam) worden geïntroduceerd zijn een aantal nazi-koppen, en de enige van wie we te horen krijgen wat hij op zijn hart heeft, is Adolf Hitler, in de slottoespraak.

De mensen die we van nabij genoeg zien om identificatie mogelijk te maken, zijn allemaal sterke, jonge mannen met een bepaalde schedelvorm en opgeschoren nekken. Daar hadden Leni Riefenstahl en Albert Speer, de 'architect' van de partijdagen, wel voor gezorgd: de optocht van de 'Amtswalter', de partijbureaucraten, werd bijvoorbeeld 's nachts georganiseerd, zodat wel hun fakkels, maar niet hun vette buiken en middelbare leeftijd zichtbaar zouden zijn. Als er in de film details in beeld komen zijn dat laarzen, handen op spades, symbolen: de massa blijft anoniem, abstract, ideëel, onindividueel, 'onmenselijk'. Als gevolg hiervan wordt de film op den duur van een bijna pathologische, dodelijke verveeldheid.

Dat komt natuurlijk ook door het filmverhaal: Riefenstahl toont militaristen (partijgangers) die hun overwinning al achter de rug hebben - haar film toont hoofdzakelijk de *Triumpf des Organisierens*. Ook boy-meets-girl films eindigen aan het slot van de voorgeschiedenis, als het verhaal van de geslaagde liefde begint zijn droom en drama voorbij, de rest is een kwestie van relatie-managing, iets waarvan de charme voor buitenstaanders meestal moeilijk na te voelen is. Als Hitler in zijn slottoespraak oreert dat de partijdagen 'de grote en geestelijke ontmoeting van oud-strijders en wapenbroeders' is geweest, komt dat onbegrijpelijk over: de massa's hadden niets geestelijks of persoonlijks, ze waren alleen maar groot. Hitler spreekt blijkbaar uit een tijd tot ons die ons absoluut vreemd is geworden.

Wenders verwerpt dit type massa. Ook hij laat zijn hele film door onafgebroken massa's mensen zien: al diegenen die in de huizen, cafés, filmsets, straten en metro's van Berlijn leven. Zijn hoofdpersonen, de eerst getoonde engel Damiël en zijn mede-engel Cassiël, zijn puur geestelijke wezens en als zodanig in staat dwars door muren en dergelijke heen te lopen (inclusief de Muur). Ze zijn voor mensen onzichtbaar, maar kunnen wel ieders gedachten, ieders geestelijk en persoonlijk leven horen. Als gevolg daarvan komen de engelen enkel individuen tegen, ieder heeft zijn of haar eigen gedachten in de eigen taal. De mensenmenigten in Wenders' Berlijn vormen nooit een 'echte' massa - zonder wil of met maar één wil, zoals Riefenstahls massa. Iedereen behoudt zijn of haar persoonlijke bewustzijn.

In het begin van de film loopt Damiël door een metro. Men zit daarin zichzelf verzonken, 'ieder mens vormt een eilandje, alleen en verscheurd'. Damiël gaat naast een kalende man zitten, een typisch geval van 'een dolkstoot in de rug gehad'. Deze man denkt bij zichzelf:

> Je bent verloren, maar dat kan nog lang duren. Je ouders hebben je verstoten, je vrouw heeft je verraden, je vriend is in een andere stad, je kinderen herinneren alleen nog je spraakgebrek, je kunt jezelf voor de spiegel iedere keer wel voor je kop slaan...'
> Dan legt Damiël zijn hand rond de schouder van de man: 'Wat is dat?' denkt die. 'Iets is er... Ik ben er toch ook nog! Als ik wil, als ik alleen maar wil... Ik moet enkel willen, dan kom ik er weer uit. Heb me er zelf in laten vallen, kan me er ook weer uithalen, zou toch belachelijk zijn. Dan had moeder gelijk: "Laat je toch niet zo rondduwen!"

De triomf van de wil wordt bij Wenders op individueel niveau behaald, al is daar ook een teder schouderklopje van een Engel-Führer voor nodig: een beetje liefde en de mens weet weer waarom hij leeft: omdát hij leeft en omdat hij dat wil. Een groter contrast is nauwelijks denkbaar met de totalitaire machtswil om de massa's bij zich in te lijven voor hun eigen heil bij Hitler/Riefenstahl. Wenders verzet zich tegen iedere hiërarchische machtswil, zijn wil is die om te bestaan, desnoods in totale eenzaamheid: dat is toch antifascisme?

Maar laten we de massa in Wenders' Berlijn nog eens nader bekijken. De mensen verkeren er regelmatig in grote groepen andere mensen, zonder dat ze die eigenlijk werkelijk zien, ze zijn daarvoor veel te veel bezig met hun eigen beslommeringen. De metrorit brengt dit schitterend in beeld: de massa is een medium geworden waar de mensen onbewust instappen om zich ergens heen te laten vervoeren, maar nooit om gezamenlijk, als groep, ergens heen te gaan. De massa is net als de metro een vervoersmiddel, een functioneel object, maar nooit een object met een eigen waarde en een eigen moment. Alleen het individu is dat: het is een denkend en voelend object, een subject dus. De fascistische massa is totaal afwezig, Duitsland is entnazifiziert. Een pluspunt?

Dat zou het zijn als niet overal ter wereld de massa tot een medium was geworden, als dat niet kenmerkend was voor de naoorlogse periode in het westen. In alle treinen, bussen, alle drukke winkelstraten van alle grote steden over zo langzamerhand de hele wereld is dit waar te nemen. Wenders' 'antifascistische' massa is een universeel verschijnsel, een normaal onderdeel van iedere op consumptie en media ingeschakelde maatschappijvorm. Zijn antifascisme is een constatering, niet meer, als stellingname hangt het volkomen in de lucht. Waarom je een expliciet voorstander tonen van iets dat allang gerealiseerd is en dat op geen enkele wijze wordt bedreigd?

IV.

Ook de engelen zijn bij nadere beschouwing niet zo eenduidig. Zij weten alles van de mensen, maar zijn volkomen van hen afgesloten, wat zich uit in het feit dat ze de wereld in zwart-wit beelden zien. Ze kunnen hooguit af en toe iemand een kontje geven om uit het niets omhoog te kruipen richting waarachtig en wereldbeschouwelijk, en zelfs daarin mislukken ze soms. De engel Cassiël slaagt er bijvoorbeeld niet in een jongen op het Europa-Center van zelfmoord af te houden door middel van handoplegging.

Het is geen toeval dat Cassiël faalt, waar Damiël slaagt. In een gesprek helemaal aan het begin van de film heeft Cassiël zijn wereldbeschouwing geformuleerd: 'Alleen blijven! Laten gebeuren! Ernstig blijven! Wild kunnen we enkel in die mate zijn, als we onvoorwaardelijk ernstig blijven.' Nu zien we waar die wildheid toe leidt: machteloosheid, dood. Damiël slaagt waar Cassiël faalt, omdat hij een andere levenshouding heeft. In het begingesprek zegt hij: 'Es ist herrlich nur geistig zu leben und Tag für Tag die Ewigkeit von die Leuten rein, was geistig ist, zu bezeugen - aber manchmal wird mir meine ewige Geistesexistenz zuviel.' (Ze hebben net naar een vrijend paartje zitten kijken). Hij wil zijn alwetendheid verliezen, hij toont zijn verlangen, het Verlangen zoals Wenders het noemde: 'Endlich ahnen, statt immer zu wissen.' 'Ach' en 'oh' en 'ah' en 'hemeltje!', kunnen zeggen, in plaats van altijd 'Ja en amen!'

Tegenover de wraakzuchtige, onvoorwaardelijke ivoren toren-houding van Cassiël plaatst hij zijn mededogen met het menselijke tekort: koud tegenover warm.

Deze tegenstelling die Wenders en Handke hier introduceren is in de jaren dertig al nauwkeurig verwoord door Antonio Gramsci in zijn *Gevangenisschriften*: 'De vergissing van de intellectueel bestaat erin dat hij meent dat men kan weten zonder te begrijpen en vooral zonder te voelen, zonder gepassioneerd te zijn (niet alleen voor het weten op zich, maar voor het object ervan).' Cassiëls passie betreft het weten, die van Damiël het object van dat weten. Alleen maakt Gramsci duidelijk dat hier van een tegenstelling geen sprake is: weten is niet mogelijk zonder te voelen en onvoorwaardelijk weten kan alleen ontstaan waar mededogen aanwezig is met het object van dat weten, dat wil zeggen, met de mensen, het menselijk tekort.

Gramsci heeft ook verduidelijkt wat hij met 'begrijpen' bedoelt:

> De intellectueel gelooft dat hij een intellectueel (en niet een pure pedant) kan zijn, ook als hij geen enkele band heeft met het volk, dat wil zeggen zonder de elementaire passies van het volk te voelen, zonder deze te begrijpen en ze dus te verklaren en te rechtvaardigen binnen de bepaalde historische situatie, ze dialectisch te verbinden met de wetten van de geschiedenis, met een hogere - wetenschappelijk en coherent uitgewerkte - wereldbeschouwing, met het "weten".

Volgens Gramsci was ieder mens tot op zekere hoogte filosoof, intellectueel: iedereen dacht na over de wereld en zijn positie daarin (en de mensen in Wenders' films doen niet anders dan dat); maar in iedere maatschappelijke klasse waren mensen die hun onsamenhangende noties probeerden uit te werken tot een coherent geheel, en die groepen noemde hij 'de intellectuelen'. Hij onderscheidde daar drie hoofdgroepen in: er waren 'traditionele intellectuelen', die de noties van de heersende klassen uitwerkten en dat uitriepen tot 'het gezonde verstand'; er waren 'organische intellectuelen' die de tegen de heersende klassen strijdende onderklassen vertegenwoordigden en de nog niet vanzelfsprekende noties daarvan tot uiting brachten - met het doel zo'n samenbundelende wereldbeschouwing te ontwerpen dat daarmee de macht kon worden overgenomen. En dan was er nog een derde groep, de 'vrijwillige intellectuelen': dat waren intelligente mensen die weliswaar begrepen hoe hun wereld in elkaar stak, en die ook de twee met elkaar strijdende ideologieën van de macht en tegenmacht-in-wording kenden, alleen voelden ze zich met geen van beide klassen verbonden, alleen wilden blijven. Ze wisten veel, ze begrepen heel wel hoe onrechtvaardig en wreed de maatschappij georganiseerd was, maar ze hadden geen benul hoe die kennis in praktijk kon worden omgezet, hoe je iets aan de status quo kon veranderen, aangezien ze zich met geen enkele grotere groep wilden verbinden. Daarom verlamde die kennis hen, ze werden er ongelukkig van, hun kennis zat hen genadeloos in de weg en moest weg, weg, weg. Dat was de reden waarom ze om 'actie' begonnen te roepen, om een 'totale verandering', wat dat verder ook voor mocht stellen. 'Alles' was fout en het moest 'helemaal' anders, maar hoe, en door wie, en wanneer?

Het was deze actie-ideologie die hen zich deed aansluiten bij het fascisme (als ze dat al niet zelf creëerden). Dat wilde immers ook alles veranderen en wel onmiddellijk - zonder daarbij van één klasse uit te gaan om die verandering te realiseren. 'Corporatisme' was de slogan, en dat onder de vleugels van iets 'hogers', van een Partij, en iedereen moest meedoen. Onmachtigen die ze waren, brulden ze om de macht, 'compromisloos de macht, voor haar alleen'.

Hoezeer de rol van de ideologie en de beroepspraktijk van intellectuelen veranderd moge zijn - Wenders' engelen passen perfect in het door Gramsci beschreven patroon. De engelen weten alles, maar kunnen niets begrijpen of verklaren vanuit een bestaande maatschappelijke situatie, ze zien immers alles in het perspectief van de eeuwigheid, ze zijn alleen maar geest en als zodanig niet in staat 'de elementaire passies van het volk te voelen'. Het zijn dus vrijwillige intellectuelen (dat wil zeggen pedanten).

Ook de af en toe opduikende oude verteller Homerus in Wenders' film is zo'n vrijwillige intellectueel: hij wil 'alles' veranderen door 'het epos van de vrede aan te heffen', zonder verder te benoemen hoe hij in concreto die vrede georganiseerd zou willen zien. Vrede moet voor hem het tegenovergestelde van oorlog zijn, maar wat dan precies? Het heeft iets te maken met de 'kind-zijn' van de mensheid. 'Toen het kind kind was, wist het niet dat het kind was': vrede is dan het niet-weten, het onbewust-zijn, de mythe van het leven dat nooit begonnen is, de 'heelheid' van de mens in zuivere toestand, het verlangen naar iets 'dat een ander vroeger was': onmiskenbaar een vorm van intellectueel anti-intellectualisme, van kennismensen wier kennis hen genadeloos in de weg zit en die er daarom vanaf willen. Maar waar de klassieke vrijwillige intellectuelen om 'actie' en 'macht' riepen, roept de moderne versie daarvan om 'vrede', om 'tedere beelden'.

Nu ja, zo'n oude man die wat voor zich uit zingt zal natuurlijk nooit meer gevaarlijk kunnen worden, al zou hij dat overigens wel willen: zijn laatste (en de laatste) gesproken woorden in de film zijn, dat 'de mannen en vrouwen en kinderen mij zullen zoeken, omdat ze mij, hun verteller, voorzanger en toonaangever, nodig hebben zoals verder niets op de wereld'. Vergeeflijke grootheidswaanzin van een seniel oud mannetje. (Eerder in de film had hij de naziterreur al vergoelijkt door het te omschrijven met de woorden: 'En de mensen waren helemaal niet vriendelijk meer en de politie ook niet.' Niet vriendelijk? Ze hebben godverdomme miljoenen mensen uitgemoord.)

Ook Cassiël zal niet gevaarlijk worden, hij wil 'alleen' blijven en de dingen 'laten gebeuren'. Voor hem is de eenheid van het eeuwige koninkrijk alleen te 'begrijpen' in volstrekte eenzaamheid, hij zal alleen zichzelf in de weg blijven zitten, somber starend tot in de eeuwen der eeuwen, zoals aan het slot van de film.

Maar Damiël wil meer, hij verwoordt zijn anti-intellectualisme ook met het meeste elan: 'Eindelijk vermoeden, in plaats van altijd te weten!' en:

De hele tijd, als we al eens meeden, was het toch maar voor de schijn... alleen voor de schijn! Niet dat ik meteen een kind wil verwekken of een boom wil planten, maar het zou toch mooi zijn bij het thuiskomen na een lange dag... zoals Philip Marlowe de poezen te voeren, of koorts te hebben, zwarte vingers van het kranten lezen, niet meer alleen enthousiast te worden over de geest, maar eindelijk eens over een maaltijd, de lijn van een hals... een oor. En liegen! Of het gedrukt staat!

Dat is het credo: weg met de waarheid! Eindelijk voelen! (Hierbij moeten we bedenken dat Damiëls slogan ook te horen is als: 'Endlich Ahnen, statt immer zu wissen': eindelijk voorouders, eindelijk een geschiedenis! Weten is dan iets per definitie ahistorisch, d.w.z. mythisch.)

V.

Wenders:

Wat is een engel? Al met al geloof ik niet dat we door hen omringd zijn, ik geloof eerder dat ieder van ons zijn engel in zich draagt. Hij symboliseert het kind dat men ooit was en dat men vergeten is, de verloren onschuld waarvoor de volwassen wijsheid in de plaats kwam. Daarom zien alleen de kinderen in de film de engel. Voor mij schuilt de metafoor van de engelen in deze relatie met de kinderjaren.

Damiël is het kind dat z'n onschuld zal verliezen, die tot bewustzijn zal komen (welk bewustzijn per definitie 'ahnend statt wissend' is), wiens leven zal gaan 'beginnen'. Geheel in de lijn van de mythe die Wenders in de eerste beelden van zijn film had samengevat, zal hij binnentreden in de Geschiedenis, leren dat die een belichaming van het verleden is en zal hij door zijn recht en plicht op zich te nemen de wet van de geschiedenis voltooien. Maar de band die hij daartoe met een medemens zal aangaan mag niet toevallig zijn, dat zou ons terugvoeren tot de secretaresse in Dallas, het moet een kwestie van uitverkiezing zijn, van 'Schicksal'. Want alleen dat immers maakte het leven zinvol, de onvermijdelijke, 'echte' verbinding van mens tot mens. De weg die Damiël zal afleggen om mens te worden is hiermee uitgezet: hij zal de aan hem voorbestemde vrouw vinden, en die vrouw vindt de aan haar voorbestemde man. (Die voorbeschikking wordt haar geopenbaard in een droom die ze over Damiël heeft in de nacht voor diens menswording, in welke droom hun handen elkaar grijpen in exact hetzelfde beeld als Michelangelo in de Sixtijnse Kapel gebruikte voor de hand Gods die die van de mens grijpt.) In de voorbestemmingsdroom van de vrouw, die Marion heet, herhaalt de vrouw de openingsregel van de film: 'Toen het kind kind was...' en vervolgt dan: 'Was dat de tijd van de volgende vragen: waarom ben ik ik en waarom niet jij? Waarom ben ik hier?' Ze stelt met andere woorden de vraag naar de toevalligheid van de identiteit en van de band met de bodem - Marion is hier, net als Damiël, nog zoekende.

Overigens maakt de film ook duidelijk waarom deze twee nu juist aan elkaar zijn voorbeschikt. Damiël ziet Marion voor het eerst als ze in een circustent aan de trapeze oefent om te leren vliegen, met namaakvleugels op de rug. Er ontspint zich dan een dialoog tussen haar en haar (Hongaarse?) trainer. Die zegt: 'Marion, zo toch niet! Niet bengelen, maar vliegen! Je bent een engel!' 'Ik kan niet vliegen met die dingen aan!' 'Natuurlijk kun je dat wel. Is met vleugels makkelijker dan zonder!' 'Maar niet met deze... kippenveren!' Dat is het: zij wil echte vleugels... engel zijn! Op dat moment ziet Damiël voor het eerst in een flits de wereld in kleur: dat bewijst dat er een 'vonk' is overgeslagen, die zijn wil activeert om uit het zwart-witte engelenbestaan in de kleurrijke mensenwereld binnen te treden (hij heeft gevonden wie hem zocht).

In haar laatste optreden in de film blijkt Marion met Damiëls hulp ook werkelijk te hebben leren vliegen (aan de trapeze nog steeds) en zegt Damiël over zijn relatie: 'Es ist verbindlich', anders gezegd: het heeft niets meer met toeval te maken. Hij is er. Maar eerst is er nog de slotmonoloog van Marion, als de grote persoonlijke en geestelijke ontmoeting plaatsvindt tussen de twee, in een bijzaal bij een concert, zij in het rood gekleed, hij liefdevol luisterend, ziende. Deze monoloog vormt de tegenhanger van de slottoespraak van Hitler uit *Triumpf des Willens*: het 'antifascistische' niveau, dat de hele film door onder andere aanwezig was gebleven doordat Wenders het standbeeld van de overwinningsengel als structuurelement voor zijn verhaal gebruikte, op dezelfde wijze als Riefenstahl dat deed met de Duitse Rijks-adelaar die zij keer op keer in beeld bracht, ook voor een wolkenhemel - dat niveau bereikt nu zijn voltooiing.

VI.

In haar monoloog herhaalt Marion wat ze al ontdekt had in haar droom:

> Ik was veel alleen, maar ik heb nooit alleen geleefd. Als ik met iemand was, was ik vaak vrolijk, maar tegelijkertijd hield ik alles voor toeval. Deze mensen waren mijn ouders, maar anderen hadden dat ook kunnen zijn. Waarom was die met de bruine ogen mijn broer en niet die met de groene ogen die over de stoep liep? De dochter van de taxibestuurder was mijn vriendin, maar ik had net zo goed m'n arm om het hoofd van een paard kunnen leggen.

(Zoals Nietzsche gedaan had aan de vooravond van zijn krankzinnigheid toen hij in dat paard Richard Wagner meende te herkennen: Nietzsches eigen schuld, zegt Marion, hij was immers de filosoof die God doodverklaarde en dus het leven tot een aaneenschakeling van zinloze toevalligheden hamerde.) 'Ik was met een man, was verliefd en zou hem net zo goed hebben kunnen laten staan en met de vreemdeling, die ons op straat tegemoetkwam, kunnen verdergaan. Kijk me aan of niet. Geef me je hand of niet. Nee, geef me geen hand en kijk me niet aan.'

De grote-stadservaring van de toevalligheid van alle contacten, leidt tot het verlangen alleen te blijven. 'Einsamkeit heisst ja: Ich bin endlich ganz,' zegt Marion. Eenzaamheid, wist Cassiël, betekent: de eenheid van het bestaan zien. Maar opgepast: het is de toevalligheid die het verlangen wekt een zuiver eilandje te blijven en juist in het niets van dat verlangen moet worden aangetoond dat de vlag van de wil om werkelijk contact te maken nog steeds kan worden gehesen.

Damiël is een vrijwillige intellectueel - en als het werkelijk zo zou zijn dat we allemaal eilandjes zijn, zonder werkelijke band met wat voor maatschappelijke groepering dan ook: zijn we dat dan niet allemaal? Maar hij is realistischer dan de Homerus uit de film: die wilde 'alles' veranderen, terwijl Damiël bewust een terrein zoekt voor zijn activiteiten. En dat vindt hij ook: er bestaat nog een werkelijke band in het bandeloze heden, en dat is de liefde tussen man en vrouw en de liefde tussen de ouders en hun kind. Waar de maatschappelijke groepen uit elkaar zijn gevallen, is alleen de kleinst mogelijke maatschappelijke eenheid over om een waarachtige, wereldbeschouwelijke partij mee te vormen, en die partij heet de familie.

En is het daarnaar dus dat wij terug moeten keren? Is de enige 'actie' waar wij, vrijwillige intellectuelen, nog om kunnen schreeuwen: een vrouw vinden om een kind bij te verwekken? Ja, zegt Wenders, in naam van de heelheid, ja dat moeten we. Als Damiël zijn geliefde heeft gekregen zegt hij: 'Nu weet ik wat geen engel weet' - met andere woorden: nu weet ik én ik voel, lichaam en geest zijn verenigd, nu ben ik eindelijk geen vrijwillig intellectueel meer.

Waar leidt zo'n terugkeer tot het gezin eigenlijk toe: zou een wereld vol 'hele' en zinvolle gez-innen niet opnieuw enkel bestaan uit eilandjes, al zijn die dan ook iets groter dan het individu alleen? Dat er meer nodig is dan het gezin alleen realiseert Wenders zich ook, en dat laat hij dan ook door Marion vertolken. 'Ik geloof dat het nieuwe maan is,' zegt Marion. 'Geen rustiger nacht dan dat, geen bloed zal er stromen in de hele stad. [...] Met het toeval moet het nu afgelopen zijn! Nieuwe maan van de beslissing! Ik weet niet of er een bestemming bestaat, maar er bestaat een beslissing! Beslis! Wij zijn nu de tijd.' (Daar gaat het om: je kunt alles relativeren, maar wat niet gerelativeerd kan of mag worden is de beslissing, dat wil zeggen de wil. De persoonlijke wil is de enige absolute waarde die het individu is overgebleven in deze tijd. Daarmee kan het toeval worden bestreden.)

En dan komt het: wie beslist om een ander te willen, en wie die wil laat triomferen, komt daarmee niet in een tweepersoonlijke eenzaamheid terecht, maar vindt, de essentie van de tijd zijnde, een veel ruimere bestemming. Marion vervolgt: 'Niet alleen de hele stad, de hele wereld neemt op dit moment deel aan onze beslissing. Wij tweeën zijn meer dan enkel twee. Wij belichamen iets. Wij zitten op het plein van het volk, en het hele plein is vol mensen die hetzelfde willen als wij. Wij bepalen het spel voor iedereen!'

Laten we, opnieuw, zo letterlijk mogelijk proberen te horen wat hier gezegd wordt. Wij bepalen het spel voor iedereen... Hitler zei in zijn slottoespraak: 'Het Duitse volk is gelukkig in het besef dat de eeuwige vlucht der verschijnselen van nu af voorgoed is vervangen door een vaste pool (Heil!) die zich, wetend en voelend dat ze het beste bloed in zich draagt, heeft opgeworpen als de leiding van de natie en vastbesloten is deze leiding te houden, waar te nemen en niet meer af te staan. (Heil!)' Hitler zegt exact hetzelfde als Marion: het toeval, 'de eeuwige vlucht der verschijnselen', is overwonnen nu wij een vaste pool hebben gevormd (op basis van de enige absolute waarde immers, op basis van de wil), waardoor wij, 'wetend en voelend' dat wij 'de tijd zijn,' het spel voor iedereen kunnen bepalen, dat wil zeggen 'de leiding van de natie' in handen hebben gekregen. Het verschil tussen de partij van Marion en Damiël en die van Hitler is natuurlijk dat deze laatste 'compromisloos de macht in Duitsland' wilde, 'voor haar alleen', terwijl de eerste door de liefde in staat is een 'waarachtige, wereldbeschouwelijke partij' te zijn om daarmee de leiding te geven aan de natie, die zich op 'het plein van het volk' verzameld heeft: 'en het hele plein is vol mensen die hetzelfde willen als wij'.

Beider doel is kortom hetzelfde: zich als leiding over allen opwerpen om daarmee de ver-scheurdheid tussen alle mensen te overwinnen en de 'heelheid' tot stand te brengen (Hitlers publiek begreep dat perfect en antwoordde daarom voortdurend met 'Heil', dat wil zeggen met 'heel zijn', 'heel worden'), hun beider doel is het spel voor allen te bepalen, maar waar Hitlers partij dat met geweld deed, met een hiërarchische onderschikking van de massa aan de partij om zo de Volksgemeinschaft tot stand te brengen, weten Marion en Damiël met liefde, met tederheid een vanzelfsprekende deelname aan diezelfde

Volksgemeenschap te realiseren. Voor Hitler was het aan de macht komen van de nationaal-socialisme het grootst denkbare verhaal (dat minstens 1000 jaar zou duren), Marion zegt: 'Es gibt keine grossere Geschichte als die von Mann und Frau.' Hetzelfde ideaal, eenzelfde triomf van de wil, alleen de middelen zijn iets anders. Marion vervolgt over dat maximale verhaal van man en vrouw: 'Het zal een verhaal zijn over reuzen, onzichtbare, overdraagbare, een verhaal over nieuwe stamouders. Kijk mijn ogen! Zij zijn het beeld van de noodzakelijkheid, de toekomst van allen op het plein.' Ja, Hitler zei hetzelfde: 'Het is ons verlangen en onze wil, dat deze staat en dit rijk zullen bestaan in de duizenden jaren die komen. Wij kunnen gelukkig zijn in het besef dat deze toekomst totaal aan ons is (Heil!). De oudere lichtingen zouden nog aan het wankelen kunnen gaan, maar de jeugd behoort geheel en al aan ons, met lichaam en ziel (Sieg Heil! Sieg Heil! Sieg Heil!).' Wij zijn de nieuwe stamouders, zegt Hitler, wij zijn de toekomst van allen op het plein van de volksgemeenschap.

VII.

Waarom doen Wenders en Handke dit? Waarom pikt Wenders, na the American Dream van zich te hebben afgeschut, moeiteloos de oude Duitse droom op van een duizendjarig rijk van een 'heel' geworden volksgemeenschap, waarvan de kern wordt uitgemaakt door de 'voorbeschikte' liefdesband tussen man en vrouw en tussen de mens en de grond waar hij geboren en getogen is? En waarom droomt hij weer over Duitsland als het 'Heilig Herz der Völker'?

En waarom herintroduceert Wenders de hele context van vertwijfelde vrijwillige intellectuelen met alles erop en eraan, die in de jaren '30 een voorwaarde was voor de opbloei van het fascisme in Europa? Voert Wenders' nostalgie om een techniek die definitief door de geschiedenis achterhaald zal worden (de film) naar een nostalgie die de door diezelfde geschiedenis achterhaalde idealen omhelst, naar een nostalgie naar de geschiedenis als zodanig (waarvan hij heeft moeten constateren dat men die in Duitsland aan het uitwissen is), vertaald als een nostalgie naar de kindertijd, toen het allemaal nog zo leuk leek en we de consequenties van die idealen nog niet konden overzien?

Ik verwijt Wenders en Handke niet dat ze een soort antifascistische neonazi's zijn. Het zijn eerder pre-fascisten die met gevaarlijke spelletjes bezig zijn en die zich tegen kritiek indekken met behulp van de (overigens op niets gebaseerde) mythe van de gelukkige 'Kindsheit', wat hier dan letterlijk met kindsheid kan worden vertaald.

Of is het anders? Wil Wenders, na eerst met de American Dream te hebben afgerekend, nu met de Duitse droom breken door een Confrontatie aan te gaan met de Duitse 'Blut und Boden'-mythe, en dat door de film van Leni Riefenstahl als het ware van binnenuit op te blazen, door haar 'fascistische' beelden met een antifascistische inhoud te vullen? Maar is hij, na in het Duitse deel van de mythische ruimte te zijn binnengetreden, niet meer in staat daaruit los te komen en droomt hij er daarom verder in? In *Blue Velvet* van David Lynch zien we een jongen opgeslokt worden door de mythische ruimte van het Kwaad, hij vindt zijn weg daarheen via een afgesneden oor en aan het eind van de film wordt getoond hoe hij via datzelfde oor de mythische ruimte weer verlaat om opnieuw een 'gewone', maar rijp geworden jongen te worden. Is Wenders daar dan niet in geslaagd?

Hij vindt zijn weg naar de mythe via de wolken van Riefenstahl en het slotbeeld van *Der Himmel über Berlin* toont diezelfde wolkenlucht, alleen staan er nu de woorden; 'wordt vervolgd' op: wil dat dan zeggen dat Wenders er geen afstand toe heeft kunnen nemen en zelfs besloten heeft ('Nieuwe maan van de beslissing!') erin verder te werken? Weliswaar benadrukken Wenders en Handke dat hun boy-meets-girl verhaaltje een 'epos van de vrede' is en hun film zit ook boordevol beelden van oorlogsverschrikkingen, maar merkwaardigerwijs tonen die allemaal het Berlijn van 1945: de verwoestingen die we zien zijn veroorzaakt door de 'bevrijders-bezetters', die met het platbombarderen van de hoofdstad en de daaropvolgende deling ervan ook de mythe van de duizendjarige Duitse identiteit vernietigden. Deze merkwaardige selectie van oorlogsbeelden doet de door Wolfgang Pohrt geformuleerde verdenking rijzen dat de auteurs, 'het hun ouders niet zozeer verwijten dat die de oorlog begonnen zijn, als wel dat ze hem verloren hebben'. Dan beloven de niet-gewelddadige middelen die ze nu aanprijzen een roemrijker perspectief!

Of zijn er werkelijk nog steeds Duitse intellectuelen die de oude Duitse droom koesteren? Er zijn tekenen die in die richting wijzen. De zogenaamde Historikerstreit lijkt tot inzet te hebben het Nazi-Duitse verlangen naar wereldheerschappij als een normaal historisch fenomeen te kunnen beschouwen, dat tot al even normaal historische excessen leidde. En dat *Der Himmel über Berlin* de Duitse staatsprijs voor film 1988 kreeg toegewezen, suggereert dat de erin vertolkte ideeën ook op hoger niveau in Duitsland met instemming worden begroet. Maar de film kreeg ook de grote prijs van Cannes en Wenders werd op het filmfestival van Rotterdam 1988 door een internationaal panel van 500 filmcritici uitgeroepen tot de meest veelbelovende regisseur van de toekomst. Vervolgens kreeg hij ook nog een eredoctoraat aan de Sorbonne in Parijs. Heeft niemand in de gaten waar hij het over heeft of willen de filmvrienden over de hele wereld hetzelfde als hij?

VIII.

Moeilijk te zeggen, want het is moeilijk over deze film na te denken. De film nodigt de kijkers vanaf de eerste beelden uit zich mee te laten voeren, om gedachteloos een toeristische trip door Berlijn te maken. De film is in één vloeiende beweging gemaakt, weliswaar is het geheel opgebouwd uit zeven van elkaar afgegrensde aktes, maar de overgangen daartussen versterken de beweging eerder dan dat ze die onderbreken. Ondanks versnellingen en vertragingen is de beweging constant, ook de gedachten van de mensen zoals de engelen die opvangen kabbelen in een gestaag tempo voort. De vraag naar de betekenis van dit alle komt niet eenmaal aan het oppervlak van het kijkersbewustzijn.

Wenders' film is een bijna onontwarbare kluwen van verwijzingen naar oude beelden en ideeën - beelden waarvoor je niet wakker hoeft te zijn om ze te begrijpen, je kent ze allemaal eigenlijk al, er is niets aan de hand zolang de beeldenstorm maar doorgaat. Alleen wil Wenders, anders dan bijvoorbeeld Tarkovsky in een vergelijkbare film als *Stalker*, zijn kijkers wel een boodschap door de strot douwen. Hij plakt warrig allemaal uit andere verbanden bekende beelden achter elkaar en probeert die over te determineren met één bepaalde zin, de Geschiedenis namelijk, om een begrip te reanimeren dat door het afschrikkingsevenwicht z'n inhoud verloren heeft: dat van de vrede. Over de vrede is, inderdaad, nooit een epos aangeheven, simpelweg omdat dat niet kan zonder het over de tegenhanger ervan te hebben. Had Tolstoi zijn boekwerk 'Vrede' genoemd, dan was hij snel uitgeschreven geweest.

Het begrip vrede kon nooit anders dan negatief gedefinieerd worden, als de afwezigheid van oorlog namelijk, en sinds de instelling van wat Paul Virilio 'de totale vrede' noemt is het zelfs totaal negatief geworden: de vrede die op de oost-west as heerst is een toestand waarin enorme uitgaven worden gedaan om de oorlogsvoorbereidingen tot in het oneindige op te voeren in het kader van de wapenwedloop; de oorlog wordt niet meer op het slagveld gevoerd, maar op het wetenschappelijk-technologische terrein van de ontwikkeling van telkens nieuw wapentuig, dat de 'vijand' verplicht ook voortdurend zijn arsenaal te vernieuwen, wat er weer toe leidt dat het militair-industriële complex zoveel geld en intelligentie opzuigt uit de burgerlijke maatschappij dat die met een totale economische stilstand wordt bedreigd.

Tegen deze pervertering van het vredesbegrip richten Wenders en Handke hun poging 'vrede' opnieuw van een positieve inhoud te voorzien wat, afgezien nog van het feit dat het begrip met erg veel vroeg-fascistische connotaties wordt opgezadeld en zelfs tot een vergoelijking van het nazisme leidt dat als 'niet vriendelijk' terecht wordt gewezen, ook de aandacht voorgoed wenst af te wenden van wat de naoorlogse vrede in Europa en Amerika nu eigenlijk precies inhoudt. 'Alles voor arbeid en vrede, voor vreedzame arbeid', is de boodschap van Wenders samen te vatten: 'Hij predikt vrede. Hij kiest voor de vrede. Hij wil het jawoord van heel Duitsland! Niet uit persoonlijke eerzucht, maar enkel en alleen om de vrede te kunnen beschermen tegen de bedreigingen van een internationale kliek van zakkenvullers, die om wille van de winst zonder enige scrupules miljoenen mensen ophitst.' Maar dit is geen reclametekst voor *Der Himmel über Berlin*, het zijn de woorden van Hitler uit een radiotoespraak van 10 november 1933, uit een tijd dus dat de Duitse Wehrmacht nog te zwak was om een oorlog te beginnen. Hoe durft iemand in deze tijd in godsnaam nog het woord vrede in 'positieve' zin te gebruiken? Wenders laat zijn hoofdpersoon blijmoedig in de geschiedenis intreden, maar wel nadat hij daar een essentieel deel uit heeft verdoezeld (ook Le Pen deed het af als 'een detail').

Zou Wenders werkelijk menen wat hij in zijn film uitdraagt, of doet hij dat enkel zo bloedserieus omdat het daardoor allemaal zoveel leuker en spannender overkomt, wat het succes van de film bij niet-Duitse cinefielen zou verklaren? Maar zelfs als het naïviteit zou zijn, als we Wenders op het niveau van zijn maatschappelijke idealen omtrent antifascisme, vrede en de bestemming van vrijwillige intellectuelen als alleen maar onverstandig en 'kinderlijk' zouden interpreteren, dan moet toch geconstateerd worden dat hij dat op het niveau van de door hem toegepaste technische middelen zeker niet is. Zijn film is in esthetisch, filmisch opzicht onmiskenbaar goed gemaakt, zo goed zelfs dat de door hem opgeroepen filmische beweging, net als de Beweging waarnaar voortdurend verwezen wordt (de nationaalsocialistische) totalitair kan worden genoemd: er is geen ontkomen aan. Wenders weet wat hij doet, maar misschien realiseren wij ons onvoldoende wat dat is en voor wie hij het doet. ('The international reception of any achievement depends upon its capacity for arousing fertile misunderstandings everywhere', was de verklaring die Siegfried Kracauer in 1947 gaf voor het internationale succes van Duitse films van kort na de Eerste Wereldoorlog.)

We moeten niet vergeten dat de film in Berlijn speelt. Op een gegeven moment brengen de engelen een bezoek aan het oostelijk deel van de stad, grauw en leeg. De eerste mensen die ze zien bij hun terugkeer in het westelijk deel zijn een jongen en een meisje in een tedere, zij het verdrietig ogende omhelzing. De oost-west relatie wordt daarmee direct en als het ware 'onbewust', geassocieerd met de relatie man-vrouw. Als Damiël zijn eerste nacht met Marion heeft doorgebracht, spreekt hij de vreemde zin uit: 'Ich bin zusammen.' Hoe lief dat ook klinkt, geconstateerd moet worden dat niemand in zijn eentje samen kan zijn. Marion heeft in haar monoloog tegen Damiël gezegd: 'Je hebt me nodig. Je zult me nodig hebben.' Wie hebben hier elkaar nu precies nodig? Ja, die specifieke man en die specifieke vrouw, zegt de film; maar de suggestie van dat omhelzende paartje na de oost-west reis der engelen was, dat ook dat ene land en dat andere ene land elkaar nodig hebben: de beide Duitslanden immers. 'Ik' kan 'samen' zijn, als die ik bestaat uit twee dezelfden: van 'Duitsland' bestaan er twee: 'Duitsland is samen'.

De overwinning van de scheiding tussen man en vrouw, de 'heelwording' van lichaam en geest, impliceert bij Wenders dus dat de verscheurde en versnipperde Duitslanden hun scheiding kunnen overwinnen, omdat ze elkaar nodig hebben en zullen hebben om de Duitse identiteit te herstellen, om op de gezamenlijk bodem de bloedsbanden weer aan te halen en het kapotte Duitse lichaam te genezen. Duitsland is de nacht ingegaan na de verloren oorlog, maar haar geschiedenis is daardoor niet aangetast: het land is nog heel, de Heimat bestaat nog, al is het nu rijp geworden na een al te onschuldige voortijd: 'Toen Duitsland Duitsland was, wist het niet dat het Duitsland was, alles was voor hem bezield en alle zielen waren één.' En als dit van zichzelf bewust geworden Duitsland weer één is, kan het zijn bezielende werk voor alle mensen doen, kan het de mensheid bevrijden van het juk (van Amerikaanse oorsprong) van geld en consumptie. Niet door een gewelddadige oorlog, zoals een vroegere generatie geprobeerd heeft, maar door 'tedere beelden'.

IX.

'Het begin is er nog,' lijkt Wenders Heidegger na te spreken. 'Het ligt niet achter ons als iets dat allang bestaan heeft, het bevindt zich vóór ons. Het begin is in onze toekomst binnengevallen, het staat daar in de verte als de over ons gevelde beslissing, dat wij zijn grootsheid weer in moeten halen.' De filosoof sprak deze woorden uit in zijn toespraak van 1934 waarmee hij de Duitse universiteit verbond aan de filosofie van de Führer. Toen moest het nog beginnen, in de tussentijd is het begonnen en weten we wat er gebeurde toen Duitsland zijn grootsheid inhaalde. Wenders wil het opnieuw laten beginnen, hij ziet de nieuwe maan van de beslissing al boven de horizon opkomen.

Het is blijkbaar niet mogelijk tot vóór het verdwijnpunt van de geschiedenis, waar Canetti over sprak, terug te keren zonder alle terreur die er in naam van die geschiedenis bedreven is ook weer binnen te halen. Wenders laat zien dat de wereldoorlog van Hitler weliswaar met de goede inzet is gevoerd, maar met de verkeerde methoden. Het was eigenlijk niet meer dan een uit de hand gelopen, onvriendelijk geworden kinderspel. Dat kan nu niet meer, de totale oorlog is opgevolgd door de totale vrede, het spel dat Duitsland nu voor ieder zal gaan bepalen moet daarom anders zijn. Marion begint haar slottoespraak tot haar man en Duitsland niet voor niets met de dreigende woorden: 'Es muss einmal ernst werden.' De hemel behoede ons voor deze ernst.

12. HET FASCISME DER SCHOONHEID: OVER GEZONDE KUNST IN *MIJN KAMP*

BILWET

Uit *De datadandy*, in het Nederlands geschreven in 1994. Uitgebracht in het Duits als Bilwet, *Der Datendandy* (Bensheim: Bollmann Verlag, 1994).

In het voorwoord van zijn Duitsche Bewegingsleer[1] schrijft A. Hitler (1898-1945) dat hij het gedeelte over zijn jeugdjaren met name daarom heeft opgenomen om 'de vele hatelijke sagen en legenden, die de Joodsche pers om mijn persoon heeft geweven,' (als een spin) 'tot hun ware proporties terug te brengen.' Daarbij streeft hij ernaar alleen dat te vertellen wat 'dienstig kan zijn voor het beter begrijpen' van het hele boek. Wat Hitler over zijn jeugd loslaat is niet alleen waar, maar verklaart bovendien de rest. Zonder die 'schets van mijn eigen levensloop' zou *Mijn Kamp* niet zo goed begrepen kunnen worden als met dit voorafje.

Onderstaande selectie van citaten uit *Mijn Kamp* is toegespitst op Hitlers roeping tot de kunst en wat daaraan vastzit.[2] De opvattingen die hij in zijn Duitsche bajesboek over kunst ten beste geeft stellen net zo weinig voor als zijn tekeningen en schilderijen, die zelfs in een nieuw Duitschland het exposeren niet waard zijn. De normaliteit van Hitlers esthetiek is niet alleen een kleinburgerlijke uiting van een individueel trauma, maar kraakt een harde noot over de Schoonheid die sinds hem nooit meer hetzelfde was.

I.

Hoe het kwam, weet ik zelf niet, maar zekeren dag was het mij duidelijk dat ik schilder wilde worden, kunstschilder. Ik had ontegenzeggelijk talent voor teekenen, en dit was zelfs mede een reden voor mijn vader geweest om mij naar de Hoogere Burgerschool te zenden. Toen ik, vrijwel zonder voorbereiding mijn besluit, - dat intusschen reeds was komen vast te staan - eruit flapte, was mijn vader eerst sprakeloos: "Schilder? Kunstschilder?" Hij twijfelde aan mijn verstandelijke vermogens, meende misschien ook, niet goed gehoord of verstaan te hebben. Toen iedere twijfel dienaangaande uit den weg was geruimd, en hij vooral den ernst van mijn bedoeling voelde, verzette hij zich daartegen met geheel zijn wil en al zijn energie: "Kunstschilder, neen, zoolang ik leef nooit!" Op mijn 15e levensjaar verloor ik zeer plotseling mijn vader. Een beroerte trof den overigens nog zoo krassen man, en beëindigde op pijnlooze wijze zijn aardsch bestaan, ons allen in diepe smart dompelend. Mijn moeder voelde zich wel verplicht, mijn opvoeding verder te leiden naar den wensch van mijn vader, d.w.z. mij verder te laten studeeren voor de ambtenaarsloopbaan. Toen kwam mij plotseling een ziekte te hulp, en deze besliste in weinige weken over mijn toekomst

---

1   Bilwet doelt hiermee op *Mein Kampf*.
2   Bilwet citeerde uit een Nederlandse vertaling, vermoedelijk uit de jaren '40.

en over het steeds weer opkomende conflict in het ouderlijk huis. Datgene, wat Ik zoo lang in stilte verlangd had, waarvoor ik altijd gestreden had, was nu door mijn zware longaandoening ineens, bijna vanzelf, werkelijkheid geworden. Onder den indruk van mijn ziekte stemde moeder er eindelijk in toe, mij later de teekenacademie te laten bezoeken. Dat waren gelukkige dagen, die mij bijna een schoenen droom toeschenen. En een droom zou het immers ook slechts blijken te zijn. Want de dood van mijn moeder maakte een plotseling einde aan alle mooie plannen. Dit was het einde van een lange, pijnlijke ziekte die van den beginne af weinig uitzicht op genezing had geboden. Niettemin trof vooral deze slag mij ontzettend zwaar. Ik had respect gehad voor mijn vader, maar mijn moeder werkelijk liefgehad.

In de laatste maanden van mijn moeders leven was ik naar Weenen gereisd om toelatingsexamen te doen voor de academie, overtuigd het spelenderwijze te kunnen afleggen. Ik wachtte met brandend ongeduld, maar ook met trotsch zelfvertrouwen op den uitslag. Ik was van het succes zoo overtuigd, dat het mij trof als een bliksemslag uit helderen hemel, toen men mij mededeelde, dat ik afgewezen was. En toch was het zoo. Ik liep gedurende die dagen van den vroegen morgen tot den laten avond van de eene bezienswaardigheid naar de andere, maar het waren altijd weer enkel bouwwerken, die mij boeiden. Na enkele dagen stond het bij mijzelf vast, dat ik bouwmeester zou moeten worden. Weliswaar was de weg buitengewoon moeilijk, want om tot de architectuurschool der Academie te worden toegelaten, was het noodzakelijk, dat men de bouwtechnische school had doorlopen, en om hiertoe te worden toegelaten, moest men in het bezit zijn van het einddiploma eener middelbare school. Dit alles ontbrak ten eenenmale. Naar menschelijke berekening was dus de vervulling van mijn droom om kunstenaar te worden, niet meer mogelijk.

Mijn omgeving moet mij destijds wel voor een zonderling hebben gehouden. De bouwkunst scheen mij, naast de muziek van Wagner, de koningin der kunsten te zijn. Daarom had ik, wanneer ik mij met haar bezighield, ook geen oogenblik het gevoel, "aan het werk" te zijn; integendeel dit waren de gelukkigste momenten, die ik destijds kende. Zoo versterkte zich mijn geloof, dat mijn schone toekomstdroom, zij het ook eerst na lange jaren, toch werkelijkheid zou worden. Ik was vast overtuigd, dat ik eenmaal als bouwmeester naam zou maken.

Wat ik destijds aanzag voor de hardheid van het lot, prijs ik heden als de wijsheid van de Voorzienigheid. Terwijl de godin van de nood mijn leven begon te beheersen, groeide de wil tot verzet, en tenslotte bleef die wil overwinnaar. Meer nog dan voor deze versterking van mijn wil, ben ik hem dankbaar, dat hij mij losscheurde uit de leegheid van een gemakkelijk leven, dat hij het moederskindje uit het zachte dons trok en hem de zorg als levenskameraad gaf, dat hij den tegenspartelenden jongen in de wereld van de ellende en de armoede zette en hem zoo met diegenen in aanraking bracht, voor wie hij later zou moeten strijden.

Het is niet zo'n interessante vraag of Adolf met opzet in zijn verslag over zijn roeping tot de kunst zo strikt het oedipale schema volgt, want of hij deze kleinburgerlijke lading er nou wel of niet heeft ingestopt: het incestueuse schandaal ligt er zo duimendik bovenop dat het nooit meer dan een symbolische waarheid kan zijn. Het ging hem om het meeslepende effect van de worsteling die hij als 'kleine belhamel' doorstaan had. En om de verduidelijking van de ietwat wonderlijke oorsprong van zijn politieke engagement, en om meer niet.

De beschrijving van zijn roeping tot de kunst problematiseert Hitler door de confrontaties en aanvaringen met zijn vader en moeder te verslaan. Kunst zit voor hem in de emotionele sfeer van de incest. Dood, dromen en liefde zijn de begrippen die de kunst omgeven. De verboden verlokking is de incest en wat hij beschrijft is zijn versie van de Oedipus tragedie. Pas na de overwinning op het ouderlijk huis kan hij de kunst terzijde schuiven en de strijd om het Europeesche Huisch beginnen. Terug naar *Mijn Kamp*. Vader weigert zijn zoon van de ambtenarenschool te halen en in plaats daarvan naar de kunstakademie te sturen, 'vooral omdat hij de ernst van mijn bedoeling voelde.' Zijn vader begreep niet wat er aan den knikker was, maar intuïtief snapte hij dat maar al te goed en voelde zekere nattigheid. Omdat vader er zelf een zaak van leven en dood van maakt, - 'zoolang ik leef nooit!'-, zit er dus niets anders op dan dat vader doodgaat. En zulks geschiedt.

Vader had met zijn leven borg gestaan voor het afsluiten van de weg naar moeder, en nu hij opgekrast is komt moeder aan de beurt. Aanvankelijk weigert zij en betuigt zo haar trouw aan vader. Als het Hitler duidelijk is dat hij niet op deze manier moeders grote kerel kan zijn, verzint hij de list wederom moeders kleine ventje te worden. Hij wordt ernstig ziek, een 'zware longaandoening' nota bene. Misschien wel TBC, moet moeder gevreesd hebben. Daarmee krijgt hij dan eindelijk mams op de knieën. Hij mag 'schilder, kunstschilder' worden.

Tijdens zijn ziekbed beleeft Adolf 'gelukkige dagen die mij bijna een schoenen droom toeschenen'. Inderdaad bijna, want door zijn roeping tot de kunst werd hijzelf bij de neus genomen: de schone droom was iets al te schoon. Er mag dan weliswaar reeds een smet aan zijn kunstdroom kleven, niettemin is Hitler dolgelukkig dat moeder zijn nieuwe toekomstige maatschappelijke positie ziet zitten. Als kunstenaar zal hij voor haar de rol kunnen vervullen die vader, kras als hij was, nochtans verzaakte. Maar dan krijgt Hitler dus de gevoelige tik. Hij wordt, - zoals hij zelf toegeeft-, ten onrechte afgewezen voor de kunstacademie. Zijn 'ontegenzeggelijk talent voor teekenen' wordt volledig miskend. De Weensche heeren zorgen er zo voor dat Adolfs ware verhouding tot zijn moeder er een van schande wordt. Adolf faalt als man en blijft kind. Moeder voelt dit drama goed aan en gaat dood. Daarmee komt een einde aan een 'lange pijnlijke ziekte'. Maar de eerlijkheid gebiedt eraan toe te voegen dat die ziekte van den beginne af weinig uitzicht op genezing had geboden. Eigenlijk zat deze akelige afloop er al die tijd al in. De roeping tot de kunst was namelijk altijd al een kunstgreep om met vader te breken. Hoe dan ook blijft moeder de incestueuze verlangens belichamen die Hitler nu juist in de kunst geprojecteerd had. Met haar dood is Hitlers kunsttraject verzekerd en kan hij aan het volgende artistieke succes beginnen.

II.

Natuurlijk wil Hitler met zijn verslag over 'het steeds weer opkomende conflict in het ouderlijk huis' allereerst duidelijk maken dat hij bepaald geen gemakkelijke jeugd heeft gehad. Hij wilde namelijk iets anders dan zijn vader. 'Ik wilde "iets" worden, hoewel - in geen geval ambtenaar.' Het publiek moet weten dat zijn karakter in de strijd om het ideaal is ontstaan. Tegelijkertijd geeft hij herhaaldelijk aan dat het publiek bij 'schilder' onwillekeurig aan 'decoratieschilder' denkt. Daarmee zet Hitler zijn lezers ('niet de buitenstaander maar de aanhangers der beweging') direct op het verkeerde been, want die kunnen zich bij 'kunstschilder' niet veel anders voorstellen dan een bohemien die blote wijven op het doek kwast. De fanclub krijgt daarmee de verkeerde verboden gedachtes aangereikt. Waar het verhaal over zijn jeugd door en door incestueus is (en om die reden boeiend), kan de lezersschare zich daarvan niet bewust worden, omdat de gedachte aan Hitler als Muttificker geblokkeerd wordt door die aan de Grote Leider als naaktschilder. Zo ontstaat een multipliereffect: het ene verbod wordt versterkt door het andere.

De kunst dekt de incestueuze verleiding toe en produceert tegelijk associaties over de schilder en zijn model. De vuile gedachtes aan moeder en model maken zo onlosmakelijk deel uit van Hilters kunstopvatting. Aan kunst mag geen smet kleven, anders komt de vieze boel naar boven. Kunst moet schoon zijn. De smerigheid en het vuil zijn bedreigend en dus is de vuilverbranding in het belang van de kunst. Het propagandistische effect van deze operatie onder de gordel van het bewustzijn is dat Hitler verschijnt als een zuiver, rein en geloaterd man die bewondering verdient. Hij weet zich staande te houden, ook al moet hij tegenslag na tegenslag verwerken. De smerige bijgedachten verdwijnen achter het schitterende beeld van de Grote Leider, dat hij met zijn kunstideaal oproept; ze blijven ondenkbaar, maar worden wel meegenomen in het associatieve potentieel van de Beweging en haar vernietigingsdrang.

Hitler beschrijft de adolescentie niet als een vervelende periode waar eigenlijk niks aan was omdat niks mocht en niks kon, maar als een door het Opperwezen bestierde louteringsfase. Hitlers mislukkingen blijken achteraf telkens triomfen te zijn. Vader, moeder, academie, de godin van de nood: alles blijkt door de voorzienigheid geleid om Hitler aan de macht te brengen. De hogere machten zetten hem telkens op een spoor waarvan hij de bedoeling pas achteraf doorheeft. 'Dat ik mijn studies op het gebied der bouwkunst niet verwaarloosde, spreekt vanzelf. Dat ik daarnaast tevens de grootste belangstelling bezat voor alles, wat met politiek in verband stond, scheen mij niet van groot belang. Integendeel: dit was in mijn oogen immers de vanzelfsprekende plicht van ieder denkend mensch.' Een vanzelfsprekende bijzaak verandert in een allesbeheersende fixatie.

Adolf verandert zichzelf van kunstschilder in bouwmeester en tenslotte in volksleider, dit alles gestuurd vanuit de Hoge. Maar tegelijk met het vergroten van zijn kunstzinnig denkraam, vergroot zich ook het bereik en potentieel aan onbewuste viezigheid. Alles wat zelfs maar in de verte appelleert aan het incestueuze kunstwerk, het zachte dons van het oedipale conflict, gaat zich op imaginair vlak vermenigvuldigen en neemt monstrueuze vormen aan. Zo veronderstelt het opperwezen de oppositie van het onderwezen en wordt de eindstrijd onvermijdelijk.

Schoonheid parasiteert in het fascisme op het vuil. Schoonheid is een actief proces, geen op zichzelf staande waarde. Het is altijd datgene wat gereinigd is van negatieve smetten. Het kan als positieve bijdrage zichzelf nooit losmaken van de afbraak. De ware kunstenaar reinigt zichzelf in zijn scheppingsdrift.

De slechte kunstenmaker daarentegen kliedert met zijn eigen vuil en verontreinigt daarmee het publiek. Hitlers waardering voor de Griekse kunst is dan ook hygiënisch: 'Een bedorven lichaam wordt door een schitterenden geest geen greintje aesthetischer gemaakt. Datgene, wat het Grieksche schoonheidsideaal tot iets onsterfelijks heeft gemaakt, is het feit, dat hier de prachtigste lichamelijke schoonheid met den stralendsten geest en de edelste ziel vereenigd is.'

In *Mijn Kamp* volgt op een passage over de strijd tegen de syfilis direct een verhandeling over de geestelijke prostitutie van het kubisme, dadaïsme en futurisme. Hitler ziet in de moderne kunst enkel smeerlapperij. In zijn scheldwoorden zit een typerende logica waarin het vuil van de bolsjewistische cultuur uiteindelijk het Duitsche volk vernietigt en zulks met opzet. Het gaat van kwaad tot erger: 'vuil, bevuild, overal zien we microben, ziektekiemen, infectie, ziekelijke uitwassen, misbaksels, gedegenereerde menschen, hallucinaties van geesteszieken, krankzinnigengesticht, aftakeling op cultureel gebied, algeheelen cultureelen waanzin, prostitueering der kunst' eindigend met 'de vergiftiging van de gezonde instincten van ons volk'.

Het vuil van de ontwortelde kunst zaait dood en verderf onder de Germaanse menschen. De vieze kunst maakt ze nog zieker, lager, wellustiger enz.; de schone kunst maakt ze juist beter, reiner, hoger enz. Het volk ondergaat de kunst en is niet in staat zelf te oordelen. Kunst haalt of het volk omlaag, of verheft het. In de verhouding tot de kunst is de mens dus altijd ziek. De mensch is ten opzichte van het kunstwerk alleen in staat tot koortsige hallucinaties. Die vervoering kan geënsceneerd worden binnen de genezing.

De schoonheid is daardoor ook bij uitstek een droomtoestand. Het zien, beleven, voelen, ervaren, ondergaan van een kunstwerk doet de toeschouwer als in een droom verzeild raken. Het kunstwerk overweldigt hem, spreekt tot hem, laat hem reeds iets beleven van de eeuwigheid, de volmaakte harmonie, het niets en het alles, de pure extase. Alle gevoel voor werkelijkheid gaat verloren, want elke gedachte die door het kunstwerk geprikkeld wordt is er een aan zaken die verboden zijn. Uit deze verwarring kan hij alleen terugkeren op bevel van de Leider, die geleid door de voorzienigheid, weet waar het heen moet (ergens omschrijft Hitler zichzelf als 'slaapwandelaar').

De schone kunst dient de gezondheid. Schoonheid staat in dienst van het lichaam. De sensuele ervaringen hebben altijd lichamelijke effecten, maar in het kader van de schoonheid zijn deze bijwerkingen geen doel maar geneesmiddel. Voor Hitler betekent deze esthetiek vooral een versterking van zijn wil. 'Ik dank het hier aan, dat ik hard ben geworden en hard kan zijn' (de fallisch ingestelden zullen dit citaat op hun wijze interpreteren). Gezonde Kunst waar positieve effecten van uitgaan is altijd fascistisch, in welke gestalte ze zich ook presenteert. Het is altijd de Dood die de beiaard van de schone kunst bespeelt.

III.

Het idee van de schone kunst vormt zich in het gevecht tegen de incestueuze verlokkingen en is daardoor een incestueuze kopieermachine. De vraag voor het historisch antifascisme was, hoe deze fatale vermenigvuldigingsmachine stopgezet kon worden. Antifascisme had geen bezwaar tegen de vuiligheid van de bolsjewistische cultuur. Ze heeft ook de kunst niet ingezet als wondermiddel tegen de Reactie. De antifascisten waren liever concreet dan cultureel bezig en, verheven of niet, hun kunst was per definitie antifascistisch. Hitlers beweging was schadelijk voor de volksbelangen en hun Grote Verleider was zelf ziek.

Het antwoord dat de sexpol van Wilhelm Reich gaf, lijkt doeltreffend. Hij ontmaskert de werking van het onbewuste als de kracht die het gevoel en het verstand doet rondzingen zodat roes en vervoering optreden. Die extase is misplaatst, aldus Reich, want deze hoort binnen de oevers van de seksualiteit te blijven. Eenmaal daarbuiten getreden is ze ongezond, pervers, schadelijk en staatkundig rampzalig. De extase kan alleen maar overlopen als het seksen gefrustreerd wordt, door slechte behuizing, rigide moraal, taboes op preservatieven of ander voorlichtingsmateriaal. Daarom predikt Reich ook de 'sauberer sex' van het gezond orgasmeren, dan blijft de extase gelokaliseerd tot het zachte dons en hoeft ze daaruit niet losgerukt te worden om in de wereld van ellende en armoede te gaan dolen.

Maar ook Reich raakt in vervoering door het kunststuk dat hij tot stand wil brengen. Hij wil de mensheid verlossen van een oedipaal drama dat buiten de verbeelding nooit heeft plaatsgevonden. Hij volgt een paranoïde parcours; hij veronderstelt een werkelijkheid die niet bestaat en richt de werkelijkheid daar vervolgens naar in. Zo verwordt de werkelijkheid tot een seksuele inrichting, waarin alle kwaad, alle seksuele vuiligheid uitgebannen is. Reich knoopte aan zijn therapie de paranoïde verwachtingen dat niet alleen het fascisme voorkomen kon worden door gezonde orgasmen, maar ook hart- en vaatziekten, kanker, schizofrenie en reuma. Ook Reichs oedipale kunstwerk stelt de schoonheid in dienst van de gezondheid; hij strijdt tegen de perversies die het verwrongen seksen oproept. Dat (daarom) Reichs therapie niet deugt, geeft niet. Wel is hem aan te rekenen dat hij er zich niet bewust is dat hij gevangen blijft binnen het fatale koppel van schoonheid en perversie.

Het gezonde denken van Reich zet zich in onze tijd voort in de heilsleer van de New Age. De antifascistische context heeft plaatsgemaakt voor het werken aan eigen remmingen en blokkades. Het heeft zowel kosmische en holistische pretenties als individuele toepassingen, waarbij alles om geluk en succes draait. Het gezonde, energieke, dynamische, opgewekte leven is hier uitdrukking van. Zelfs ziekte wordt positief gemaakt door het onderdeel te maken van het helingsproces van de eigen wil; je bent niet ziek omdat je dat overkomt, maar omdat je dat onbewust wilde en in principe is dat goed en moet je daaraan toegeven om er vervolgens iets aan te kunnen doen. Zo maakt de persoonlijke allergiemix duidelijk wat voor individuele kenmerken jouw eigen lichaam heeft. Geluk is altijd jouw eigen geluk.

Schoonheid is in de New Age een uiterlijk vertoon van visuele positieve uitstraling. 'Ik voel me mooi, ik ben mooi, alles is mooi.' Deze schoonheid is in de westerse wereld in hoge mate kunstmatig en fragiel. Eenmaal op reis in het milieu van de natuur, treft men nog de pure schoonheid van een ongekunstelde eenvoud aan, die een nostalgisch verlangen oproept naar een elementaire harmonie. Tegenwoordig is deze alleen nog aan te treffen in uithoeken van de Derde Wereld. Achter ellende en armoede schuilen positieve waarden waar we wat van kunnen leren.

Binnen het positieve denken is het vuil onverdraaglijk en wordt het gescheiden ingezameld. De eenvoud is het restproduct dat is ontdaan van alle omringende zooi: 'verbeter de wereld, begin bij je eigen vuil.' Het negatieve denken opereert binnen het schemergebied van de onvermijdelijke vermenging van viezigheid en schoonheid. Niets daarbinnen is zeker en alles is onduidelijk. Voor het positieve denken is dit het kwaad en de geestesziekte bij uitstek. Geen uitgesproken meningen of gevoelens, de weigering die zelfs te willen hebben, is een teken van psychische onreinheid door een onverantwoordelijke menging van grenzen, die nergens toe leidt. Het negatieve denken voelt geen aandrang zich hard te maken voor zieke kunst. Het negatieve denken laat zich per definitie niet vastleggen, het is altijd iets niet, zit er altijd naast of beweert met groot gemak het omgekeerde, het is het afvallige denken, dat niet deugen wil en een zekere inconsequentie niet ontzegd kan worden. Vraag het negatieve denken nooit waar het voor is, maar enkel waar het tegen is, want het is voor niets en tegen alles en iedereen.

13. 'ALLEEN DOOR EEN WONDER KAN IK BEHOUDEN WORDEN': OVER BORIS, BOR EN DE WOLF

GEERT LOVINK EN BAS-JAN VAN STAM

Lezing met lichtbeelden gehouden in de hal van kraakpand Van Hall (van Hallstraat 625-627, Amsterdam) op 27 februari 1987 door stichting Bilwet. M.m.v.: Bas, Kuifje, Gerard Reve, John Raket, Farwerck, Nietzsche en Bor de Wolf. Vanwege het auteursrecht zijn de meeste Kuifje-plaatjes uit het origineel niet in deze uitgave opgenomen.

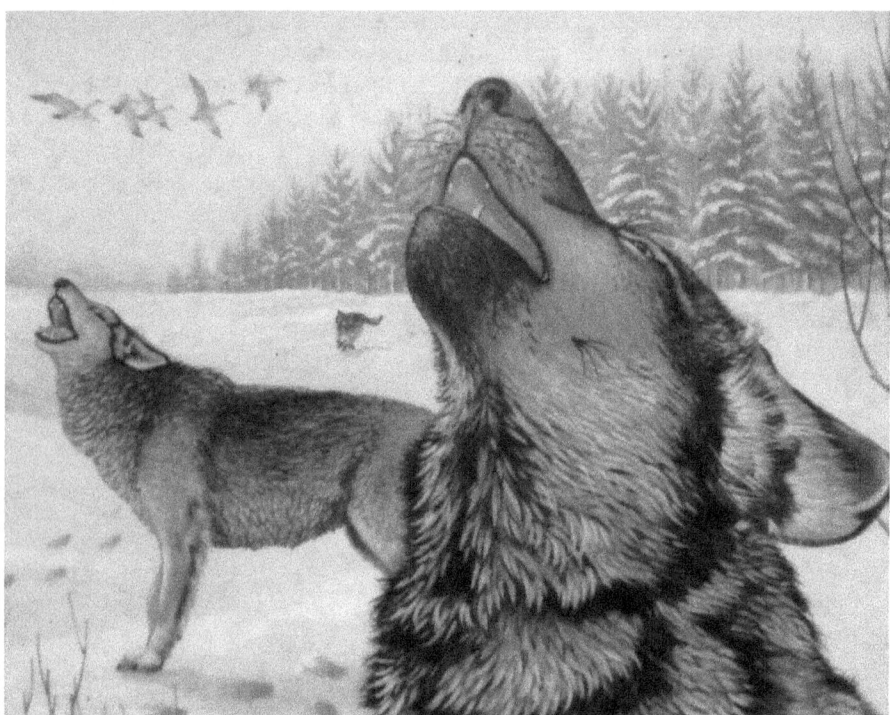

Uit het nagelaten werk van Nietzsche:

'Ein Gott der Liebe könnte eines Tages sprechen, gelangweilt durch seine Tugend: "versuchen wir's einmal mit der Teufelei!"

-- und siehe da, ein neuer Ursprung des Bösen! Aus Langeweile und Tugend! --'

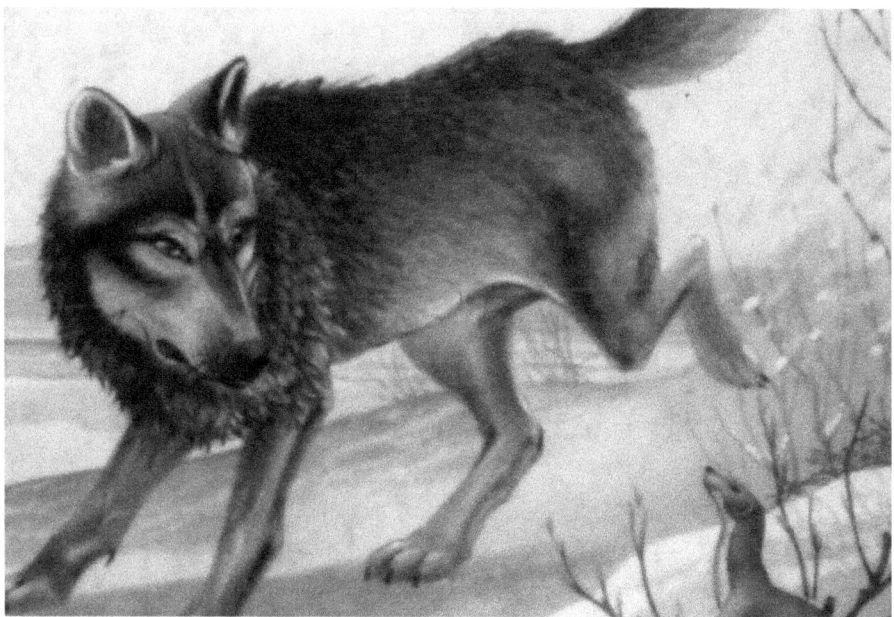

Er zijn vele soorten wolven: goed en boos, echt en mythisch. De wolf in de roman *Wolf* van de volksschrijver Gerard Reve is een soort van goede weerwolf, een wolfman en een echte liefdeswolf. Zijn naam luidt Wolf en over Wolf lezen we:

> Toen Wolf nog een jongen was, had hij dikwijls onenigheid thuis, en er gingen weinig dagen voorbij waarop hij geen ruzie had met zijn ouders. Wolf was een erg levenslustige en rumoerige jongen, die niet lang stil kon zitten, en graag overal naar toe ging waar "iets aan de hand was", zoals hij het zelf noemde.

Enkele pagina's verder ontmoet Wolf een leuke jongen, André geheten:

> "Wat doe jij, André? Wat doe jij graag?" vroeg Wolf.
>
> "Ik studeer nog," antwoordde André. "Ik studeer biologie."
>
> "Wat is dat?" vroeg Wolf.
>
> "Dat is van planten, en van dieren," antwoordde André. "Ik bestudeer dieren."
>
> "Vinden die dieren dat goed?" wilde Wolf vragen, maar hij wist niet of dat wel een goede vraag was, dus vroeg hij het niet.'

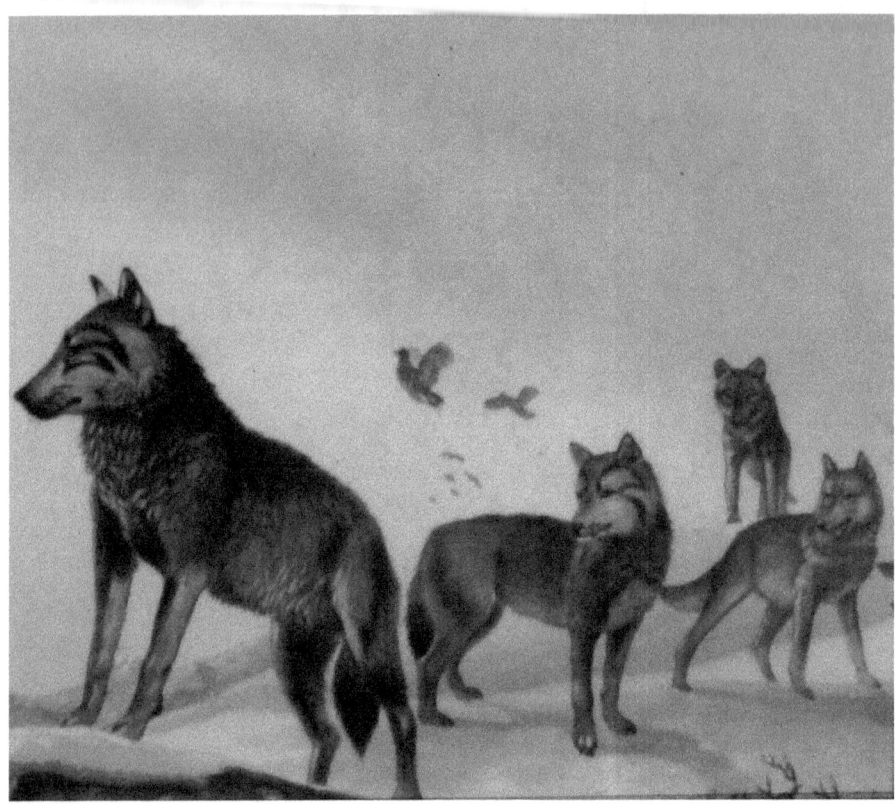

In de Winkler Prins wordt de dierkundige wolf beschreven als een:

[...] roofdier, canus lupus, uit de familie Hondachtigen, dat in uiterlijkheid en afmeting sterk doet denken aan de Duitse herdershond. Hij onderscheidt zich daarvan evenwel doordat hij wat "magerder" is, een wat sterkere en langere snuit heeft en een ruigbehaarde staart die tot de enkels afhangt. In Noord-Amerika komen veel geheel zwarte exemplaren voor. De wolf is een typische cultuurvlieder. De paartijd valt midden in de winter. Men hoort dan, vooral 's nachts, het langgerekte huilen.

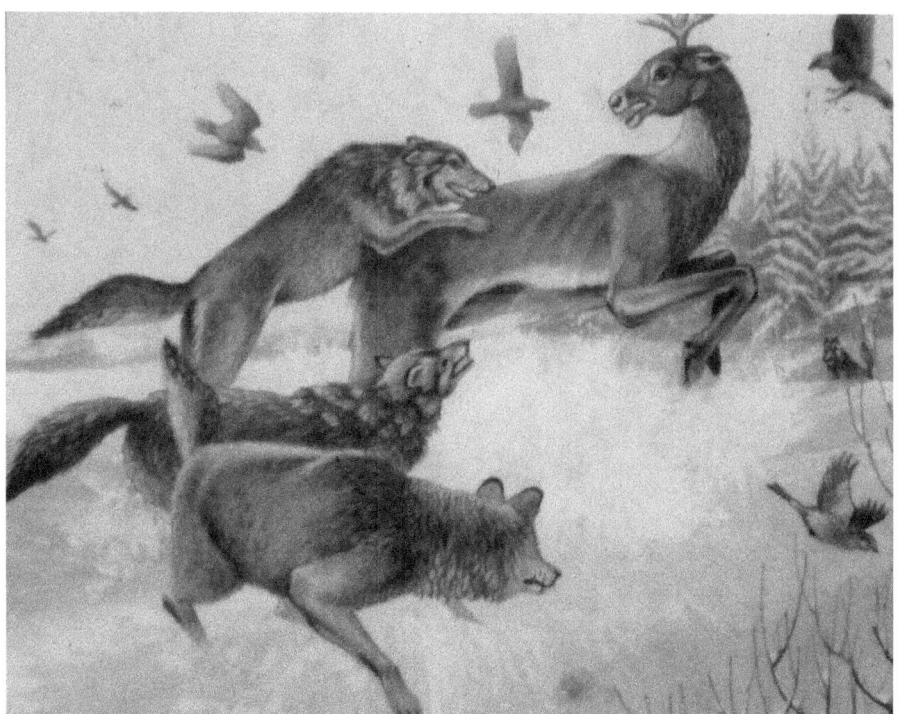

In een boekje voor de jeugd uit de 'Natuur-Serie', dat bedoeld is om kinderen lief te laten zijn voor de echte natuur en dat dit keer over de wolf gaat, staat dat wolven 'onvermoeibare reizigers' zijn:

> Als ze eten, eten ze veel zodat ze lange tijd zonder voedsel kunnen. Wolven kunnen niet erg hard rennen, behalve als ze achter een vluchtende prooi aanzitten, maar ze kunnen het urenlang volhouden. Soms kunnen de paden en sporen die ze gebruiken wel zestig kilometer ver gevolgd worden, over bergen, door bossen en rivieren.

Ook de goede liefdeswolf van Gerard Reve zit het zwerven in het bloed. Onverwacht krijgt Wolf namelijk een erfenis:

> Plotseling stierf Oom Victor. Bij zijn testament had Oom Victor een brief aan Wolf gevoegd. In de brief schreef Oom Victor, dat Wolf een bewijs van rijvaardigheid moest gaan verwerven, om een motorvoertuig te kunnen besturen. "En als je dat hebt, moet je een grote automobiel kopen waar je in kunt wonen terwijl je er mede reist. Ik bezit ook een woonwagen, en die is nu voor jou. Je behoeft nog slechts een automobiel te kopen om die woonwagen voort te trekken." – Wolf was erg dankbaar, en nam meteen lessen, om het automobiel rijden te leren. Reeds bij het eerste examen slaagde hij.

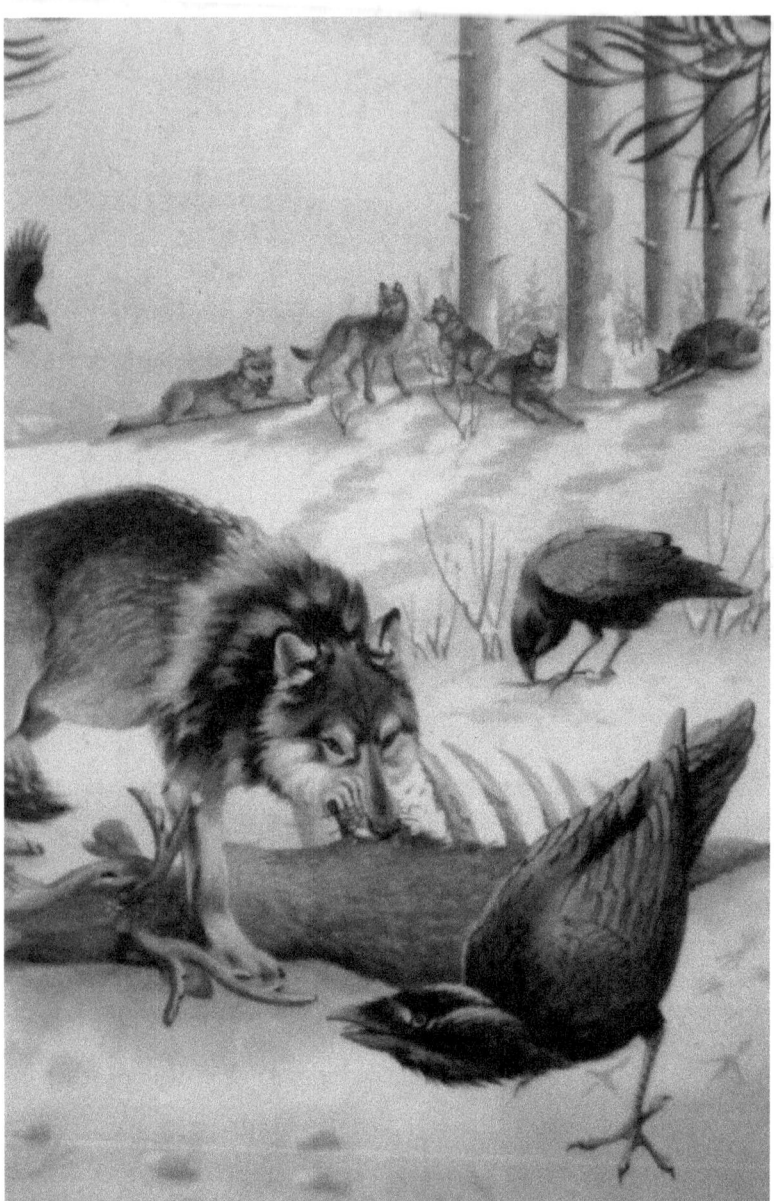

Dat orde en discipline verschijnselen zijn die ook in de echte natuur voorkomen, maakt het kindernatuurboekje uit de Natuur-Serie duidelijk:

> De leider eet en drinkt altijd eerst en hij neemt het beste deel van het voedsel. Wolven van een lagere rang moeten gehoorzamen aan een wolf van een hogere rang en die voor laten gaan. Deze strikte regel voorkomt vechtpartijen. Door met z'n allen een prooi te volgen kunnen ze een dier doden dat groot genoeg is voor een waar feestmaal. Alle leden van de groep hebben hier voordeel bij, speciaal de zwakkere dieren.

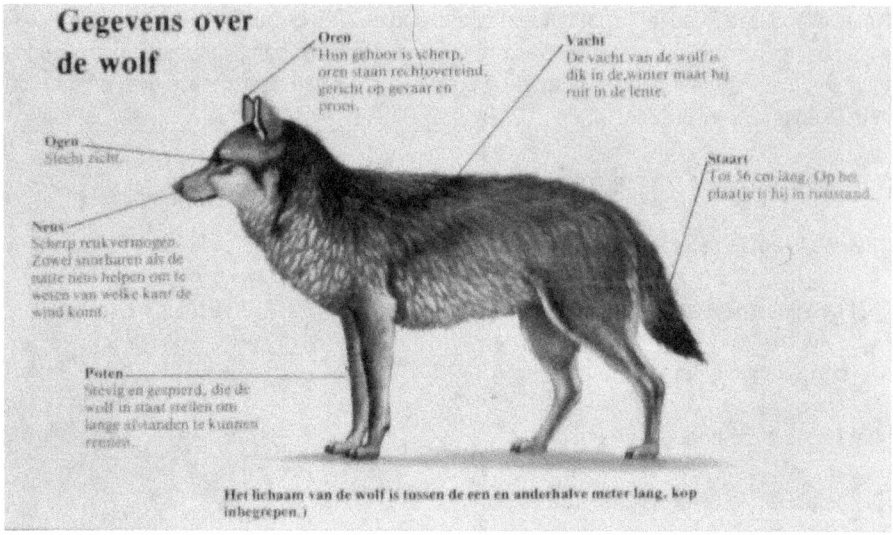

Gegevens over de wolf

Oren
Hun gehoor is scherp, oren staan rechtovereind, gericht op gevaar en prooi.

Vacht
De vacht van de wolf is dik in de winter maar hij ruit in de lente.

Ogen
Slecht zicht.

Staart
Tot 36 cm lang. Op het plaatje is hij in ruststand.

Neus
Scherp reukvermogen. Zowel snorharen als de natte neus helpen om te weten van welke kant de wind komt.

Poten
Stevig en gespierd, die de wolf in staat stellen om lange afstanden te kunnen rennen.

Het lichaam van de wolf is tussen de een en anderhalve meter lang, kop inbegrepen.)

Uit de 'gegevens over de wolf' die we in het Natuur-Serieboekje vinden, blijkt nog eens dat de natuurwolf niks met de Boze Wolf te maken heeft. Neus, oren, vacht, staart, ogen en poten worden besproken, maar niet zijn bek met blikkerende vraatzuchtige messcherpe tanden en al evenmin zijn enorme verzwelgende keel. De Boze Wolf is dan ook een heel ander dier.

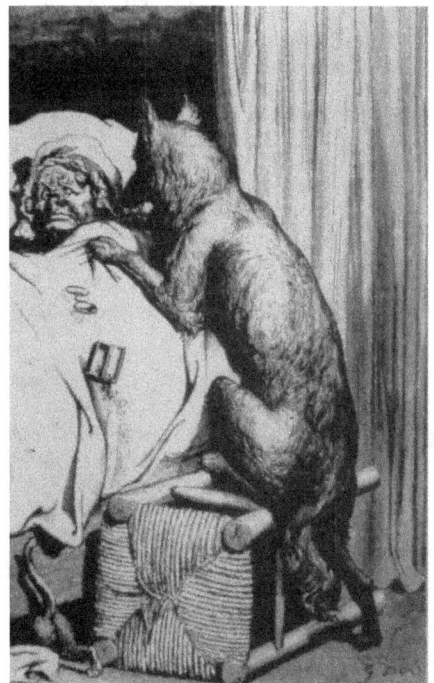

De wolf liep zonder een woord te spreken naar grootmoeders bed en at haar op. Daarna trok hij haar kleren aan, zette haar mutsje op, ging in haar bed liggen en trok de gordijnen dicht.

Het verwonderde Roodkapje dat de deur openstond en toen ze de kamer binnenkwam, leek alles haar zo vreemd en ze dacht: Waarom ben ik eigenlijk zo bang vandaag, anders ben ik toch zo graag bij grootmoeder. Daar lag grootmoeder. Ze had haar mutsje over het gezicht getrokken en zag er erg raar uit.

"Wat heb je een grote oren, grootmoeder."

"Die heb ik om je beter te kunnen horen."

"Wat heb je toch grote ogen, grootmoeder."

"Die heb ik om je beter te kunnen zien."

"Wat heb je grote handen, grootmoeder."

"Die heb ik om je beter te kunnen pakken."

"Maar grootmoeder, wat heb je een verschrikkelijk grote mond."

"Die heb ik om je beter op te kunnen eten."

En nauwelijks had de wolf dat gezegd of met één sprong was hij uit het bed en at de arme Roodkapje helemaal op. Toen de wolf zijn zin gekregen had, ging hij weer in bed liggen, viel in slaap en begon hard te snurken.

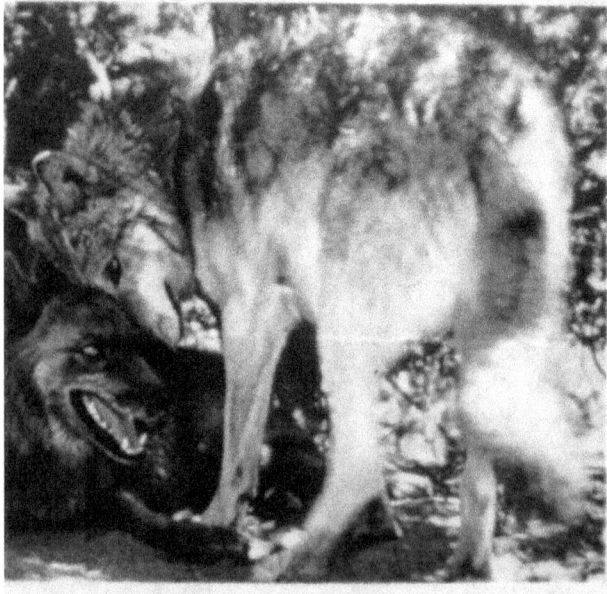

De wolf dankt zijn slechte reputatie aan verhalen uit de tijd waarin het geweer nog moest worden uitgevonden.

De ongelooflijke vraatzucht van de Boze Wolf met het daaropvolgende ongegeneerde slapen en snurken, staat ook in *De wolf en de zeven geitjes* centraal:

> De geitjes riepen: "Laat eerst je poot zien, dan weten we of je ons lief moedertje bent."
> De wolf legde z'n poot op de vensterbank en toen ze zagen dat hij wit was, geloofden
> ze hem, deden de deur open: en toen was het toch de wolf. De wolf maakte korte
> metten met hen. Een voor een slokte hij ze op. Toen de wolf verzadigd was, sjokte hij
> weg, ging onder een boom liggen en viel al gauw in slaap. Toen de wolf uitgeslapen
> was, stond hij op, want hij had dorst. Toen hij bij de beek kwam en zich voorover
> bukte om te drinken, trokken de zwaarste stenen hem naar beneden en verdronk
> hij jammerlijk. De zeven geitjes zagen het uit de verte en kwamen hard aanlopen en
> riepen: "De wolf is dood, de wolf is dood." En ze dansten met hun moeder langs de
> beek van plezier.

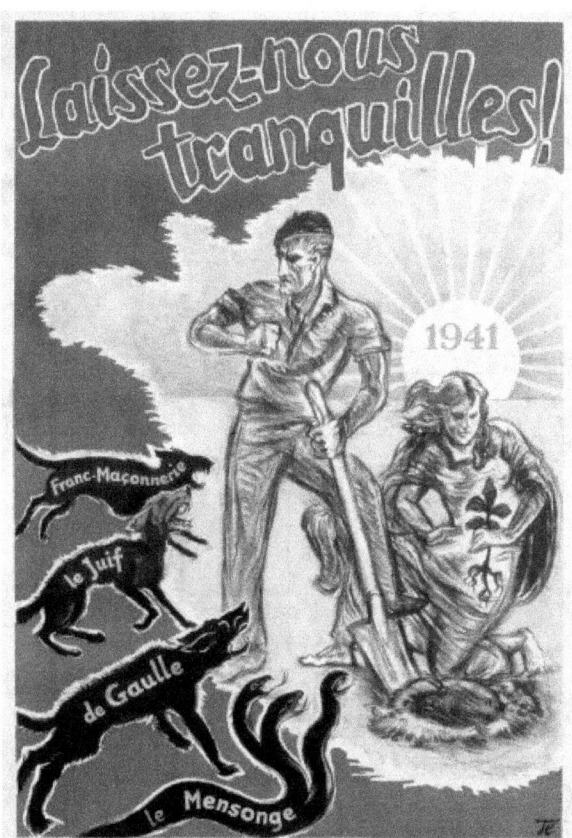

Dat de Boze Wolf een dodelijk gevaar is dat alleen bestreden kan worden door de wolf zélf te doden, maken zulke sprookjes wel duidelijk. De Boze Wolf is het Kwaad Zelve, dat het vooral gemunt heeft op vrouwen, kleine meisjes en onschuldige kinderen. De Boze Wolf is een bedreiging voor het nageslacht, een soort van geslachtsziekte, vies en gruwelijk, en daarmee een bedreiging van de cultuur. De fascistische regering van Vichy stelde daarom de jood voor als een wolf, een geldwolf natuurlijk, maar ook De Gaulle en het verzet. Trouwens: ook Janmaat en de Beierse politicus Strauss zijn als wolven afgebeeld op politieke affiches. Janmaat en Strauss vormden kennelijk een bedreiging voor de linkse sibbe-cultuur.

Het sprookje van de Boze Wolf houdt de waarschuwing in, dat het slecht met je afloopt wanneer je je niet aan de regels houdt. In zulke gevallen bedient de sterke arm zich van de Boze Wolf, die dan gelukkig wel aangelijnd is. De afgerichte politiewolven zijn er om de natuurlijke orde te herstellen.

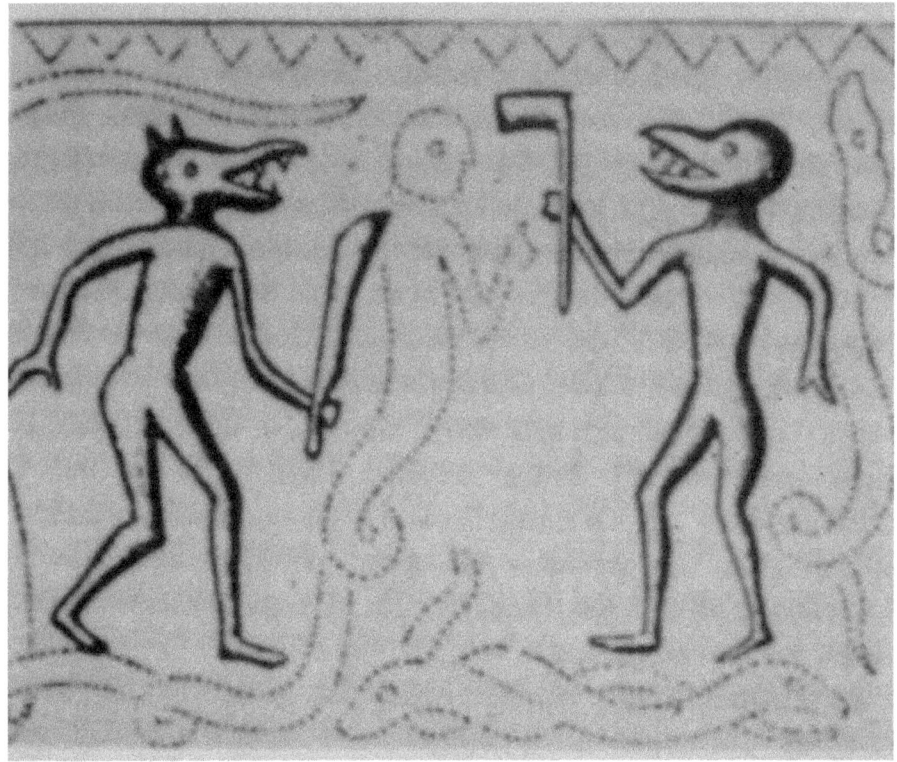

Die natuurlijke orde lijkt overigens soms verdacht veel op een mythische orde. Het kinder-wol-venboekje uit de Natuur-Serie besteedde dan wel geen aandacht aan de muil van de wolf, maar zomaar ineens zitten we middenin de Germaanse mythologie:

'Tot de attributen van Odin of Wodan behoorden zijn beide wolven Freki en Geri. Zij rustten gewoonlijk aan zijn voeten en brachten geluk. In het oud-Germaanse Eddalied staat bijvoor-beeld: als gij in een donker bos een wolf hoort huilen, geluk in de strijd is u zeker beschoren als uw oog hem het eerst ziet.'

Odin of Wodan had trouwens ook twee raven. Zij heetten Hugin en Munin, wat respectievelijk het terugkijken en vooruitkijken betekent. Zij vlogen de hele dag over de wijde wereld en berichtten hun baas alles wat er gebeurde.

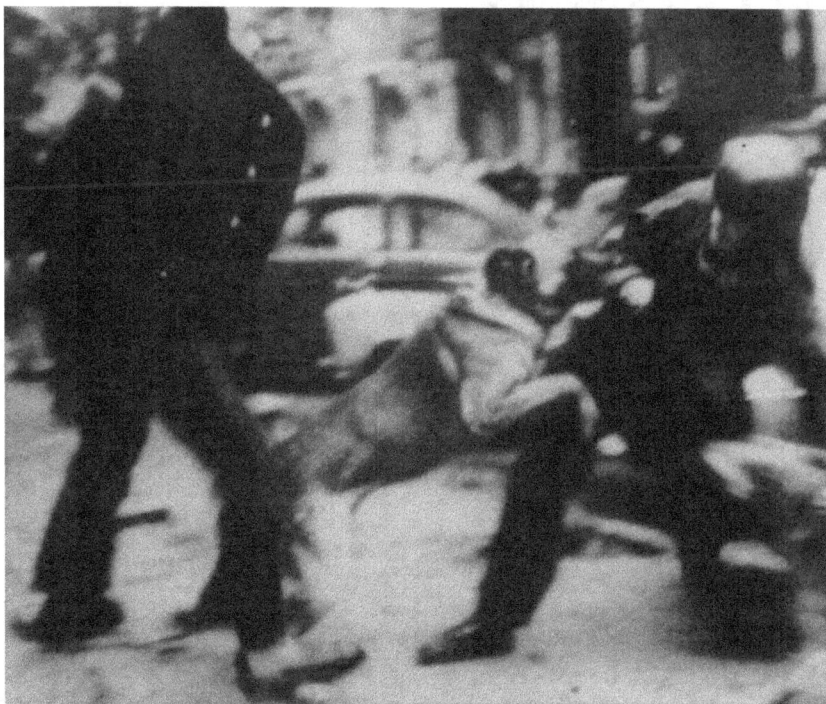

Voor de oude Germanen waren wolven belangrijke dieren. Ze brachten als helpers van Odin niet alleen geluk, maar je kon jezelf ook in een wolf veranderen. Dan werd je een wolfman of zoals dat later heette: een weerwolf. Volgens een zekere Farwerck, die hier onderzoek naar gedaan heeft en in de Tweede Wereldoorlog een foute wolf was, bestaan er nog steeds veel eigennamen die het bestanddeel *ulf*, dat wil zeggen wolf, in zich dragen. Adolf was in het Goties Athaulf en in het Angelsaksies Aethwulf met de betekenis Edelwolf. Hitler, die erg veel van de muziek van Wagner hield en een graag geziene gast bij de erven-Wagner was, werd als hij bij de familie Wagner op bezoek kwam, altijd begroet met Ome Wolf. Ook de SS was een weerwolvengenootschap en Farwerck bewijst dat hij ook na de oorlog een foute wolf was, want alhoewel zijn boek *Noord-Europese mysteriën en hun sporen tot op heden* voor het eerst verscheen in 1970 schrijft hij op bladzij 218: 'Ook zien we telkens de sporen van weer-wolfgenootschappen, hoewel het niet mogelijk is, daarover veel bijzonderheden te vertellen.'

Hoe dan ook wordt Wolf uit het boek van Gerard Reve op een gegeven moment gedwongen voor weerwolf te spelen. Wolf is namelijk, naïef als hij is, in slecht gezelschap beland. Samen met een zekere Broer en een zekere Zus, beiden net als Wolf muzikanten, vormen ze een rondtrekkend gezelschap en Broer en Zus delen al gauw de lakens uit. Ze veranderen het programma:

"'Op het eind wordt het echt een wilde boel. Dat willen de mensen graag," legde Broer Wolf uit. Uit koffer haalde hij nu een geel kostuum tevoorschijn, dat aan alle zijnaden was afgezet met gekleurde vogelvederen, en vroeg Wolf, dit snel aan te trekken. Wolf aarzelde. Waarom moest hij dit vreemde kostuum aan doen?'

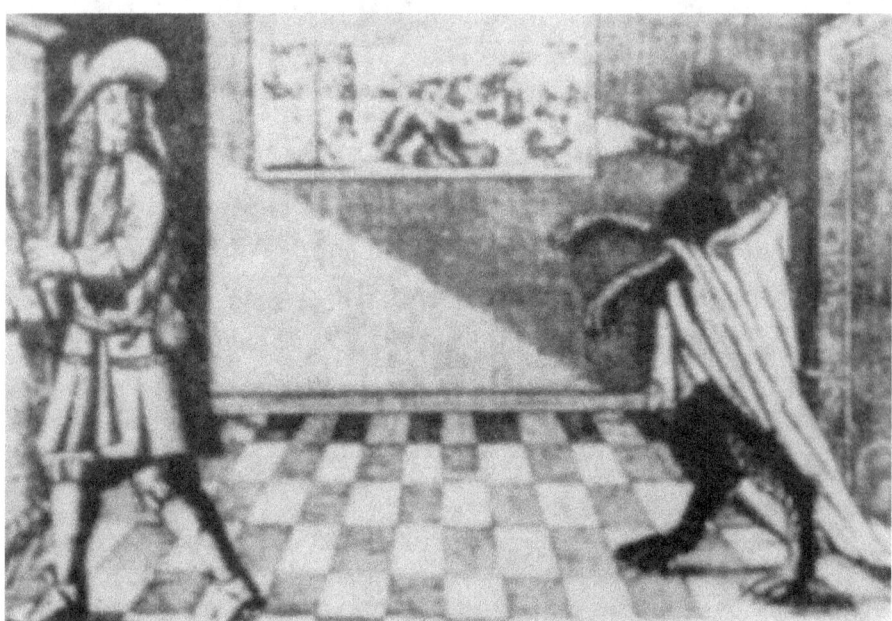

Nog een stukje Germaanse mythologie. Ditmaal uit de proza-Edda, een oud-Germaans Bijbelboek, en daarin wordt verteld over de geboorte van Odin, die wolven en raven hield:

> En waar leefde Ymir van? Het eerste wat gebeurde was dat er uit de dauw een koe ontstond, en uit haar uiers vloeiden vier stromen melk en daarmee voedde Ymir zich. Waarvan leefde de koe? Ze likte de bedauwde zoutstenen af en op de eerste dag dat ze de stenen likte, kwam 's avonds uit het gesteente mensenhaar tevoorschijn, op de tweede dag een mensenhoofd, en op de derde dag was er een hele mens, die heet Buri, had een schoon uiterlijk, was groot en sterk en hij kreeg een zoon, die hij Bor noemde. Bor nam Bestla, dochter van de reus Bulthoorn, tot vrouw en zij kregen drie zonen: Odin, Wili en We.

Wanneer politiewolven losgelaten worden, kunnen de gekste dingen gebeuren. Het gekste gebeurt dus min of meer ook in de Germaanse mythologie. Farwerck schrijft er het volgende over:

> Dan gebeurt er iets verschrikkelijks: de wolf verslindt namelijk de zon en dat is voor de mensen een harde slag. Een andere wolf rooft de maan en richt daardoor grote schade aan. De wolf rent met opengesperde muil, de onderkaak op de aarde en de bovenkaak in de hemel. Hij zou zijn muil nog verder opensperren als er meer ruimte was. De wolf verslindt Odin, maar dadelijk verschijnt Odins zoon Widar en treedt met

zijn voet op de onderkaak van de wolf. Met één hand grijpt hij de bovenkaak van de wolf en scheurt zijn muil open, waardoor deze sterft.

Dit verhaal over de eindslag in de Germaanse godenwereld en de perverse rol die de wolven daarin spelen, bestaat nog steeds, alleen is het nu net als het geval is bij sprookjes waar wolven in meedoen, behoorlijk vervormd en voor de kinderziel aangepast. In het Noord-Hollandse Blokker, waar de Beatles ooit eens hebben opgetreden, wordt op de kleuterschool een vangspelletje gedaan. De kinderen moeten dan een vak overrennen waarin de wolf zit. Dat durven ze natuurlijk niet, maar dan zingen ze:

'De wolf zit gevangen

tussen twee ijzeren stangen

tussen zon en tussen maan

herder laat je schaapjes gaan'

En dan rennen ze over en blijkt de wolf dus helemaal niet gevangen te zijn, maar hij probeert juist zoveel mogelijk kinderen te vangen.

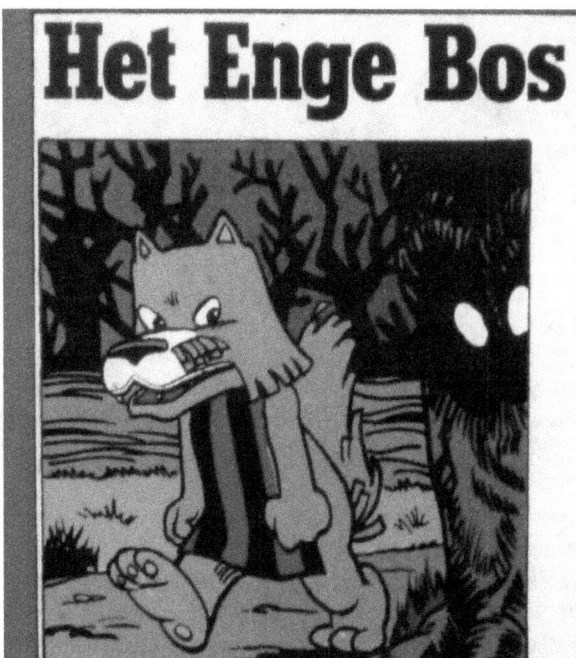

We wisten al dat Bor de vader van de wolvengod Odin was. In de Fabeltjeskrant hebben ze hetzelfde verband gelegd. Hier is Bor de Wolf een echte kinderwolf, die af en toe weleens wat humeurig is. In de Fabeltjeskrant lezen we het volgende bericht:

Bor is een beetje boos. Op alles en iedereen. Hoe dat precies komt weet hij zelf niet eens… Als wolf wil hij het zo nu en dan gewoon eens flink op een huilen zetten. Bor is naar het Enge Bos gegaan. Dat is nog een hele wandeling. "Brrr," mompelt Bor. "Het is hier echt heel eng. Het is hier koud en kil, het is hier vochtig! Maar toch blijf ik hier zitten. Ik geloof dat iedereen een hekel aan me heeft. Niemand die me een leuke wolf vindt." Bor doet zijn ogen dicht. En even later snurkt de wolf zo hard, dat de bomen van het Enge Bos ervan schudden.

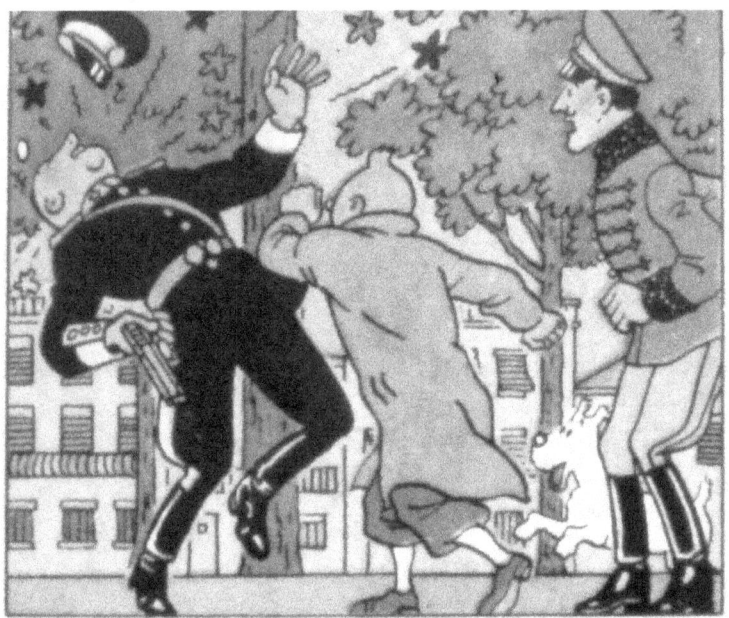

Hergé, *De Scepter van Ottokar* , 1938.

Is Bor de Wolf in de Fabeltjeskrant alleen vanwege zijn voorliefde tot het Enge Bos nog enigszins een slechte wolf, in het werk van Hergé, in Kuifje dus, ligt dit anders. In het album *De Scepter van Ottokar* uit 1938 én in *Mannen op de maan,* gemaakt tussen 1950 en 1953, speelt Bor de Wolf de rol van het Kwaad. In *De Scepter van Ottokar* heet hij simpelweg Boris en in *Mannen op de maan* heet Boris 'kolonel Jorgen'. We laten nu de dia's van Boris uit *De Scepter van Ottokar* de revue passeren en vatten het verhaal samen, maar eerst nog wat over de figuur van Boris.

Boris is in *De Scepter van Ottokar* een handlanger van ene Müsstler. Deze naam Müsstler is een samenvoeging van Mussolini en Hitler. Müsstler is dictator over het land Bordurië, waarin dus weer dat 'Bor' zit. Boris is een Borduriër en dit land wil het buurland Syldavië veroveren. Om dit voor te bereiden is Boris doorgedrongen tot het hof van Syldavië, waar hij het tot adjudant van de koning geschopt heeft. Uiterlijk en wat zijn uniform betreft vertoont Bor frappante gelijkenis met Himmler, de leider van de SS- weerwolven. Als adjudant van de koning zit Boris op een ideale positie om de Bordurische verovering van Syldavië voor te bereiden. Een echte wolf in schaapskleren. Wanneer Kuifje, die op de hoogte is van de Bordurische plannen, de koning wil spreken, ontmoet hij eerst Boris. En Boris probeert Kuifje vervolgens eerst in een hinderlaag te lokken en als dat mislukt en Kuifje toch in het paleis weet door te dringen, laat Boris hem arresteren als zijnde een jonge anarchist. Kuifje ontsnapt echter en wordt bij toeval aangereden door de auto van de koning. Dan spreekt hij alsnog de koning en zo weet Kuifje Boris' kwade plannen te verijdelen. Hij ontmaskert Boris als een verrader en schakelt hem met een rake vuistslag uit.

Als naoorlogse atoomgeleerde en rakettenbouwer heeft professor Zonnebloem natuurlijk wat met het fascisme van doen. Zonnebloems atoomraket lijkt als twee druppels water op de V2-raketten waarmee de Nazi's onder leiding van Zonnebloems collega Wernher von Braun in Peenemünde experimenteerden. In *De zaak Zonnebloem* duikt dan ook zonder commentaar een boekje op met onderzoek naar de meest geavanceerde nazitechnologie: raketten en straaljagers. Zonnebloems assistent bij het maanexperiment heet niet voor niks Wolff met dubbel 'f'. En dat wolven iets met de maan en de zon hebben, was al bekend uit de Germaanse mythologie. Een paar jaar voor Hergé aan zijn *Mannen op de maan* begon, had een sciencefictionschrijver al een dergelijk verband gelegd. Ernst Pommerel, een bekende Kuifoloog, wees ons hierop. Het gaat om het boekje *Rocketship Galileo* van de Amerikaanse schrijver Robert A. Heinlein, dat in 1947 voor het eerst uitkwam maar nog steeds te koop is. Daarin wordt verteld dat een Amerikaanse maanexpeditie met hun ruimteschip Galileo op de maan landt en tot hun verbazing ontdekt dat ze niet de eersten zijn. De Nazi's zijn hen voor geweest en wat bedoeld was als een vreedzame ruimtetocht eindigt in een heuse oorlog, waarbij de beide ruimteraketten van de Nazi's, Wodan en Thor genaamd, vernietigd worden. Hergé geeft van hetzelfde vermoeden, namelijk dat ruimtevaart en fascisme iets met elkaar van doen hebben, een meer verborgen versie.

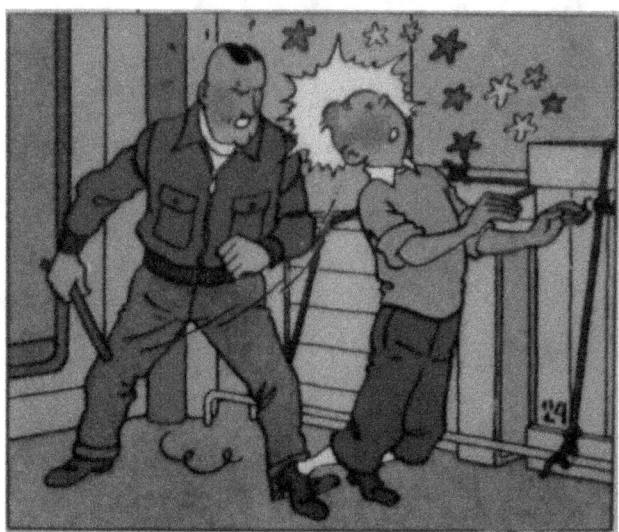

Hergé, *Mannen op de maan* , 1950-1953.

Het eerste optreden van Boris in *Mannen op de maan* is dat hij wraak neemt op de vuistslag die Kuifje hem bijna vijftien jaar eerder toebracht. Die kaakslag uit *De Scepter van Ottokar* en de erop volgende vernederende scène zit Boris kennelijk nogal hoog en die móét gewroken worden al brengt hem dat ook tot op de maan en al heeft Boris zijn SS-uniform ervoor moeten uittrekken en ook nog eens, zoals zovele oud-Nazi's, zijn naam moeten veranderen. In het Maanproject heet Boris kolonel Jorgen. Boris alias kolonel Jorgen, die in de volgende serie dia's de Raket probeert te kapen, want hij meent aanspraak te kunnen maken op de atoom-raket, Boris dus, is de personificatie van het Kwaad. Boris is fascist vanwege zijn uniform, communist vanwege zijn banden met het totalitaire op Sovjet-Rusland geïnspireerde Bordurië, hij is een verrader, een dierenbeul, terrorist en ruimtekaper, wreed, sadistisch en genadeloos, gevoelloos, gedisciplineerd, hij rookt voortdurend ook als het niet mag, is gehoorzaam tot in de dood, maar tegelijkertijd is hij ook superieur, absoluut superieur in vergelijking met Wolff, zijn zielige handlanger, en ten slotte heeft Boris een zekere standing en adel: in de *Scepter van Ottokar* wordt dat aangegeven door zijn mooie uniformen en zijn oogglas en in *Mannen op de maan* is het vooral zijn fiere houding die hem voornaam maakt. Kortom: eens een Bor de Wolf, altijd een Boze Wolf.

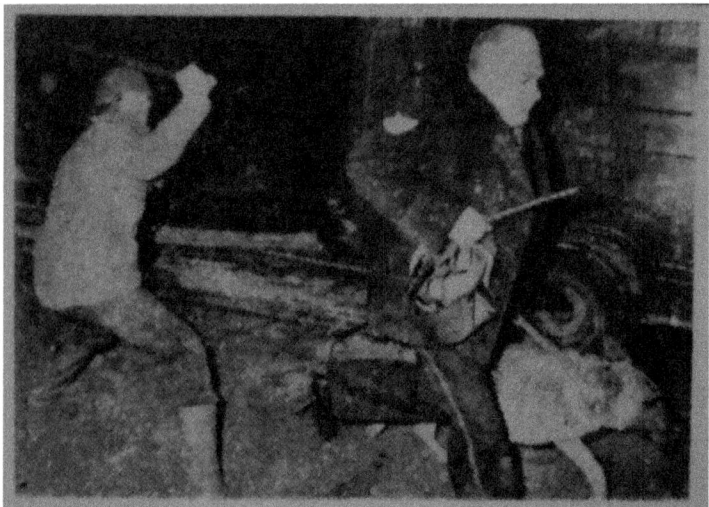

In Gerard Reves Wolf speelt gelukkig ook een Kuifje-figuur mee, meneer Stafman geheten, want anders zou het met Wolf die toch al niet begreep waarom hij een weerwolf moest zijn, slechts zijn afgelopen. Meneer Stafman redt Wolf uit de geldgierige klauwen van de gemene Broer en Zus. Dan doet zich iets vreemds voor. Wolf wil wel en wil niet dat Broer boete doet en in zijn twijfel krijgt hij kwade sm-gedachtes:

"Straf… straf…" hamerde een stem door Wolf heen. Hij gevoelde hoe een vreemde, misselijk makende smaak in zijn mond kwam. - "Je kunt een flink pak slaag krijgen," zeide meneer Stafman tegen Broer. "En als ik zeg een pak slaag, dan bedoel ik een pak slaag. Wat wil je? Ja, of nee?…" Wolf moest diep ademhalen om zijn duizeligheid te overwinnen. Wat ging er nu gebeuren? Het was iets wat hij niet wilde, wat hij niet mócht willen dat gebeurde, maar tegelijkertijd kwamen er gedachten in hem op, die hij niet wilde hebben, en waarin hij ernaar verlangde, dat meneer Stafman met Broer zoude doen wat hij gedreigd had te doen… - "Ja, straf…" kreunde Wolf onhoorbaar. Hij probeerde wat hij dacht, niet te denken en niet te willen, maar tevergeefs. Hij sloop de kamer uit, naar de keuken, en sloot de deur achter zich. Hij bleef de rijzende en dalende stemmen uit de grote kamer horen, maar de betekenis der woorden drong niet tot hem door. Alles was verdriet, dacht Wolf. En was dat verdriet niet zijn, Wolf zijn eigen schuld?... Wolf huilde niet gauw als hij verdriet had, maar nu stond hij opeens midden in de keuken te snikken.

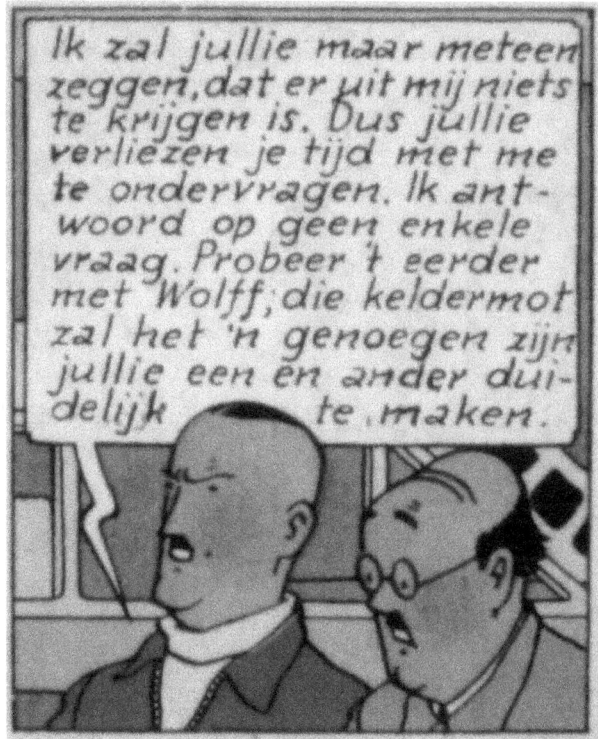

Hergé, *Mannen op de maan* , 1950-1953.

Zodra Boris gevangen is genomen legt hij een verklaring af die typisch is voor de SS. "'Ik zal jullie maar meteen zeggen," verklaart hij, "dat uit mij niets te krijgen is. Dus jullie verliezen je tijd met me te ondervragen. Ik antwoord op geen enkele vraag. Probeer 't eerder met Wolff, die keldermot zal het 'n genoegen zijn jullie een en ander duidelijk te maken.'" Kuifje en de anderen nemen dit serieus en stellen Boris inderdaad geen enkele vraag meer en Boris zwijgt.

Hoewel Boris later stevig vastgebonden wordt, weet hij niettemin te ontsnappen. Samen met zijn zielige handlanger Wolff overvalt hij Kuifje en de anderen en pas als Boris zijn revolver trekt om, zoals hij zelf zegt 'korte metten met ze te maken' komt de zielige Wolff tot inkeer. Hij tracht de revolver uit Boris zijn handen te pakken. Daarop ontstaat een vechtpartij, er valt een schot en Boris blijkt dodelijk getroffen te zijn door een kogel die net als de pin door het hart van Dracula midden door het hart van Boris gaat.

Kuifje begrijpt nu dat Wolff berouw heeft, raapt zijn bril die tijdens de worsteling met Boris gevallen is op, geeft hem aan Wolff terug en schenkt hem zijn vertrouwen. En zo is alles toch nog goed gekomen. Ook met Wolf van de volksschrijver Gerard Reve komt alles aan het eind toch nog goed. Na lange omzwervingen vindt Wolf André, de leuke jongen van het begin die de dieren bestudeerde, terug. Precies op dezelfde plek als waar Wolf hem de eerste keer ontmoette en met precies hetzelfde tentje:

> Er streek een onverwachte bries over het veld, en een wolk schoof voor de zon. Een windstoot beroerde het tentje, schudde aan de opgerolde voorhang die boven de ingang over de top van het tentpaaltje gedrapeerd lag, en wierp die naar beneden. Het doek van de voorhang ontrolde zich in zijn val, en sloot de ingang van het tentje af. André liet zich languit achterover zakken, terwijl hij Wolf met zijn armen omklemd hield, en trok hem over zich heen. "Eindelijk, Wolf... Eindelijk..." fluisterde hij, terwijl hij met zijn gloeiende lippen teder het oor van Wolf streelde.

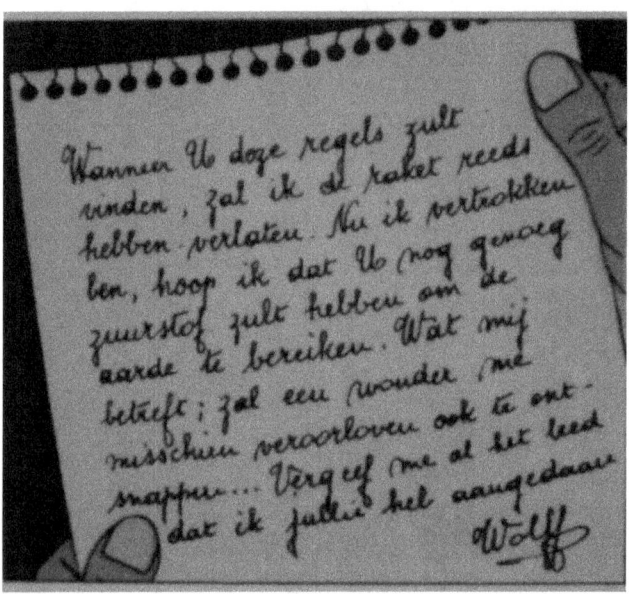

Hergé, *Mannen op de maan*, 1950-1953.

Boris was het Absolute Kwaad dat alleen maar tot inkeer gebracht kon worden door zijn dood, zoals dat een echte Boze Wolf ook betaamt. Maar ook zijn zielige handlanger Wolff moet dood. Wolff is te ver meegegaan op het pad van de Boze Wolf en pleegt zelfmoord, door de Raket ergens tussen maan en aarde te verlaten. Hij schrijft een afscheidsbrief en daarin staan de mysterieuze woorden: 'Wat mij betreft zal een wonder me misschien veroorloven ook te ontsnappen.' Hierin ligt de hoop besloten dat hij misschien toch kan overleven in de kosmische ruimte en wellicht door reïncarnatie op aarde terug te keren. In de latere drukken is deze occulte tekst veranderd in een stelliger regel. Dan heet het: 'Wat mij betreft: alleen door een wonder kan ik behouden worden...' Maar op wat voor wonder kan Wolff hier doelen? Vast en zeker op het wonder van de mythe van de eeuwige terugkeer van Goed en Kwaad.

14. SEKSISME RACISME: HOEZO KUIFJE DOOD?

BAS-JAN VAN STAM

Verschenen in *bluf!* nr. 67, 5 mei 1983.

Seksisme/Fascisme: rekonstruktie van een mannen-ideaal, *dat is de titel van een boekje dat ik heb geschreven.*[1] *Daarin doe ik een greep uit enkele centrale mythen van de Westerse beschaving: de mythe van de rationaliteit, de mythe van de heldhaftigheid, en die van de Westerse superioriteit. Die mythes onderzoek ik op hun seksistische grond. Naar aanleiding daarvan dit verhaal.*

---

1   Bas-Jan van Stam, *Seksisme Fascisme: rekonstruktie van een mannenideaal: over de korrespondentie tussen een ouwe Griek, een fiere held en een jonge reporter* (Amsterdam: Stam, 1983).

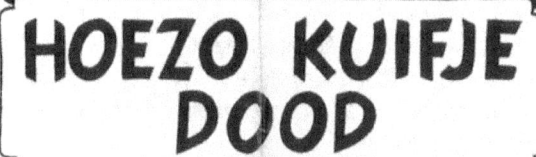

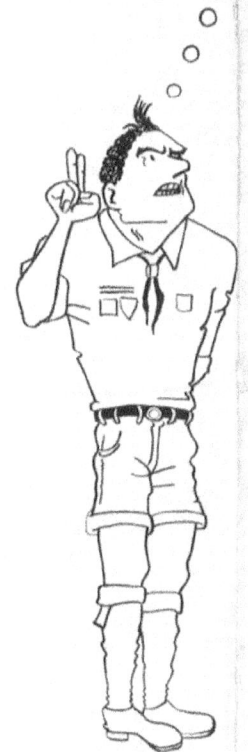

I. Alledaags racisme versus politiek racisme

Zo'n beetje iedereen zal wel eens de ervaring hebben gehad, dat racisten buitengewoon handig zijn je voor schut te zetten. Als je ingaat tegen een racistische opmerking van iemand op de markt, in een winkel of op een verjaardag, dan loop je het risico door zo iemand in de kortst mogelijke tijd 'weerlegd' te worden met de opmerking, dat een tante van een zwager ... enzovoorts. 'Ik heb het haar zelf horen zeggen!' Uitgeëvangeliseerd ben je en zo iemand, die je meende te moeten terechtwijzen, kijkt dan om zich heen met een gezicht van: 'Ik racistisch? Kom nou! Die Turken passen zich toch ook niet aan? Dat is toch gewoon zo? Mag ik dat niet eens meer zeggen, of hoe zit dat nou?' En jij wordt op jouw beurt beschuldigd van naïviteit, intolerantie en dat je ook achter alles iets racistisch ziet.

Van zulk soort 'slimme trucs' wordt constant gebruikgemaakt in het alledaags racisme. Zo automatisch gaat dat, dat menigeen geen trek meer heeft er nog tegenin te gaan. Het heeft toch geen zin. Wat dat betreft lijkt het ook veel effectiever actie te voeren tegen de politiek georganiseerde vormen van racisme. Acties in het bijzonder dus tegen de NVU en de Centrum Partij en meer in het algemeen tegen racistische praktijken, maatregelen en tendensen bij de overheid, 'gewone' politieke partijen en de politie, enzovoorts.

Voor mij is het echter de vraag of een dergelijke afbakening van de antifascistische strategie op den duur wel effectief is. Ik vraag me af of het zin heeft je te concentreren op het politiek georganiseerde racisme, terwijl ondertussen het alledaagse racisme buiten schot gelaten wordt. Tegelijkertijd denk ik, dat het inderdaad weinig zin heeft alledaagse racistische uitspraken steeds maar weer te willen ontmaskeren als leugens en onwaarheden. Voor mij is het namelijk niet de allereerste vraag of mensen het wel doorhebben, dat hun racistische uitspraken op leugens en onwaarheden berusten. Dat hebben ze zelf ook wel door. Vandaar namelijk die 'slimme trucs', als een automaat toegepast. Voor mij is het daarom allereerst de vraag waarom ze hun toevlucht nemen tot zulk soort leugens. Dat is het probleem en niet zozeer of ze zonder het zelf te weten leugens vertellen.

De neiging om de bestrijding van het alledaagse racisme niet centraal te stellen, heeft volgens mij alles te maken met een fundamentele miskenning van de manier waarop zoiets als het politiek bewustzijn van mensen in het algemeen werkt. In het algemeen gesproken bepalen mensen hul politieke voorkeur niet op grond van het grondig bestuderen van meestal toch nietszeggende partijprogramma's, maar eerder op grond van wat ik hier 'mythische' beweegredenen noem. Het mythische is naar mijn mening veel belangrijker in de politiek, dan al die zogenaamde rationele, op feiten gebaseerde en objectieve politieke redeneringen, programma's en tegenargumenten.

Op deze kanten van het alledaags racisme ga ik in op deze pagina's. Eerst meer in het algemeen (Kuifje in Afrika), dan toegespitst op een recente gebeurtenis (De Tram). Vervolgens geef ik een voorbeeld van alledaags racisme en ten slotte wil ik iets over de werking van hetzelfde mythische bewustzijn binnen 'de' antifascistische beweging zelf te berde brengen.

II. Kuifje in Afrika

Eén van de verhalen die ik als mythe in mijn boekje heb gelezen, is *Kuifje in Afrika*. Dit eerste officiële album van Hergé had mijn belangstelling, omdat het ontstaan was tijdens het dieptepunt van de crisis voor de Tweede Wereldoorlog (1930). Net als in onze tijd was er sprake van openlijke racistische tendensen – Hitler begon aan zijn overrompelende mars naar het parlement – en bestond er een neiging waarbij radicaal-links en -rechts tegenover elkaar op straat kwamen te staan. Tussen deze beide radicale kampen in bevond zich het politieke midden, dat als een opeenhoping van grote logge blokken zo goed en zo kwaad als het ging nog machtspolitiek probeerde te bedrijven.

De nieuwe, jonge, dynamische en enthousiaste medewerker Sjors Rémie hield er bij zijn werkgever *Le Vingtième Siècle* uitgesproken politieke ideeën op na. Bijvoorbeeld dat 'het' socialisme verderfelijk en uit den boze was en alles wat daar maar ook in de verte mee te maken kon hebben dus met kracht bestreden diende te worden. Vanuit deze enthousiaste visie had Hergé eerder (in 1929) al de reporter met de Kuif naar de Sovjet-Unie doen afreizen. Uit het verslag dat De Kuif over deze missie naar de krant opstuurde, bleek dat de socialistische heilstaat niets anders was den een poel van ellende, corruptie, armoede, onderdrukking, bedrog, uitbuiting, terrorisme, gemenigheid, enzovoorts. 'Het' socialisme kon dus ook geen oplossing bieden voor de politiek-economische crisis van die jaren. Weg met die rooien, dus!

Welke oplossing zag Hergé dan wel zitten? Een belangrijk element van zijn oplossing is natuurlijk te vinden in het openlijk racistische karakter van *Kuifje in Afrika*.[2] De zwarte Afrikaanse bevolking wordt voorgesteld als buitengewoon dom en lui. Die 'eigenschappen' van het 'n****ras' blijken voor Hergé een bron van vermaak op te leveren.[3] Met deze racistische grappen liet Hergé zijn lezertjes en lezeresjes als vertegenwoordigertjes van het superieure blanke ras vrolijk schateren om de domme streken van een ander ras. Allemaal nette, welopgevoede Rooms-Katholiekjes, die nu als vette, weldoorvoede zestigers in het Brusselse tekeergaan tegen het Noord-Afrikaanse ras. (Maar dit terzijde.) Terwijl de fascisten in Duitsland dus bezig waren met de vernietiging van het 'Joodse ras', bevestigde Hergé op deze wijze het idee dat gevoelens van superioriteit inderdaad iets te maken hebben met 'natuurlijke raskenmerken'.

Als je naar de vorm van *Kuifje in Afrika* kijkt, vallen je twee dingen aan dit stripverhaal in het bijzonder op. Ten eerste is dat het nogal sprookjesachtige karakter. Het is voor kleine kinderen bedoeld, er gebeuren allemaal vreemde dingen, Kuifje heeft ruzie met allerlei beesten, de n****tjes doen ook al eng, en dan is er nog die gemene schurk die Kuifje dood wil maken. Maar hoe eng het ook alleemaal is, uiteindelijk komt toch alles goed: eind goed, al goed! Het tweede dat opvalt, is dat Kuifje het in zijn uppie (slechts bijgestaan door zijn hondje Bobbie) doet. Heel af en toe helpt God hem, of een priester, maar dat is ook zo'n beetje God.

Deze sprookjesvorm heeft dus het effect dat allerlei gevaren, van wat voor aard ze ook zijn, op een individuele wijze worden 'opgelost'. De oplossing die Hergé voorstelt ligt dus op het individuele vlak, zoals dat heet. Zoiets hoor je ook in onze tijd maar al te vaak. Bijvoorbeeld: wie echt wil werken, wie echt erachteraan zit om werk te vinden, die kan heus nog wel werk vinden. Al die lamlendige, rondhangende werklozen, dat zijn profiteurs, luie en verwende welvaartskinderen. De knoet erover dus!

Inhoudelijk gezien valt vooral op, dat het verhaal heel associatief geschreven/getekend is. De sprookjesvorm wordt gevuld met een droominhoud. Hergé heeft het verhaal bij wijze van spreken met zijn ogen dicht gemaakt. En dat levert een verhaal op, waarin niet een duidelijke, van tevoren bedachte lijn inzit, zoals dat met de latere albums wel het geval is. Eigenlijk is

---

2   Hergé, *Kuifje in Afrika* (1931-'32).
3   Letters van n-woorden in de oorspronkelijke tekst zijn vervangen door sterretjes (*). Zie voor een verantwoording het voorwoord van deze bundel.

Kuifje in Afrika als verhaal niets anders dan een op het eerste gezicht willekeurige aaneen-schakeling van bizarre grappen, enge situaties en korte, spannende voorvalletjes. Maar toch is het een 'compleet' verhaal. En omdat het zo'n 'complete' indruk wekt, moet er ook een bepaalde, verborgen structuur en logica in zitten. De 'logica' van een dergelijk schakelverhaal kun je het beste vergelijken met de 'logica' van een droom. Ook in dromen gebeuren allerlei vreemde dingen die op het eerste gezicht vaak niets met elkaar te maken hebben.

Ik bedoel maar: Freud dus!

Freud en Kuifje, dat was voor mij een openbaring, opzienbarend, onthullend, verbazingwek-kend, haren overeind, perplex en wat dies meer zij. Net alsof ik aan het eind van een lange bergwandeling bovenaan de top kwam. Alles was daarvoor nog in de mist, maar dan lost plotseling de bewolking op en zie ik het landschap beneden me. Ineens zie ik de samenhang: alles lig ineens dicht bij elkaar, alle wegen staan met elkaar in verbinding, dorpen, boerderi-jen, riviertjes, bomen en daar ergens moet mijn tent staan, zo fiets ik naar de bakker, daar achterlangs loopt ook een weg naar het dorp, enzovoorts. *Kuifje in Afrika* is zo'n landschap diep beneden je. Pas als je die hele omweg van de politiek-economische crisis, het racisme van die dagen, de 'dreiging' van de Sovjet-Unie, de enorme werkloosheid, enzovoorts, naar de individuele droomwereld en zijn sekspolitieke symbolen hebt afgelegd, pas dan krijg je zich op die mythische machinerie van het fascisme. Pas dan zie je de verbindingen tussen bijvoorbeeld de plaatsen waar je droomt, geniet, bang bent en waar je geld wisselt (om maar iets te noemen).

Wat blijkt namelijk? Dat Hergé door middel van zijn stripheld Kuifje de maatschappelijke politiek-economische crisis vertaalt in een individuele, sekspolitieke crisis. De toentertijd volgens velen op stapel staande ondergang van de beschaving koppelt Hergé ('God zij hem ganadig') aan een individuele seksuele crisis. Dan krijg je zoals te verwachten is, een raar verhaal. Een verhaal waar op het eerste gezicht niets politieks aan zit. Toch kun je door een sekspolitieke interpretatie van de symbolen uit deze strip die verbanden leggen. Dan blijkt die dreigende ondergang van het Westen te worden uitgelegd als een aanval op de potentie van één van de helden die dezelfde beschaving heeft voortgebracht:

KUIFJE! Kuifje dreigt, zo jong als hij is, ontmand, gecastreerd te worden. Natuurlijk niet letterlijk ofzo, maar door het symbool van de castratie wordt zijn seksuele identiteit tot het individuele centrum van de politiek-economische crisis gebombardeerd.

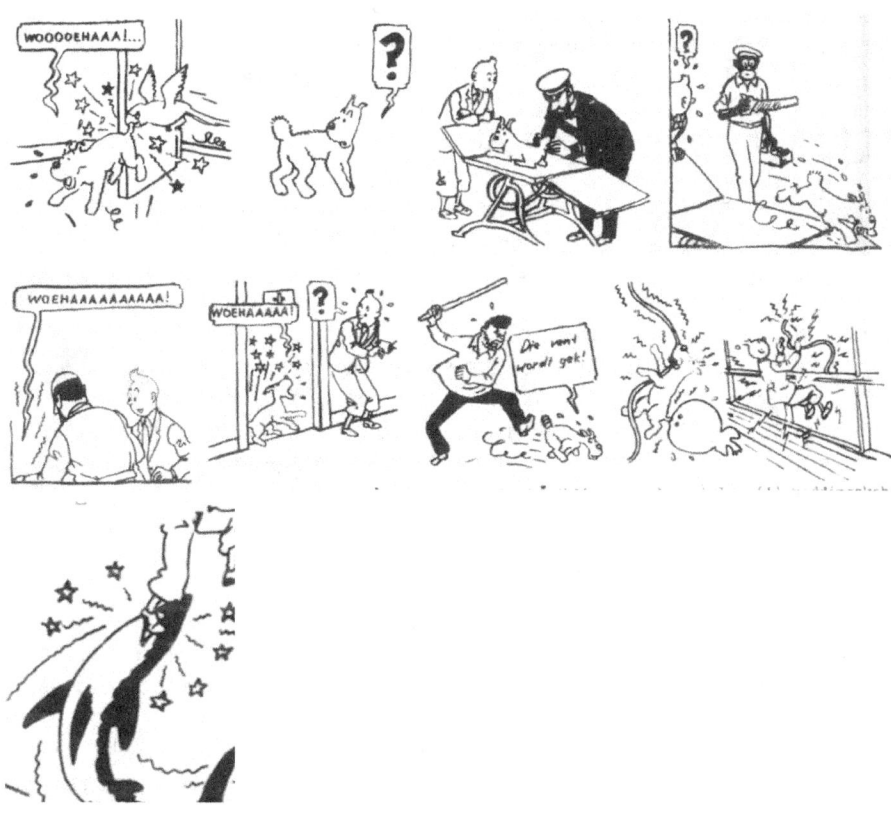

Het castratiemes gaat van hand tot hand: de papegaai, de kapitein, de n**** met de zaag, de scheepsarts, de deur van de behandelkamer, de boef, de siderrrog, de metalen (!) reddingskabel, de haai. Op die manier wordt de castratiedreiging van Bobbie op Kuifje overgedragen. De N**** en het Beest vervullen een cruciale rol daarbinnen: de N**** door z'n stommiteiten, het beest voltrekt de 'castratiedreiging'. (In werkelijkheid is de castratieketen nog enkele schakels langer, zie daarvoor het boekje.)

Dit vreemde, mythische verhaal wordt al eeuwen, duizenden jaren lang in onze cultuur verteld. Vandaar ook dat zoiets als de ondergang van 'de' beschaving op het spel kan komen te staan. Crises brengen mensen/mannen dan ook al duizenden jaren op mythische wijze in stelling tegen de dreigende 'castratie'. Concreet betekent dit dat de mythische propaganda mensen/mannen in tijden van crisis oproept tot de strijd tegen het vrouwelijke, het onmannelijke, het natuurlijke, het niet-geciviliseerde. En hiermee samenhangend: de strijd tegen mensen/vrouwen die kritiek hebben op deze 'cultuur' en beschaving. Kortom: dus tegen vrouwen, joden, zigeuners, buitenlanders, 'de Turken', en tegelijkertijd tegen potten en flikkers, 'rooien', commies, anarchisten, relschoppers, punkers, brandstichters, skinheads. De werking van de mythische machinerie is aan de ene kant dus de bevestiging van het eeuwenlange mannen-ideaal en aan de andere kant een dwingende politieke mobilisatie tegen alles wat deze orde (die door God zelf gecreëerd is) in gevaar brengt. Daarom moeten die Turken het land uit, moeten die homo's eindelijk eens een beetje normaal en fatsoenlijk doen en zouden die relschoppers eens een flink pak op hun donder moeten krijgen. Weg met het linkse tuig dus.

III. Politiek productie van mythes

Het voorbeeld van *Kuifje in Afrika* laat zien dat sprookjes/mythes een politiek effect hebben. Niet alleen bij zeg maar de massa, maar ook bij politieke 'leiders', ongeacht of ze nu links of rechts zijn. Wat dat betreft zei Reich dat Hitler, als hij inderdaad het politieke genie was waar zijn tegenstanders hem voor hielden, dat juist Hitler dan heeft onthuld hoe politiek 'werkt': namelijk langs de weg van de beïnvloeding van het onbewuste, het mythische. De werking van mythes kun je wat dit betreft vergelijken met een machine. Zo'n machine produceert de politieke context waarbinnen mensen leven, denken, handelen. Dat betekent dat het belangrijk is meer inzicht te krijgen in de werking van deze mythische machines. Want het is niet zo, dat zo'n machine tot stilstand gebracht kan worden door een steen tussen de tandwielen te gooien. Eerder is het omgekeerd: die machines gaan pas werken zodra er stenen gegooid worden.

IV. De mythe van de tram

Eén van de meest vreemde dingen rond de ontruiming van de Lucky Luyk indertijd, vond ik wel 'De Tram', of beter: 'De Mythe van de Tram'.[4] Dat verhaal van die tram noem ik een mythe, omdat het een omvorming van emoties liet zien in een bepaald symbool. In dat symbool, de tram dus, verenigden mensen zich die elkaar totaal niet kenden en vonden ze bij elkaar houvast. De zaak was voor hen helder en klaar. Hun twijfels waren opgelost en hun verontwaardiging richtte zich massaal naar een groep van buitenstaanders, in dit geval 'de' kraakbeweging.

Het is ongelooflijk, maar daags na de Lucky Luyk en nog dagen dáárna het gesprek van de dag die tram. Ik heb verhalen gehoord waarin verteld werd, dat de heldhaftige bestuurder als de kapitein van een zinkend schip als laatste man van boord ging terwijl inmiddels de tram al in lichterlaaie stond en kort tevoren had die nog bomvol gezeten met mensen. Ooggetuigen zouden gezien hebben, dat de bestuurder dwars door knetterende vlammen en dikke wolken walmende rook (veel plastic troep en rubber en zo) zich nog een weg baande naar achteren om te controleren of al zijn passagiers zich wel in veiligheid hadden weten te brengen. Het leek Beilen wel, maar dan een beetje erger.[5] Dit was namelijk pure anarchie. Dit had niets meer

---

4   De Lucky Luyk was een in 1981 gekraakt pand aan de Jan Luijkenstraat in het Museumkwartier, Amsterdam Zuid. De ontruiming van dit pand in oktober 1982 ging gepaard met zulke grote rellen, dat burgemeester Wim Polak voor het eerst sinds de Tweede Wereldoorlog de noodtoestand uitriep. Zowel krakers als politie gebruikten in de confrontaties excessief geweld, waarbij ook een tram op de kruising van de Van Baerlestraat en de Paulus Potterstraat in vlammen op ging. De ontruiming van Lucky Luyk wordt gezien als een keerpunt in de geschiedenis van de kraakbeweging, waarbij de beweging veel van haar steun bij de samenleving verloor.

5   Op 2 december 1975 begon de twaalfdaagse Treinkaping bij Wijster door een groep Zuid-Molukse jongeren (niet te verwarren met de veel bloedigere tweede treinkaping bij De Punt in 1977) waarbij drie doden vielen. Wijster ligt tussen treinstations Hoogeveen en Beilen.

met kraken te maken. Dat waren geen normale krakers meer, maar stukken ongedierte, die uit het hele land waren samengestroomd om hier even de boet te ontregelen en onschuldige burgers het ziekenhuis in te trappen. Er had wel een invalide in die tram kunnen zitten; er had wel paniek kunnen uitbreken; ze hadden wel allemaal levend kunnen verbranden; een wonder dat het zo goed is afgelopen (jammer ook wel een beetje eigenlijk), enzovoorts. Plus, dat zo'n trammetje al gauw een paar miljoen kost. En wie draait daar weer voor op? Wij met z'n allen! Probeer de schuldigen maar eens te pakken te krijgen tussen al dat tuig, enzovoorts.

Op die manier functioneerde dit verhaal van de Tram als een emotionele legitimering van het politiegeweld. Alle kranten deden daaraan mee. (Alleen *De Waarheid* probeerde met de foto van die Rietveld-student een tegen-mythe in het leven te roepen.) De Tram werd in enkele dagen het symbool van de *law-and-order*-rechtstaat. Alle onderhuidse angsten klampten zich plotsklaps vast aan dat ene symbool van de brandende tram. Er hoefde verder ook niets meer beargumenteerd te worden: met die Tram brandde het laatste restje twijfel weg, dat de meeste mensen nog hadden, als het ging om de vraag of dat nou wel zo nodig moest al dat machtsvertoon bij ontruimingen in de stad. Mensen die anders hun mond nog hielden, zongen nu eendrachtig mee in het requiem van de tram en knikten 'ja' als het koor bezwerend sprak dat het tuig in strafkampen moest worden opgesloten. Nu keken ze mij vijandig aan als ik zei dat ik niet in de krakers-sters als beesten te keer waren gegaan, maar de politie. Dan keken ze medelijdend naar elkaar alsof mijn stem geklonken had als van iemand uit het dodenrijk.

Een in de fik geraakte tram haalt altijd de krant. In zekere zin symboliseert een tram de dynamische circulatie in een drukke stad. Als dat vlamvat, dan 'staat gansch het raderwerk stil'. Maar nu kwam er iets nog bedreigenders bij: de Lucky Luyk en 'de' kraakbeweging. Door die combinatie sloeg pas echt de vlam in de pan.

V. De buurman

Het voorbeeld van de Tram maakte de actualiteit van de mythes-in-het-algemeen duidelijk. Nu wil ik hetzelfde verschijnsel toespitsen op het onderliggende verband tussen seksisme en racisme. Het alledaagse racisme dus. Het gaat over iemand bij mij uit de straat. Hij is inmiddels verhuisd, dus wat dat betreft is het probleem opgelost. Boven en naast hem woonden vier Marokkaanse gezinnen. Regelmatig kwam hij bij hem over de vloer. De ene keer om te helpen bij het aanleggen van een douche, de andere keer om formulieren in te vullen of om gewoon te ouwehoeren. Ook met de kinderen van de Marokkanen kon hij overweg. Bepaald geen slechte verhouding dus.

Toen hoorde ik hem een keer tegen één van die Marokkaanse buurjongetjes zeggen, terwijl hij hem bij zijn schouders greep en hem tegen de gevel duwde: 'Ze moesten jullie allemaal doodmaken. Doodmaken, hoor je?' Als hij hetzelfde in een voor mij vreemde taal gezegd had, dan zou ik begrepen hebben, dat hij zoiets gezegd moest hebben als: 'Hé, wil je soms vecht-en tegen zo'n oude man? Zal ik eens laten zien hoe sterk ik nog ben?' Ook het buurjongetje moest er een beetje om lachen, alsof hij verstaan had wat ik begrepen zou hebben, als ik hem niet woordelijk verstaan had.

Enkele dagen later besloot ik terug te komen op het rare incident. Ik dacht, laat ik nou maar niet meteen met die racistische toestand beginnen, maar eerst iets aardigs zeggen over zijn buren. Nou, dat was hij roerend met me eens: beste buren, beter dan Nederlandse vaak, want dat was ook niet veel soeps meer tegenwoordig. 'Maar zal ik jou eens wat vertellen?' vroeg hij en ging toen op fluisterafstand tegen me aan leunen. 'Nou?' vroeg ik, al vermoedend wat voor verhaal volgen zou, want die vertrouwelijke en intieme sfeer kende ik van vorige gelegenheden. 'Weetje, die Turk van driehoog hierboven,' fluisterde hij en op dat moment schoot me zijn mededeling te binnen over zijn nichtje die zulke enorme dijen moest hebben, dat ze je er met gemak mee kon pletten, plus zijn gehijg over een kraakster aan de overkant, die hem haar tieten had laten zien omdat ze expres bukte toen ze wist dat hij keek. 'Die Turk,' zei hij, 'is al bezig aan zijn derde wijf. De eerste twee heeft hij doodgeneukt. Doodgeneukt, hoor je? Godver, ik heb ze vaak horen gillen, die krengen. En nou ligt zij in het OVG.[6] Ach man, laat ik jou dit vertellen, die gasten horen hier niet. Laat ze dat Godverdomme bij hun eigen in Turkije doen. Daar mag het misschien.'

'Marokko,' verbeterde ik, maar ook deze tweede keer wist ik niet hoe ik hier nou op kon reageren. Ontkennen wat hij me 'in vertrouwen' had toegefluisterd, had geen zin. Niet omdat het wellicht 'waar' zou zijn wat hij me over zijn buurman op driehoog had verteld, daar geloofde ik niets van. Maar het had geen zin, omdat het in twijfel trekken van de 'waarheid' van zijn beschuldigingen het gesprek op een ander onderwerp zou brengen waar het juist niet over moest gaan. Zoiets ontkennen is hetzelfde als het aangaan van een discussie over de vraag of het nou wel of niet waar is, dat Joden meer stinken dan Nederlanders. Niet het probleem is dat die man van driehoog zo 'beestachtig potent' zou zijn, maar veel meer dat die oude buurman zijn eigen onbewuste angsten/verlangens niet anders dan op zo'n manier (vertrouwelijk en wel) ter sprake kon/wilde brengen. Waar het mij om gaat is het beantwoorden van de vraag, waarom vertrouwelijkheid deze racistische vorm kiest.

VI. De mythe rond Ton H.

De politieke productie van mythes is niet aan 'rechts' of aan racisten voorbehouden. Eén van de fraaiste voorbeelden van mythevorming bij 'links' is Ton H, het 2,80 meter lange 'ware gezicht' van de Centrum Partij.[7] Vooral toen hij die bom gegooid zou hebben in het Ajax-stadion. *De Waarheid* deed lustig mee aan deze mythevorming rond Ton H.'s persoon. En gleed toen ook gevoelig onderuit. Ze hadden nog niet koud de 'bewijzen' breed uit op de voorpagina uitgemeten, of prompt de volgende dag meldde zich de echte dader bij de politie. Weg mythe, weg eenheid!

Een ander ietwat versleten voorbeeld van politiek mythevorming is natuurlijk 'Het Kapitaal', dat het allemaal doet. Of een andere: de Staat. Weg met het kapitaal, weg met de Staat, weg met

---

6   Het Onze-Lieve-Vrouwe-Gasthuis in Amsterdam.

7   De Haagse Ton H., een grote kerel en lid van de Centrumpartij, werd in januari 1983 verdacht van het gooien van twee bommen in het Ajax-stadion tijdens de wedstrijd Ajax-FC Den Haag. Omdat van H. ook werd gedacht de lijfwacht van Janmaat te zijn geweest, werd hij gezien als 'het ware gezicht van de Centrumpartij'. H. bleek onschuldig te zijn en bovendien nooit als Janmaats lijfwacht te hebben gediend.

het beest Ton H. en weg met alles wat daarmee te maken heeft. Zo'n symbool zorgt ervoor dat 'links' het ineens zomaar helemaal met elkaar eens is. Alle concrete belangstellingen, alle persoonlijke frustraties, twijfels, ongenoegens, voorkeuren enzovoorts worden allemaal gelijkgeschakeld en moeten wijken voor de strijd rond dat ene symbool van Het Beest, dat klaar staat om ons op te eten. Allemaal tegen het Beest, want het Beest moet dood!

Op die manier kun je nauwelijks nog verwachten dat antifascistische strijd bevrijdend werkt. Als ieder haar of zijn persoonlijke, politieke enzovoorts belangen moet opofferen aan de Strijd tegen het Beest, dus. Fascisme zelf fungeert trouwens ook vaak als een, om niet te zeggen het symbool van het Beest en het beestachtige.

??? HOEZO KUIFJE DOOD ??? HOEZO KUIFJE DOOD ??? HOEZO KUIFJE DOOD ??? HOEZO ???

VII. Conclusies

Is Ton H., is het Fascisme dan niet beestachtig? Uiteindelijk denk ik dat ik inderdaad 'nee' moet antwoorden. Wat die Ton H., wat het Fascisme laat zien, is de uiterste individuele respectievelijk maatschappelijke consequentie van een cultuur die gebaseerd is op de fixatie van mannelijke en vrouwelijke identiteiten. Die basis maakt de werking van de mythische machine van het fascisme mogelijk.

Een citaat uit een album ter ere van de vijftigste verjaardag van Kuif is illustratief. Daar (in *Het Imaginair Museum van Kuifje,* p. 21-23) staat: 'In het raam van een christelijke opvoeding die de geslachten als rassen van elkaar scheidde, was de vrouw, voor Hergé, een vreemd land, een andere wereld.' Of dat nou per se zo typisch christelijk is, dat wens ik te betwijfelen. Als ik een zekere Horst Kurnitzky moet geloven (*Triebstruktur des Geldes* heeft hij o.a. geschreven), dan heeft dat mechanisme te maken met de wijze waarop mensen al vanaf het allervroegste begin 'cultuur' gemaakt hebben.

Ik bedoel dus maar: kennelijk is voor onze beschaving de meest primaire 'rassentegenstelling' die tussen mannen en vrouwen. Dat betekent niet alleen dat mensen voor hun emotionele huishouding primair afhankelijk zijn van hun 'seksuele identiteit'. Het betekent bovendien dat dit de mythische basis vormt voor alle andere tegenstellingen, fronten, onderdrukkingsmechanismen, onderdrukte/verdrongen verlangens, enzovoorts. Van je allervroegste begin af wordt de vorming van je gevoelsleven rond dat ene onderscheid geconstrueerd: heeft het een pikkie of niet? (Of dat bij beesten is, dat interesseert me niet zo.) Belangrijk vind ik slechts, dat de politieke onderdrukking van mythes telkens weer draait om dat ene onderscheid.

Binnen dit fundamentele onderscheid vindt ook de productie plaats wat we het rationele denken noemen (zie hoofdstuk 1 uit mijn boekje). Uit het voorbeeld van buurman bleek dan ook dat racistische vooroordelen niet op een 'rationele' wijze weerlegd kunnen worden. Het is eenvoudig niet zo, dat racisten overtuigd worden van hun ongelijk, als je aantoont dat het niet 'waar' is, wat ze over Turken, n*****, feministes, vrouwen, homo's, twaalfjarige punkers, enzo beweren. Een rationele tegenstrategie van 'racistische leugens' schiet wat dat betreft te kort.

VIII. Perspectief

Natuurlijk is dit geen 'nieuw' verhaal. Iedereen weet zo'n beetje tegenwoordig wel dat fascisme, seksisme, vrouwenhaat, homohaat en noem maar op met elkaar te maken hebben. Soms fungeert het als een soort verplicht prevelementje dat je af moet draaien wil je je tot 'de' anti-fascistische beweging mogen rekenen. Maar hoe of die dingen nu concreet samenhangen en hoe je in een antifascistische strategie daar rekening mee kunt houden, dat is heel wat anders. Als je daarover aan de praat raakt, dan resulteert dat meestal in een uiterst moeizaam gemanoeuvreer met formuleringen van 'minimale prioriteiten' en 'minimumdoelstellingen', waarbij je ondertussen ook verduveld goed moet oppletten per ongeluk in een formulering niet weer een of andere bedreigde groep te vergeten. Het AFFRA weet daarover mee te praten.[8]

Ik heb niet de pretentie hieruit te zijn. Wel heb ik het idee dat die eindeloze discussie over wat je nu het eerst moet bestrijden en wat het belangrijkste is om te bestrijden, ten dele daarom zo eindeloos is omdat men binnen 'de' antifascistische beweging tamelijk blind is voor de mythische kanten aan fascisme.

Maar wat dan wel? Allereerst is denk ik nodig dat men binnen 'de' antifascistische beweging in het bijzonder en bij de andere zogenoemde maatschappij veranderende bewegingen in het algemeen oog krijgt voor de effecten en logica van het mythische productieproces. Pas dan versta ik wat zo'n buurman me in vertrouwen toefluisterde. Dan pas krijg ik oor voor zijn 'reële angstgevoelens'. Pas dan ten slotte krijg ik er oog voor waarom bijvoorbeeld die rottige huizen waarin mensen gedwongen worden te wonen, waarom die muren hen zo frustreren. Bevolkingspolitiek (de politieke regulering van mensen) is de reductie van de samenleving tot de cellenstructuur van de tegenstelling tussen man en vrouw. Binnen deze cellen wordt de mythe van het andere ras, van het vreemde land Afrika geproduceerd, waar de Kuif tegen het Beest (Sint-Joris en de Draak) moest vechten. Politici zijn ook wel erg dom, als ze niet aansluiten op deze productieplaatsen. Om stemmen te krijgen, om-de-Stem-des-Volkes-wille, moeten ze wel.

In de tweede plaats lijkt me een voorwaarde, dat we zelf breken met de productie van mythes op basis van de scheiding tussen mensen in twee seksen, die als vreemde rassen om elkaar heen sluipen en elkaar vanuit hun ooghoeken beloeren, met kloppend hart in de keel elkaar voorzichtig (je weet maar nooit) betasten om elkaar uiteindelijk gewelddadig te overweldigen.

---

8   AFFRA, het Anti-Fascistisch Front Amsterdam, werd in 1982 opgericht als koepelorganisatie voor krakerscollectieven, homorechtenactivisten, buurtcommités, werknemersorganisaties, enz. Het zette een centrale meldlijn voor fascistische activiteiten op, waar melding kon worden gemaakt van racisme, seksisme, xenofobie, autocratisch staatsbestuur (samen de 'potentiele basis voor fascisme'). Ook werkte AFFRA 'fascistische' activiteiten, zoals bijeenkomsten van de Centrumpartij en de NVU, actief tegen. AFFRA liep echter tegen het probleem aan dat zo ongeveer elke vorm van onderdrukking aan fascisme werd gelijkgesteld, waardoor het woord fascisme betekenisloos werd en het onmogelijk werd een antifascistische strategie uit te stippelen.

In mythes is het altijd zo dat het mannetje eerst held moet zijn, eerst een vreselijk gevecht moet leveren, om daarna als beloning bij het vrouwtje te mogen. Vernietiging is een voorwaarde tot liefde. Bij het Songfestival in Duitsland klapte de zaal elke keer geestdriftig als 'de inzending van Israël' weer een paar puntjes erbij kreeg. O, wat houden de Duitsers van de Joden!

Het alternatief dus. Ik kan nu wel ingewikkeld gaan doen over de aansluiting bij de vrouwenbeweging, over de noodzaak van een mannenbeweging, enzovoorts; over het ontwikkelen van een andere inhoud voor waarheid/rationaliteit op basis van een andere vormgeving aan de verhouding tussen mensen; dus over het breken met de seksuele reproductie als culturele basisvorm van de maatschappelijke reproductie; over het Verlangen dat vrij moet zijn eigen productieplaatsen te kiezen; over het Verlangen dat geen object kent; en over wat daar allemaal wel niet mee samenhangt, enzovoorts ... Maar dat zijn allemaal dromen. Ik droom inderdaad van een complex gebouw waar ik tv ga kijken in een ruimte waar andere mensen tv kijken en op het beeldscherm kijken we naar onze eigen dromen. Heel complex, maar tegelijkertijd een feest. Meestal eindigt de droom ermee, dat ik me plotseling herinner dat ik de sleutel terug moet brengen. Een oudere man neem hem lachend in ontvangst. Misschien moeten we vaker dromen, elkaar onze dromen vertellen, elkaar onze sleutels uitwisselen. Ik zeg maar wat. Maar hoe dan ook, het is wat anders, dan wat Colijn vlak voor het uitbreken van de Tweede Wereldoorlog gezegd schijnt te hebben. Van hem mochten we rustig gaan slapen, vadertje Staat waakte over ons. Hij was in het geheel niet geïnteresseerd in onze dromen. Als we maar sliepen, dan kwam alles wel in orde.

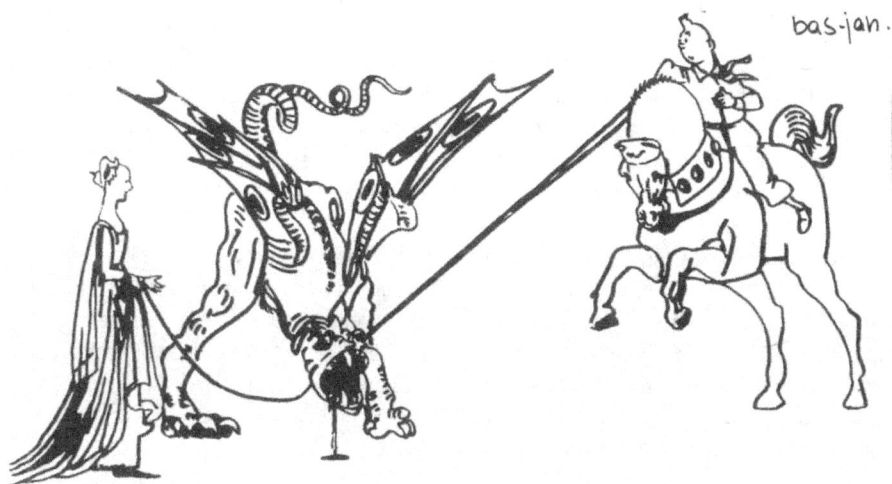

15. KUIFOSOFIE: OVER HERGÉ EN DE ALFA-KUNST

BAS-JAN VAN STAM

Geschreven in of na 1991.

Het album *Kuifje en de alfa-kunst* verscheen in 1987, vier jaar na de dood van Hergé. Het is nooit afgekomen en eindigt abrupt. De schetsen komen niet verder dan pagina 42, terwijl alle Kuifjes bestaan uit 62 pagina's. Het verhaal begint met een nachtmerrie van kapitein Haddock. La Castafiore staat aan zijn bed met een fles whisky in haar hand waar een doodskop het etiket siert. Plotseling verandert ze in een griffioen, een half-kip-half-specht en begint met haar snavel op de kapitein in te hakken. Kuifje, die op het kasteel logeert, snelt toe en stelt de kapitein gerust. Dan gaat de telefoon en meldt La Castafiore zich – de nachtmerrie bleek een voorspellende droom.

Vanaf dat moment ontvouwt het noodlot zich. Om haar te ontwijken vlucht Haddock een drukke galerie voor moderne kunst binnen, waar juist een 'buitengewoon boeiende expositie' gaande is van 'Alfa-kunst'. Hij wordt aangesproken door de kunstenaar genaamd Ramo Nash, een kleine man met lang haar, een sjaal en een dikke trui. Deze stelt hem voor aan de heer Fourcart, directeur van de galerie, die eruitziet als een zakenman. Dan gebeurt het onvermijdelijke en stapt La Castafiore binnen: 'Kapitein Kapstock!... U hier!... Wat enig!... U bent dus geïnteresseerd in de Alfa-kunst... Dat had ik nu nooit gedacht... dat een eenvoudige, ongeschoolde visser in de ban kan raken van Kunst, dat is een wonder!...,' om zich vervolgens te wenden tot Nash: 'Dat bewijst dat jouw kunst, die zo simpel maar tegelijk zo rijk, zo verfijnd en tegelijkertijd zo elementair is, iedereen kan bereiken...' En ze kwebbelt begeesterd verder: 'Het is de kunst van deze tijd. Het voert je terug naar de oorsprong, het wiel, het vuur, het hardgekookte ei... en wat niet al! Geniaal, beste Ramo, ge-niaal!' Ramo Nash blijkt een handige verkoper te zijn en zadelt de kapitein na het nodige geharrewar op met een grote letter H van plexiglas. 'Zo'n kans krijgt u waarschijnlijk nooit meer...'

Haddock toont Kuifje zijn nieuwe aanwinst. Die verbaast zich erover dat de kapitein geïnteresseerd is in kunst. Dan zegt Haddock: 'Dit is Alfa-kunst, de H van Haddock snap je?' De hele Kuifje-crew passeert de revue om zich vol ongeloof te buigen over het werk van de beroemde Jamaicaanse kunstenaar, van professor Zonnebloem, de Jansens, Nestor tot de onbenul Lampion. Telkens moet Haddock het adagium van de moderne kunst uitleggen: 'Kunstwerken dienen nergens voor!... Absoluut nergens voor! Dat zie je toch zo! Kunst is kunst! Toen ik het zag ging ik meteen voor de bijl, weet je...'

De volgende ochtend blijkt dat de galeriehouder Fourcart onder verdachte omstandigheden om het leven is gekomen. Hij is al de tweede uit de kunstwereld die in korte tijd op mysterieuze wijze het leven liet. Jacques Monastir, de bekende kunstexpert, is tijdens een zeilvakantie verdwenen. Nu is de auto van Fourcart van de weg geraakt en in een ravijn gestort. Wanneer Kuifje, nieuwsgierig als hij is, op onderzoek uitgaat, wordt hij achtervolgd door een snelle auto, die hem van de weg wil drukken. Dit mislukt doordat de achtervolgers in botsing komen met een vrachtwagen, waarna ze ontsnappen. Kuifje is ervan overtuigd dat ze hem wilden doden en gaat terug naar kasteel het optrekje van de kapitein.

Vanaf dat moment wordt langzaamaan duidelijk dat Kuifje verzeild is geraakt in een internationaal kunstcomplot. In deze kunstscene treedt ook de beroemde magiër Endaddine Akass
op. La Castafiore had al eerder over hem verteld: 'De meest fantastische tovenaar die ik ken...
hij hoeft maar even zijn hand op je te leggen en je bent voor een jaar gemagnetiseerd. Hij is
geniaal.' De goeroe heeft een snor en een baard, een plat hoedje, een grote bril en draagt
een geometrisch Alfa-sieraad, dat goed zou kunnen doorgaan voor een occult Tibetaanse of
Arische talisman. Ook Akass is bewonderaar van de Alfa-kunst. Kuifje besluit om naar een
lezing van hem te gaan over het thema 'Gezondheid en Magnetisme'. De avond ademt een
spirituele sfeer uit, waarin alles om energie draait. Endaddanie: 'AOM! AOM! AOM! Nu ben ik
geladen met alle energie uit het Universum. Ik zal die op u kunnen overbrengen.' De mensen
komen naar voren om zich de hand te laten opleggen. Om het verband tussen New Age en
de kunsthandel nader uit te zoeken, besluiten Kuifje en Haddock af te reizen naar een eiland
tegenover Napels waar de Akass-sekte zich heeft gevestigd. Aldaar stuiten ze op de diva La
Castafiore, die bij de magiër logeert en hen overhaalt gebruik te maken van diens gastvrijheid.
Daar doet Kuifje op een nacht de ontdekking dat er in het kolossale huis gewerkt wordt aan
het vervalsen van grote meesters. Kuifje: 'O, een Modigliani! De verf is nog nat!... En hier,
een Léger... een Renoir... een Picasso... een Gauguin... een Monet... Allemaal vervalst! Dit is
gewoon een bedrijf dat perfecte vervalsingen produceert!' Dan blijkt ook dat Andaddane Akass
het meesterbrein is achter deze kunstzwendel. Akass bekent aan Kuifje dat de Alfa-kunste-
naar Ramo Nash de vervalser is: 'De Alfa-kunst is zijn laatste vondst, onder die dekmantel
kan hij in alle rust meesterwerken produceren. Hij beheerst de kunst van de nabootsing tot
in de perfectie. Uiteraard worden deze doeken door een bekend expert gewaarmerkt. Die
arme Fourcart wilde niet ingaan op onze voorstellen.' Kuifje: 'U hebt hem uit de weg geruimd!'
Endaddine: 'Ik moest wel! En wat u betreft, jongeman, het spijt me zeer, maar u weet veel te
veel. Wel, we gaan nu vloeibaar polyester over u uitgieten. Dan wordt u een expansie. Wees
blij: uw lijk zal in een museum komen te staan. En geen mens zal ooit op het idee komen dat
dit werk, dat we 'reporter' kunnen noemen, de laatste verblijfplaats van onze Kuifje is. Denk
daar eens over na, vriend...' Op dit punt breekt het verhaal van Hergé af. Na de nacht te
hebben doorgebracht in een cel, wordt Kuifje ruw gewekt door de lijfwachten die hem onder
schot houden en hem naar het atelier brengen waar hij in het polyester zal worden gegoten...

Het verhaal doet de ronde dat Hergé acht jaar aan *De Alfa-kunst* heeft geknutseld, zonder
tot een plot te komen. Het is uiteindelijk een worsteling geworden met de vraag wat Kuifje
met kunst te maken heeft. Hergé is tijdens zijn leven nooit beschouwd als een (modern)
kunstenaar. De kunstkritiek in die dagen was nog niet toe aan de erkenning van de strip als
kunstvorm. De opkomst van de popart bracht hier verandering in, maar dat kwam voor Hergé
te laat. Kuifje was gedoemd in de sfeer van de verantwoorde massacultuur te blijven. De brug
tot de kunst kon Hergé alleen slaan als kunstverzamelaar en kunstkenner. In *Kuifje en de
Picaro's* staat een plastiek van Marcel Arnould en in *Cokes in voorraad* een doek van Alfred
Sisley. Voor de rest bleef het bij een hobby, waarover Harry Thompson in *Hergé, Kuifje: een
dubbelbiografie* het volgende te melden heeft: 'Hij kon het zich veroorloven de meest kostbare
kunstvoorwerpen aan te schaffen. Hoewel hij kortstondig had geflirt met het expressionisme
schafte hij voornamelijk schilderijen aan die gelijkenis vertoonden met zijn eigen Klare Lijn,

zoals die van Warhol, Lichtenstein, Noland, Fontana, Léger, Hockney en Giacometti. Zijn woning leek sprekend op een kunstgalerie. Hij was zonder twijfel een van de belangrijkste verzamelaars van zijn tijd.'[1] Andy Warhol maakte zelfs een portret van Hergé in zijn beroemde zeefdruk-portrettengalerij.

Kuifje en de Alfa-Kunst geeft een kijkje in de ambivalente houding die Hergé aannam tot de moderne kunst van zijn tijd. Aan de ene kant is er de afkeer tegen de kunstmaffia. Moderne kunst wordt gebruikt als dekmantel voor onderwereldpraktijken zoals vervalsen, aanslagen, moorden en woekerwinsten. Het onwetende publiek laat zich dit aanleunen en gaat hier enthousiast in mee. Er is iemand als Kuifje nodig om onraad te ruiken en het onzalige samengaan van de New Age-sekte en het galeriewezen te kunnen doorgronden. Het grote geld, de spiritualiteit en de moderne kunst zijn een geheimzinnige, elitaire kongsi aangegaan. Kuifje wil maar niet geloven dat 'kunst helemaal nergens toe dient' en vermoedt dat er meer achter zit.

Aan de andere kant eindigt het leven van Kuifje daadwerkelijk zeer tragisch... als een museumstuk. Of de Kuifjefans het nu willen of niet, maar de Meester heeft het zo gewild: Kuifje wordt overgoten met vloeibare polyester. 'Vervolgens wordt het werk verkocht aan een museum of rijke verzamelaar... Wees blij: uw lijk zal in een museum komen te staan,' aldus Endaddine. En dat is met het album *Kuifje en de Alfa-kunst* inderdaad gebeurd. Niet alleen zijn de schetsen kunstzinnig van design voorzien, maar ook belooft de achterflap dat 'de nieuwsgierige lezer bij aandachtige bestudering de aarzelingen en correcties zal bespeuren om zo door te dringen in de intieme wereld van een van de grootste kunstenaars van deze tijd.' En zo krijgen de vluchtige krabbels van Hergé de status van een Leonardo of een Rembrandt. In de catalogus van de reizende tentoonstelling *Het imaginair museum van Kuifje* (1980), die Hergé zelf nog mocht beleven, wordt sterk de nadruk gelegd op het realisme. Het imaginair museum is in feite een rijke verzameling etnografische rariteiten, waarin geen verwijzingen zijn te vinden naar de moderne kunst. *Kuifje in Barcelona*, de tentoonstelling een jaar na zijn dood, is Kuifje als archetype helemaal opgenomen in alle diverse stromingen van de moderne kunst. Het prentenboek *Nous, Tintin* uit 1987, met een omslagontwerp van Keith Haring bevestigde de onomkeerbaarheid van deze trend.

Hergé heeft het mythologisch materiaal voor de 20ᵉ eeuw aangeleverd, kwam met een eigen stijl, maar bleef desalniettemin buiten het vertoog van de kunst. Hergé is het medium dat de data aanlevert voor de kunstproductie; het medium zelf is geen kunst. Medium zijn voor anderen is een winstgevende onderneming, die ten koste gaat van de eigen artistieke aspiraties. Anders dan de kunst heeft het medium geen eeuwigheidsaanspraak. Het is niet meer dan een doorgeefluik van de energie uit het universum.

In *Kuifje en de Alfa-kunst* wordt de mening van het Grote Publiek over de hedendaagse kunst kundig weergegeven. De windhandel met de abstracte, conceptuele kunst in de jaren zeventig, nog voor de komst van het postmodernisme, riep een ideologische reactie op van de klassieke modernisten, waaronder we Hergé kunnen rekenen. Toch is hij geen buitenstaander in de kunstwereld. Het komt erop neer dat zijn conservatieve-reactionaire houding tegenover

---

1   Harry Thompson, *Hergé, Kuifje: een dubbelbiografie* (Amsterdam: Balans/Kritak, 1991).

nieuwe kunst ervoor zorgde dat zijn eigen kunstverzameling niet ter discussie kwam te staan. Niet veel later zien we zijn eigen concepten (als *work in progress*) verheven tot kunst. Bob de Moor mocht het album niet afmaken. *De Alfa-kunst* moest koste wat kost gekras blijven. Alles wat Hergé heeft voortgebracht heeft inmiddels een cultstatus bereikt en Studios Hergé heeft zich toegelegd op het bewaken van de copyrights en het uitventen van de merchandising.

De Klare Lijn is een offensief tegen de waardeloze nieuwe kunst, die verweten wordt alleen maar vuiligheid uit te stralen. Kuifje staat model voor een allesreiniger die een obsessie voor het vuil heeft, dat dient te worden verwijderd. Hij projecteert de eigen onbewuste viezigheid op de buitenwereld zodat de wereld duidelijke contouren kan blijven behouden. De Klare Lijn is de artistieke uiting van een kleinburgerlijke dwangneurose. De Kuifosofie daarentegen stelt zich tot taak het icoon Kuifje van zijn psychohistorisch draagvlak los te weken. Dat kan alleen maar door de heersende verhoudingen van de stripwereld en de wereld als strip bloot te leggen. In *Kuifje in Barcelona* vinden we een eerste aanzet tot het Kuifosofisch Project, waar Ever Meulen uit Brussel in een Joost Swarte-stijl uit de mond van Kuifje optekent: 'Het overlijden van die arme mijnheer Hergé lijkt me verdacht... daar wil ik het fijne van weten!' Peinzend loopt hij in de regen op straat met Bobbie aan zijn zijde. 'Je gaat je toch weer niet hals over kop in een nieuw avontuur storten? Ik heb rust nodig!' is het klagelijke commentaar van Bobbie. Dat is de inzet: het leven van Kuifje na de dood van Hergé. Pas nu kan hij doen en laten wat hij wil en alle kanten op metamorfoseren, zonder daarbij in de weg gezeten te worden door de Klare Kunst van de Brusselse Hergé-maffia.

16. DE KUIFJEREEKS: ZES KLEURPLATEN VAN BILWET

BAS-JAN VAN STAM

Geschilderd en geschreven in de late jaren tachtig.

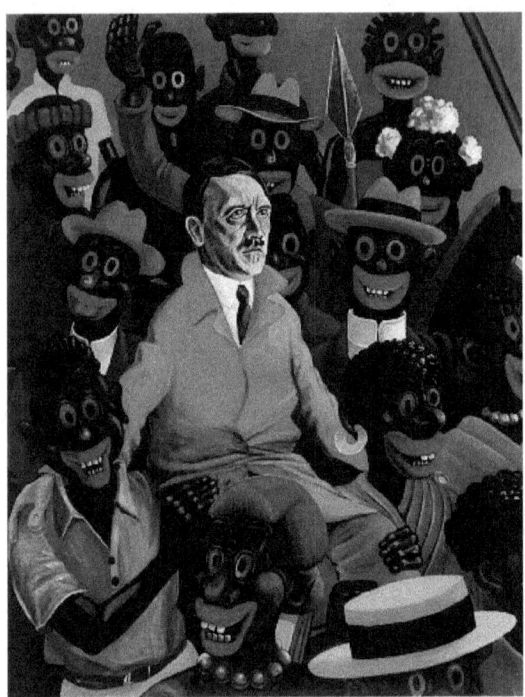

Afb. 1: Leve Kuifje en Bobbie (Wilkommen Tim und Struppi!)

Leve Kuifje en Bobbie (Willkommen Tim und Struppi!) brengt twee essentiële beelden uit begin jaren dertig bijeen: de intocht van Kuifje op het zwarte continent uit het album *Kuifje in Afrika* (1930-'31) en het officiële staatsieportret van de staatsman A. Hitler. De voorstelling vormt een aanzet tot een 3D-visie op de geschiedenis. Vanwege de rood-groene blik der n***** stemt de brutale verwisseling van de reporter Kuifje met de dictator Hitler tot uitbundige vrolijkheid.[1] De Führer zelve is afgebeeld als een weerwolf zonder pupillen, die zich allesbehalve op z'n gemak voelt te midden van zulk overdadig racisme. De ongepaste mix van de Westerse karikaturale afbeelding van de wilde zwarten en de beschaafde bleekscheet wil 'de verhoudingen aan het dansen brengen.' Volgens de late-jaren-zeventig-strategie der antifascisten, had Hitler vaker naar dansavonden moeten gaan, zijn gevoelens moeten erkennen en de wereld als toerist moeten veroveren (zoals zijn West-Duitse hippiekinderen later wel deden). 'Tanzt den Adolf Hitler.' Sterk beïnvloed door Freud, Reich en Theweleit zien we in dit beeld tevens de oerscene afgebeeld van Bilwet, dat anno 1983 werd opgericht.

---

1   Letters van n-woorden in de oorspronkelijke tekst zijn vervangen door sterretjes (*). Zie voor een verantwoording het voorwoord van deze bundel.

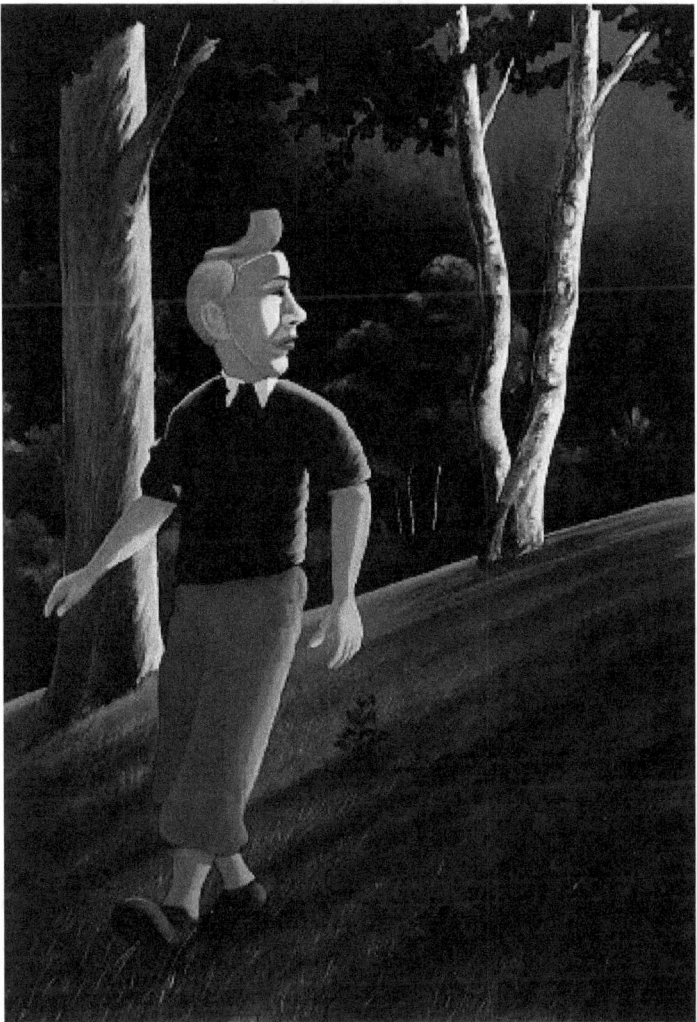

Afb. 2: De gemaskerde Kuifje

De gemaskerde Kuifje refereert aan een motief uit Kuifje-album *De juwelen van Bianca Castafiore*, waarin de held op een avond door het bos wandelt en ontroerd raakt door de weemoedige muziek van een groep zigeuners. Hij roept naar Bobbie en zegt dat ze terug moeten. Het masker is ontleend aan het fotoalbum bij de speelfilm *Kuifje en het geheim van het gulden vlies* (1962) waarin echte acteurs de stripfiguren naspeelden. Wie gaat er verscholen achter het Kuifje-masker? Herleest Foucault en Nietzsche. Of is het toch Kuifje? Wie is Kuifje? Het persoonlijke is maskerade.

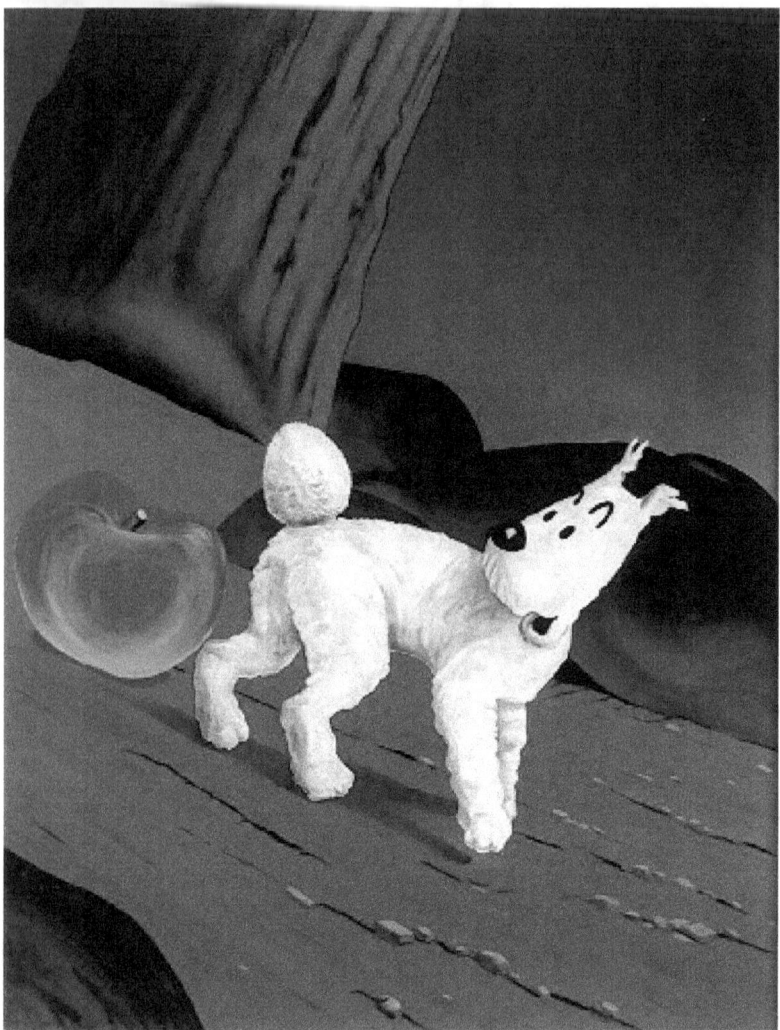

Afb. 3: Fallisch Landschap

Fallisch Landschap is een actuele collage van een verschrikt omkijkende Bobbie uit het album *Kuifje in Afrika*, geplaatst in een actief vulkaanlandschap uit het album *De Geheimzinnige Ster*. Het gezwollen staartje en de omhoog priemende boomstam met twee balvormige keien mogen voor zichzelf spreken. Seksueel biedt de voorstelling al te veel van het goede. Iedere welgemeende interpretatie gaat piepen en rondzingen. De shock van het archetypische die Bobby hier zo overvalt, nodigt uit tot meerduidige interpretaties aan de kant van de *user*. De zondeval is gesymboliseerd in de appel en wordt gepresenteerd als een actief proces in wording. Het motief van de fallische vrouw roept associaties op met een reusachtige potentie. De angsten en verlangens van de makers voor het vrouwelijke zijn vormgegeven in een warm en erotisch coloriet. Het fluorescerende effect van het rood en blauw zorgt ervoor dat we benieuwd blijven naar wat dit vreemde, verzonken eiland de kijker zoal te bieden heeft.

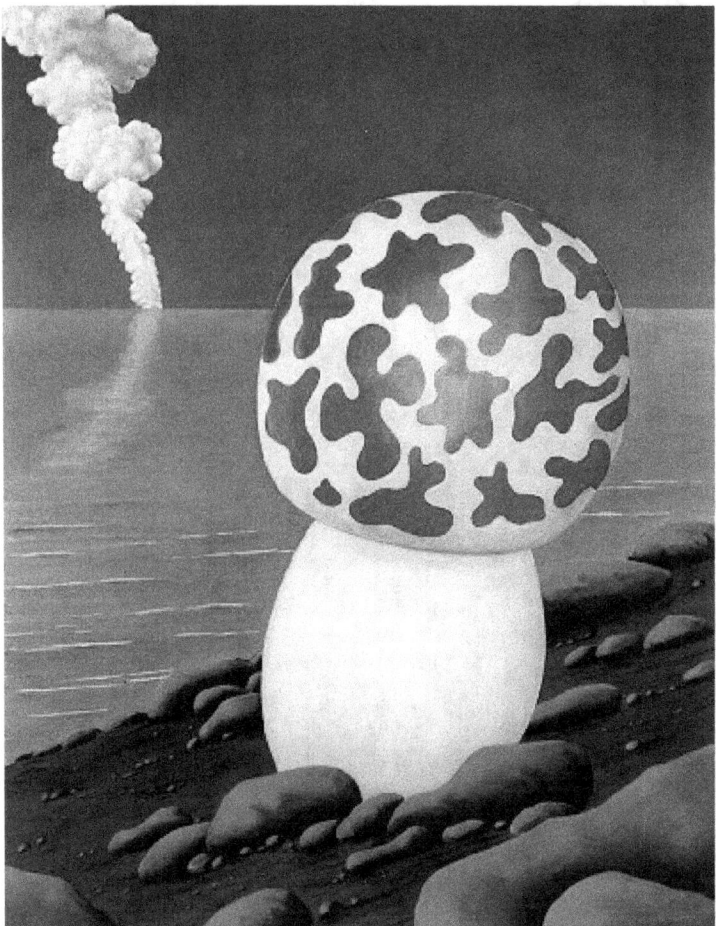

Afb. 4: Die zweite Sonne

Die zweite Sonne is een dissociatie van twee afbeeldingen uit het album *De Geheimzinnige Ster*: de omslag gecombineerd met de stoomwolk aan de horizon op pagina 34. Het beeld is vernoemd naar een lied van Ideal en refereert aan de apocalyptische atmosfeer begin jaren tachtig. De paddenstoel en de wolk worden symbolisch verenigd in de imaginaire atoomboem, die de visionair Herr G. reeds in '42 optekende. De opheffing van de koude verhoudingen tussen Oost en West werd door de machthebbers tegengehouden door de gerichte implantatie van de 'nucleaire holocaust' in het onschuldig bewustzijn van miljoenen. Ook hier gaat het om een doelbewuste verwarring van de imaginaire en de reëel bestaande vernietiging: vanuit het meteoriet-eiland, waar de paddenstoelen ploffen, kijken we terug naar hetzelfde eiland dat kort daarvoor sissend in zee tot afkoeling is gekomen en zijn locatie verraadt middels de wolkenzuil. Om de Westerse beschaving van zijn ondergang te redden, diende iedere Kuifje op expeditie te gaan om te voorkomen dat de 'geheimzinnige ster' als 'zweite Sonne' aan de horizon zou verschijnen. De radioactieve energie mocht niet in handen van de vijand komen, maar moest aangewend worden voor de 'vreedzame doeleinden' van wetenschap en techniek.

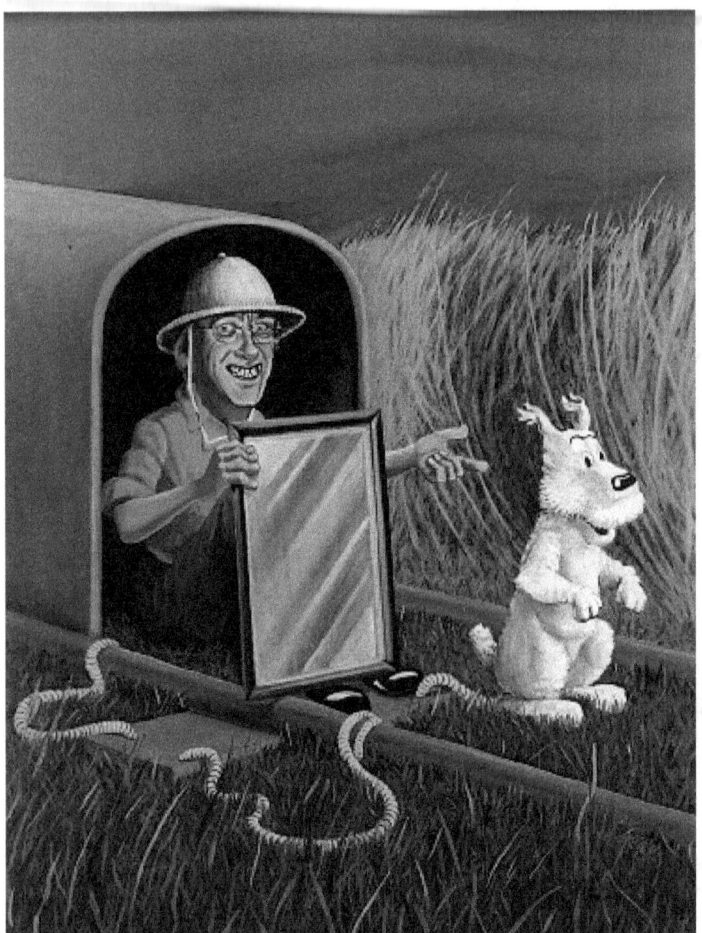

Afb. 5: Zelfportret met spiegel

Zelfportret met spiegel is verwijzing naar *Kuifje in Afrika*. Het toont Kuifje gezeten in een draag-koets waarmee hij op safari is gegaan. In het origineel wordt de spiegel door Kuifje gebruikt om het ondier (in dit geval een luipaard) weg te jagen. Het dier schrikt zo van zijn eigen portret in de spiegel dat het jankend wegrent onder het uitroepen 'Wat 'n vreselijk ondier!' In reactie hierop gaat het hondje Bobbie rechtop in de gedresseerde bedelstand zitten. Het aanvallen-de monster verandert door de spiegeltruc in één klap in een gehoorzame viervoeter. Met de komst van de techniek van het zelfbeeld (spiegologie) verandert het ongetemde driftleven van het onbewuste in een ongevaarlijk, klein en sociaal residu. Kuifje als een nietszeggende, lege persoonlijkheid staat model voor iedere auteur, lezer of gebruiker. Iedereen is Kuifje, iedereen een monster. Als je in de spiegel kijkt, zie je het ondier.

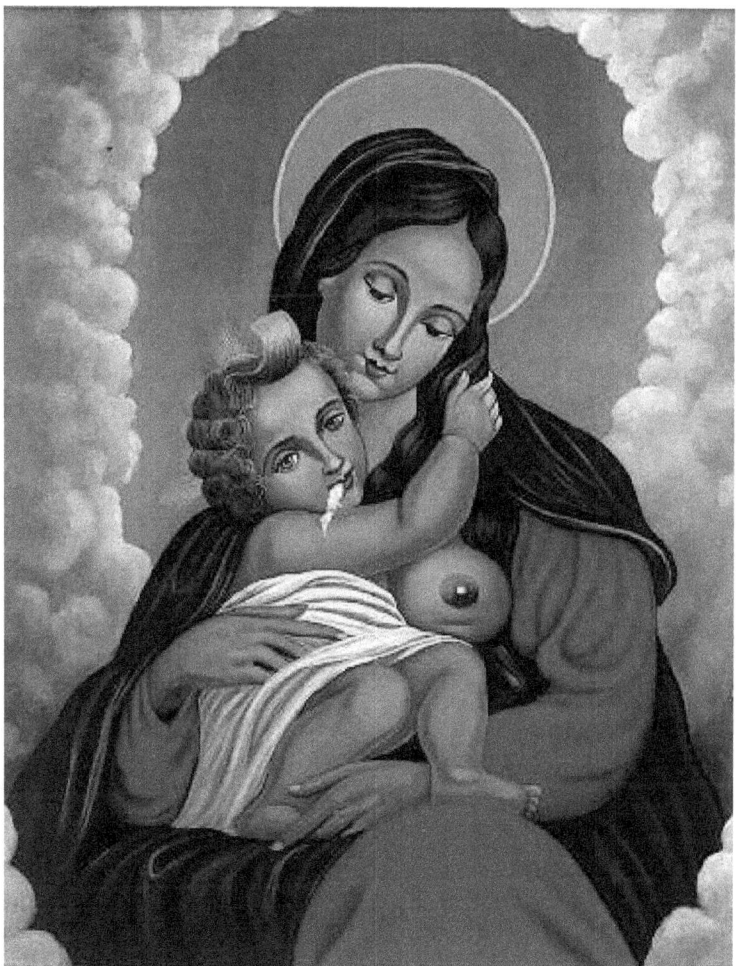

Afb. 6: Madonna met Kindje en Kuif

Madonna met Kindje Kuif bouwt voort op een anonieme ansichtkaart, gekocht tijdens de donkere dagen voor de Kerst op de Kerstmarkt in Boedapest, nabij Vorosmarty Ter. Ondanks het geweld dat het Christelijk erfgoed is aangedaan, is de metamorfose van het Kindeke Jezus in de kleine Kuifje probleemloos verlopen. De wolk staat garant voor de ontaarding van de associatie. Het effect hiervan is dat men geestelijk gaat zweven en gerustgesteld wordt door de traditie, die stelt dat je wel degelijk in de wolken kunt zijn. De ontblote borst van de Maagd Maria vormt een welkome aanvulling op de spirituele beleving aan het eind van de twintigste eeuw. Het zog dat uit het mondje van Kuifje gulpt komt derhalve op de toeschouwers realistisch over. Na het zogen komt het boertje. Het banale en het hogere sluiten elkaar niet uit. Ook koningen en goden zweten, poepen, pissen, eten en moeten zich op gezette tijden verschonen. De humane troep staat het sacrale niet langer in de weg. De overgave aan de beeldendienst verschilt niet van vroeger en het aanschouwen van de religieuze voorstelling zorgt voor een roes, die ons inwijdt in de oneindigheid.

17. PISSEN VOOR DE FÜHRER: HET ONSCHULDIG FASCISME VAN HERGÉ

DOOR BILWET

Uit *De datadandy,* in het Nederlands geschreven in 1994. Uitgebracht in het Duits als Bilwet, *Der Datendandy* (Bensheim: Bollmann Verlag, 1994).

Het is nacht. Kuifje laat Bobby uit en ontdekt aan de heldere hemel een nieuwe ster in de Grote Beer. Bij de plaatselijke sterrenwacht gaat hij vragen wat voor nieuwe ster dat is. Binnen komt hij een rare man tegen die in zichzelf praat: 'De Straf! Aha!... De straf, vergeet het niet!... Ik heb het hun gezegd: het is de straf!...' Verbaasd loopt Kuifje de trap op, waar het orakel vanaf kwam gedaald. Hij gaat een deur door waarop 'Verboden Toegang' staat en komt in de koepel waar de sterrekijker is opgesteld. Daar bevinden zich ook de geleerden Kalys en diens assistent. Ze maken ingewikkelde berekeningen. Als deze klaar zijn, roept Kalys dat hij morgen beroemd zal zijn. Want hij, Professor Hippolytus Kalys, heeft berekend dat 'om 8u 12min 30sec' een komeet met de aarde in botsing zal komen en dat betekent 'het einde van de wereld, jazeker!' Buiten op straat stijgt de hitte, het asfalt smelt, autobanden ploffen, ratten verlaten de riolen en rennen in troepen over straat. Donker wordt het niet die nacht. Op het vastgestelde tijdstip vindt echter 'alleen maar een aardbeving' plaats. Opgetogen rent Kuifje daarop naar de sterrenwacht. Kalys is boos op zijn assistent, want de komeet is op 45.000 km langs de aarde gevlogen, slechts een meteoriet is ingeslagen. Even later meldt de assistent op basis van analysen van de warmtestraling van de komeet de ontdekking van een onbekend metaal. De professor, blij als een kind, vernoemt het onbekende metaal naar zichzelf, Kalysium, en waant zich opnieuw beroemd. Weer gaat het feest niet door. De assistent komt binnenlopen en leest uit de krant voor dat de meteoor in de Noordelijke IJszee is gestort. 'Hij is in zee gevallen!... Verzwolgen door de golven!... En daarmee ook het bewijs van mijn ontdekking!... Het bewijs van het bestaan van het kalysium!...' Dan vangt de zoektocht aan naar het in het water gevallen metaal.

De Geheimzinnige Ster van Hergé verscheen tussen oktober 1941 en mei 1942 in dagelijkse afleveringen in het Belgische dagblad *Le Soir.* De oorspronkelijke Franstalige uitgave is uit 1942. Voor de Tweede wereldoorlog had Hergé al acht Kuifjealbums gemaakt. Tijdens de oorlog verschenen, met *De Geheimzinnige Ster* meegerekend, nog vier albums, terwijl er aan drie andere gewerkt werd. Voor Hergé waren de oorlogsjaren een productieve periode. Het dagblad waarin hij tot dan zijn Kuifjestrips publiceerde werd onmiddellijk na de inval van Duitse troepen in België verboden. Maar het duurde niet lang voor Hergé weer aan de slag kon. Na een paar maanden bij een andere krant te hebben gewerkt, kwam Hergé in oktober 1940 terecht bij het nazigezinde avondblad *Le Soir.* Daar bleef hij werken tot de bevrijding van Brussel op 3 september 1944. *Le Soir* werd hierna direct verboden en Hergé verschillende keren gearresteerd vanwege zijn betrokkenheid bij het fascistische dagblad. Later zou hij zeggen nooit langer dan een uur te hebben vastgezeten. Niettemin kreeg hij een publicatieverbod van twee jaar als straf voor zijn collaboratie met de Nazi's. Tegen de zware straffen die sommige van Hergé's vrienden bij *Le Soir* kregen opgelegd, kwam hij er met een publicatieverbod van twee jaar goed van af. Hergé had weliswaar voor een fout dagblad gewerkt, maar zich niet openlijk voor de Nazi's uitgesproken. In zijn werk had men geen eenduidige sympathieën voor de Nazi-ideologie gevonden. Hergé had zich niet geprofileerd als propagandist. Bovendien was hij doorgegaan met waar hij voor de oorlog ook al bezig was. Ook hadden de bezetters twee vooroorlogse albums verboden, namelijk *Kuifje in Amerika* en *De Zwarte Rotsen*. Dit omdat deze twee avonturen zich afspeelden op Amerikaans en Engels grondgebied. Deze willekeur was kenmerkend voor de Duitse censuur. Het effect was dat de macht niet alleen onberekenbaar leek maar bovendien absoluut. Zo werd bereikt dat iedereen die beroepsmatig met de Duitsers te maken kreeg, uiterst voorzichtig te werk ging. Ook Hergé wilde de Nazi's niet nog eens voor de kop stoten en koos voor een veilige weg.

Dat de schrik er bij Hergé goed inzat, blijkt vooral uit *De Geheimzinnige Ster*, waarin hij het met de Nazislogans op een akkoordje gooit. De andere oorlogsalbums getuigen duidelijk minder krampachtig van politieke correctie. In *De Geheimzinnige Ster* maakt Hergé er geen geheim van dat de tegenstander van Kuifje een steenrijke oliemagnaat en bankier is van Joodsch Bloed. Deze rijke en sluwe jood heet Blumenstein en draagt altijd een rode anjer in zijn revers. Terwijl het oorlog is speelt Blumenstein mooi weer met andermans centen. Hergé plaatst hem consequent tegen een hardgele achtergrond, waarmee hij de hatelijke ambiance benadrukt. De jood Blumenstein kent maar één doel: het vermeerderen van zijn vermogen en bezit. Geen middel schuwt hij, ook niet het meest lage of gewetenloze. Hij staat aan het hoofd van een organisatie die waar ook ter wereld zijn mannetjes heeft. Als het aan Blumenstein had gelegen, was er na *De Geheimzinnige Ster* nooit meer een nieuw avontuur van Kuifje gekomen. Blumenstein is totaal niet geïnteresseerd in zijn tegenstander, behalve dan dat deze dood moet. Nergens blijkt Blumenstein te weten dat hij niet zomaar een tegenstander, maar Kuifje zelve tegenover zich heeft staan. Blumenstein is zozeer van zijn superieure kracht overtuigd, dat hij niet eens de moeite neemt zijn tegenstrever in ogenschouw te nemen. Hergé heeft na de oorlog zijn spijt betuigd voor het gebruik van dit ondubbelzinnig antisemitische cliché. Als Wiedergutmachung veranderde hij in de nieuwe druk van 1947 de al te joods klinkende naam Blumenstein in het meer Duits dan joods klinkende Bohlwinkel. Ironisch genoeg bleek ook deze naam in Israël voor te komen. Behalve het cliché van de sluwe, rijke jood nam Hergé in de oorlogseditie ook de in '42 correcte visie op Amerika over. Blumenstein had zijn kantoor namelijk in New York; de stad die niet alleen als het centrum van het kapitalisme gold, maar waar bovendien in 1929 de crisis begon met de krach van Wall Street. Tenslotte liet Hergé de door Blumenstein gefinancierde tegenexpeditie uitvaren onder Amerikaanse vlag, suggererend dat de Amerikanen onder een hoedje speelden met het internationale joodse financierskapitaal. Ook dit detail heeft Hergé naderhand gecorrigeerd. Blumenstein veranderde niet alleen van naam, maar ook van nationaliteit. De vlag kreeg een andere kleur en zijn bank was niet langer in New York maar in het niet bestaande, Latijns-Amerikaans klinkende Sao Rico gevestigd.

Eigentijds aan *De Geheimzinnige Ster* was ook de verbeelding van de oorlog als ondergangs-visioen. Het thema van de ondergang was in zwang bij de nazi's. Zij voerden oorlog tegen het joodse ras omdat dit de wereldheerschappij zou willen en dus ook de ondergang van het Germaanse ras. De Jodenster stond symbool voor het Kwaad en voor alles wat de ondergang bespoedigde. Er werden slechts twee mogelijkheden gepresenteerd: of Duitsland zou ten onder gaan, of het internationale Jodendom. Vanaf september 1941 moesten alle joden boven zes jaar in Duitsland een 'handtellergrossen' gele ster dragen en vanaf juni 1942 de joden in België, waarna ook de deportaties begonnen. In *De Geheimzinnige Ster* wordt het thema van de ondergang letterlijk aan een ster gekoppeld: deze wordt voorgesteld als kosmische natuurramp, als een komeet die uit zijn baan is geraakt en recht op de aarde afstevent om haar te vernietigen. Dat gebeurt echter niet, de aarde schudt en blijkt dan verrijkt te zijn met een nieuw metaal.

Op weg van de sterrenwacht naar huis krijgt Kuifje de plotselinge ingeving dat de meteoor misschien wel eens gedeeltelijk boven water uitsteekt. De kracht van de aardbeving bewees dat het brokstuk geweldig groot moet zijn. 'Wel verdraaid!...', zegt Kuifje wanneer hij uitglijdt in een plas water. Kuifje pakt een straatsteen en voert daar een natuurwetenschappelijk experiment mee uit. 'Die baksteen, dat is de meteoriet! Dat water is de Noordelijke IJszee!' Zo geeft hij een rationele draai aan de ondergang waardoor de stedelijke beschaving bedreigd werd. Enkele dagen later verstrekt het 'Europees Fonds voor Wetenschappelijk Onderzoek' het nodige kapitaal om een wetenschappelijke expeditie uit te rusten naar de Noordelijke IJszee. De organisatie die Kuifjes bootreis naar de meteoriet bekostigt, bestaat uit geleerden die stuk voor stuk afkomstig zijn uit landen die vriendschappelijke betrekkingen hadden met Nazi-Duitsland. Ook deze landen zijn naderhand gecorrigeerd. In de naam van de 'goede' organisatie, het 'Europees Fonds voor Wetenschappelijk Onderzoek', klinkt het streven door naar een groot, verenigd Europa. Het EFWO wordt op laaghartige wijze belaagd door de Amerikaan Blumenstein. Blumenstein stelt alles in het werk om de resten van de komeet die op aarde zijn gestort, te bemachtigen om er grof geld mee te gaan verdienen. De EFWOexpeditie staat onder wetenschappelijke leiding van professor Kalys en onder commando van kapitein Haddock, die tevens voorzitter is van de LZG, de Liga van Zeevarende Geheelonthouders. Haddock heeft zich net als Hergé aangepast aan de Nieuwe Tijd. Hij wist dat de SS felle anti-alcoholpropagandisten waren. Hergé stak de draak met deze dubbele drankmoraal door op de volgende pagina's kisten vol met whiskey aan boord te laten brengen.

Op het poolschip Aurora, dat in de haven gereedgemaakt wordt voor vertrek, gebeuren verdachte dingen. Bobby vindt een dynamietpatroon waarvan hij de brandende lont uitpist. Als Kuifje de patroon aan Haddock wil laten zien, blijkt hij verdwenen. Ook wordt een van de vooraanstaande geleerden bewusteloos geslagen door een geheimzinnige figuur. Even later wordt deze ontmaskerd als het orakel dat al in de sterrenwacht waarschuwde dat de komeet het de straf was. Deze gek had Kuifje vlak voor de aardbeving ook op straat lastiggevallen en zelfs in een enge droom bezocht. De gek blijkt een oude vriend van Kalys te zijn. Kalys en hij hebben zelfs op de sterrenwacht samengewerkt. Philippulus, zo heet het orakel, noemt zichzelf profeet. Nu wordt hij eindelijk opgehaald door twee broeders in witte jassen die hem terugbrengen naar het gesticht waar hij uit ontsnapt was.

Overhaast kiest de Aurora het zeegat nadat bekend geworden is dat vanuit New York/Sao Rico een tegen-expeditie is vertrokken met het poolschip de Peary. Dan volgt een saaie zeereis die enkel onderbroken wordt door een mislukte poging de Aurora te overvaren, moeilijkheden op IJsland bij het bunkeren van nieuwe dieselolie en een valse SOS-melding. Ondanks alle tegenwerking en vertraging zet Kuifje als eerste voet op het meteooreiland. Het kalysium heeft een wonderlijke uitwerking. Appelpitjes groeien op de meteoriet in één nacht uit tot reusachtige appelbomen met al even reusachtige appels erin; een klein spinnetje verandert in een monsterlijke spin. De worm in de appel, die Kuifje weggooide ontpopt zich als een reusachtige vlinder en overal schieten gigantische paddenstoelen op uit de kalysium houdende grond, die razendsnel met kanonslagen ontploffen om in het niets te verdwijnen. Ook begint het eilandje te kantelen en dreigt, met Kuifje en al, die door een vallende reuzenappel buiten westen is geraakt, verzwolgen te worden door de woeste golven. Wanneer het meteorieteiland in de diepte verdwijnt, staat Kuifje op het punt kopje onder te gaan. 'Kuifje!... Ik zie Kuifje niet meer!' zegt de piloot van het EFWOwatervliegtuig, wanneer hij tevergeefs probeert Kuifje met een touw uit de ziedende zee omhoog te trekken. Maar Kuifje redt het, en met hem wordt een brok Kalysium, gewikkeld in de groene vlag van de EFWO gered. Zo trots als een pauw betreedt Kuifje via de vleugel van het langszij gevaren watervliegtuig het dek van de Aurora. Plotseling beweegt iets onder de vlag. In luttele seconden is het pakje zo onwaarschijnlijk groot geworden dat Kuifje het laatste eind moet rennen om niet voorover te vallen. 'Kijk uit!', schreeuwt Kuifje en werpt de steen, waaruit een reusachtige paddenstoel ontsproten is, op het dek, paniek veroorzakend. Nog voor het blok erts met paddenstoel het dek raakt is het 'BOEM', weg paddenstoel. De bemanning ligt er geslagen bij en kijkt vol verbazing naar het wonder van de steen.

Men behoeft niet de *Gesammelte Werke* gelezen te hebben om in de scene met de geplofte paddenstoel een Freudiaans motief te herkennen. De rijzende fallus gaat over in het orgasme van Kuifje. Wanneer deze ontlading als bekroning van Kuifjes onverschrokken inspanningen wordt opgevat, is daarmee het album een oratie van het Freudiaanse Onbewuste geworden. Kuifjes avontuur is dan een verslag van de initiatie in de mannelijkheid en verhaalt van de overgang van kind naar volwassene die het geslaagde orgasme als ontknoping slaagt Kuifje erin het overgrote deel van zijn libidineuze energie ten dienste van de wetenschap en het maatschappelijk welzijn te stellen. Hij houdt net genoeg energie over om een orgasme te krijgen, de rest wordt vermaatschappelijkt zodat de cultuur er een bijzondere steen aan overhoudt. De emotionele heftigheid van de initiatie blijkt uit de inzet van het avontuur. Er is sprake van het eind van de wereld en van grote schrik, een kwestie van leven of dood, van toekomst of ondergang. Kuifjes seksuele energie zou de drijvende kracht vormen van zijn avonturendrift en het gevaar bestaat eruit dat de potentie in verkeerde banen wordt geleid en hij zal sterven.

Professor Kalys is de Kuifjes initiator in de seks. Hij is het die Kuifje aan het begin van het album vriendelijk te woord staat, wanneer de jonge mediamaker is doorgedrongen tot het heilige der heilige van de sterrenwacht. Eenmaal door de verboden deur getreden en het bolwerk binnengegaan, ziet Kuifje de fier hemelwaarts gerichte fallus van de telescoop. Daarna pas ziet hij de mannen, die verscholen achter hun magisch instrument, bezig zijn met hun hogere wiskunde. De professor stuurt Kuifje niet weg als een kwajongen die in dit centrum van de macht niets te zoeken zou hebben, maar stuurt hem linea recta naar de fallus: 'Als u ondertussen even door de sterrenkijker wilt kijken, ga uw gang: het is de moeite waard.' Wanneer Kuifje door de kijker tuurt, krijgt hij de schrik van zijn leven: de fallus is gericht op een afschuwelijke, monsterlijke reuzenspin. In het seksuele bolwerk wordt de spin symbolisch opgeladen tot ongekende omvang en valt daardoor samen met de dreiging van de dood. Dit gevaar wordt vervolgens gebagatelliseerd door het monster terug te brengen tot een reëel bestaand spinnetje. 'Een spin! Een piepklein spinnetje!... En daar zijn ze bang voor!... Om je dood te lachen!...', schatert Bobbie van het lachen. Op het eiland ten slotte, achterin het album, wordt deze reuzenspin, die ditmaal actief achter Kuifje aanzit, uitgeschakeld door een vallende reuzenappel. Deze laatste en definitieve moord vindt plaats in een opvallend en onverhuld fallisch landschap. Kuifje wordt consequent gesitueerd rond de stam van de reusachtige appelboom, waar twee balvormige keien voor liggen. Verder zijn de vallende appels, de boom der kennis en de slang (in de gedaante van spin) voor de jeugdige Belgische katholiek een toespeling op de zondeval in het Paradijsverhaal.

De spin staat met andere woorden voor het Kwaad, dat het web van de seks spant teneinde de ontwakende jongensziel te strikken. Professor Kalys relativeert Kuifjes schrik, maar wijst erop dat de ware dreiging achter de imaginaire spin schuilgaat. Ook de nachtmerrie volgend op het bezoek aan de sterrenwacht verbindt de spin op voorspellende wijze aan het thema van de dood en de straf. In zijn droom verschijnt de profeet Philippulus die een groot perkamenten vel ontrolt waarop een blow up van de spin staat afgebeeld. 'Aha!... Ziehier de straf! Een reusachtige spin!...', verkondigt de profeet terwijl hij op z'n gong slaat. Op dat moment ontwaakt Kuifje en volgt luttele seconden later de aardbeving, die Kuifje interpreteert als Het Einde van de Wereld.

De spin met z'n lange, harige poten, die doet denken aan de vagina dentata, symboliseert de cultuur van verboden en geboden, straf en beloning. Pas nadat de komeetresten op aarde zijn terecht gekomen, verschuift het gevaar van het imaginaire naar het reële niveau en neemt het kalysium de plaats in van de spin. De spin jaagt alleen maar schrik aan, een alomvattende angst, waar men van versteent. Het kalysium daarentegen levert productieve energie, die aangewend wil worden. De seks, zo luidt de Freudiaanse lezing, is niet enkel het brandend vuur van de hel, maar ook de stralende toekomst van de hemel. Dodelijk en fataal is de seks wanneer alle nieuwsgierigheid alleen naar haar uit gaat (zodat spin en seks samenvallen). Afgescheiden van haar oorspronkelijke object en gekanaliseerd in de banen van de Europese Wetenschap leidt de seksuele energie tot grootse werken. Door middel van de rationaliteit kunnen onbewuste angsten productief worden gemaakt. Op persoonlijk niveau gebeurt dit in de omgang tussen de seksen, op maatschappelijk niveau door deel te nemen aan de beweging die de gemene streken van de jood bestrijdt. De spin brengt als symbool beide niveaus samen.

Hergé gebruikte het gangbare antisemitische cliché als afleidingsmanoeuvre om de verhouding tussen de strijd om het bezit van kalysium en de strijd tussen een religieus-magische en een natuurwetenschappelijke basis onder de maatschappelijke voortgang aan de orde te stellen. Psychologisch staat Blumenstein voor een op onmiddellijke bevrediging van de seksuele energie gerichte karaktervorming, Kalys voor de maatschappelijke aanwending van deze energie en Philippulus voor het onaangepaste dat verwijst naar een duistere zone aan gene zijde van elke normaliteit. Blumenstein wordt als legitimering opgevoerd om de strijd tussen Kalys en Philippulus aan de orde te kunnen stellen. Dan neemt Hergé een standpunt in. De professor is het genie, de profeet de gek. Beide hebben kinderlijke trekjes die hen zonderling maken. In zekere zin zijn profeet en professor nooit volwassen geworden, doordat ze al hun energie in de kennis van de sterren hebben gestopt. Maar Philippulus is aan de verkeerde en de professor aan de goede kant beland. Met deze constructie houdt Hergé een pleidooi voor de rationele inrichting van de wereld. Het zindelijke denken opent de weg naar opzienbarende ontdekkingen; het onzindelijke en magische denken houdt de mogelijkheid open van de dictatuur van de angst. Enkel de wetenschap kan een einde stellen aan het gekkenhuis waarin de wereld door de oorlog verzeild is geraakt.

Hergé geeft zijn vredesmissie weer als strijd om het kalysium, dat als toetssteen fungeert. Zodra deze stof in de ban van de magie raakt (de profeet), zal de wereld definitief ten onder gaan, terwijl in handen van de wetenschap (de professor) de ondergang (van het eilandje) ten dienste staat van de vooruitgang. Uiteindelijk wordt de magie overwonnen en verandert het kalysium van een gesel in een zegen voor de mensheid. In dit type denken wordt de ratio als een absolute entiteit opgevat en wordt voorbijgegaan aan de historische relativiteit van kennis. Hergé neemt dit optimistische beeld van de wetenschap over en komt daardoor in conflict met de reëel bestaande irrationele elementen, die de waardevrije kennis noodzake- lijkerwijs bevatten. Dit conflict lost hij op door de jood te straffen en de profeet op te sluiten. Het resultaat is zuivere wetenschap.

Het onderzoek naar de raszuiverheid van het bloed achtte men in Hergés tijd wetenschappeli- jk even goed onderbouwd als het kernfysisch onderzoek naar de subatomaire eigenschappen en de structuur van de materie. Dit was common sense onder vooruitstrevende Amerikanen, Duitsers of Belgen. De Nazi's gaven hier een draai aan door het zuiver onderzoek uitdrukkelijk te politiseren. Zonder partijlidmaatschap geen wetenschappelijke carrière. De toenmalige visie op kennisontwikkeling mag nu nogal irrationeel lijken, maar werd indertijd als universeel geldig ervaren, zowel de rassenleer als de heilzame toepassing van radioactieve straling, en het liefst de combinatie van beide in een interdisciplinair onderzoek. Het nieuwe metaal kalysium dat professor Kalys ontdekt, is een element dat Hergé in de spectrumanalyse vlak naast het radium plaatst. Daarmee karakteriseert hij het als een radioactief element, waaraan zowel de professor als de jood hoge verwachtingen knopen. Blumenstein wil het monopolie krijgen: 'Ik wil die meteoriet in handen krijgen en dat onbekende metaal, waarvan die sukkel van een prof. Kalys het bestaan in zijn domheid heeft onthuld. Daarginds wacht ons een kolossaal fortuin dat mij niet zal ontgaan!' Het kalysium zou een onuitputtelijke warmte- en energiebron kunnen zijn.

De fantastische eigenschappen van het kalysium worden op het eiland pas goed duidelijk. De gigantische energie die het nieuwe metaal vrijgeeft, leidt tot groei-explosies van de aan- wezige flora en fauna. Straling was op zich al een wonderbaarlijk verschijnsel, maar zou de onuitputtelijke energiebron beheerst kunnen worden, dan zou een nieuw, Gouden Tijdperk beginnen. Radioactieve energie werd gezien als de oerkracht van de levende materie en de essentie van het creatief vermogen van de natuur. In toegepaste vorm zou het niet alleen een revolutie in de oorlog, maar net zo goed in de gezondheidszorg betekenen. Het punt was niet of radioactiviteit wel of niet schadelijk was, maar in welke dosis het zijn vernietigende dan wel heilbrengende werking had. In een reclame voor de 'radioaktive Zahnkreme' Doramad uit 1936, wordt het nieuwe middel pratend opgevoerd: 'Ich bin die radioaktive Substanz. Meine Strahlen massieren das Zahnfleisch. Gesundes Zahnfleisch - gesunde Zähne! Doramad benutzen ist mehr als Zähne putzen! Die radioaktive, biologische Wirkung ist wichtig.' Ook wordt er in die tijd patent verleend op radioactieve chocolade.

De magische zijde van de straling drukt Hergé uit in het beeld van de paddestoel. Op het eilandje groeien paddestoelen in een oogwenk uit tot absurde afmetingen, om even daarna met een atoomknal uit elkaar te ploffen en in het niets te verdwijnen. Van oudsher vat het beeld van de paddenstoel de angst samen voor de werking van de zwarte magie. De duivelse krachten brengen de gebruikers in geestvervoering en extase, ondeskundig gebruik kan de dood tot gevolg hebben. Daarmee behoort de paddenstoel tot het domein van de Satan en de heksen, de hele onderwereld van kabouters, pratende dieren en vliegende bezemstelen. De paddenstoel symboliseert de oude, magische wetenschap die door de voor gek verklaarde profeet vertegenwoordigd wordt. Tegelijkertijd staat ze op grond van haar plotselinge en massale verschijnen model voor de enorme energiebron die in de schoot der natuur verborgen ligt. Wat Hergé al in 1942 voorziet is de vorm waarin de nieuwe wetenschap van de atoomenergie zich aandient. De paddenstoelwolken boven Hiroshima en Nagasaki tonen de vernietigende kracht van de triomferende wetenschap. Zichtbaar als een teken aan de hemel, waarnaar men met een mengeling van schrik en ontzag, van gruwen en fascinatie opkeek. Zo verenigt de paddenstoel de magische en de wetenschappelijke leer der krachten in zich. Kuifje heeft twee vaders en *De Geheimzinnige Ster* verhaalt van de verwarrende complicatie bij de overgang van de ene naar de andere autoriteit. De spin hoort bij de profeet, het kalysium bij de professor. Philippulus blijft bij Kuifje tot op het poolschip Aurora en neemt dan in een prewetenschappelijke, religieuze setting afscheid wanneer hij wordt afgevoerd naar het gekkenhuis: 'Ik gehoorzaam al, Heer!... Niet boos worden.' De profeet voert Kuifje tot op de grens van de angst; de professor begeleidt Kuifje als een verlichte magiër op zijn verdere reis. Philippulus en Kalys zijn niet alleen oude vrienden, maar zien er ook hetzelfde uit met hun kaftan, verwarde haren, kalend hoofd en kinderachtige neigingen. In het verhaal worden ze zelfs een keer met elkaar verwisseld. Beiden bestuderen de sterren. De profeet op een astrologische wijze. Hij ontdekt in de komeet de straffende hand Gods.

Volgens hem is het God die Kuifje met de dood bedreigt. De professor is astronoom en rekent volgens de rationeelwetenschappelijke methode. De profeet staat voor de straffende vader uit de sprookjeswereld van het kind in de periode van de zindelijkheidstraining. De professor daarentegen is de leermeester die Kuifje door activiteiten voorbereidt op de grote-mensen-wereld. Wanneer Kuifje de profeet van onder het raam van zijn kamer wegjaagt door water naar beneden te gooien, verschijnt hij daarna opnieuw in Kuifjes nachtmerrie. De boze droom onthult waarom Kuifje de straffende vader wil wegjagen: het is de wraak op de straf voor het bedplassen.

Een straf, die door het bedplassende kind als onredelijk en autoritair ervaren wordt.

De ontdekkingsreis naar het kalysium wordt ingezet met de herinnering aan de straf. De verbinding tussen het zindelijkheidstrauma en de seksuele initiatie correspondeert met de toevalligheid dat het copulatieorgaan tevens uiteinde van de urineweg is. Het gevolg hiervan is dat zindelijkheid het begin van de seksuele initiatie is. De seks blijft zo behept met het oorspronkelijk religieuze aureool van de straf. Altijd zal de lust met de straf, de zonde en de wraak verbonden zijn. Daardoor is het saaie middendeel van *De Geheimzinnige Ster* zo lang en onsamenhangend geworden. Het is één lange, diep weggezonken natte droom, waarin op wraak gezonnen wordt.

Kuifje wordt de hele zeereis door uit zijn slaap gehouden, want hij is bang dat hij anders zal bedplassen, te midden van al dat klotsende water. Hij valt zelfs flauw van slapeloosheid. En als hij dan eindelijk mag slapen, wekt kapitein Haddock hem meteen weer uit dromenland met de mededeling dat de meteoriet in zicht is. De vermoeidheid maakt onmiddellijk plaats voor dadendrang, '... en waarschuw de piloot!... We vertrekken meteen!'

De afwisseling van het bewuste, wakkere handelen en het onbewuste slapen is binnen de Freudiaanse leer de vooronderstelling om tot het volwassen en gezonde orgasme te komen. Ook dat is de koers die voor de jonge reporter is uitgezet. Maar tijdens de zeereis wordt het onbewuste zo resoluut weggehouden, dat de ratio onverantwoorde proporties krijgt. Hergé weet niet of de saaiheid van de zeereis verzet tegen dan wel overgave aan het opkomend onbewuste is. De geforceerde omkering van de wraak in het orgasme ligt er zo duimendik bovenop, dat het een platitude wordt om De Geheimzinnige Ster uitsluitend Freudiaans te lezen. Natuurlijk staan de ontploffende paddenstoelen voor het mannelijk orgaan, maar wat van de expeditie overblijft is niet meer dan een zeepbel. Zo wordt aan het eind het sprookje van Freud opgeblazen.

De Geheimzinnige Ster is een verslag van de traumatische ervaringen van de zindelijkheid-straining. Deze fase uit de opvoeding is te pijnlijk en te explosief om rechtstreeks herinnerd te kunnen worden. Wat in het bewustzijn overblijft is een afkeer van het kinderachtige en alles wat direct of indirect met pies of poep te maken heeft en verbonden is aan een sterke en onbegrepen drang tot wraak op de straffende instantie. Zonder dit zelf te begrijpen, spraken de fascisten dit onzindelijk reservoir aan door hun pleidooi voor reinheid en zuiverheid te combineren met de georganiseerde wraak op de vuile Jood. Bij de overgave aan de Führer kon dit onzindelijk en afgeknepen reservoir letterlijk leeglopen. In het enthousiasme voor de schreeuwende en van woede tierende Grote Leider ontspanden de sluitspieren zich van zoveel bekeerlingen, dat de vloeren van de zalen zijkensnat werden. Na afloop van de propagand-abijeenkomsten was het dan ook een enorm gedrang voor de toiletten. Bij Veit Harlan valt na te lezen dat het de SA-ordedienst een ware gruwel was, wanneer de 1-meivieringen wegens slechte weersomstandigheden niet in de buitenlucht, maar in een zaal moesten plaatsvinden. Voor het publiek was het massale pissen voor de Fuhrer echter iets geweldigs. Natuurlijk had het iets gênants, maar men was nooit de enige die het had laten lopen. Men voelde zich opgelucht en bevrijd want de Führer had niet hen maar de Joden alle schuld gegeven.

In *De Geheimzinnige Ster* wordt de verbinding tussen het onzindelijk reservoir met de uitleving van de wraak aangegeven met het gehannes rond een ontstoken dynamietpatroon aan dek van de Aurora. Deze aanslag vindt plaats vlak voor vertrek uit de haven. In eerste instantie neemt Haddock wraak op de professor, die in deze scene verward wordt met de profeet. De woede-uitbarsting van anti-alcoholist Haddock komt gedeeltelijk doordat hij door Kuifje bijna was betrapt op zijn geheime voorraad whiskey in zijn medicijnkastje. Zodra Kuifje heeft uitgelegd dat Bobby 'die heeft... eh... nou ja, u snapt het wel...' met de brandende lont heeft gedaan, ontsteekt Haddock in een tomeloze aanval van drift. De relatie tussen zijn goudgele wondermedicijn en het plasje van Bobby is zo explosief dat de kapitein een moment alle remmen kwijt is. Hier wordt duidelijk dat de mobilisering van het onzindelijke reservoir een explosieve aangelegenheid is: een politieke beweging die haar onbewuste dynamiek ontleent aan het zindelijkheidstrauma, kan uitmonden in een ongecontroleerde kettingreactie van de wraak.

Hoe verwrongen de herinnering aan de straf ook zijn mag, ze roept altijd de wraak af over een kwaadaardig monster waarmee afgerekend moet worden. Dit gebeurt door het object van de wraak te splitsen: de vader valt uiteen in een profeet en een professor. Met de opsluiting van de krankzinnig verklaarde profeet wordt de straffende vader alsnog gewroken, zij het ook dat hij een ander is geworden. Maar nog is deze wraak niet afdoende. Juist omdat de profeet gek is, kan hem niets verweten worden. Uiteindelijk wordt daarom een buitenstaander, de jood Blumenstein, tot object van de wraak geproclameerd. De krankzinnigheidsverklaring van de straffende vader uit de zindelijksheidsperiode is voldoende om te verhouding tussen vader en zoon te herstellen, maar onvoldoende om af te zijn van het monster van de wraak. Deze rest-wraak wordt maatschappelijk inzetbaar wanneer het een verbinding met de politieke beweging aangaat.

Het fascisme was een rationele beweging van strontruimers en vuiljagers. Zuiverheid van ras, idee en daad vormden de pijlers van hun politiek. Hoe erger de voorstelling van het vuil, des te radicaler de strijd ertegen, want hoe smeriger het vuil, des te noodzakelijker de Grote schoonmaak. Naarmate de politiek van de wraak onredelijker wordt, wordt ze tegelijkertijd aantrekkelijker en effectiever. Aantrekkelijker omdat ze totaal is, effectiever omdat ze de individuele bekeerling inderdaad van alle onbewuste viezigheid bevrijdt. Wanneer oud-Nazi's vandaag de dag beweren dat de oorlog een afschuwelijke tijd geweest is, hoeft men ook niet aan hun oprechtheid te twijfelen. Nog steeds namelijk gruwen ze bij de herinnering aan al dat vuil en al die viezigheid die ze uit heel Europa bij elkaar moesten vegen en vervolgens nog moesten opruimen ook. Pas wanneer de mensheid weer helemaal schoon zou zijn, kon de toekomst beginnen, zoals in 1945 gebeurde.

Hergé verrichtte anno 1942 geen heroïsche antifascistische verzetsdaad en evenmin wierp hij zich op als een verwerpelijke propagandist voor het nieuwe leer. Ook zocht hij geen alternatief in het niet-fascisme. Hij wilde zich ophouden in het schemergebied van de niet-erkende psycho-politieke conflicten en paradoxen, waar het medium van de kinderstrip zich goed voor leent. Het ging hem om de productiviteit van de onzin, die ontspannen werkt. Nog steeds werken de albums van Hergé niet belerend maar bevrijdend. Ze zijn leuk en spannend door- dat ze de geheime wereld van het onbewuste in kaart brengen. Hierdoor is het mogelijk om de albums van voor 1945 te lezen als fascisme zonder de ruis van de politieke propaganda. De distantie van Hergé geeft de belangeloze mogelijkheid om de oorzaken en fricties te zien, waarop het georganiseerd fascisme een gemaskerd appèl deed. Hergé is geen voorloper of meeloper, maar een buitenstaander, werkzaam binnen een fascistisch regime. Zijn onschuldig fascisme is een vorm van aangepaste illegaliteit, juist omdat niemand het serieus neemt. De subnormaliteit van Hergé laat het moment van de subversiviteit open.

18. KUIFJE IN DE BAN VAN HET BEEST: OVER DE OPVOEDING TOT MANNELIJKHEID

BILWET

Uit *De datadandy,* in het Nederlands geschreven in 1994. Uitgebracht in het Duits als Bilwet, *Der Datendandy* (Bensheim: Bollmann Verlag, 1994).

'Wie over het fascisme spreekt en het ook heeft over seksisme, doet er beter aan helemaal niets te zeggen.' (Johan Sjerpstra)

Na zijn moeizame reis door de Sovjet-Unie, wordt Kuifje naar de Congo gestuurd. Dat is spannend. Daar zijn leeuwen en olifanten en luipaarden en apen natuurlijk, en n****meisjes met blote tietjes.[1] En er zijn missieposten met paters, een modelboerderij, een hospitaal, een kapel en daar worden de 'n******' opgevoed tot beschaafde Belgen. 'Het was 1930,' zegt Kuifje-auteur Hergé in een terugblik op zijn oeuvre, 'en ik wist van dat land alleen wat de mensen er toen over vertelden. En ik heb de Afrikanen dus naar die normen getekend, in de zuiver paternalistische geest die toen algemeen was in België.' Met Hergé was dus niks meer of minder mis dan wat in die tijd mis was met elke Belg in crisis. *Kuifje in Afrika* racistisch? Je kan net zo goed zeggen vooroorlogs. Laten we het houden op vooroorlogs racisme.

Eind jaren zeventig, op het hoogtepunt van het feminisme en de mannenbeweging, werd de vraag opgeworpen of het oeuvre van Hergé seksistisch was. Duidelijk was dat de Kuifje-albums een grote rol speelden in de socialisatie en katholisatie van prepuberale jongetjes. De vrouw ontbreekt in de albums, Kuifje heeft geen moeder, geen vriendinnetje en is nooit verliefd. De vrouw die wel voorkomt, de operazangeres Bianca Castafiore, belichaamt alle Belgische clichés van het vrouwelijke en heeft dan ook een ruim gevulde boezem, ze maakt zich altijd uitbundig op en zingt uitsluitend: 'Ha, ik lach bij het zien van mijn schoonheid in deze spiegel.' Bianca Castofiore is niet aantrekkelijk, want wereldvreemd. Zeer tegen zijn zin in vertroetelt zij kapitein Haddock. Ze is zowel de hoer als de heilige. Ze is object en treedt letterlijk op. De prijs die ze daarvoor betaalt is het afzien van haar seksualiteit in haar rol als onbevlekte, witte, zuivere bloem.

Het belangrijkste verwijt tegen Kuifje-albums was dat het hier ging om typische jongensboeken, die een anti-vrouwelijke strekking zouden hebben. Deze seksisme-kritiek volstond ermee te wijzen op datgene wat ontbrak, namelijk het vrouwelijke. Kuifje zelf was niet zo makkelijk te ontmaskeren als seksist, domweg omdat hij geen vrouwen tegen het lijf liep en geen discriminerende opmerkingen maakte of gedragingen ten toon spreidde. Het seksisme bestond daarentegen uit het bewuste uitsluiten van vrouwen en het vrouwelijke en het aanmeten van een lichaamspantser. Deze feministische Kuifjekritiek interesseerde zich er niet voor hoe de mannelijkheid dan wel vormgegeven werd.

---

1 Letters van n-woorden in de oorspronkelijke tekst zijn vervangen door sterretjes (*). Zie voor een verantwoording het voorwoord van deze bundel.

In de officiële catalogus *Het imaginair museum van Kuifje* (Casterman, 1980) werd een directe parallel getrokken tussen het seksisme enerzijds en het racisme van *Kuifje in Afrika* anderzijds: 'In het raam van een christelijke opvoeding die de geslachten als rassen van elkaar scheidde, was de vrouw, voor Hergé, eerst een vreemd land, een andere wereld.' De suggestie die hierachter zat was dat Kuifje zijn jongensfantasieën over meisjes projecteerde op het zwarte continent Afrika. In politiek-theoretische termen betekende dit dat racisme pas bestreden kon worden als de onderliggende heteroseksuele dwangmoraal actief werd onderkend en bewust afgewezen. Het resultaat van deze bevrijdingstheologie was de vestiging van een niet minder dwingende moraal van een geïdealiseerde innerlijke harmonie tussen het mannelijke en vrouwelijk e in jezelf.

Het was blijkbaar gedaan met het onbekommerd lezen van Kuifje. Het bevrijde bewustzijn diende ter correctie het gecastreerde vrouwelijke op de albums te projecteren, maar dat lukte niet erg. Het herlezen van Kuifje werd zo opgevat als een project van zelfkritiek. Maar deze correcte lezing ging voorbij aan wat er wel te zien en beleven viel in de albums van Kuifje.

Het leesplezier kon maar niet bedorven worden. Het bekritiseren en historiseren van Kuifje-albums eindigde altijd in een nieuwe aanbeveling de albums te kopen. *Kuifje in Afrika* gaat uitsluitend over de dressuur van het mannelijk geslacht, dat voorgesteld wordt als een wild beest dat beschaafd moet worden. Niet het vrouwelijke maar het mannelijke wordt geproblematiseerd als een verslindend monster. Het beschrijft hoe uit het polymorf-perverse potentieel een burgerlijke, mannelijke identiteit gehaald wordt. Dit giet Hergé in de voor kinderen aantrekkelijke vorm van de ontdekkingsreis. De kinderlijke fantasie over het onbekende bindt Hergé aan de confrontatie met de wilde dieren. Zo wordt Afrika een projectiescherm voor het verhaal van de opvoeding tot mannelijkheid.

Kuifje in Afrika is ontstaan in de jaren 1930/1931, in een reactie op de economische en psychische crisis van die tijd. De beschavingscrisis wordt omgezet in een verhaal over de seksuele identiteit in de overgang, van kind naar jongen. In tegenstelling tot het eerdere album *Kuifje in de Sovjet-Unie*, neemt Hergé geen partijpolitieke, maar een psycho-politieke invalshoek. De reis is een expeditie naar het innerlijke terra incognito, de jungle van de westerse ziel. Ter voorbereiding op volgende albums zou Hergé ter plekke onderzoek doen en deskundigen raadplegen. Maar voor *Kuifje in Afrika* was dit niet nodig.

De Congo ligt ver weg en de reis erheen gaat per boot. Deze zeereis wordt uitvoerig beschreven. Het verslag van de terugreis per vliegtuig neemt slechts één tekening in beslag. Blijkbaar wist Hergé niet zo goed wat hij Kuifje zou laten doen, daar in de Congo. Wat valt er zoal te beleven op zee?

Als passagier vooral verveling, luieren aan dek, suffen op een ligstoel, met een wollen plaid over de benen. Verveling doet de fantasie op hol slaan en Kuifje beleeft dus zoveel op zee, dat hij aan luieren en uitrusten nauwelijks toekomt. Op zee zijn haaien, sidderroggen, natuurlijk een blinde passagier, een papegaai en n****bediendes, dat is altijd lachen. De scheepsarts is ook interessant. Seks op zee komt niet voor, omdat op het schip een mannengemeenschap bestaat en seks is met vrouwen, niet met mannen.

Al vanaf de eerste pagina heeft Bobby het aan de stok met het Beest, in dit geval een enge spin. "n Spin in de morgen, brengt kommer en zorgen, zegt men.' In zijn achtervolging van de spin breekt Bobby een spiegel: 'Wat 'n pech! Dat er ook nog bij!' Meteen daarop verschijnt voor een derde keer een slecht voorteken. Nu is het de scheepspapegaai Jacko, die 'Alle hens aan dek!' roept. Bobby denkt dat het schip vergaat en probeert in paniek een reddingsboei om te doen, maar als dat ding op zijn kop valt in plaats van om zijn nek, rent hij de cabine uit. Plotseling staat hij in de deuropening oog in oog met de papegaai. Er ontstaat een gevecht als de papegaai Bobby in zijn staartje bijt. De volgende morgen blijkt Bobby's staart behoorlijk opgezwollen en ongerust (de papegaaienziekte?) brengen Kuifje en Bobby een bezoek aan de scheepsdokter. Deze constateert gelukkig een onschuldige ontsteking die met een kleine incisie te verhelpen is. Terwijl Bobby op de behandeltafel ligt, komt een n**** binnen met een grote zaag in zijn hand. 'Dat, nooit! Dan liever dood!' roept Bobby uit terwijl hij wegrent. Maar het blijkt slechts de scheepstimmerman te zijn. Uiteindelijk slaagt de scheepsdokter erin Bobby te 'snijden' en met een mooi verband om z'n staart, verlaten ze de behandelkamer. Bij het dichtslaan raakt Bobby's staartje bekneld tussen de deur.

Direct daarna volgt een tweede confrontatie met de papegaai, die erop uitdraait dat Bobby via een luchtkoker naar beneden stort. Hij ploft boven op het hoofd van een versteking. 'Verdorie! Die smerige hond verraadt me nog! 'k Zal 'm naar de andere wereld helpen,' zegt de schurk en pakt een stok.

Maar Bobby weet nog net uit het vooronder te ontsnappen door uit de patrijspoort in zee te springen. Kuifje ziet dit toevallig en roept 'Man over boord!' Kuifje gooit een stalen kabel naar Bobby toe en hijst hem uit het water. Precies op dat moment wordt Bobby wederom in zijn staart gebeten, nu door een sidderrog. Getroffen door een enorme stroomstoot, die door de kabel wordt voortgeplant, stort Kuifje bewusteloos op het dek neer.

In het album wordt een systematisch spel gespeeld met bewustzijn en onbewustzijn: als Bobby buiten westen raakt, komt Kuifje juist tot bewustzijn, of omgekeerd. Een n****matroos schiet te hulp door 'meneer hondje' een reddingsboei toe te werpen. Helaas gooit de domme n**** de boei bovenop Bobby's kop, die bewusteloos naar de diepte zinkt. Precies op dat moment krabbelt Kuifje duizelig overeind. Ondanks de waarschuwing dat de zee vol haaien zit, duikt Kuifje moedig Bobby achterna.

Wanneer het baasje en zijn hond verenigd zijn, duikt onverhoeds een haai op, die Kuifje in zijn voet bijt. Schoen en sok schieten uit en nogmaals valt de haai aan. Eindelijk brengt de reddingsboei redding, want Kuifje stopt de boei in de bek van de haai, waarna ze worden opgepikt.

Het onheil dat de spin aankondigt, is de castratiedreiging die Bobby in gang zet en uiteindelijk overdraagt op Kuifje. Van de beet van de papegaai, de zaag, het operatiemes, de deur van de behandelkamer tot de stok van de bandiet, is het Bobby die gevaar loopt. De beet van de sidderrog draagt de dreiging over op Kuifje, die uiteindelijk zelf gebeten wordt door de haai.

Zonder het beestje bij z'n naam te hoeven noemen, maakt Hergé middels deze keten duidelijk wat het eigenlijke onderwerp van de reis is. De wilde natuur blijkt maar in één ding geïnteresseerd te zijn, namelijk de Staart. Daar omheen hangt een dreigende sfeer die de reis in de Kongo spannend maakt.

Het doel van de reis zal zijn deze dreiging te neutraliseren doordat ze Kuifje bewust maakt van zijn mannelijkheid. *Kuifje in Afrika* is in tegenstelling tot latere albums gemaakt zonder vast scenario. Als verhaal zit het dan ook slecht in elkaar. De schurk, die vanaf het begin aanwezig is, komt nergens uit de verf en wordt op een geforceerde wijze uit het verhaal geschreven. Wat een *leitmotiv* had moeten worden blijkt een doodlopende weg. Doordat Hergé moeite met de verhaallijn had, zette hij al zijn kaarten op z'n fantasie en vindingrijkheid en komt met spontane invallen. Dit leidde onder meer tot buitenproportionele slachtpartijen in de savanne, die toen nog geen natuurreservaat heette. Zo doodt Kuifje per ongeluk vijftien antilopen in plaats van één, neemt hij de slachttanden mee van een door hem gevelde olifant, schiet hij krokodillen af waar het maar kan, blaast hij met explosieven voor de grap een neushoorn op en heeft geen moeite met de attractie van een echte leeuwenjacht.

Later zou Hergé spijt betuigen over deze enthousiaste en ongeremde dierenmoord. Hij was zich tijdens het maken van de wekelijkse afleveringen van *Tintin en Congo* hiervan niet bewust geweest omdat hij geen overzicht had. Hij had gewoon ongegeneerd het 'Es' uit z'n pen laten vloeien. De ecologische kritiek volstaat ermee om de lust om te doden te verwerpen en laat zo de kans voorbijgaan het alledaagse onbewuste op begrip te brengen. *Kuifje in Afrika* is een open boek van het Es. Eenmaal aangekomen op het zwarte continent neemt Kuifje de tijd om de complexe dreigingen in kaart te brengen. Hergé herleidt de onbekende gevaren tot drie elementen: de n*****, de schurk en de beesten.

Centraal staat het kinderlijk onbenul van de n*****. Zo doen ze er op school een hele dag over om 2+2 op te tellen, zonder het juiste antwoord te vinden. Als Kuifje met zijn speciale Safari-automobiel op reis gaat, blijft hij op een gegeven ogenblik steken op een spoorovergang. Een botsing met de naderende trein is onvermijdelijk aangezien de zwarte machinist half in slaap uit het zijraam van de locomotief in de verte staart in plaats van op de rails. 'Verschrikkelijk! Hij rijdt ons te pletter!' roept Kuifje verschrikt uit. Tot stomme verbazing van iedereen kiepert de locomotief bij botsing van de rails af, terwijl Kuifjes voertuig onbeschadigd op z'n plaats blijft staan. De trein is blijkbaar zo oud en gammel dat hij het in een confrontatie met de auto spontaan begeeft. De autochtone reizigers blijken niet alleen dom en achterlijk, maar ook aartslui. Bobby roept uit: 'Vooruit luilakken, doe er ook 'ns wat voor!' Het kost Kuifje aardig wat overredingskracht om de locomotief met vereende krachten terug op de rails te zetten. De locomotief blijkt het niet meer te doen, dus laten ze zich trekken door de moderne auto van Kuifje en is iedereen weer tevreden.

Zo weinig kijk de Babaoro's hebben op techniek, zo weinig feeling hebben ze ook voor de politiek. Hun koning moet ooit zo dom geweest zijn om de oorspronkelijke, rijkversierde scepter in te ruilen voor een doodgewone houten deegroller. Waar de witte man heerst, is de vrouw keukenprinses, maar waar de n**** heerst, heeft een deegrol het voor 't zeggen. Van economie en rechtspraak hebben ze ook weinig begrepen. Wanneer Kuifje wordt aangesproken als 'opperhoofd der Babaoro's' lost hij op superieure wijze een ruzie op tussen twee stamleden. Beide beweren de eigenaar te zijn van een strohoed en Kuifje treedt als rechter op. In plaats van de hoed toe te wijzen aan de rechtmatige eigenaar, snijdt Kuifje als een koning Salomon de hoed in tweeën. Een blanke zou in woede uitbarsten over deze vernieling, maar de n***** zijn allebei content: 'Blanke goed gehandeld! Wij nu allebei tevreden!'

De 'indigenous people', de Ander, of het radicaal exotische zoals 'de n*****' tegenwoordig wel heten, heeft Hergé nodig om de complexiteit van het gevaar te bepalen. Ze worden overdreven kinderachtig neergezet om de indigenous readers op een vrolijke wijze afscheid te laten nemen van hun eigen kindheid. Door kind te blijven kom je niet verder en word je nooit volwassen. Het geleden verlies aan onschuld wordt beloond door het verkrijgen van mannelijke identiteit. Omdat de n***** zo dom en onschuldig worden neergezet, zijn ze een willoze prooi van zowel het Kwaad in de gedaante van de schurk als van het Goede, de koloniaal-reiziger-missionaris-reporter. Daarom kunnen ze geen volwassen verantwoordelijkheid op zich nemen. De n***** zijn niet meer dan een lachspiegel en belichamen niet het eigenlijke probleem.

De witte schurk daarentegen is de personificatie van het verborgen Kwaad, dat als verstekeling meereist. Hij ontving de opdracht uit Amerika, van Al Capone persoonlijk, om Kuifje uit de weg te ruimen. Al Capone wilde de diamantproductie van Afrika in handen krijgen en meende dat Kuifje op expeditie ging om dit te voorkomen. Maar onze reporter wist van niks. En passant slaagt Kuifje erin de gangsterbende op te rollen. Het begon er al mee dat de schurk Bobby in zee mepte. In Afrika steelt hij Kuifjes Safari-auto en probeert later Kuifje aan de krokodillen op te voeren. Maar wat hij ook probeert, het lukt de boef niet Kuifje uit te schakelen. Als hij een stammenoorlog ontketent eindigt dat niet met Kuifjes dood, maar wordt Kuifje gepromoveerd tot 'Koning van de Rhumbaba's'. De boef weet telkens te ontsnappen totdat uiteindelijk een lijf-aan-lijfgevecht tussen hem en Kuifje plaatsvindt aan de rand van een diepe afgrond. Beide vallen naar beneden, maar Kuifje komt terecht op de zachte rug van een mollig nijlpaard, terwijl de schurk ten prooi valt aan de krokodillen. Hij gaat letterlijk in het beest op. Daarmee geeft Hergé aan dat uiteindelijk niet de schurk maar het wilde beest voor het eigenlijke gevaar staat, zelfs al was de schurk zich daarvan niet bewust.

Het wilde beest staat als ongetemde natuur voor het gevaar dat overwonnen moet worden. Afrika is een dierentuin zonder tralies waar de beesten gaan en staan waar ze willen. De enige manier om ze te beheersen is ze af te schieten. Terwijl Kuifje een vriendschapsband voor het leven heeft met zijn trouwe viervoeter Bobby, zijn de ongeciviliseerde dieren voor hem fremdkörper, waarmee elke verstandhouding uitgesloten is.

Zelfs Bobby voelt zich niet verwant met de wilde dieren. Kuifje komt slangen tegen, giraffes, een neushoorn, apen, hij is de hele tijd in de weer met de Afrikaanse fauna. Het merendeel van deze uiteenzettingen heeft enkel een komisch effect, zonder dat het gevaar nader bepaald wordt. In drie gevallen wordt het thema van de zeereis nadrukkelijk verder uitgewerkt, in zijn ontmoetingen met koning leeuw, een luipaard en een kudde buffels.

Na het wegslepen van de verongelukte locomotief valt Kuifje als 'brave blanke' de eer te beurt door Koning Deegrol uitgenodigd te worden om deel te nemen aan een heuse leeuwenjacht. De leeuw verraadt zich doordat hij voortdurend brult. Plotseling staat Kuifje neus aan neus met de leeuw, die geen moment aarzelt en onze held bewusteloos slaat. Dan is het tijd voor Bobby om in te grijpen. Hij bijt zich vast in de staart van de leeuw, waarop deze Kuifje loslaat. In het gevecht dat dan volgt verliest de leeuw z'n halve staart.

Versuft zit Bobby met het staarteinde in z'n bek en komt Kuifje weer bij kennis. De leeuw is woedend, brult nog harder en valt de Babaorische jagers aan. Zodra de leeuw echter Bobby ziet met de prooi in zijn bek, verandert hij op slag in een makke circusleeuw. Bobby waarschuwt hem: 'En nu is het afgelopen met je kunsten, hè? Anders 'k de rest van je staart nog af!' Triomfantelijk brengt Kuifje de getemde leeuw aan een touwtje naar het dorp, waarbij de leeuw gefixeerd naar zijn verloren lichaamsdeel kijkt. Het verband tussen castratie en het verlies van macht en potentie ligt er nu duimendik bovenop. Het castratiethema dat in het begin nog verhuld werd in een ondoorzichtige keten, wordt nu in alle openheid uitgetekend. Hergé geeft hiermee aan dat niet de castratie zelve, maar de dreiging ermee het eigenlijke gevaar is.

De dag nadat Kuifje het gangstercomplot heeft opgerold, gaat hij op safari. Plotseling laten de n***** de draagstoel vallen en slaan op de vlucht. 'Verdorie! 'n Luipaard!' Een ogenblik hoopt Kuifje nog dat het een getemd luipaard is, dan pakt hij zijn sodafles en spuit het beest in z'n ogen, in een poging hem te verjagen. De luipaard raakt daarvan niet onder de indruk en komt terug. 'Heb 'k niks anders? Ha! 'n spiegel! Zal ie wel grappig vinden!' Verschrikt kijkt de luipaard in de spiegel. Op de plaats van Kuifjes mannelijkheid ziet de luipaard de kop van een wild beest. Hij vlucht hals over kop weg en roept uit 'Wat een vreselijk ondier!' Kuifje spiegelt een uitsnede van de dreiging terug naar het wilde beest. De luipaard schrikt ervan dat de witte man zo'n potentie heeft. Het gaat er Hergé om aan te tonen dat het wilde beest verjaagd moet worden en plaats moet maken voor het gedisciplineerde en gehoorzamende dier. In het volgende plaatje zit Bobby braaf rechtop in de bedelhouding en roept een opgeluchte Kuifje met de lege spiegel tussen z'n benen: 'De laan uit!' Hergé heeft duidelijk gemaakt dat het gevaar van de ongeremde mannelijkheid ontzenuwd wordt middels de dressuur.

Tijdens filmopnames rent Bobby enthousiast naar een kudde koeien. 'Pas toch op, Bobbie! 't Is 'n buffel! Levensgevaarlijk!' 'Hij denkt zeker dat ik een jochie ben...' Maar het onheil is reeds geschied. Kuifje tracht de leider van de kudde te dresseren en doodt hem uiteindelijk met een katapult. Dan komt de hele kudde achter hem aan om wraak te nemen. 'Tegen 50 buffels ben ik niet opgewassen!' Dan hoort hij motorgeronk en wordt nog net op tijd via een touwladder opgepikt door een toevallig passerend vliegtuig. De techniek is een geschenk uit de hemel en als *deus ex machina* het medium van de dressuur. 'Die is goed,' schreeuwt de copiloot van de dubbeldekker, 'We zoeken U reeds meer dan een maand, en hebben de opdracht U direct naar Europa te brengen!... Men heeft een nieuwe opdracht voor U! Ik meen een reportagereis naar Amerika.' En zo neemt Kuifje bedroefd afscheid van zijn kinderlijke naïviteit: 'Adieu, Afrika! En nu naar Europa, om vandaar weer over te steken naar Amerika!'

Aan de ongeremde mannelijke drift die de blinde potentie heeft van een op hol geslagen kudde buffels kan alleen met hulp van buiten ontsnapt worden. Hierin ligt volgens Hergé de oplossing van het vraagstuk. Vlak voor zijn redding geeft Kuifje zijn eigen black box, de filmcamera waarmee de herinneringen worden vastgelegd, prijs aan de wilde natuur. Hij ontsnapt aan de doem die vanaf het begin gelegen heeft op de speurtocht over het zwarte continent. Zonder de techniek zou zijn confrontatie met zijn eigen wilde natuur tot de ver-doemenis leiden. De moraal is dat er geen civilisatie mogelijk is te midden van de razende natuur. Het heeft ook geen zin deze met geweld te doden. Ze kan alleen met behulp van de techniek aan banden gelegd worden.

Hergé ziet net als zijn tijdgenoot Wilhelm Reich de seksuele energie als een krachtenbron die maatschappelijk ingezet moet worden. Het is een reservoir met een tomeloze potentie, waarvan het grootste deel afgesneden moet worden om ten dienste gesteld te kunnen worden aan de techniek, zoals autorijden, filmen en vliegen. Het restant dient voor de reproductie van de eigen soort benut te worden in de hoedanigheid van een gezonde seksualiteit binnen het moderne huwelijk. De techniek is niet het mes waarmee de man ontmand wordt, maar een transformator, een interface voor de omzetting van wilde energie in geregelde arbeid. Het is niet de bedoeling van de zaag om het mannelijk orgaan, maar om een plank door te zagen. Niet het geslacht maar de energie wordt afgesneden. Het resultaat van de ontdekkingsreis is dat het ontluikende seksuele bewustzijn de castratie niet meer letterlijk, maar energetisch begrijpt. Het zwarte continent is voor Hergé geen vreemd ras of een vrouw, maar een onaardse oliebron die geëxploiteerd moet worden. Met deze energie kan het nieuwe continent ontdekt worden. In Amerika gaat Kuifje dan ook niet langer in gevecht met het (innerlijke) beest, maar neemt de strijd op met de gangsterbendes van Al Capone.

Door de publicatie van zijn innerlijke roerselen heeft Hergé zijn naam gevestigd en wordt aangezien als een volwassen striptekenaar. De serieproductie van albums kan beginnen.

BIJLAGE 1: OPZET BILWET-FASCISMEMAP

GEERT LOVINK

Interne communicatie van Bilwet, geschreven op 13 maart 1986.

I. Inleiding

De stelling van deze map is dat het antifascisme dat in de laatste vijf jaar zo groeide, niet zozeer voortkomt uit 'objectieve' groei van het neofascisme of fascistische tendensen bij de staat, maar één uitdrukking is van de overdracht van de herinnering van de eerste generatie op de tweede. De maatschappelijke organisatie van de herinnering is inzet van strijd. Welke beelden hebben wij, die deze tijd niet hebben meegemaakt, van deze afschrikwekkende periode? Zijn deze van nationalistische aard? Worden de tegenstellingen uit die tijd verzwegen? Veel vragen die omhoogkomen als het gedenken voor de deur staat of, en dat gebeurt veel vaker, er vergelijkingen getrokken worden met de jaren dertig en de bezettingstijd.

De beeldvorming van het (Duitse) fascisme heeft in de afgelopen tien jaar grote veranderingen ondergaan. De aandacht is verschoven van de Leider, de Partij en de Massa, naar het dagelijkse leven, de verhoudingen tussen mannen en vrouwen, gezondheidszorg. Het fascisme wordt zo niet meer gezien als een structuur of een vorm, maar als een proces of beweging die zich trachtte te vestigen in alle lagen van de bevolking en binnen alle instituties. Vanaf het eindpunt, de gaskamers van Auschwitz, worden de sporen terug gevolgd. Niet zoals voorheen gebeurde naar de Duitse Romantiek maar naar de maatschappelijke organisatie van de moderne tijd. Daarbij gaat het om tweeledige processen: bij Theweleit om de aantrekking en de afstoting tot het Vrouwelijke, bij Roth en anderen om de vestiging van een 'nieuwe' en de vernietiging van de 'oude' maatschappij. Getracht wordt de aantrekkingskracht van het fascisme te begrijpen. De productieve koppelingen worden uiteengerafeld en de gevonden elementen worden in de huidige samenleving aangewezen (lichaamspantser, gentechnologie). Het resultaat van het onderzoek is het besef dat onze kennis van het fascisme zeer gering is. En dat het niet te beschouwen is als een afgesloten periode. Er bestaat een wisselwerking tussen breuken en continuïteiten. Die maakt het aan de ene kant moeilijker te omschrijven wat fascisme was (en wellicht ook is), maar vergroot aan de andere kant de mogelijkheid om via de geschiedenis essentiële machtsstrategieën te ontdekken, die ook nu nog hun werkzaamheid hebben.

In de inleiding zou het verband gelegd kunnen worden tussen deze nieuwe inzichten en het verloop van de anti-fascisme-beweging in Nederland de afgelopen vijf jaar. We zouden daarbij kunnen beginnen met eerder gelegde verhouding tussen racisme en seksisme. En de kritiek op de welzijnswerk-achtige aanpak van 'het buitenlandersprobleem'. Of een andere ingang, de strikte politieke definiëring van het neofascisme die bij de strijd tegen de Centrumpartij erg bleek te leven. Of het conflict over de integratie of autonome organisatie, waar de beweging zich niet over kan uitspreken (en dus meegaat in de integratiedwang waar buitenlanders aan blootstaan). Of via een historische ver handeling: de samenkomst van studenten- en kraakbeweging, de eenheidsgedachte en de bedreiging van buitenaf in tijden van crisis.

De vraag is hoe we dit eerste en tweede niveau in elkaar kunnen vlechten. Historische en theo-retische inzichten passen niet zonder meer in de geschiedenis van een beweging. De omgang met *Mannenfantasieën* van Theweleit laat dat duidelijk zien: enerzijds startpunt aan het eind van de jaren zeventig, kenmerkend voor het denken van dit decennium. Anderzijds als een niet-fascistische strategie of levensstijl nauwelijks terug te vinden in het antifascistisch vertoog.

Doel van de map is andere lezingen van de geschiedenis van het fascisme te introduceren in Nederland. Deze zetten zich af tegen (of borduren voort op) de reductie van fascisme tot een strikte politieke stroming en de algemeen geworden aandacht voor de alledaagsheid. Een speciale BILWETinvalshoek zou kunnen zijn, te kijken naar de plaats van de geschiedenis. Wanneer is iets afgesloten? Wanneer is het strategisch van belang iets tot geschiedenis te verklaren, wat is vergeten en herinneren? En: waarom een map over fascisme ofwel de vraag waarom je uit deze tijd zoveel materiaal kan halen dat iets vertelt over deze tijd. Dus ook de vraag waarom binnen het BILWET-onderzoek het fascisme zo'n belangrijke rol speelt.

II. Een Theweleit-kritiek

Het is acht jaar na verschijnen van dit standaardwerk dat nog steeds het enige in zijn soort is, mogelijk Theweleits *Mannenfantasieën* in zijn tijd te plaatsen. Zijn eigen lezing van het feminisme eruit te halen met de bevrijding van de seksualiteit als boodschap en het ideal-istische beeld van de 'goede mens' op de achtergrond daarvan. De opbouw van dit verhaal heb ik nog niet goed in m'n hoofd. Wel is er een aantal elementen:

- De drie verschijningen van de vrouw: de zwarte, witte en rode, die in de mannenfantasieën voorkomen als 'waarnemingsidentiteiten'. Het schrikbeeld van Medusa kan gezien worden als een rode draad door het boek. De vraag hierbij is waarom Theweleit in zijn utopie ten eerste binnen deze driehoek blijft en ten tweede waarom hij de 'rode' vrouw, de erotische vrouw ziet als een ideaal. Deze aanbidding heeft een reductie tot gevolg. Hieraan verbonden is de schuldvraag: waarom hebben de moeders het gedaan en niet bijvoorbeeld de vaders? Zijn variant op de psychoanalyse kan hierbij behandeld worden. Misschien ook zijn specifieke gebruik van de *Anti-Oedipus*.

- Bij Theweleit is de productieverhouding tussen lust/plezier en vernietiging per definitie een destructieve. Theoretisch ligt hier zijn oriëntatie op de 'vroege' Freud aan ten grondslag. Hij verwerpt de doodsdrift-these en kan daarom de fascinatie voor geweld bij deze mannen alleen maar zoeken in de pre-Oedipale periode. Parallel hieraan loopt het onvermogen van de links-alternatieve beweging met geweld om te gaan. Woede en vernietigingsdrang dienen in therapeutische banen geleid te worden. Een uitstapje naar Karl-Heinz Bohrer's lezing van het vroege werk van Ernst Jünger (in *Die Ästhetik des Schrecken* uit 1978) kan laten zien dat er ook andere interpretatie van de Freicorpsliteratuur mogelijk is, die deze verhouding wel bekijkt. Misschien geven nieuwere analyses over de verhouding tussen homoseksualiteit en fascisme hier ook wel een antwoord op.

- Twee andere aspecten kunnen wellicht aangeven dat het onderwerp van Theweleit geschie-denis is geworden. Ten eerste is er de andere kijk van Michel Foucault op seksualiteit en

Theweleits en Canetti's klassieke 'massa'begrip dat in deze tijd van de massamedia verdwenen is. De massa's zijn uiteengevallen, aan het zicht onttrokken, geënsceneerd. Analoog daaraan kun je stellen dat het lichaamspantser soepeler, speelser (sport) en flexibeler geworden is. De revolutionaire massa of horde is een verbeelding van de macht geworden en de gedisciplineerde massa kent niet meer die verkrampte houding. Zowel de computer als de televisie spelen een cruciale rol in de verandering en verdwijning van deze massa's.

III. De verdwenen sporen in Berlijn

In het voorjaar van '84 woonde ik in West-Berlijn en las daar in het boek van Harry Mulisch *De zaak 40-61* (1962) over het proces tegen Adolf Eichmann in Jeruzalem. Hierin staat een hoofdstuk over een bezoek aan Berlijn waarin Mulisch op zoek gaat naar de restanten van het kantoor van Eichmann, bij mij zowat om de hoek, in de Kurfürstenstrasse 116. Aan de hand van het verhoor maakt hij een reconstructie van deze ruïne. In '65 werd deze gesloopt en werd er een hotel- en appartementencomplex neergezet. Op deze plaats, waarvandaan de vernietiging van 6 miljoen Joden werd georganiseerd en geadministreerd, is nu niets meer wat aan deze bureaucratische misdaad herinnert. De plek wordt overstemd door de moderne beweging, het autoverkeer. De strategie van Eichmann, geruisloos te werken en geen sporen na te laten, is hier voortgezet. Hiertegenover staan de bekende monumenten die passen binnen het stadsconcept van Berlijn als Schaufenster des Westens, museum, experimenteer- en vrijplaats. Hieromheen vinden de gedenkrituelen plaats. Aan de hand van deze gegevens heb ik toen met Just een super-8-film gemaakt. Het materiaal dat ik daarover geschreven heb (een soortement theoretisch scenario), wil ik aanvullen met de boeken die ik ook in die tijd over hetzelfde onderwerp gelezen heb.

Allereerst is er het boek van Eike Geisel (een vriend en geestverwant van Wolfgang Pohrt), *Im Scheunenviertel* uit 1981. Dit was een wijk, niet ver van Alexanderplatz, waar veel arme Joden woonden, prostitutie op straat was, kleine stegen met rondscharrelende mensen. De bevolking bestond voor het grootste deel uit orthodoxe Joden die op doorreis waren van het Oosten naar Amerika en daar zijn blijven steken. Het boek bestaat uit een verzameling verhalen geschreven door tijdsgenoten van Kafka, Döblin en Roth, voorafgegaan door een theoretische en filosofische verhandeling van Geisel over de betekenis van deze uitgeroeide, verdwenen plaats. Hij stelt zich de vraag waarom de continuïteit van de uitroeiing van dit getto zo groot is. Ook in deze wijk verwijst niets meer naar het verleden. Op het moment doet de DDR daar aan stadsvernieuwing.

Daarnaast wil ik nog iets kwijt over 'Spurensicherung', de methode van onderzoek naar het alledaagse leven die in Berlijn belichaamd is in de Berliner Geschichtswerkstatt. Dit kan vergeleken worden met de ArmandoVPRO-methode, een hele stille, melancholische variant van de Spurensicherung. In die tijd heb ik hierover veel in mijn brieven uit 1983-84 aan Bas-Jan geschreven.

IV. Erfassung, Aussonderung, Vernichtung

Met deze drie begrippen kan het werk van de Dokumentationsstelle zur Nationalsozialistischen Gesundheits- und Sozialpolitik uit Hamburg het beste getypeerd worden. Binnen een paar jaar tijd zijn hun publicaties uitgegroeid tot een grote stapel boeken, mappen en artikelen in andere hoeken en tijdschriften. Het enorme onderzoeksterrein dat ze beslaan maakt echter niet moeilijker, eerder makkelijker te omschrijven wat zij beweren. Deze kracht van het materiaal doet vermoeden dat hier gaat om een geheel nieuwe invalshoek in het fascisme-onderzoek. Tot dusver is hun werk in Nederland naar mijn bescheiden indruk, onbekend gebleven.

Tot aan de Gesundheitstage die in 1980 in Berlijn werden gehouden was het onderzoek naar de nationaalsocialistische gezondheidspolitiek een taboe gebleven. Dit hangt samen met de personele continuïteit. Behalve het artsenproces in Nürnberg, liepen vrijwel alle andere processen op niets uit. Dit betekent echter niet dat de Duitse medische wetenschap sinds '33 niet veranderd is. Een van de grondstellingen die telkens terugkomt is dat de medische praktijk niet zomaar fascistisch, conservatief, reactionair was (en dus vanwege die continuïteit nog steeds is). Bij installering van de fascistische medische praktijk is er sprake van een samengaan van hervormingen, centralisering en decentralisering, nieuwe technieken en geneeswijzen, inclusief de invoering van de rassenleer aan de ene kant en een vernietiging van het zogenaamde Lebensunwerte Leben aan de andere kant. De euthanasie stond in dienst van de vooruitgang. En maakte onderdeel uit van een veel grotere planmatige aanpak van 'het asociale'.

Aan de hand van de volkstelling, een nazi-uitvinding wat betreft het gebruik van machines die data verwerkten, laten de Dokumentationsstelle het duidelijkst zien in stappen hoe er gedacht en gewerkt werd: als eerste is er de Erfassung, het verzamelen van gegevens, het inventariseren van de hoeveelheid ziekenbedden, het indelen in verschillende categorieën, lokaliseren, in kaart brengen. Als tweede is er de Aussonderung. Deels administratief, deels in werkelijkheid werden mensen bij elkaar gedreven, in KZ's, psychiatrische ziekenhuizen of politiebureaus. Ook dit gebeurde onzichtbaar en met een grote systematiek. De laatste fase, de Vernichtung is wat men veelal het fascisme zelf noemt. Wat de Hamburgers nu laten zien is dat het gehele proces eigenlijk daarop gericht is én dat de scheiding tussen hervorming, vernieuwing en je kan ook zeggen verbetering en dood, moord, vernietiging niet te maken is.

Op filosofisch niveau is dit werk een uitwerking van Adorno en Horkheimers *Dialektik der Aufklärung*. Je kan ook zeggen dat het een Duitse variant is op het werk van Foucault over de opsluiting en afzondering. Zij benadrukken ook het typisch Duitse in deze geschiedenissen. Het zijn geen universele, kapitalistische oplossingen, maar algemene strategieën waar een Duitse 'oplossing' voor gezocht werd. In het klein zijn het de biografieën van bepaalde artsen, documenten uit een bepaalde kliniek (veel voorbeelden komen uit de buurt van Hamburg). Op een hoger niveau zijn het de plannen, voorschriften, nota's en verordeningen die de hervormingen en vernietigingen stuurden. Over de wetten die gemaakt moesten worden om de moorddadige praktijken te begeleiden of achteraf te legitimeren. Ook is er een filmanalyse over *Ich klage an*, een speelfilm die de breuk met het 'oude' zogenaamd onmenselijke aan de koude, grote inrichtingen, visueel moest begeleiden. Op een ander niveau gaat het over het sociale programma van de Nazi's, hetzelfde met 'het asociale' te doen als wat met de Joden zeer radicaal gedaan werd. De 'sociale vraag' moest analoog aan de 'Joodse vraag' opgelost worden. De laatste tijd komen er ook publicaties die wijzen op een nog groter verband: namelijk op het niveau van de wereldeconomie. Ook daar weer dezelfde redenaties en processen die in gang gezet werden. Hier ging het dan om de Duitse 'oplossing' van de internationale economische crisis van '29. Hierbij gaat het speciaal over de 'kolonisatie van de Ostgebiete', de rol van de dwangarbeiders en de verhouding tot de VS. Een hernieuwde belangstelling voor marxistische economische analyses van het fascisme onder een invalshoek, namelijk als een sociaal-rassenprogramma. En niet zonder meer bezien vanuit het grootkapitaal.

Graag zou ik willen benadrukken welk verband het werk van de Dokumentationsstelle heeft met de politieke, bewegingsgebonden actualiteit. Hun Italiaans-autonoom-marxistische achtergrond (in het boek 'der andere Arbeiterbewegung') en hun verbondenheid met zigeuners, asocialen, gehandicapten, ongeregelden en zieke arbeiders in praktische en theoretische zin. Het verband tussen euthanasie en hervormingen toen en het wetsvoorstel en de bezuinigingen in de gezondheidszorg nu. Hun afkeer van 'alternatieven'. De directe continuïteit in Duitsland tussen de rassenleer en het onderzoek naar genen. En de genentechnologie als een sociaal-programma (waar onlangs een boek over verschenen is). En het mooie voorbeeld van het gebruik van theorie en voorbeelden in de geschiedenis bij de (tot nu toe gewonnen) strijd tegen de volkstelling.

Zo te zien zit in dit voorstel nog niet bijzonder veel structuur. Maar misschien is dat ook wel vrij willekeurig en komt elke ingang uit bij de rode draad. Ik wil proberen een aantal voorbeelden van hun werk uit te schrijven, samen te vatten. Daarnaast heeft dit artikel tot doel de bronnen hier bekend te maken, dus zal dit ook een notenapparaat en literatuurlijst krijgen. Wellicht is dat bij de andere hoofdstukken ook geen gek idee.

V. De moderne beweging: Reichsautobahnen

Als de bovenstaande vier verhalen niet al te veel werk en tijd kosten, kan als laatste er een begin gemaakt worden met de geschiedenis van de Reichsautobahnen. Een inleiding op de vele aspecten die hieraan verbonden zijn. Daarbij kan de stelling geïntroduceerd worden dat het fascisme aan de versnelling van de moderne beweging (en de kanalisering daarvan) een eigen draai heeft gegeven. Het levende idee dat de Autobahnen te maken had met de militaire voorbereiding, kan ontkracht worden. Een ingang kan Paul Virilio zijn, maar ook Theweleit of andere stroomdeskundigen. Het kan over de esthetische, monumentale bouwwerken gaan, over de toeristische reiservaring, de inrichting van het landschap en de simulatie van de Duitse geschiedenis daarbij. Te veel om op te noemen.

Ik zou het goed vinden als we voor deze publicatie een strakke planning zouden maken. Dit om te zorgen dat het niet uit de hand loopt en het toch te pretentieus wordt. Het zou goed als het in 't najaar af was, zodat we dan aan iets anders kunnen beginnen. Ik wilde jullie vragen om te helpen bij het maken van een planning omdat ik zonder een deadline zo moeilijk kan werken. Over de vorm heb ik nog niet nagedacht. Een map kan het heel goed worden. Illustraties zijn er genoeg. De vraag is alleen of het wel zo lekker wegleest, al die A4-kopieën.

www.ingramcontent.com/pod-product-compliance
Lightning Source LLC
Chambersburg PA
CBHW052309220526
45472CB00001B/35